L 1264.

COLLECTION
DES MÉMOIRES

RELATIFS

A L'HISTOIRE DE FRANCE.

VIE DE LOUIS-LE-GROS, PAR SUGER. — VIE DE SUGER, PAR GUILLAUME. — VIE DE LOUIS-LE-JEUNE. — VIE DE CHARLES-LE-BON, PAR GALBERT.

PARIS, IMPRIMERIE DE A. BELIN,
rue des Mathurins-Saint-Jacques, n. 14.

COLLECTION
DES MÉMOIRES

RELATIFS

A L'HISTOIRE DE FRANCE,

DEPUIS LA FONDATION DE LA MONARCHIE FRANÇAISE JUSQU'AU 13ᵉ SIÈCLE;

AVEC UNE INTRODUCTION, DES SUPPLÉMENS, DES NOTICES
ET DES NOTES;

Par M. GUIZOT,
PROFESSEUR D'HISTOIRE MODERNE A L'ACADÉMIE DE PARIS.

A PARIS.
CHEZ J.-L.-J. BRIÈRE, LIBRAIRE,
RUE SAINT-ANDRÉ-DES-ARTS, Nº. 68.

1825.

VIE
DE LOUIS-LE-GROS,
Par SUGER.

NOTICE
SUR SUGER.

Parmi les historiens dont cette Collection comprend déjà ou comprendra les ouvrages, Suger est sans contredit le plus illustre; peut-être même est-ce le seul auquel appartienne une place dans l'histoire générale de la France, et qui ait vraiment influé sur ses destinées. Une telle gloire ne s'usurpe point, et qui la possède l'a méritée. Ni Suger, ni son maître Louis-le-Gros, n'ont élevé en France des monumens de grande apparence et de longue durée; ils n'ont point fait de vastes conquêtes ni fondé des lois mémorables; c'est même à tort, je pense, qu'on leur a fait honneur du premier affranchissement des communes; cet affranchissement les avait précédés, provenait de causes indépendantes de leur pouvoir, s'accomplissait sans leur concours, et ils l'ont aussi souvent contrarié que secondé. Mais, depuis Charlemagne, Louis-le-Gros et Suger, l'un comme roi, l'autre comme ministre d'un roi, eurent les premiers un sentiment juste et vrai de leur situation, de leur mission, et s'efforcèrent de la remplir. L'idée d'un pouvoir public, voué au maintien de l'ordre public, ayant des devoirs envers tous et des droits sur tous, appelé à quelque chose de plus qu'à servir les intérêts ou les caprices personnels de son possesseur temporaire, cette idée sans laquelle il n'y a point d'État ni de roi, était entrée dans le grand esprit de Charlemagne; mais, malgré son génie et un long règne, il ne parvint point à lui soumettre les faits, à fonder un trône et une nation. Quelques habitudes d'unité, de régularité, de gouvernement enfin, subsistèrent encore dans les premières années de Louis-le-Débonnaire. Bientôt tout disparut, la société tomba en dissolution comme le pouvoir, et, pendant deux siècles, il n'y eut plus ni royaume, ni royauté, ni peuple Franc ou Français. Hugues Capet, en prenant le titre de roi, posa, au sein de la féodalité, la première pierre d'une nouvelle monarchie; mais, pour lui, ce ne fut qu'un titre d'un sens vague et de nul effet. Il n'avait pas la force, et rien n'indique qu'il ait eu la pensée d'élever la royauté au dessus de la suzeraineté, et de rallier en un seul corps les membres épars de la nation. Le trône s'affaissa de plus en plus sous ses premiers successeurs. A peine parvient-on, sous les règnes de Robert, de

Henri 1er et de Philippe 1er, à démêler quelques traces d'unité nationale et monarchique; l'isolement et l'indépendance vont croissant, non seulement pour les feudataires puissans ou éloignés, mais pour les plus petits et les plus prochains vassaux de la couronne; le lien féodal subsiste seul; lien précieux et réel, puisqu'il maintient encore l'ombre d'une confédération sous un chef, et prévient l'entier démembrement du pouvoir et du pays, mais dont l'influence, plus morale que politique, cède au moindre choc et semble toujours près de disparaître. Avec Louis-le-Gros, une nouvelle ère commence; la portée de sa puissance, la sphère même de son activité sont encore bien restreintes; les résultats de ses efforts sont, dans le présent du moins, de bien peu de valeur. C'est presque toujours aux environs de Paris, contre de simples châtelains, pour assurer une route, pour protéger des marchands, que s'exercent son courage et sa prudence. Cependant, dans ces petites entreprises et dans quelques autres plus lointaines, quelque intention d'un gouvernement central et régulier se laisse entrevoir; la royauté se sépare de la suzeraineté et réclame, en son propre nom, bien que timidement, des droits d'une autre nature; elle se présente comme un pouvoir public, supérieur, appelé à maintenir, au profit de tous et contre tous, la justice et l'ordre : pouvoir trop faible pour suffire à cette tâche, mais en qui s'éveille le sentiment de sa dignité, de sa mission, et qui le voit poindre aussi dans l'esprit des sujets. Tel est le vrai caractère du règne de Louis-le-Gros; il a peu fait pour les libertés publiques, beaucoup pour la formation de l'État et du gouvernement national ; il a fait faire à la royauté ses premiers pas hors du régime féodal, lui a donné un autre principe, une autre attitude; et c'est à cette œuvre, dont le développement a décidé du sort de la France, que, pendant une administration de vingt-cinq années, Suger a puissamment concouru.

Il ne semblait pas né pour de si grandes choses ; Hélinand, son père, n'était qu'un homme du peuple, établi, d'après l'opinion la plus probable, dans le territoire de Saint-Omer où Suger naquit en 1081. Mais l'Église s'empressait alors d'accueillir et de rechercher, jusque dans les rangs les plus obscurs, tous les hommes capables de la servir et de l'honorer; partout présente et active, en rapport avec toutes les conditions sociales, fréquentant les pauvres comme les riches, vivant avec les petits comme avec les grands, elle allait au devant de l'enfance même, étudiait ses dispositions, s'en emparait de bonne heure, et lui ouvrait une brillante carrière, la seule où les facultés intellectuelles fussent invitées à se développer, où tout fût accessible au mérite, où régnât enfin le principe de l'égalité et du concours. Le monastère de Saint-Denis reçut et fit élever le jeune Suger; il passa dix ans dans le prieuré de Lettrée qui en dépendait, et lorsqu'en 1095 le roi Philippe confia aux moines de Saint-Denis l'éducation de son fils Louis-le-Gros, l'abbé Adam rappela Suger dans l'abbaye même pour en faire le compagnon du jeune prince. Ainsi commença entre les deux enfans l'intimité qui devait les unir toute leur vie. En 1098, Louis retourna auprès de son père, et Suger alla achever ses études dans le monastère de Saint-Florent-de-Saumur, où l'abbé Guillaume faisait fleurir les sciences du temps. De retour à Saint-Denis en 1103, il devint bientôt le confident de l'abbé Adam, qui, non content de l'employer dans toutes les affaires de l'abbaye, le menait souvent à la cour, où le prince Louis, depuis quatre ans associé au trône, s'unit, avec le compagnon de son enfance, des liens d'une plus sérieuse amitié. A dater de cette époque, je n'ai plus besoin de raconter la vie de Suger, elle appartient à l'histoire, et presque tous les détails qui nous en sont parvenus se trouvent soit dans sa *Vie de Louis-le-Gros*, soit dans le *Panégyrique* qu'écrivit en son honneur le moine Guillaume, son secrétaire, et que nous publions dans ce volume. Avant son élévation à la dignité d'abbé de Saint-Denis, chargé de diverses missions soit dans des assemblées ecclésiastiques, soit à la cour de Rome, appelé même à défendre, à main armée, quelques domaines de Saint-Denis contre les nobles brigands qui les dévastaient, il déploya tour à tour l'adresse d'un ecclésiastique et le courage d'un chevalier. Plus tard, et lorsque Louis-le-Gros en eut fait son conseiller le plus intime, il paraît que tant de puissance éblouit un moment Suger; saint Bernard parle de son faste, de sa hauteur, et du désordre qui s'était introduit dans son abbaye : « L'intérieur du « monastère, dit-il, était rempli de chevaliers, « ouvert quelquefois même aux femmes; on y en- « tendait traiter des affaires de toute sorte; des « querelles y éclataient; enfin on y rendait, sans « retard et sans fraude, à César ce qui est à César, « mais non pas à Dieu ce qui est à Dieu[1]. » Soit que les avertissemens de saint Bernard eussent re-

---

[1] Lettres de Saint-Bernard ; édit. de Mabillon, tom. 1, p. 79; lett. 78e.

tiré Suger de ce premier enivrement du pouvoir, soit qu'il se fût aperçu du tort que lui faisait ce scandale, il ne tarda pas à le faire cesser; en 1127 il introduisit dans son abbaye une réforme sévère, la fit adopter à tous ses moines, l'adopta lui-même scrupuleusement, et son autorité à la cour n'en fut bientôt que mieux affermie. Fière de l'austérité de ses mœurs en même temps qu'elle profitait de son influence, l'Église le prônait en toute occasion; et les évêques, les abbés des plus célèbres monastères contemplaient avec un égal orgueil la magnifique église qu'il avait fait reconstruire à Saint-Denis, et l'humble cellule, large à peine de dix pieds et longue de quinze, où il vaquait seul à de pieux exercices. Après la mort de Louis-le-Gros, son pouvoir s'accrut encore; l'indolent et inhabile Louis-le-Jeune se déchargea sur lui de tout le poids du gouvernement. La régence de Suger, pendant la croisade du roi, de l'an 1147 à l'an 1149, est l'époque la plus glorieuse de sa vie; il maintint fermement l'autorité royale, réprima les usurpations des vassaux, établit quelque ordre partout où son influence put atteindre, fournit aux dépenses du roi en Palestine par la bonne administration des revenus de la couronne et l'amélioration de ses domaines, acquit enfin en

Europe une telle renommée qu'on venait d'Italie et d'Angleterre pour contempler les salutaires effets de son gouvernement, et que le nom de Salomon du siècle lui fut décerné par les étrangers ses contemporains. D'illustres évêques, de savans et subtils théologiens avaient seuls obtenu jusque-là, par leur autorité dans l'Église ou par leurs écrits, cette considération européenne; aucun homme n'y était parvenu par le seul mérite de sa conduite politique, et du IXe au XIIe siècle, Suger est le premier exemple d'un ministre admiré, comme habile et sage, au-delà des monts et des mers.

Il ne se montra point avide de retenir cette pleine puissance que lui conférait l'éloignement du roi, et, par un rare désintéressement, les intérêts de l'État le préoccupaient davantage que ceux de sa propre ambition. Il s'était même opposé à la croisade dont il prévoyait les dangers, et n'avait cédé qu'aux ardentes exhortations de saint Bernard, aux ordres du pape, et à l'empire de l'opinion du temps. Lorsque quelques-uns des seigneurs qui avaient accompagné Louis, entre autres Robert de Dreux son frère, l'eurent abandonné en Palestine pour revenir sans lui en France, Suger ne cessa de le rappeler instamment dans ses États.

« Les perturbateurs du repos public, lui écrivait-
« il, sont de retour, tandis qu'obligé de défendre
« vos sujets vous demeurez comme captif dans une
« terre étrangère. A quoi pensez-vous, seigneur,
« de laisser ainsi les brebis qui vous sont confiées
« à la merci des loups? Comment pouvez-vous
« vous dissimuler les périls dont les ravisseurs qui
« vous ont devancé menacent vos États? Non,
« il ne vous est pas permis de vous tenir plus long-
« temps éloigné de nous. Tout réclame ici votre
« présence. Nous supplions donc votre altesse,
« nous exhortons votre piété, nous interpellons
« la bonté de votre cœur, enfin nous vous conju-
« rons, par la foi qui lie réciproquement le prince
« et les sujets, de ne pas prolonger votre séjour en
« Syrie au-delà des fêtes de Pâques, de peur qu'un
« plus long délai ne vous rende coupable, aux yeux
« du Seigneur, de manquer au serment que vous
« avez fait en recevant la couronne.... Vous aurez
« lieu, je pense, d'être satisfait de notre conduite.
« Nous avons remis entre les mains des chevaliers
« du Temple l'argent que nous avions résolu de
« vous envoyer. Nous avons de plus remboursé au
« comte de Vermandois les trois mille livres qu'il
« nous avait prêtées pour votre service. Votre terre
« et vos hommes jouissent, quant à présent, d'une

« heureuse paix. Nous réservons pour votre re-
« tour les reliefs des fiefs mouvans de vous, les
« tailles et les provisions de bouche que nous le-
« vons sur vos domaines. Vous trouverez vos mai-
« sons et vos palais en bon état par le soin que
« nous avons pris d'en faire les réparations. Me
« voilà présentement sur le déclin de l'âge; mais
« j'ose dire que les occupations où je me suis en-
« gagé pour l'amour de Dieu, et par attachement
« pour votre personne, ont beaucoup avancé ma
« vieillesse. A l'égard de la reine votre épouse, je
« suis d'avis que vous dissimuliez le mécontente-
« ment qu'elle vous cause, jusqu'à ce que, rendu
« en vos États, vous puissiez tranquillement déli-
« bérer sur cela et sur d'autres objets. » Louis se
fit encore long-temps attendre; Suger eut à lutter
contre les prétentions et les complots de Robert de
Dreux et de son parti. Il comprit que seul il ne
pouvait leur tenir tête, et convoqua hardiment à
Soissons une assemblée des évêques et des principaux barons du royaume. Ce généreux appel à l'o-
pinion et aux libertés du temps eut le résultat qu'il
en attendait; l'assemblée lui donna raison et force
contre ses ennemis. Battus en France, ils l'attaquèrent en Palestine, dans l'esprit du roi lui-même,
qui, léger et crédule, accueillit d'abord leurs

délations. Mais, passant en Italie pour revenir dans ses États, Louis reçut du pape Eugène III, admirateur et ami de Suger, des impressions toutes contraires, et, à son arrivée en France, celles-ci furent pleinement confirmées par le bon ordre qu'il trouva établi, les ressources que lui avait ménagées Suger, et l'empressement que montra le régent à remettre au roi son pouvoir. D'autres pensées fermentaient dans la tête du vieillard; il avait désapprouvé, comme fatale aux intérêts du royaume, la croisade de son maître; mais les malheurs des Chrétiens d'Orient et le regret de voir la Terre-Sainte près de retomber aux mains des infidèles, étaient devenus sa préoccupation habituelle; il conçut le dessein de tenter lui-même en Palestine une nouvelle expédition, de lever à ses frais une armée, d'y consacrer toute son influence, toutes ses richesses, de déterminer les principaux évêques à suivre son exemple, et de diriger en personne cette entreprise, dont il espérait le salut de Jérusalem, sans danger pour la France et son roi. On verra, dans le récit de son biographe Guillaume, avec quelle ardeur persévérante il s'occupait de ce projet, même lorsque la maladie ne lui permit plus de s'en promettre la gloire; il avait déjà choisi le chef qu'il jugeait le plus capable de le remplacer, et lui avait fait don de toutes les sommes rassemblées pour l'exécution, lorsqu'il mourut le 12 janvier 1151, à l'âge de soixante-dix ans. Le roi lui-même, avec un immense concours de prélats, de grands et de peuple, assista à ses obsèques célébrées en grande pompe dans l'église de Saint-Denis; et Simon Chèvre-d'Or, chanoine de Saint-Victor, son contemporain, composa en son honneur l'épitaphe suivante, que nous insérons ici comme un singulier exemple du cliquetis de jeux de mots et d'antithèses qui faisait l'esprit et l'éloquence du temps.

« Il est tombé l'abbé Suger, la fleur, le diamant, la couronne, la colonne, le drapeau, le bouclier, le casque, le flambeau, le plus haut honneur de l'église; modèle de justice et de vertu, grave avec piété, pieux avec gravité, magnanime, sage, éloquent, libéral, honnête, toujours présent de corps au jugement des affaires d'autrui, et l'esprit toujours présent pour lui-même. Le roi gouverna prudemment par lui les affaires du royaume; et lui, gouvernant le roi, était comme le roi du roi. Pendant que le roi passa plusieurs années outre mer, Suger tenant la place du roi, présida au soin du royaume. Il réunit deux choses qu'à peine quelque autre a

« pu réunir; il fut bon pour les hommes et bon
« pour Dieu. Il répara les pertes de sa noble église,
« en embellit le siége et le chœur, et la fit croître
« en éclat, puissance et serviteurs. Il était petit
« de corps, petit de race, et atteint ainsi d'une
« double petitesse, dans sa petitesse il ne voulut
« pas demeurer petit. Le septième jour, jour de
« sainte Théophanie, lui a ravi le jour; mais
« Théophanie l'a fait monter au jour pur et vrai,
« auprès de Dieu[1]. »

[1] *Decidit Ecclesiæ flos, gemma, corona, columna,*
Vexillum, clypeus, galea, lumen, apex,
Abbas Sugerius, specimen virtutis et æqui,
Cum pietate gravis, cum gravitate pius,
Magnanimus, sapiens, facundus, largus, honestus,
Judiciis præsens corpore, mente sibi.
Rex per eum cautè rexit moderamina regni,
Ille regens regem rex quasi regis erat.
Dumque moras ageret rex trans mare pluribus annis,
Præfuit hic regno regis agendo vices.
Quæ dum vix alius potuit sibi jungere, junxit;
Et probus ille viris et bonus ille Deo.
Nobilis Ecclesiæ decoravit, repulit, auxit,
Sedem, damna, chorum, laude, vigore, viris.
Corpore, gente brevis, gemina brevitate coactus,
In brevitate sua noluit esse brevis.
Cui rapuit lucem lux septima Theophaniæ,
Veram vera Deo Theophania dedit.

Outre la *Vie de Louis-le-Gros* qui est, à coup sûr, le morceau d'histoire le plus important de cette époque, il nous reste de Suger un petit Traité sur son administration du monastère de Saint-Denis, et spécialement sur la reconstruction de l'église, œuvre à laquelle il mettait sa gloire et qu'il raconte avec les plus minutieux détails. On a aussi conservé de lui des *Lettres*, dont quelques-unes, comme on en peut juger par celle que nous avons citée, sont d'un assez grand intérêt.

Ce fut peu d'années après sa mort que Guillaume, moine de Saint-Denis, qui avait été son confident et son secrétaire, écrivit sa *Vie*, à la demande d'un autre moine nommé Geoffroi. Cette biographie, bien qu'écrite avec l'emphase du panégyrique, ne manque point de vérité ; elle nous donne sur le caractère et la manière de vivre de Suger, des renseignemens qu'on ne trouve point ailleurs, et porte l'empreinte d'un sentiment profond d'admiration et d'attachement pour le héros. On ne sait rien de plus sur l'auteur, si ce n'est qu'après la mort de Suger, il se brouilla avec l'abbé Odon de Deuil, son successeur, et se retira près de Châtellerault en Poitou, dans le prieuré de Saint-Denis en Vaulx, qu'il refusa ensuite de quitter, malgré les sollicitations de ses anciens confrères qui s'efforçaient de le rappeler au milieu d'eux.

L'*Histoire de Louis-le-Jeune*, qui suit, dans ce volume, la *Vie de Suger*, lui a été attribuée, et le témoignage de son biographe Guillaume ne permet pas de douter qu'il n'eût eu en effet le dessein de l'écrire : « Il commença, dit-il, d'é-
« crire aussi la vie du fils du roi Louis-le-Gros;
« mais la mort le prévint, et ne lui permit pas de
« conduire ce dernier ouvrage jusqu'à sa fin. »
Par un hasard singulier, l'*Histoire de Louis-le-Jeune* que nous publions est incomplète, ainsi qu'une autre biographie du même prince, intitulée : *Gesta Ludovici VII regis*, que nous n'avons pas cru devoir donner, parce qu'elle ne contient que la répétition encore plus sèche et plus tronquée des mêmes faits. Mais M. de Sainte-Palaye a clairement démontré[1] que ni l'un ni l'autre de ces fragmens historiques ne saurait être l'œuvre de Suger; ils s'étendent, l'un jusqu'en 1152, l'autre jusqu'en 1165, c'est-à-dire au delà de sa mort; ils fourmillent de contradictions et d'erreurs que Suger n'aurait pu commettre; enfin, il n'y est point question de lui ni de son gouvernement pendant la croisade de Louis-le-Jeune, tan-

[1] *Mémoires de l'Académie des Inscriptions*, t. x, p. 563-570.

dis qu'il est évident, par la *Vie de Louis-le-Gros*, qu'il se plaisait avec raison à raconter ce qui lui était personnel et les événemens auxquels il avait pris part. Suger ne peut avoir écrit, sur l'époque la plus active et la plus glorieuse de sa vie, un ouvrage aussi insignifiant. Il est plus probable que l'un et l'autre sont sortis de la plume de quelque moine obscur de Saint-Denis.

F. G.

PRÉFACE.

Au seigneur et, à juste titre, respectable Gosselin, évêque de Soissons; Suger, quoique le plus humble des serviteurs de Jésus-Christ, nommé, par la bonté de Dieu, abbé du monastère du bienheureux Denis l'aréopagite[1], comme preuve d'union épiscopale avec l'évêque des évêques.

Il convient de soumettre, et nous-mêmes et nos œuvres, à l'examen et au jugement des hommes dont, selon l'opinion universelle, la critique, sévère ou douce, s'exercera publiquement et diversement sur chacun, lorsque le noble chef de l'État siégera aux portes du palais avec les sénateurs du pays. C'est pour cette raison, ô toi le le meilleur des hommes, que, quand même l'union en la chaire de saint Pierre ne m'en ferait pas un devoir, je m'en remets à la décision de ta science, généralement reconnue, sur ce récit des actions du sérénissime roi des Français, Louis, à la mémoire duquel je suis, comme toi-même, entièrement dévoué; mais n'exige pas davantage de moi, car je ne saurais faire mieux. De cette ma-

---

[1] Personne n'ignore aujourd'hui que Denis l'aréopagite n'a rien de commun avec saint Denis l'apôtre des Gaules.

nière et d'un commun accord, moi en écrivant, toi en corrigeant, nous, envers qui ce maître s'est montré si bon, et quand il s'agissait de nous élever aux dignités de l'État, et depuis qu'il nous y avait promus, nous célébrerons la vie et déplorerons la perte de celui à qui nous portions un amour égal. En effet, un attachement commandé par la reconnaissance des bienfaits ne répugne point à la charité chrétienne, puisque celui qui a ordonné d'aimer ses ennemis, ne défend pas de chérir ses amis; animés donc par ce double devoir de la gratitude et de la charité, devoirs différens sans être opposés, élevons à ce prince un monument plus durable que l'airain, en faisant connaître à nos neveux, par cet écrit, son zèle pieux pour l'honneur de l'Église de Dieu, et son courage admirable dans le gouvernement du royaume. Puisse sa mémoire ne jamais se perdre au milieu des changemens qu'amène la succession des temps, et que, de génération en génération, les instantes prières de l'Église, unie dans un même sentiment, ne lui manquent jamais en retour des biens dont il l'a comblée !

Je souhaite à ta grandeur d'obtenir un jour la grâce de prendre son rang d'évêque parmi les plus augustes habitans du ciel.

VIE DE LOUIS-LE-GROS.

CHAPITRE PREMIER.

Combien le prince Louis fut vaillant dans sa jeunesse, et avec quel courage il repoussa le redoutable roi des Anglais, Guillaume-le-Roux, qui inquiétait le royaume de son père[1].

Dès la fleur de son printemps, et à peine âgé de douze ou treize ans, le glorieux et célèbre roi des Français, Louis, fils du grand roi Philippe, avait de si louables mœurs et de si beaux traits, et se distinguait tellement, soit par une admirable activité d'esprit, présage de son caractère futur, soit par la hauteur de son agréable stature, qu'il promettait à la couronne dont il devait hériter, un agrandissement prompt et honorable, et à l'Église ainsi qu'aux pauvres, un protecteur assuré. Cet auguste enfant, fidèle à l'antique habitude qu'ont eue les monarques, Charles-le-Grand et autres excellens princes, et qu'attestent les testamens des empereurs, s'attacha d'un amour si fort, et pour ainsi dire héréditaire, aux reliques des Saints martyrs qui sont à Saint-

[1] La première partie seulement de la *Vie de Louis-le-Gros* est divisée en chapitres; on en compte vingt-un, et cette division n'est pas même marquée dans tous les manuscrits. Nous avons cependant cru devoir la conserver là où elle existe. Après le xxie chapitre, le texte n'offre aucune coupure.

Denis, et à celles de ce saint lui-même, que pendant toute sa vie il conserva pour l'église qui les possède, et prouva par une honorable libéralité les sentimens nés chez lui dès son enfance, et qu'à son heure suprême, espérant beaucoup dans ces saints après Dieu, il résolut pieusement de se lier à eux, corps et ame, et de se faire moine dans cette abbaye, s'il en avait la possibilité. A l'âge dont nous parlons, cette jeune ame se montrait déjà tellement mûre pour une vertu forte et active, qu'il dédaignait la chasse et les jeux de l'enfance, auxquels cet âge a coutume de s'abandonner, et pour lesquels il néglige d'apprendre la science des armes. Dès qu'il se vit tourmenté par l'agression de plusieurs des grands du royaume, et surtout de l'illustre roi des Anglais, Guillaume, fils de Guillaume plus illustre encore, vainqueur et monarque des Anglais, le sentiment d'une énergique équité l'échauffa; le desir de faire l'épreuve de son courage lui sourit, il rejeta loin de lui toute inertie, ouvrit les yeux à la prudence, rompit avec le repos et se livra aux soins les plus actifs. En effet, Guillaume, roi des Anglais, habile et expérimenté dans la guerre, avide de louanges et affamé de renommée, avait, par suite de l'exhérédation de son frère aîné Robert, succédé heureusement à son père Guillaume après le départ de ce même frère pour Jérusalem. Il devint maître du duché de Normandie, chercha, comme duc de cette province, à étendre ses limites qui confinaient aux marches du royaume, et s'efforça par tous les moyens possibles de fatiguer par la guerre le jeune et fameux Louis. La lutte entre eux était tout à la fois semblable et différente : semblable en ce qu'aucun des deux ne cédait à son adversaire ; différente en ce que l'un était dans la force de l'âge mûr, et l'autre à peine dans la jeunesse ; en ce que celui-là, opulent et libre dispensateur des trésors de l'Angleterre, recrutait et soudoyait des soldats avec une admirable facilité ; tandis que celui-ci, manquant d'argent sous un père qui n'usait qu'avec économie des ressources de son royaume, ne parvenait à réunir des troupes que par l'adresse et l'énergie de son caractère, et cependant résistait avec audace. On voyait ce jeune guerrier, n'ayant avec lui qu'une simple poignée de chevaliers, voler rapidement et presque au même instant au-delà des frontières du Berry, de l'Auvergne et de la Bourgogne, n'être pas pour cela moins prompt, s'il apprenait que son ennemi rentrait dans le Vexin, à s'opposer courageusement, avec trois ou cinq cents hommes, à ce même roi Guillaume, marchant à la tête de dix mille combattans, et enfin tantôt céder, tantôt résister pour tenir en suspens l'issue de la guerre. Dans tous ces petits combats il se fit des deux parts beaucoup de prisonniers ; l'illustre et jeune prince et les siens s'emparèrent entre autres du comte Simon, homme noble, de Gilbert de l'Aigle, fameux baron d'Angleterre et de Normandie, et de Pains de Gisors qui, le premier, fortifia ce château ; de son côté le monarque Anglais retint captifs le courageux et noble comte Matthieu de Beaumont, le célèbre baron Simon de Monfort, homme d'un grand nom, et Pains, seigneur de Montjai. La difficulté de payer le service militaire força de consentir promptement au rachat des prisonniers anglais; mais ceux que le roi d'Angleterre avait faits sur les Français eurent à souffrir les horreurs d'une longue captivité. Rien ne put briser leurs fers si ce n'est lorsque, se liant par la foi et hommage, et prenant parti dans l'armée du roi d'Angleterre, ils s'engagèrent par serment à combattre et troubler le royaume de France et son roi. On disait même généralement que ce superbe et ambitieux prince Guillaume aspirait au royaume des Français, parce que le jeune et déjà renommé Louis était le seul fils que son père eût eu de sa très-noble épouse [1], sœur de Robert, comte de Flandre. Il existait bien encore deux autres fils, Philippe et Florus; mais ils étaient nés de Bertrade, comtesse d'Angers, donnée pour belle-mère à Louis du vivant de sa mère, et on ne tenait aucun compte de leurs droits à la succession, s'il arrivait que, par un malheur quelconque, le premier fils unique périt. Cependant, comme il n'est ni juste ni naturel que les Français soient soumis aux Anglais, ni même que les Anglais le soient aux Français, l'événement trompa cet espoir révoltant. Après avoir, en effet, pour cette folle idée, tourmenté lui et les siens pendant trois ans et plus, ne pouvant réussir avec l'aide des Anglais ni même des Français, qu'il avait contraints de lui prêter foi et hommage, à satisfaire ses desirs, le roi Guillaume se tint tranquille. De retour en Angleterre, il s'abandonna tout entier à ses caprices et à la débauche, et un certain jour qu'il se livrait au plaisir de la chasse dans la forêt Neuve, il fut tout à coup, et à l'improviste, frappé d'une flèche et mourut [2]. On conjectura

---

[1] Berthe. — [2] Le 2 août 1100.

que cet homme était tombé victime de la vengeance divine, et l'on donna comme preuve de la vérité de cette opinion, qu'il s'était toujours montré l'insupportable oppresseur des pauvres, la cruelle sangsue des églises, et l'impudent détenteur et dissipateur de leurs biens, lorsque par hasard des évêques ou des prélats venaient à décéder. Certaines gens accusèrent le très-noble homme Gautier Tyrrel d'avoir percé Guillaume de sa flèche; mais nous l'avons entendu souvent, et à une époque où il n'avait rien à craindre ou à espérer, affirmer sous serment, et presque par ce qu'il y a de plus saint, que le jour de la mort du roi, lui, Tyrrel, n'avait pas été dans la partie de la forêt où chassait ce prince, et que même jamais il ne l'avait vu dans cette forêt. Il est donc évident que l'incroyable folie d'un si grand personnage ne fut si subitement réduite en cendres que par la puissance divine, afin que celui qui tourmentait inutilement les autres éprouvât des tourmens infiniment plus cruels, et que celui qui convoitait toutes choses, fut honteusement dépouillé de tout; car les royaumes et les droits des royaumes sont soumis à Dieu, qui brise le glaive des rois. Robert, l'aîné des frères de ce Guillaume, étant toujours retenu par la grande expédition du saint sépulcre, aux Etats de celui-ci succéda sur-le-champ son frère cadet Henri, homme d'une haute sagesse, qui, par sa science et une force d'ame et de corps aussi étonnante que digne d'éloges, fournira un beau sujet à l'histoire. Mais ce qui concerne ce prince est étranger à notre ouvrage, à moins que quelque fait ne s'y rattache évidemment, et qu'il ne nous faille en parler sommairement comme nous le ferons du royaume de Lorraine. Ce sont en effet certaines actions des Français, et non celles des Anglais, dont nous nous sommes proposé de conserver la mémoire par cet écrit.

CHAPITRE II.

Comment le prince Louis empêcha le noble homme Bouchard[1] de Montmorency et ses complices de dévaster les terres de saint Denis.

Louis donc, ce jeune héros, gai, se conciliant tous les cœurs, et d'une bonté qui le faisait regarder par certaines gens comme un homme simple, était à peine parvenu à l'adolescence, qu'il se montrait déjà, pour le royaume de son père, un défenseur illustre et courageux, pourvoyait aux besoins des églises, et, ce qui avait été négligé long-temps, veillait à la tranquillité des laboureurs, des ouvriers et des pauvres. Vers ce temps, il arriva qu'entre le vénérable Adam, abbé de Saint-Denis, et Bouchard, noble homme, seigneur de Montmorency, s'élevèrent, en raison de quelques coutumes, certaines discussions qui s'échauffèrent si fort, et en vinrent malheureusement à un tel excès d'irritation, que l'esprit de révolte brisant tous les liens de la foi et hommage, les deux partis se combattirent par les armes, la guerre et l'incendie. Ce fait étant parvenu aux oreilles du seigneur Louis, il en manifesta une vive indignation, et n'eut

[1] Burchardt.

point de repos qu'il n'eût contraint le susdit Bouchard, dûment sommé, à comparaître au château de Poissy devant le roi son père, et à s'en remettre à son jugement [1]. Bouchard ayant perdu sa cause, refusa de se soumettre à la condamnation prononcée contre lui, et se retira sans qu'on le retînt prisonnier, ce que n'eût pas permis la coutume des Français ; mais tous les maux et les calamités dont la majesté royale a droit de punir la désobéissance des sujets, il les éprouva bien vite. En effet, le jeune et beau prince porta sur-le-champ ses armes contre lui et contre ses criminels confédérés, Matthieu comte de Beaumont, et Dreux [2] de Mouchy-le-Châtel, hommes ardens et belliqueux qu'il avait attirés à son parti. Dévastant les terres de ce même Bouchard, renversant de fond en comble les bâtimens d'exploitation et les petits forts, à l'exception du château, Louis désola le pays et le ruina par l'incendie, la famine et le glaive ; de plus, comme les ennemis s'efforçaient de se défendre dans le château, il en forma le siége avec les Français et les Flamands de son oncle Robert [3], et ses propres troupes. Ayant, par ce coup et d'autres semblables, contraint au repentir Bouchard humilié, il le courba sous le joug de sa volonté et de son bon plaisir, et termina, moyennant une pleine satisfaction, la querelle, cause première de ces troubles. Quant à Dreux, seigneur de Mouchy-le-Châtel, Louis l'attaqua en raison de la part qu'il avait prise à cette guerre, d'autres faits encore, et surtout de dommages causés à l'église de Beauvais. Dreux avait quitté son château,

---

[1] En 1101. — [2] Drogon. — [3] Robert II, dit le Hiérosolymitain, comte de Flandre, de l'an 1093 à l'an 1111.

mais sans beaucoup s'en éloigner, afin de pouvoir s'y réfugier promptement si la nécessité l'exigeait. Il s'avança, suivi d'une troupe d'archers et d'arbalêtriers, à la rencontre du prince; mais le jeune guerrier fondant sur lui, l'accabla si bien par la force des armes, qu'il ne lui laissa pas la faculté de fuir et de rentrer dans son château sans s'y voir poursuivi : se précipitant vers la porte au milieu des gens de Dreux et avec eux, ce vigoureux champion, d'une rare habileté à manier l'épée, reçut et porta mille coups, parvint au centre même du château, ne s'en laissa pas repousser, et ne se retira qu'après l'avoir entièrement consumé par les flammes, jusqu'aux fortifications extérieures de la tour, avec ce qu'il contenait d'approvisionnemens en tous genres. Une telle ardeur animait ce héros, qu'il ne songeait pas même à se mettre à l'abri de l'incendie, où lui et son armée coururent un grand danger, et qui lui laissa pendant long-temps un très-fort enroûment. C'est ainsi qu'il plia sous l'autorité de sa volonté cet homme abattu comme un malade à l'extrémité, et humilié par le bras de la toute-puissance de Dieu, qui lui-même était intéressé dans cette guerre.

CHAPITRE III.

Comment le prince Louis, s'emparant à main armée du château de Luzarches, contraignit Matthieu comte de Beaumont à restituer ce château à Hugues de Clermont.

Cependant Matthieu comte de Beaumont, nourrissant une longue rancune de cœur contre Hugues de Clermont, noble homme, mais simple et léger, dont il avait épousé la fille, s'empara de la totalité du château nommé Luzarches, dont il possédait déjà la moitié en raison de son mariage, et ne négligea rien pour se fortifier dans la tour en la remplissant d'armes et de soldats. Que pouvait faire Hugues, sinon de courir en toute hâte auprès du défenseur du royaume, de se prosterner à ses pieds, et de le supplier, en pleurant, de compatir aux malheurs d'un vieillard, et de secourir un homme cruellement opprimé? « J'aime mieux, dit-il, très-cher seigneur, que tu « reprennes toute ma terre, puisque je la tiens de « toi, que de voir mon gendre dénaturé s'en rendre « maître, et je desire mourir s'il faut qu'il m'en « dépouille. » Touché jusqu'au fond du cœur de sa lamentable infortune, le jeune prince lui tend la main, promet de le servir, et le renvoie comblé de joie et d'espérance. Cette espérance n'est pas déçue : sur-le-champ partent en toute hâte du palais des messagers qui vont trouver le comte, lui enjoignent, de la part du protecteur de Hugues, de remettre ce dernier en la possession habituelle du bien dont il était si étrangement dépouillé, et ordonnent que tous deux viennent ensuite à la cour du prince plaider et soutenir leurs droits. Le comte ayant refusé d'obéir, le défenseur de son adversaire s'empresse d'en tirer vengeance, rassemble une armée considérable, vole contre le rebelle, attaque le château, le presse tantôt par le fer, tantôt par le feu, s'en rend maître après plusieurs combats, place dans la tour même une forte garnison, et, comme il l'avait promis, la rend à Hugues après l'avoir ainsi mise en état de défense.

CHAPITRE IV.

Comment le prince Louis ayant attaqué un autre château du même Matthieu, dit Chambly, une tempête subite dispersa son armée qui eût péri si le prince lui-même n'eût résisté vaillamment ; et comment ledit Matthieu se soumit humblement à lui.

De là le prince Louis conduisit cette même armée contre un autre château appelé Chambly, appartenant au même comte ; il dressa ses tentes et ordonna de disposer les machines pour le siége. Mais il en arriva cette fois tout autrement qu'il ne l'espérait. Le temps jusqu'alors très-beau changea subitement ; un affreux et violent orage éclata tout-à-coup, effraya tellement la terre durant toute la nuit par une horrible pluie, le feu des éclairs et le fracas du tonnerre, jeta une si grande terreur dans la troupe, et tua tant de chevaux qu'à peine quelques hommes conservaient l'espoir de survivre à ce fléau. Certaines gens de l'armée, frappés d'une horreur insurmontable, s'étant préparés à fuir de grand matin, et au moment où paraîtrait l'aurore, le feu fut mis traîtreusement aux tentes pendant que le défenseur de l'État dormait encore dans la sienne. A la vue de ce feu, signal ordinaire de la retraite, les soldats partent sur-le-champ et en toute hâte avec autant d'imprudence que de confusion, redoutant qu'on ne les force à retourner sur leurs pas, et ne songeant pas même à se réunir les uns aux autres. Étonné de leur fuite précipitée ainsi que de leurs bruyantes clameurs, le seigneur Louis s'informe de ce qui est arrivé, s'élance sur son cheval et vole après ses soldats; mais déjà ils étaient dispersés de tous côtés, et il ne réussit par aucun moyen à les ramener. Que restait-il à faire au jeune héros, si ce n'est d'avoir recours aux armes, d'aller, avec le petit nombre d'hommes qu'il peut rallier à lui, s'opposer comme un mur à ceux qui couraient en avant, de frapper et d'être lui-même frappé souvent? Les premiers des fuyards dont il barra le chemin, comme l'eût fait un mur, auraient pu sans doute effectuer leur retraite tranquillement et avec sécurité : cependant, comme beaucoup d'entre eux se dispersèrent loin de lui çà et là, et en petites troupes, il y en eut un grand nombre pris par l'ennemi. Parmi les captifs les plus distingués furent Hugues de Clermont lui-même, Guy de Senlis, Herluin de Paris; on y compta aussi plusieurs simples chevaliers d'un nom obscur et une foule de gens de pied. Plus Louis avait été jusque-là sans expérience et ignorant de telles infortunes, plus il s'irrita de ce honteux échec; de retour à Paris, il se laissa emporter à l'indignation de son ame violemment émue; et comme il arrive toujours à la jeunesse, pour peu cependant qu'elle se montre portée à imiter ce qui est honnête, il communiqua à ce qui l'entourait l'ardeur dont il était agité. Brûlant de laver promptement son injure, il rassembla de toutes parts, avec autant d'adresse que de prudence, une armée trois fois plus nombreuse que la première, et prouva par ses soupirs profonds et redoublés qu'il était prêt à supporter plutôt une mort honorable que l'ignominie. Le comte Matthieu, homme poli et bien élevé, instruit de ces détails par le rapport de ses amis, ne put soutenir l'idée de l'affront accidentel qu'avait reçu son seigneur, fit agir une foule d'intercesseurs et mit tous ses soins à se frayer les voies de la paix ; il s'efforça, comme il convenait, de calmer, par des démarches pleines de douceur et des prévenances flatteuses, l'ame fière du jeune prince, excusa le revers qu'avait éprouvé Louis, en protestant qu'il n'avait été le résultat d'aucun projet formé d'avance, mais l'œuvre pure du hasard, et se déclara prêt à obéir à son moindre signe et à lui donner les satisfactions qu'il exigerait. Cédant, quoique avec peine, aux prières d'un grand nombre de gens, aux conseils de ses familiers et aux instances réitérées de son père lui-même, le héros laissa son cœur s'amollir, consentit à épargner l'ennemi qui se repentait, lui remit sa faute, fit restituer par le comte à ceux qu'on avait dépouillés ce qui put se retrouver de leurs biens, délivra les prisonniers, et par un traité dûment garanti, assura à Hugues de Clermont la paix et ce qui lui appartenait dans le château reconquis précédemment.

CHAPITRE V.

D'Ebble, comte de Roussi.

La noble église de Rheims voyait ses biens, et ceux des églises qui relevaient d'elle, ravagés par la tyrannie du très-courageux et turbulent baron Ebble de Roussi et de son fils Guichard : plus on cherchait à lui opposer de résistance par les armes, plus ce baron, dont l'ardeur guerrière était telle qu'un jour, ce qui ne convenait qu'à des rois, il alla combattre en Espagne à la tête d'une grande armée, se montrait avide d'étendre au loin ses furieuses dévastations, et se livrait au pillage ainsi qu'à toute espèce de malice. Les plaintes les plus lamentables contre cet homme si redoutable par sa bravoure, mais si criminel, avaient été portées cent fois au seigneur roi Philippe, et tout récemment deux ou trois fois à son fils. Celui-ci, dans son indignation, réunit une petite armée à peine composée de sept cents chevaliers, mais tous choisis parmi les plus nobles des grands de la France, marche en toute hâte vers Rheims, venge en moins de deux mois, par des combats sans cesse renouvelés, les torts faits anciennement aux églises, ravage les terres du tyran et de ses complices, et porte partout la désolation et l'incendie ; justice bien louable, qui faisait que ceux qui pillaient étaient pillés à leur tour, et que ceux qui tourmentaient étaient pareillement ou même plus durement tourmentés. Telle était l'animosité du seigneur prince et de ses soldats, que tant qu'ils furent dans le pays ils ne prirent aucun repos, et qu'à l'exception du dimanche et du très-saint sixième jour de la semaine, à peine s'en passa-t-il un seul sans qu'ils en vinssent aux mains avec l'ennemi, combattissent avec la lance et l'épée, ou sans qu'ils vengeassent, par la destruction des terres du baron, les crimes dont il s'était rendu coupable. On eut à lutter là non seulement contre Ebble, mais encore contre tous les barons de cette contrée, auxquels leurs alliances de famille avec les plus grands d'entre les Lorrains donnaient une armée renommée par le nombre de ses combattans. Cependant on mit en avant plusieurs propositions de conciliation ; alors le jeune seigneur Louis, dont des soins divers et des affaires d'une haute importance exigeaient impérieusement la présence sur d'autres points du royaume, prit conseil des siens, força le tyran d'accorder bonne paix pour les églises, la fit confirmer par la foi du serment, et prit des otages. C'est ainsi qu'il renvoya Ebble dûment puni et humilié, et remit à un autre temps à prononcer sur ses prétentions à l'égard de Neuf-Château.

CHAPITRE VI.

Du château de Meûn.

Il ne s'illustra pas moins en prêtant le secours de ses armes à l'église d'Orléans. Léon, noble homme du château de Meûn, et vassal de l'évêque d'Orléans, avait enlevé à cette église la plus grande partie dudit château et la suzeraineté d'un autre ; Louis, à la tête d'une forte armée, le dompta et le contraignit à se renfermer dans ce même château avec beaucoup des siens. Le château pris, Léon s'efforça de se défendre dans une église voisine de sa demeure, et qu'il avait fortifiée. Mais le fort fut subjugué par un plus fort que lui ; Léon se vit accablé d'une telle nuée de flèches et de traits enflammés qu'il ne put résister. Il ne fut pas seul victime de l'excommunication qu'il avait encourue depuis long-temps, car beaucoup d'autres, au nombre de près de soixante, se précipitèrent avec lui du haut de la tour que surmontait la flamme, et percés par le fer des lances dirigées contre eux et des flèches qu'on leur décochait, ils exhalèrent leur dernier soupir et rendirent douloureusement aux enfers leurs ames criminelles.

CHAPITRE VII.

Du château de Montaigu.

Un très-fort château du pays de Laon, appelé Montaigu, était tombé, par suite d'un certain mariage, en la possession de Thomas de Marle, homme perdu de crimes et non moins odieux à ses semblables qu'à Dieu. De toutes parts, ses compatriotes redoutaient et subissaient sa rage intolérable comme celle du loup le plus cruel, et accrue par l'audace que lui donnait son inexpugnable château ; aussi celui même qui passait pour son père, Enguerrand de Boves, homme respectable et fort honoré, travaillait vivement, et plus que tout autre, à le chasser de son château à cause de sa féroce tyrannie [1]. Ce même Enguerrand, Ebble de Roussi, et tous ceux qu'ils purent attirer dans leur parti, convinrent donc entre eux d'assiéger son château et lui-même pendant qu'il y était, de le tenir enfermé de tous côtés par une enceinte de pieux et de bouleaux, de le forcer, par les tourmens d'une longue famine, à se rendre à discrétion, de détruire, s'il était possible, son château de fond en comble, et de le condamner de sa personne à une prison perpétuelle. Ce méchant homme, voyant ce qui se passait, commença par bien fortifier son château ; puis, comme les palissades ne l'enfermaient pas encore complétement d'un côté à l'autre, il s'échappa furtivement, se

[1] Vers l'an 1104.

rendit en toute hâte auprès du jeune héros, corrompit tous ceux qui l'entouraient par des présens et des promesses, et obtint promptement qu'il viendrait le secourir avec quelques troupes. En effet, Louis, que son âge et son caractère rendaient facile à se laisser toucher, rassembla une armée de sept cents hommes d'armes et marcha en diligence vers le pays où se faisait la guerre. Comme il approchait du château de Montaigu, ceux qui avaient investi cette place de toutes parts envoyèrent des députés au prince, comme à leur seigneur futur, pour le supplier de ne pas rejeter sur eux le blâme de toute cette affaire en les forçant de lever le siége du château, le conjurer de ne pas s'exposer à perdre les services de tant de braves gens pour un homme profondément scélérat, et lui protester avec franchise que ce serait un malheur bien plus funeste pour lui-même que pour eux si la tranquillité était assurée à ce pervers. Mais n'ayant pu réussir ni par douceur ni par menaces à le détourner de son projet, ils ne voulurent point en venir aux hostilités contre leur seigneur futur, et, fermement résolus de reprendre la guerre lorsqu'il quitterait le château assiégé, ils se retirèrent et souffrirent, bien à regret, qu'il fît tout ce qui lui plairait. Quant à lui, brisant et arrachant de sa main puissante toutes les fortifications qui resserraient de tous côtés le château de Montaigu, il le délivra, et, déjouant les plans chimériques des ennemis, il fournit abondamment la place d'armes et de vivres. Les grands, qui, par amour et par respect pour lui, s'étaient retirés, reconnaissant qu'il n'avait eu pour eux aucun égard, s'emportèrent en plaintes violentes, et menacèrent avec ser-

2.

ment de ne plus lui obéir davantage. Lors donc qu'il le virent se retirer, ils levèrent leur camp, firent mettre leurs soldats en ordre de bataille, et le suivirent comme pour le combattre. Ce qui seul empêcha qu'on n'en vînt mutuellement aux mains, c'est qu'un torrent qui séparait les armées des deux partis, et ne leur offrait qu'un passage long et difficile, ne leur permit pas de se combattre. Les deux troupes se menaçant réciproquement de leurs javelots, restèrent donc en présence ce jour-là et le lendemain. Alors arriva tout à coup du camp ennemi dans celui des Français un certain bouffon, brave chevalier, qui leur annonça qu'aussitôt que les autres trouveraient un moyen de traverser le torrent, ils viendraient très-certainement leur livrer bataille pour venger par la lance et le glaive l'injure faite à leur liberté ; quant à lui, ajouta-t-il, on l'avait renvoyé à son maître naturel combattre pour sa cause et sous son drapeau. A peine ce discours est-il répandu dans les tentes du camp, que les chevaliers, croyant plus digne d'eux d'attaquer l'ennemi que de se tenir sur la défensive, trépignent de fureur, revêtent des cuirasses et des casques d'une éclatante beauté, s'excitent dans leur propre ardeur, et brûlent de franchir le torrent s'ils sont assez heureux pour découvrir un gué. Voyant cela, les hommes les plus considérables de l'autre parti, Enguerrand de Boves, Ebble de Roussi, le comte André, Hugues-le-Blanc de La Ferté, Robert de Chépy et d'autres sages et discrets personnages, pleins d'admiration pour l'audace de leur seigneur futur, préférèrent prudemment rentrer sous son obéissance, vinrent trouver le jeune guerrier d'une manière pacifique, et, lui tendant la main droite en signe d'amitié, ils l'embrassèrent et s'engagèrent, eux et les leurs, à continuer de le servir. Comme la ruine des impies est toujours écrite dans les décrets de la volonté divine, Thomas perdit quelque temps après, par un divorce, et le château et les avantages de son mariage, qui se trouvait souillé de la tache d'une union incestueuse avec une proche parente de son sang.

CHAPITRE VIII.

Du château de Montlhéry.

C'était par ces preuves de valeur, et d'autres encore, que le seigneur futur de la France s'élevait dans l'opinion, et s'efforçait avec une courageuse constance, toutes les fois qu'il s'en offrait quelque occasion favorable, de pourvoir avec sagacité à l'administration du royaume et de la chose publique, de dompter les rebelles, et de prendre ou de soumettre par tous les moyens possibles les châteaux signalés comme oppresseurs. Ainsi, par exemple, Gui de Truxel, fils de Milon de Montlhéry, homme remuant et troublant le royaume, revint chez lui de l'expédition du Saint-Sépulcre, brisé par la fatigue d'une route longue et pénible, et par le chagrin de peines de tout genre ; comme par crainte de Corbaran[*], il s'était sauvé d'Antioche en descendant le long d'un

---

[*] Kerbogha (Voyez l'*Histoire des Croisades*, par Guillaume de Tyr, tom. 1, pag. 264.)

mur, et avait déserté l'armée de Dieu assiégée dans cette ville, il se voyait abandonné de tout le monde. Craignant donc que sa fille [1], seul enfant qu'il eût, ne fût privée de son héritage, il céda aux desirs et aux conseils du roi Philippe et de son fils Louis, qui tous deux convoitaient vivement son château, maria sa fille [2] à Philippe, l'un des fils que le roi avait eus de cette comtesse d'Angers dont on a parlé plus haut; et le seigneur Louis, frère aîné de Philippe, pour s'attacher son jeune frère par les liens de l'amitié la plus ferme, lui assura, à l'occasion de ce mariage, et à la prière du roi son père, le château de Mantes. Le château de Montlhéry étant ainsi tombé, à cette occasion, au pouvoir de ces princes, ils s'en réjouirent comme si on leur eût arraché une paille de l'œil, ou qu'on eût brisé des barrières qui les tenaient enfermés. Nous avons en effet entendu le père de Louis dire à son fils : « Allons, enfant Louis, sois « attentif à bien conserver cette tour d'où sont parties « des vexations qui m'ont presque fait vieillir, ainsi « que des ruses et des fraudes criminelles qui ne « m'ont jamais permis d'obtenir une bonne paix et un « repos assuré. » En effet, les maîtres de ce château, par leur infidélité, rendaient les fidèles infidèles, et les infidèles très-infidèles; ils savaient de loin comme de près réunir ces hommes perfides, et faisaient si bien qu'il ne se passait rien de mal dans le royaume qu'avec leur assentiment et leur concours. Comme d'ailleurs le territoire de Paris était entouré du côté du fleuve de la Seine par Corbeil, à moitié chemin de Montlhéry, et à droite par Châteaufort, il en ré-

[1] Elisabeth. — [2] En 1104.

sultait un tel embarras et un tel désordre dans les communications entre les habitans de Paris et ceux d'Orléans, qu'à moins de faire route en grande troupe, ceux-ci ne pouvaient aller chez ceux-là, ni ceux-là chez ceux-ci, que sous le bon plaisir de ces perfides. Mais le mariage dont on a parlé fit tomber cette barrière et rendit l'accès facile entre les deux villes.

Gui comte de Rochefort, homme habile et vieux guerrier, oncle paternel du susdit Gui de Truxel, étant revenu de Jérusalem couvert de gloire et chargé de richesses, s'attacha pour lors de cœur au roi Philippe. Comme par suite d'une familiarité ancienne, et pour d'autres raisons encore, ce comte avait été sénéchal de ce prince, Philippe et son fils, le seigneur Louis, firent du sénéchal le chef de l'administration de l'État, afin de s'assurer pour l'avenir la possession tranquille du château de Montlhéry, nommé ci-dessus, et d'obtenir paix et services du comté limitrophe de leurs domaines, savoir, celui de Rochefort et de Châteaufort, ainsi que d'autres châteaux voisins ; ce qui jusqu'alors n'avait pas eu lieu. La mutuelle intimité du sénéchal et des princes s'accrut à ce point que le fils, le seigneur Louis, consentit à recevoir solennellement en mariage la fille de ce même Gui, quoiqu'elle ne fût pas encore nubile. Mais cette jeune personne qu'il avait acceptée pour fiancée, il ne l'eut point pour épouse; car, avant que cette union se consommât, l'empêchement pour cause de parenté fut opposé au mariage, et le fit rompre après quelques années. Cette amitié subsista si bien pendant trois ans, que le père et le fils avaient en Gui une confiance sans bornes, et que ce comte, ainsi que

son fils, Hugues de Crécy, s'employèrent de toutes
leurs forces pour la défense et l'honneur du royaume.
Mais il n'est que trop vrai :

> *Quo semel est imbuta recens servabit odorem*
> *Testa diu*[1].

Les hommes de Montlhéry, jaloux de se montrer fidèles
à leur habituelle perfidie, machinèrent une trahison par
le moyen des frères Garlande, qui alors avaient encouru l'inimitié du roi et de son fils ; le vicomte Milon
de Troyes, frère cadet de Gui de Truxel, se présenta
donc devant Montlhéry avec la vicomtesse sa mère,
et une nombreuse troupe de soldats. Accueilli dans
le château avec toute l'ardeur du parjure, il rappela
à plusieurs reprises, et en pleurant, les bienfaits de
son père, remit sous les yeux de ces hommes leur
naturelle et généreuse activité, loua hautement leur
admirable fidélité, leur rendit des actions de grâces
pour son rappel, se jeta à leurs genoux, et les supplia humblement de bien achever ce qu'ils avaient si
bien commencé. Touchés de le voir si tristement prosterné devant eux, ces traîtres courent aux armes,
volent vers la tour, attaquent ceux qui la défendent,
et combattent si vivement avec le glaive, la lance, la
flamme, l'épieu et les pierres, que dans plusieurs
endroits ils font brèche au rempart extérieur de la
tour, et blessent mortellement beaucoup de ses défenseurs. Dans cette tour s'étaient renfermées l'épouse
de Gui le sénéchal dont il a été parlé, et sa fille fiancée
au seigneur Louis. La nouvelle de ce qui se passait

---

[1] HORACE. — *Art poétique.* Un vase neuf conserve long-temps l'odeur
dont il a une fois été pénétré.

ayant frappé les oreilles dudit Gui, en homme d'un grand courage, il part sur-le-champ et s'approche audacieusement du château avec autant de chevaliers qu'il en peut réunir; mais, pour que de tous les points on puisse venir le joindre promptement, il envoie partout les messagers les plus capables de faire diligence. Ceux qui assiégeaient la tour, sans avoir pu réussir encore à s'en emparer, voyant Gui de dessus la hauteur, et craignant comme la mort l'arrivée du seigneur Louis, s'éloignèrent de la place, hésitant s'ils demeureraient ou prendraient la fuite. Mais Gui, non moins avisé que vaillant, attira sagement les frères Garlande hors de leur camp, leur assura, sous la foi du serment, la paix et leur grâce au nom du roi et du seigneur Louis, et de cette manière les fit renoncer, eux et leurs complices, à l'entreprise qu'ils avaient commencée; par suite de leur défection, Milon lui-même se vit sans ressource. Son complot ainsi avorté, il prit rapidement la fuite, tout en pleurant et se lamentant.

Au premier bruit de ce qui se passait, le seigneur Louis marcha en toute hâte vers le château. Ayant appris où en étaient vraiment les choses, il se réjouit de n'avoir éprouvé aucune perte, mais s'affligea de ne plus trouver aucun rebelle qu'il pût faire attacher à la potence. Cependant il observa religieusement, envers ceux qui étaient restés sur les lieux, la paix que Gui leur avait donnée sous la foi du serment; mais, de peur que dans la suite ils ne tramassent quelque chose de semblable, il détruisit toutes les fortifications du château, à l'exception de la tour.

CHAPITRE IX.

De Boémond, prince d'Antioche.

Vers ce temps[1], l'illustre Boémond, prince d'Antioche, auquel, après un siége vigoureux, la forteresse de cette ville s'était spécialement rendue, à cause de sa bravoure, débarqua dans les États de la Gaule. Une chose qui ne pouvait avoir eu lieu sans intervention de la main de Dieu, le fit proclamer homme fameux et distingué par dessus tous les autres, parmi les Chrétiens qui combattaient en Orient, et même parmi les Sarrasins. En effet, pendant qu'avec son père Robert Guiscard il assiégeait le château de Durazzo, au-delà de la mer, ni les richesses de Thessalonique, ni les trésors de Constantinople, ni les forces mêmes de la Grèce entière, n'avaient pu les faire renoncer à cette entreprise. Tout à coup des légats du seigneur pape Alexandre[2], envoyés pour réclamer leur secours, et les adjurer, au nom de l'amour de Dieu et de l'obligation que leur imposait leur propre serment, passent la mer après eux, viennent les trouver, les supplient pieusement d'arracher des mains de l'empereur l'Église romaine, et le seigneur pape enfermé dans le château Saint-Ange, et leur annoncent,

---

[1] En 1106.
[2] Il y a ici plusieurs erreurs; ce ne fut point le pape Alexandre II, mais Grégoire VII, assiégé dans Rome par l'empereur Henri IV, que délivra Robert Guiscard, et il le délivra en 1084, deux ans après s'être emparé de Durazzo qu'il avait prise le 8 février 1082.

sous serment, que s'ils ne se hâtent de venir, l'église, la ville, et bien plus encore, le seigneur pape lui-même, périront sans aucun doute. Les deux princes, hésitant sur le parti qu'ils prendront, ou d'abandonner, sans espoir de jamais la reprendre, une expédition si importante et si coûteuse, ou de servir et même d'empêcher de périr le seigneur pape, Rome et son église, et se voyant avec peine réduits à cette alternative, s'arrêtent enfin à ce qu'il y avait de mieux, et conviennent de faire la dernière chose sans renoncer à la première. Boémond demeure donc chargé de ce siége; et son père repasse la mer, revient dans la Pouille, rassemble de tous les points de la Sicile, de la Pouille, de la Calabre et de la Campanie, des armes et des hommes, et s'avance vers Rome avec autant de promptitude que d'audace. Pendant qu'il harcelait cette ville, l'empereur de Constantinople, informé de son éloignement, réunit une armée de Grecs pour écraser Boémond, et mit tout en œuvre par terre et par mer, afin de secourir Durazzo; mais il arriva, par la volonté de Dieu, et ce fut vraiment un étonnant prodige, que le même jour où Guiscard le père en vint aux mains dans Rome avec l'empereur, Boémond combattit courageusement l'empereur de Constantinople, et que, chose admirable à dire, les deux princes triomphèrent au même moment des deux empereurs.

Le dit Boémond vint donc dans les Gaules tâcher, par tous les moyens possibles, d'obtenir en mariage Constance, sœur de Louis, seigneur futur des Français, princesse d'un caractère aimable, d'une taille élégante, et d'une très-belle figure. La force du royaume des Français et la valeur de Louis étaient tellement renommées, que les Sarrasins eux-mêmes tremblaient à la seule idée d'une telle union. Cette princesse était libre de tout engagement[1]; elle en avait rompu dédaigneusement un premier avec Hugues, comte de Troyes, qui la recherchait en mariage, et elle souhaitait se remarier avec un époux dont elle n'eût pas à rougir. L'adroit prince d'Antioche fit si bien, à force de dons et de promesses, qu'il fut jugé tout-à-fait digne de s'unir solennellement à cette princesse, dans la ville de Chartres, en présence du roi, du seigneur Louis, de beaucoup d'archevêques, d'évêques, et de grands du royaume[2]. A cette cérémonie assista aussi le seigneur Brunon, évêque de Segni, légat du siége apostolique de Rome, et chargé par le seigneur pape Pascal d'accompagner le seigneur Boémond, afin de solliciter et d'encourager les fidèles à partir pour le Saint-Sépulcre. Ce légat tint donc à Poitiers un nombreux et célèbre concile[3] où j'assistai, revenant tout nouvellement des écoles. On y traita de diverses affaires synodales, et principalement de la nécessité que le zèle pour le voyage de Jérusalem ne se refroidît pas. Le légat et Boémond parvinrent à exciter beaucoup de gens à l'entreprendre; aussi ce même Boémond, ainsi que la princesse Constance, accompagnés dudit légat, d'une suite nombreuse et d'une armée considérable, retournèrent dans leur principauté,

---

[1] Constance, fille du roi Philippe, avait épousé d'abord Hugues, comte de Troyes; mais elle en avait été séparée pour cause de parenté en l'an 1104.

[2] En 1106.

[3] Le 26 juin 1106.

comblés de gloire et de félicité. Cette princesse Constance donna au seigneur Boémond deux fils, Jean et Boémond ; mais Jean mourut dans la Pouille avant d'avoir atteint l'âge de chevalerie. Boémond, jeune homme distingué, habile chevalier, et qui fut fait prince d'Antioche, pressant un jour vivement les Sarrasins de ses armes, et ne tenant aucun compte de leurs efforts pour lui nuire, les poursuivit imprudemment, tomba dans une embuscade pour s'être laissé emporter par son ardeur plus qu'il ne convenait, fut décapité malheureusement avec une centaine de ses soldats, et perdit ainsi tout à la fois Antioche, la Pouille et la vie[1].

L'année qui suivit le retour du susdit Boémond dans sa patrie, le souverain et universel pontife Pascal[2], de vénérable mémoire, vint dans le pays d'occident, suivi d'un grand nombre de très-sages évêques et cardinaux, et d'une foule de nobles Romains, voulant consulter le roi des Français, son fils Louis, roi désigné, et l'Église française, sur certains embarras et récentes querelles dont le tourmentait et menaçait de le tourmenter davantage encore l'empereur Henri. Cet homme, dénué de toute affection pour l'auteur de ses jours, et de tout sentiment d'humanité, persécuteur cruel et spoliateur de son père, Henri avait poussé, disait-on, l'impiété jusqu'à le forcer, en le retenant dans une dure captivité, et en le livrant aux coups et aux injures de ses ennemis, de lui remettre les insignes de la royauté, c'est-à-dire la couronne, le sceptre, et la lance de Saint-Maurice,

[1] En 1130.
[2] Pascal II, pape de 1099 à 1118.

et de ne conserver rien qui lui appartînt en propre dans tout le royaume. Il fut donc convenu à Rome qu'en raison de la vénale perfidie des Romains, il y aurait plus de sûreté à discuter les objets dont on a parlé ci-dessus, et toutes les autres questions, en France où l'on prendrait l'avis du roi, du fils du roi et de l'Église française, que dans la ville de Rome. Le pape vint en conséquence à Cluny, et de Cluny à la Charité, où il réunit une assemblée d'archevêques, d'évêques et de religieux, et où il fit la dédicace d'un illustre monastère[1]. Dans cette ville accoururent les plus nobles d'entre les grands du royaume : de ce nombre fut le sénéchal du roi, le noble comte de Rochefort, chargé d'aller au devant du seigneur pape et de le servir en tout ce qu'il entendrait dans toute l'étendue du royaume, comme le père spirituel des Chrétiens. Je fus aussi présent à la consécration de ce monastère ; là, me présentant bravement devant le seigneur pape, j'attaquai par d'évidentes raisons le seigneur évêque de Paris, Galon, qui tourmentait d'une foule de querelles l'église du bienheureux Denis, et j'obtins contre lui un jugement canonique. Après que, la tiare sur la tête, comme c'est la coutume romaine, le pape eut chanté, dans l'église de Saint-Martin de Tours, le *lœtare Hierusalem,* il se rendit avec une pieuse bonté au vénérable monastère du bienheureux Denis, qu'il regardait comme la demeure propre du bienheureux Pierre ; accueilli dans ce couvent avec pompe, et comme un souverain pontife a droit de l'être, il laissa à la postérité cet exemple unique, mémorable et tout nouveau pour les Romains, non

---

[1] Le 9 mars 1107.

seulement de ne convoiter, comme on le craignait beaucoup, ni l'or, ni l'argent, ni les pierres précieuses du monastère, mais même de ne pas daigner y jeter les yeux. Prosterné avec une grande humilité devant les reliques des Saints, il offrait au ciel les larmes d'une sincère componction, et se présentait lui-même, et du fond de son cœur, en holocauste au Seigneur et à ses Saints ; puis, demandant avec supplications, qu'on lui donnât, pour le protéger auprès de Dieu, quelques petits morceaux de vêtemens teints du sang du bienheureux Denis, il disait : « Qu'il ne vous déplaise pas de nous rendre un peu « des vêtemens de ce saint à nous, qui, sans en « murmurer, avons destiné cet illustre personnage à « l'apostolat de la Gaule. » Le roi Philippe et le seigneur Louis son fils vinrent avec empressement et plaisir au-devant du pontife dans ce monastère, et, par amour de Dieu, humilièrent à ses pieds la majesté royale, comme les rois ont coutume de le faire en se prosternant, et en abaissant leurs diadêmes devant le tombeau du pêcheur Pierre. Le pape, relevant ces princes de sa main, les fit tenir debout en sa présence comme de très-pieux enfans des apôtres. Ce sage pontife, agissant avec sagesse, conféra ensuite familièrement avec eux de l'état de l'Église, et se les conciliant par de douces paroles, les supplia de prêter leurs secours au bienheureux Pierre, et à son vicaire, de soutenir l'Église de leur main puissante, et comme ce fut toujours la coutume des rois des Français leurs prédécesseurs, tels que Charles-le-Grand et autres, de résister courageusement aux tyrans, aux ennemis de l'Église, et surtout à l'empereur Henri. Les princes lui donnèrent leur main droite en signe d'amitié, de secours et d'union dans le même dessein, et chargèrent des archevêques, des évêques, et Adam, abbé de Saint-Denis, que j'accompagnai, de se hâter d'aller avec lui trouver, à Châlons-sur-Marne, les envoyés de l'empereur. Le pape, ayant séjourné quelque temps dans cette ville, ainsi qu'il avait été convenu, les députés de l'empereur Henri, hommes sans humilité, durs et rebelles, qui s'étaient logés au monastère de Saint-Mesmin, y laissèrent le chancelier Albert, à la bouche et au cœur duquel l'empereur obéissait aveuglément, et se rendirent au lieu préparé pour l'assemblée, avec une nombreuse escorte, un grand faste, et tous richement vêtus. Ces envoyés étaient, l'archevêque de Trèves, l'évêque d'Halberstadt, celui de Munster, plusieurs comtes, et le duc Guelfe, qui faisait porter partout son épée devant lui : homme d'une énorme corpulence, vraiment étonnant par l'étendue de sa surface en longueur et en largeur, et grand clabaudeur. Ces hommes turbulens paraissaient envoyés plutôt pour effrayer que pour discuter raisonnablement. Il faut en excepter le seul archevêque de Trèves, homme agréable, de bonnes manières, riche en science et en éloquence, et familiarisé avec le ton et la langue des Gaules. Il fit un discours spirituel, et offrit au nom de l'empereur son maître, salut et services au seigneur pape et à l'assemblée, mais toujours sauf les droits du trône; puis arrivant à l'objet de leur mission, il poursuivit en ces termes : « Voici le « motif pour lequel notre seigneur l'empereur nous « a envoyés : il est connu qu'aux temps de nos pré-

« décesseurs, hommes saints et vraiment apostoli-
« ques, tels que Grégoire-le-Grand et d'autres, c'é-
« tait un droit appartenant à l'Empire que, dans toute
« élection, on suivît constamment cette règle. D'a-
« bord on portait l'élection à la connaissance du sei-
« gneur empereur avant de l'annoncer publiquement;
« on s'assurait si la personne proposée lui conve-
« nait, et on prenait son consentement avant de ter-
« miner; ensuite, et conformément aux canons, on
« proclamait dans une assemblée générale cette élec-
« tion comme faite à la demande du peuple, par le
« choix du clergé, et avec l'approbation du distri-
« buteur de tout honneur. Enfin, celui qui avait
« été ainsi élu librement et sans simonie, devait se
« présenter devant le seigneur empereur, lui jurer
« fidélité, et lui prêter foi et hommage pour obtenir
« la jouissance des droits régaliens, et recevoir l'in-
« vestiture par la crosse et l'anneau. Il ne faut pas s'en
« étonner : nul, en effet, ne peut être admis en aucune
« manière à jouir autrement de cités, de châteaux, de
« marches, de péages, et de toutes choses relevant
« de la dignité impériale. Si le seigneur pape ac-
« corde cela, une paix stable et prospère unira
« pour toujours le Trône et l'Église à la plus grande
« louange de Dieu. » A tout cela, le seigneur pape
répondit sagement par la bouche de l'évêque de
Plaisance, orateur distingué, que l'Église, rachetée et
constituée libre par le précieux sang de Jésus-Christ,
ne devait plus, en aucune manière, redevenir es-
clave; que si l'Église ne pouvait élire un prélat sans
consulter l'empereur, elle lui était servilement su-
bordonnée, et perdait tout le fruit de la mort du

Christ; que donner l'investiture par la crosse et l'anneau, choses qui de leur nature appartiennent à l'autel, c'est usurper sur Dieu même; que mettre en signe d'obéissance des mains sanctifiées par le corps et le sang du Seigneur dans les mains d'un laïque, que le glaive a teintes de sang, c'est déroger à son rang et à l'onction sainte. Quand ces envoyés intraitables eurent entendu ces observations et d'autres semblables, frémissant avec un emportement tout-à-fait teutonique, ils firent grand bruit, et, s'ils eussent cru pouvoir l'oser avec sécurité, ils se seraient portés à des violences, et auraient dit des injures. « Ce n'est pas ici, s'écrièrent-ils, mais à Rome, et « par l'épée, que se décidera cette querelle. » Mais le pape envoya vers le chancelier plusieurs hommes habiles et renommés par leur sagesse pour discuter avec lui toute cette affaire doucement et avec mesure, l'écouter, s'en faire écouter, et le prier instamment de donner tous ses soins à la paix de l'Église et de l'Empire. Quand les députés partirent, le seigneur pape se rendit à Troyes[1], y tint avec la plus grande pompe un concile général, annoncé depuis long-temps. Ce pontife, pénétré d'amour pour les Français qui l'avaient servi de tout leur pouvoir, mais plein de la crainte et de la haine que lui inspiraient les Teutons, retourna ensuite heureusement dans la ville de Saint-Pierre.

Cependant la seconde année qui suivit son départ était à peine écoulée, que l'empereur, charmé de ne plus voir d'autre route ouverte dans cette affaire que l'effusion du sang, rassembla une effrayante armée de trente mille soldats. Il marcha droit vers

---

[1] En 1107.

Rome, feignit adroitement de ne s'avancer que dans des vues pacifiques, et d'abandonner la querelle des investitures; il en fit même la promesse, et en ajouta d'autres non moins brillantes; prodigua les caresses afin d'obtenir l'entrée de la ville, qu'il n'aurait pu avoir autrement, et ne craignit pas de tromper le souverain pontife, toute l'Église, et, qui plus est, le roi des rois lui-même. En apprenant qu'une contestation si grave et si funeste à l'Église était assoupie, les nobles romains se livrèrent aux élans de la joie, autant et plus même qu'il n'était raisonnable de le faire. Le clergé triompha avec enivrement, et tous, transportés de plaisir, rivalisèrent de zèle pour recevoir l'empereur avec la pompe la plus magnifique et les plus grands honneurs[1]. Pendant que le seigneur pape et une troupe nombreuse d'évêques et de cardinaux, vêtus de leurs longs habits et montés sur des chevaux couverts de housses blanches, s'empressaient d'aller, suivis de tout le peuple de Rome, au devant de l'empereur, des députés envoyés en avant avaient reçu de lui, en lui faisant toucher les très-saints Évangiles, le serment de donner la paix à l'Église et de renoncer à l'investiture; ce serment fut ensuite renouvelé dans le lieu appelé Montjoie, d'où ceux qui arrivent à Rome découvrent pour la première fois les temples des bienheureux Apôtres; une troisième fois, à la grande et universelle admiration des Romains, l'empereur et ses grands prêtèrent encore ce serment, de leurs propres mains, aux portes même de la ville. Aussi ce prince fut-il reçu plus magnifiquement que ne l'eût été sous un arc de triomphe le vainqueur de l'Afrique; des

[1] En 1111.

hymnes et de nombreux chants de triomphe accompagnaient sa marche; le seigneur pape le couronna de sa main avec le très-saint diadême qu'avaient porté les empereurs, et on le conduisit avec la pompe la plus solennelle et la plus religieuse au très-saint autel des Apôtres, au milieu des cantiques qu'entonnaient les clercs et du terrible bruit dont le chant des Allemands faisait retentir le ciel. Lors donc que le pape, qui célébra une messe d'actions de grâces, eut consacré le corps et le sang de Jésus-Christ, l'empereur, ne craignant plus d'immoler le Dieu qui s'est miraculeusement offert pour l'Église, communia d'une partie de l'hostie en signe d'une inaltérable amitié et de sa fidélité au pacte juré. La messe finie, le seigneur pape n'avait pas encore quitté ses ornemens épiscopaux, que, par une méchanceté à laquelle on était loin de s'attendre, les Teutons grincent des dents, et s'emportent avec fureur sous un feint prétexte de querelle; puis ils tirent leurs glaives, courent de tous côtés comme des maniaques, attaquent les Romains désarmés, comme ils devaient l'être dans un tel lieu, et crient en jurant qu'il faut arrêter et égorger tout le clergé romain et tous les prélats, tant évêques que cardinaux; enfin, comme il n'est aucun excès auquel la folie ne puisse aller, ils ne craignent pas de porter leurs mains sacriléges sur le seigneur pape. La noblesse romaine et le peuple lui-même, saisis d'une affliction inexprimable et l'ame brisée de douleur, s'abandonnent au désespoir: s'apercevant, quoique trop tard, de l'odieux complot, les uns courent aux armes et les autres fuient comme des insensés; mais ils ne peuvent échapper à cette attaque inopinée des ennemis qu'en arrachant les poutres des portiques, et se faisant ainsi un moyen de défense de leur propre ruine. Quant au susdit empereur, effrayé par les remords déchirans de sa conscience criminelle et l'horreur de cette action scélérate, il quitta la ville au plus vite, traînant après lui le seigneur pape et autant d'évêques et de cardinaux qu'il le put; il en fit sa proie, violence inouïe pour des Chrétiens de la part d'un Chrétien, et se retira dans le château Saint-Ange, lieu très-fortifié par la nature et par l'art. Dépouillant alors honteusement les cardinaux des marques de leur dignité, il les traita indécemment, et, ce qui est affreux à dire, sans être retenu par la crainte de porter la main sur l'oint du Seigneur, il arracha insolemment au pape lui-même la mitre, le pluvial [1] et tous les insignes de l'apostolat dont il était revêtu : prodiguant enfin les injures au pontife et aux siens, et les accablant d'une foule d'infâmes traitemens, il ne leur rendit la liberté qu'après avoir forcé le pape à le dégager du traité dont on a parlé plus haut et à reconnaître la prétention qu'il s'arrogeait. Il lui extorqua, de plus, par surprise, le privilége de donner dans la suite l'investiture; mais bientôt, et de l'avis de toute l'Église, le seigneur pape révoqua cette concession dans un grand concile de trois cents évêques et plus, auquel j'assistai, et il l'annula en foudroyant l'empereur d'un anathême éternel. Si quelqu'un recherche pourquoi ce pontife se conduisit avec tant de tiédeur, il reconnaîtra que l'Église languissait frappée dans son pasteur et les hommes appelés à le seconder, et qu'un tyran l'asservissait pres-

[1] Espèce de chasuble.

que entièrement et la dominait comme sa chose propre, parce qu'il ne se trouvait personne qui lui résistât. La vérité de cette assertion, la suite l'a prouvée. Aussitôt, en effet, que le pape fut parvenu d'une manière quelconque à faire mettre en liberté ses frères, les colonnes de l'Église, pour qu'ils la surveillassent et réparassent ses maux, et qu'il lui eut redonné une sorte de paix, il s'enfuit au désert pour y vivre dans la solitude, et y serait demeuré toujours, si toute l'Église et les Romains ne lui eussent fait violence pour le contraindre à revenir. Au reste, le Seigneur Jésus-Christ, rédempteur et défenseur de son Église, ne souffrit pas qu'elle fût plus long-temps foulée aux pieds, et que l'empereur restât impuni. Ceux, en effet, qui n'avaient été jusque-là ni retenus ni liés par leur foi, prirent enfin en main la cause de l'Église ébranlée dans ses fondemens, réunirent, par le conseil et avec l'appui du seigneur futur Louis, toute l'Église gauloise en un fameux concile [1], chargèrent le tyrannique empereur des chaînes de l'excommunication et le percèrent de l'épée du bienheureux Pierre. Ensuite, soulevant contre lui les grands qui appartenaient à l'empire teutonique, ainsi que la majeure partie de ses propres États, ils déposèrent ses complices, entre autres Bouchard le Roux, évêque de Munster, et ne cessèrent point de poursuivre et de dépouiller Henri jusqu'à ce que sa criminelle vie et son gouvernement tyrannique eussent eu la fin qui leur était due. Par suite de ce malheur justement mérité et de la vengeance de Dieu, l'Empire passa dans une autre famille. Henri une fois exterminé, le duc de Saxe, Lothaire,

---

[1] Le concile de Vienne tenu le 16 septembre 1112.

homme belliqueux et défenseur invincible de l'État, le remplaça. Après qu'accompagné du seigneur pape Innocent, il eut, sous les yeux même de Roger, qui s'était déclaré roi de Sicile, ravagé et dompté l'Italie rebelle, la Campanie, la Pouille, et tout le pays jusqu'à la mer Adriatique, ce prince victorieux mourut, comme il retournait dans sa patrie, après cet illustre triomphe. Que d'autres écrivains retracent ces événemens et d'autres de cette nature; quant à nous, retournons à décrire, comme nous nous le sommes proposé, les actions des Français.

CHAPITRE X.

De la prise du château de Gournai.

Le comte Gui de Rochefort, dont on a parlé plus haut, avait conçu un vif mécontentement de ce que, par les intrigues de ses ennemis, le mariage contracté entre sa fille et le seigneur désigné des Français, avait été attaqué pour cause de parenté et rompu par le divorce en présence du seigneur pape[1]. Cette légère étincelle entretenue dans son cœur y excita un violent incendie; son maître futur ne lui témoignait pourtant pas moins d'attachement, quand tout à coup les Garlande se mêlant de cette affaire, brisèrent les liens de cette amitié, anéantirent cette union et envenimèrent les haines. Une occasion de faire la guerre s'offrit pour lors au seigneur futur de

[1] Dans le concile de Troyes.

la France. Hugues de Pompone, vaillant chevalier et seigneur châtelain du château de Gournai situé sur la Marne, avait enlevé à l'improviste sur la voie royale et conduit à Gournai les chevaux de quelques marchands; Louis, presque hors de lui-même à la nouvelle de cette insultante audace, rassembla une armée et investit sur-le-champ le château qui manquait de vivres. Au château touche une île renommée par la bonté de ses pâturages et excellente pour les chevaux et les troupeaux; elle s'étend un peu en largeur, mais plus en longueur, et était d'une grande utilité aux assiégés. Elle offre en effet à ceux qui s'y promènent l'agréable spectacle d'eaux claires et courantes; elle réjouit les yeux par sa belle végétation de gazons tantôt verts et tantôt couverts de fleurs, et entourée de tous côtés par les eaux de la rivière, elle donne pleine sécurité à ceux qui l'habitent. Le seigneur Louis, ayant préparé une flotte, se hâta d'attaquer cette île; il fit mettre nus quelques-uns de ses chevaliers et beaucoup de ses fantassins, afin qu'ils pussent prendre terre plus aisément et se sauver plus vite s'il leur arrivait d'échouer dans leur tentative; d'autres se jetèrent à la nage, d'autres encore traversèrent le fleuve à cheval comme ils purent, et quoique avec plus de danger; lui-même enfin s'y élança et ordonna audacieusement d'occuper l'île. Les assiégés résistent courageusement: placés sur une rive élevée, ils dominent ceux qui sont sur la flotte ou dans les flots, et les repoussent rudement à coups de pierres, de lances et de pieux. Mais ceux-ci, quoique contraints de reculer, s'animent, reprennent leur ardeur, s'efforcent de repousser ceux qui les repoussent, et excitent les frondeurs et les archers à lancer les pierres et les flèches. Les hommes de la flotte, armés de casques et de cuirasses, en viennent aux mains à mesure qu'ils peuvent aborder, combattent hardiment à la manière des pirates, et chassent ceux qui les chassent ; enfin, comme il arrive ordinairement à la valeur qui ne sait point supporter la honte, les nôtres s'emparent de l'île par la force des armes, rejettent les ennemis dans le château, et les contraignent de s'y renfermer. Après les y avoir assiégés et tenus resserrés pendant quelque temps, le seigneur Louis ne pouvant les réduire à se rendre, indigné d'être retenu si long-temps, et se laissant un certain jour emporter par son ardeur, fait avancer son armée et donne l'assaut à ce château fortifié d'un rempart escarpé et solidement construit, et qu'en haut un parapet, en bas la profondeur de la rivière rendaient presque inexpugnable ; lui-même se jette dans l'eau, monte jusqu'à la ceinture du fossé, s'efforce d'arriver au parapet, commande de lutter corps à corps, et de sa personne combat courageusement, au grand chagrin de l'ennemi. De leur côté, les défenseurs du château, préférant l'audace à la vie, courent avec ardeur à la défense de leurs murs, n'épargnent pas leur maître, chargent les armes à la main, repoussent leurs adversaires, rejettent en bas et précipitent au fond de la rivière ceux qui s'élèvent au dessus de l'eau. C'est ainsi que, pour cette fois, ceux du dedans soutinrent leur gloire, et ceux du dehors souffrirent un échec, à leur grand regret. On prépare alors les machines de guerre pour renverser le château, et l'on fabrique entre autres pour les assaillans une tour à trois étages, machine d'une prodigieuse hauteur, et qui, dépassant l'élévation du château, empêche les frondeurs et les archers de faire le service des meurtrières supérieures et d'aller ou de paraître même sur la plate-forme du château. Les assiégés, sans cesse harcelés la nuit comme le jour par cette tour, ne pouvaient se présenter pour garder leurs murs ; se retranchant alors prudemment dans de profonds souterrains, ils s'y défendaient en faisant lancer traîtreusement d'en bas par leurs archers une foule de traits sur ceux des nôtres qui occupaient le premier étage de la tour, et triomphaient ainsi d'eux par la mort. A l'immense machine était fixée un pont en bois; il s'élevait de beaucoup au dessus du parapet supérieur de la place, et pouvait, lorsqu'on l'abaisserait un peu sur ce parapet, donner, à ceux des nôtres qui descendraient de la tour, une entrée facile dans le château ; les assiégés, adroits en ces sortes de choses, firent, en avant du parapet et en face de la tour, des trébuchets en bois séparés l'un de l'autre, afin que le pont et ceux qui passeraient dessus tombassent tout à la fois ; les nôtres ainsi précipités dans des fossés creusés sous terre, garnis de pieux pointus et recouverts traîtreusement de chaume, afin qu'on ne les aperçût pas, ne pouvaient manquer d'y perdre la vie et d'y trouver une mort cruelle.

Cependant le susdit Gui, en homme habile et courageux, anime ses parens et ses amis, presse de ses prières les seigneurs voisins, et hâte leur union avec les assiégés. Il se concerte avec le comte du palais Thibaut, homme d'une jeunesse agréable et déjà exercé dans l'art de la guerre, pour qu'à un certain jour convenu il porte des approvisionnemens aux assiégés qui déjà manquaient de vivres, et avec une forte armée délivre le château ; lui-même, de son côté, étend partout le ravage et l'incendie pour contraindre les nôtres à cesser le siége. Le jour fixé où ledit comte Thibaut devait amener des vivres et chercher avec une armée à faire lever leur siége, Louis, notre seigneur futur, rassemble, non de points éloignés, mais des lieux les plus proches, autant de troupes qu'il le peut ; animé par le souvenir de sa supériorité royale et de sa haute valeur, il abandonne ses tentes et ceux qu'il laisse pour les défendre, et vole plein de joie au devant des ennemis. Après avoir envoyé un coureur chargé de revenir lui apprendre si ceux-ci arrivent et paraissent vouloir combattre, il appelle à lui ses barons, range en ordre de bataille ses chevaliers et ses gens de pied, et assigne leurs places aux archers et aux lanciers. Aussitôt que les deux armées s'aperçoivent, les trompettes sonnent : cavaliers et chevaux, tous montrent la plus grande ardeur, et on en vient promptement aux mains. Mais les Français, endurcis par des guerres continuelles, attaquent les premiers les habitans de la Brie énervés par une longue paix, les taillent en pièces, les renversent de la lance et du glaive, poursuivent avec acharnement la victoire et ne cessent de combattre en hommes, tant à pied qu'à cheval, que quand l'ennemi, tournant le dos, cherche son salut dans la fuite. Pour le comte, craignant d'être pris, il aima mieux être le premier que le dernier à fuir, abandonna son armée et ne songea qu'à retourner chez lui. Il y eut dans ce combat quelques morts, beaucoup de blessés et plusieurs prisonniers, ce qui donna par toute la terre une illustre célébrité à cette victoire. Le seigneur Louis, après avoir remporté si à propos un triomphe si considérable, regagna ses tentes, chassa les assiégés du château, le retint pour lui, et en confia la garde aux Garlande.

CHAPITRE XI.

De la prise du château de Sainte-Sévère.

De même que la lâcheté jointe à la nonchalance rend les nobles vils, ôte tout honneur aux hommes faits pour la gloire, et les rabaisse au dernier rang ; de même le courage de l'ame, entretenu par l'activité du corps, rend les nobles plus nobles, rehausse la gloire de ceux qui en ont déjà, les élève au rang le plus éminent, et les y place pour offrir par toute la terre aux hommes le spectacle des belles actions accomplies par une valeur brillante. Aussi arrivèrent bientôt des gens qui conjurèrent avec d'ardentes supplications, et pressèrent, avec de nombreuses et fastueuses promesses de service, le seigneur Louis de se transporter dans la partie du pays du Berri qui touche aux frontières des Limousins, de marcher contre le très-noble château de Sainte-Sévère, fameux par la possession héréditaire de la dignité de chevalerie, et rempli d'hommes d'armes, de forcer le seigneur du lieu, le noble homme Humbaud, de se conduire avec équité, ou de le dépouiller de son château, à bon droit, et conformément à la loi salique, en punition de ses vexations. Cédant à ces instances, le jeune prince entra dans ce pays, non avec une armée, mais à la tête seulement d'une petite troupe guerrière composée de ses propres domestiques; comme il s'avançait rapidement vers le château, ledit seigneur châtelain, homme avisé, libéral et d'un sang généreux, marcha à sa rencontre suivi de nombreux chevaliers, fortifia de pieux et de retranchemens un certain ruisseau qui coupait la seule route qu'on pût suivre, et en ferma le passage aux Français. Pendant que les deux armées demeurent en présence sur les bords opposés du ruisseau qui les sépare, le seigneur Louis, indigné de voir un des ennemis, plus audacieux que ses compagnons, sortir des retranchemens, presse son coursier de l'éperon, fond sur ce téméraire en homme qui surpassait tous les autres en courage, le frappe de sa lance et le renverse; du même coup, et à travers le corps de ce premier, il en perce un second, et, ce qui n'était pas séant pour un roi, se jette dans le ruisseau, ayant de l'eau jusqu'à son casque; sans différer, il pousse son avantage, entre par l'étroit passage par lequel était sorti ce soldat, et ne cesse de chasser devant lui les ennemis à coups de pierres. A cette vue, les Français enflammés d'une ardeur incroyable, culbutent les retranchemens, passent le ruisseau, tombent sur les ennemis, en font un grand carnage, et les ramènent toujours battant jusque dans le château. Le bruit se répandit parmi les assiégés et dans tout le voisinage frappés d'épouvante, que le seigneur Louis et les siens étaient déterminés, en braves guerriers, à ne se retirer que quand ils auraient détruit le château de fond en comble et attaché au gibet ou privé des yeux les plus nobles de ses défenseurs. Le seigneur châtelain se décida en conséquence sagement à ne pas tarder davantage de plier devant la majesté royale, et de remettre sous l'obéissance de la couronne sa terre et son château. Le seigneur Louis s'en retourna donc, traînant après lui ce seigneur, le laissa prisonnier à Étampes, et regagna Paris après ce rapide triomphe et cet heureux succès.

CHAPITRE XII.

De la mort du roi Philippe.

Plus ce jeune prince s'élevait ainsi de jour en jour, plus son père le roi Philippe se rabaissait aussi de jour en jour. Depuis qu'au détriment des droits de sa femme légitime il s'était uni à la comtesse d'Angers, il ne faisait plus rien qui fût digne de la majesté royale; entraîné par sa passion désordonnée pour cette femme qu'il avait enlevée, il ne connaissait d'autre soin que de se livrer à la volupté, ne pourvoyait à aucun des besoins de l'État, et, s'abandonnant aux plaisirs plus qu'il ne fallait, ne ménageait pas même la santé de son corps svelte et élevé. Ce qui seul soutenait les choses, c'est que l'amour et la crainte qu'inspirait le fils appelé à lui succéder, conservaient à l'État toute sa vigueur. Philippe donc n'étant qu'à peine sexagénaire, et dépouillant les marques de sa royauté, termina son dernier jour en présence du seigneur Louis, au château de Melun sur la rivière de Seine [1]. A ses nobles funérailles assistèrent les vénérables hommes, l'évêque de Paris Galon, ceux de Senlis et d'Orléans, Adam, d'heureuse mémoire, abbé du monastère du bienheureux Denis, et beaucoup de pieux personnages. Ils portèrent le noble corps, qui avait été revêtu de la majesté royale, dans l'église de la bienheureuse Marie, et passèrent la nuit à réciter les prières des morts avec la plus grande pompe. Le lendemain matin son fils le fit placer dans une litière couverte, comme il convenait, de riches étoffes et d'ornemens funèbres de tout genre, et voulut que les plus considérables d'entre ses serviteurs la portassent sur leurs épaules. Lui-même, avec une affection vraiment filiale, et comme il le devait, tantôt à pied, tantôt à cheval, et suivi de tous les barons qu'il avait autour de lui, accompagna constamment la litière en pleurant. Il montra ainsi encore cette noble générosité d'ame avec laquelle, pendant tout le temps de la vie de son père, il avait soigneusement évité soit de l'offenser en la moindre chose, malgré la répudiation de sa mère et l'union illégitime de Philippe avec la comtesse d'Angers, soit de lui causer le plus léger chagrin en cherchant à lui enlever quelque portion de son autorité sur le royaume, comme le font d'ordinaire tant de jeunes princes. Un nombreux cortége conduisit donc les restes du feu roi, comme il l'avait ordonné, au fameux monastère de Saint-Benoît, bâti sur les bords du fleuve de la Loire. On disait, en effet, pour l'avoir entendu de

---

[1] Le 29 juillet 1108.

sa bouche, que n'ayant fait aucun bien à l'église de Saint-Denis, et craignant que ses restes ne fussent peu considérés au milieu de ceux d'une foule de nobles monarques, il desirait n'être pas mis dans la sépulture des rois ses ancêtres, fixée par un droit presque naturel dans l'église du bienheureux Denis. On plaça donc, de la façon la plus honorable, son corps en face de l'autel, dans le monastère qu'il avait désigné; on le recouvrit de pierres funéraires, et on chanta des hymnes et des prières pour recommander son ame à Dieu.

CHAPITRE XIII.

 De l'élévation du prince Louis à la royauté.

CEPENDANT ledit seigneur Louis, qui dès sa jeunesse sut mériter l'amitié de l'Église en se dévouant généreusement à sa défense, se montra le soutien de la cause des pauvres et des orphelins, et dompta les oppresseurs du peuple par son puissant courage, fut, avec l'assentiment de Dieu, appelé au suprême rang du royaume par le vœu de tous les gens de bien[1]; mais, s'ils l'eussent pu, les méchans et les impies l'en auraient exclu par leurs vœux et leurs complots. On agit donc très-sagement de ne pas perdre un instant, comme le conseilla surtout Jean, évêque de Chartres, homme vénérable et très-savant, pour se réunir à Orléans, et de se hâter prudemment de travailler à son exaltation,

[1] Il avait alors trente ou trente-un ans; il était né en 1077 ou 1078.

afin de déjouer les intrigues des impies. Là, vint Daimbert, archevêque de Sens, qu'on y appela avec tous les évêques provinciaux, Galon de Paris, Manassé de Meaux, Jean d'Orléans, Jean de Chartres, Hugues de Nevers et Humbaud d'Auxerrre. Le jour même de l'invention du saint Protomartyr Étienne, ledit archevêque oignit de l'huile sainte le seigneur Louis, célébra la messe d'actions de grâces, ôta au jeune roi le glaive de la milice séculière, lui ceignit celui de l'Église pour la punition des malfaiteurs, le couronna joyeusement du diadême royal, et lui remit respectueusement, avec l'approbation du clergé et du peuple, tous les insignes de la royauté, ainsi que le sceptre et la main de justice, pour qu'il eût à s'en servir à la défense des églises et des pauvres. La célébration de l'office divin était à peine achevée, et le prélat n'avait pas encore quitté ses ornemens sacerdotaux, qu'arrivèrent tout à coup, de la part de l'église de Rheims, des envoyés chargés d'un méchant message; porteurs de lettres d'opposition, ces gens, s'ils fussent arrivés à temps, auraient empêché, en vertu de l'autorité apostolique, que l'onction du roi ne se terminât. Ils prétendaient en effet que l'initiative du couronnement du roi appartenait de droit à l'église de Rheims; qu'elle avait obtenu du premier roi des Français, Clovis, baptisé par le bienheureux Remi, ce privilège inattaqué et respecté jusqu'alors, et que quiconque aurait la téméraire audace de le violer demeurerait sous un anathème perpétuel. Ils espéraient dans cette occasion, ou bien faire la paix de leur archevêque, Raoul, homme vénérable et âgé, qui avait encouru le grave et dangereux mécontentement du seigneur roi, pour s'être fait, sans son consentement, élire au siége de Rheims et introniser, ou bien empêcher que le roi ne fût couronné; mais ces messagers, arrivés trop tard, restèrent muets à Orléans, et retournèrent parler chez eux; ou, s'ils dirent quelque chose, ils n'en retirèrent aucun avantage pour leur pays.

CHAPITRE XIV.

De la prise du château de La Ferté-Baudouin, et de la délivrance du comte de Corbeil et d'Anselme de Garlande.

Louis donc, roi des Français, par la grâce de Dieu, ne perdit pas l'habitude qu'il avait contractée dans son adolescence, de protéger les églises, de soutenir les pauvres et les malheureux, et de veiller à la défense et à la paix du royaume. Gui-le-Roux, dont on a déjà parlé plus haut, et son fils Hugues de Créci, jeune homme capable, brave guerrier, semant partout les rapines et l'incendie, et ardens à porter le trouble dans tout le royaume, ne cessaient d'insulter à l'autorité royale, par suite de la honte et de la rancune qu'avait amassées dans leur cœur la perte du château de Gournai. Hugues se décida, par cela même, à ne pas épargner son propre frère Eudes, comte de Corbeil, qui ne lui avait fourni aucun secours contre le roi. Tendant des piéges à l'innocente simplicité de ce frère, Hugues le surprit un certain jour que celui-ci avait résolu d'aller tranquillement chasser seul, sans soupçonner quels actes et quels projets coupables peut enfanter la fraternité corrompue par une noire envie. Enlevé par son frère, Eudes fut donc renfermé dans le château appelé La Ferté-Baudouin[1], chargé de honteux liens, et jeté dans des fers dont, si l'on avait pu l'y retenir, on ne l'aurait pas délivré, à moins qu'il ne déclarât la guerre au roi. A la nouvelle de cet outrage sans exemple, beaucoup des habitans de Corbeil vinrent, pendant qu'une foule de chevaliers de la plus ancienne noblesse attaquaient le château, solliciter l'appui de la majesté royale, se précipitèrent aux genoux du monarque, lui apprirent avec larmes et sanglots l'enlèvement d'Eudes, ainsi que la cause de cet attentat, et le supplièrent avec d'instantes prières, d'employer son bras puissant à arracher leur comte de prison. Sur la promesse de Louis, ils s'abandonnèrent à l'espoir de voir leur seigneur délivré, adoucirent leur colère, calmèrent leur douleur, et s'occupèrent à l'envi des moyens à prendre, et des forces à réunir pour r'avoir le comte. Hugues ne possédait pas La Ferté-Baudouin par droit héréditaire, mais l'avait eu, à l'occasion de son mariage avec une certaine comtesse Adélaïde[2], et l'avait retenu même après avoir répudié sa femme avec mépris. On fit si bien que quelques gens de ce château s'abouchèrent avec quelques-uns de ceux de Corbeil, et leur promirent, sous la foi du serment, de les faire pénétrer par ruse dans la place. Le roi, se laissant persuader par ceux de Corbeil, se mit promptement en marche,

---

[1] Selon Valois, La Ferté-Alais.
[2] Veuve de Bouchard, comte de Corbeil.

mais seulement avec une petite troupe de gens de sa cour, de peur que son entreprise ne se divulguât. Sur le soir, et quand ceux du château étaient encore à causer autour des feux, le sénéchal du roi, Anselme de Garlande, qu'on avait envoyé en avant comme un courageux chevalier, fut reçu avec environ quarante hommes armés par la porte qu'on était convenu d'ouvrir, et s'efforça de s'en emparer de vive force. Mais les assiégés, entendant avec surprise des hennissemens de chevaux, et un bruit confus et inopiné de cavaliers, s'élancèrent sur les nôtres ; les portes qui s'ouvraient en dehors sur la rue, ne permettaient pas à ceux qui une fois y étaient engagés, d'avancer ou de reculer comme ils l'auraient voulu, et les habitans, d'autant plus audacieux qu'ils étaient protégés par leurs portes, firent un prompt carnage de nos gens. Ceux-ci ayant contre eux l'épaisseur des ténèbres et le désavantage de la position, ne purent soutenir plus long-temps le combat, et regagnèrent la porte. Anselme, emporté par son ardeur, mais frappé au moment où il se retirait, ne put atteindre la porte où l'ennemi l'avait prévenu, fut pris, et entra, non en maître, mais en captif, dans la tour du château, où il partagea le sort du comte de Corbeil. Avec un chagrin semblable, tous deux éprouvaient une crainte différente ; ils étaient menacés, l'un de la mort, l'autre seulement de la privation de ses biens, et l'on pouvait leur appliquer ce vers :

Solatia fati
Carthago Mariusque tulit.

Les cris des fuyards apportèrent la nouvelle de

cet échec aux oreilles du roi; ce prince, furieux d'avoir été trompé sur la route à suivre, et retardé par la funeste obscurité de la nuit, saute sur son cheval, et, plein d'audace, s'efforce de se jeter dans la porte, et de donner du secours aux siens; mais il trouve cette porte fermée, se voit repoussé par une grêle de traits, de dards et de pierres, et est contraint de se retirer. Consternés de douleur, les frères et les parens du sénéchal prisonnier, se précipitent aux pieds du monarque, et lui disent : « Laissez-vous toucher à la pitié, glorieux roi ; pour-
« suivez courageusement votre entreprise. Si ce mé-
« chant Hugues de Créci, l'homme le plus pervers,
« et qui toujours a soif du sang humain, réussit, ou
« à venir ici, ou à en tirer notre frère, et met, de
« quelque manière que ce soit, la main sur lui, nul
« doute qu'il ne le fasse périr sur-le-champ, et que,
« plus cruel que tout ce qu'il y a de plus cruel, il
« ne s'en défasse par une mort prompte, sans s'in-
« quiéter du châtiment qui pourra l'atteindre un
« jour. » Louis, dans la crainte qu'il n'en fût ainsi, ne perdit pas un instant à cerner le château, occupa toutes les routes qui conduisaient aux portes, l'enferma dans quatre ou cinq retranchemens, et consacra les efforts de sa propre personne et de tout son royaume à s'emparer de la place, et à délivrer les prisonniers. Cependant le susdit Hugues, qui s'était d'abord fort réjoui de la prise de ces deux captifs, craignant maintenant de se les voir arracher et de perdre son château, se donna force peines et tourmens, et forgea divers projets pour s'introduire dans la place, tantôt à pied, tantôt à cheval, sous le frauduleux dé-

guisement, soit d'un jongleur habile à prendre toutes les formes, soit d'une femme de mauvaise vie. Un certain jour qu'il était tout occupé de l'exécution d'une de ses ruses, il fut aperçu des gens de notre camp; mais, sentant bien qu'il lui serait impossible de soutenir l'attaque impétueuse de ceux qui se mirent à sa poursuite, il chercha son salut dans la fuite. Parmi ceux qui coururent après lui, Guillaume, l'un des frères du sénéchal, chevalier vaillant et habile à manier les armes, devança tous les autres; animé par l'ardeur de son courage, et secondé par la vitesse de son coursier, il pressait vivement Hugues, et s'efforçait de l'arrêter : celui-ci, le voyant seul, vibrait sa lance, et se retournait souvent contre lui de toute la vitesse de son cheval; mais bientôt, dans la crainte de ceux qui venaient par derrière, il n'osait retarder sa course, et se remettait à fuir. Il se montrait ainsi fortement résolu, s'il eût pu s'arrêter plus longtemps, et lutter contre Guillaume seul à seul, de prouver hautement l'audace de son ame, soit en triomphant dans ce combat singulier, soit en bravant le péril d'une mort honorable. Souvent il ne put écarter les dangers qui le menaçaient dans les villes situées sur la route, et se soustraire aux attaques inévitables d'ennemis accourus sur son passage, qu'en se faisant passer, par un artifice frauduleux, pour Guillaume de Garlande lui-même; il criait alors qu'il était poursuivi par Guillaume Hugues, et invitait les gens, au nom du roi, à arrêter comme ennemi celui qui le suivait. Au moyen de ce stratagème et d'autres semblables, il parvint, autant par l'adresse de sa langue que par la force de son ame, à s'échapper par la fuite, et, seul, il se rit des efforts de plusieurs. Cependant, ni cet événement, ni aucun autre, ne purent déterminer le roi à se désister du siége qu'il avait entrepris ; au contraire, il resserra le château de plus en plus, accabla les assiégés, et ne cessa de les combattre que quand, surpris et vaincus à l'aide des machinations de quelques-uns des habitans, ils furent contraints, par son puissant courage, de se rendre à discrétion. Au bruit du tumulte qui éclata alors, les chevaliers s'enfuirent vers la citadelle, cherchant à sauver non leur liberté, mais leur vie. En effet, une fois qu'ils s'y furent renfermés, ils ne purent ni s'y défendre complétement, ni en sortir de quelque manière que ce fût. Il y en eut quelques-uns de tués, et un plus grand nombre de blessés. Alors, se soumettant à la volonté de la majesté royale, ils rendirent, par le conseil même de leur seigneur, et eux et leur citadelle. C'est ainsi que, par ce succès auquel concoururent et le pieux Louis, et le scélérat Hugues, le monarque, grâce à sa clémente prudence, recouvra son sénéchal, et rendit un frère à ses frères, et leur comte aux gens de Corbeil. Il ravagea les biens de quelques-uns des chevaliers du château, et les en dépouilla ; quant à quelques-autres, il résolut de les punir plus durement encore, et, pour effrayer leurs semblables, il leur infligea le supplice d'une longue détention. C'est par cette victoire signalée que, contre l'attente de ses ennemis, et grâce à la faveur de Dieu, il illustra les prémices de son règne.

CHAPITRE XV.

De l'entrevue du roi Louis avec Henri, roi des Anglais, à Neaufle-le-Château.

Vers ce temps [1] il arriva que Henri, roi des Anglais, homme très-courageux et renommé dans la paix comme dans la guerre, vint dans la province des Normands. Le sauvage devin Merlin, qui a vu et prédit avec détail, et d'une manière si étonnante, les événemens qui doivent, dans toute la suite des siècles, se passer en Angleterre, a publié dans tout l'univers et consacré la supériorité de ce prince par des éloges magnifiques, mais aussi vrais que délicats ; c'est pour le célébrer que Merlin, à la manière des hommes inspirés, a fait entendre ces accens subits d'une voix prophétique : « Au trône succédera le lion
« de la justice ; à ses rugissemens trembleront les
« tours gauloises et les dragons insulaires. Dans son
« temps on extraira l'or du lis et de l'ortie ; l'argent
« découlera du pied des animaux mugissans ; les bêtes
« à poil frisé revêtiront des toisons diverses, et leur
« extérieur fera connaître ainsi leurs dispositions in-
« térieures ; les pieds des chiens seront coupés ; les
« animaux sauvages jouiront d'une douce paix ; les
« hommes réduits à supplier souffriront ; les formes
« du commerce changeront ; la moitié d'un tout de-
« viendra ronde ; les milans perdront leur rapacité ;

[1] En 1109.

« les dents des loups s'émousseront ; les petits des
« lions seront transformés en poissons de la mer, et
« l'aigle bâtira son nid sur les monts de l'Arabie. » La
totalité de cette prophétie, si ancienne et si merveilleuse, s'applique si bien jusqu'ici à la vigueur
personnelle du roi Henri et à l'administration de son
royaume, qu'il ne s'y trouve ni un seul iota ni un seul
mot qui contredise en rien ce rapport; ce qui est dit
à la fin sur les petits du lion s'est manifestement vérifié dans ses fils et sa fille, qui, noyés dans un naufrage et dévorés par les poissons de la mer, ont ainsi
changé physiquement de forme et prouvé la certitude
de la prophétie. Le susdit roi Henri ayant donc heureusement succédé à son frère Guillaume, pourvut
sagement à l'administration du royaume d'Angleterre
avec le conseil des hommes probes et éclairés, comme
le voulaient les lois faites par les plus anciens monarques, confirma sous la foi du serment les antiques
coutumes de l'État pour s'assurer le dévoûment de
ces mêmes hommes, et débarqua dans un port du
duché de Normandie ; fort de l'appui du seigneur roi
des Français, il rétablit l'ordre dans cette contrée,
fit fleurir les lois, et imposa forcément la paix à
tous, ne promettant rien moins à ceux qui se rendraient coupables de rapine que de leur faire arracher les yeux et de les faire attacher à de hautes
fourches patibulaires. Frappés tant de ces menaces
et d'autres de ce genre, que de fréquens exemples
de sa fidélité à les exécuter, les Normands furent
une nouvelle preuve que la terre se tait en présence
de celui qui peut prodiguer de semblables promesses ;
et ces peuples qui, depuis les cruelles invasions des

Danois, n'avaient jamais connu de tranquillité, restèrent en repos, quoiqu'à leur grand regret, et vérifièrent en cela les oracles du sauvage devin. En effet, la rapacité des milans cessa et les dents des loups furent émoussées, lorsqu'une fois ni les nobles ni les gens du commun ne furent plus si hardis que de se livrer avec audace au vol et au brigandage. Quant à ces paroles de la prophétie que les tours gauloises et les dragons insulaires trembleront au rugissement du lion de la justice, il arriva de fait que Henri fit raser presque toutes les tours et les plus forts châteaux de la Normandie qui est une partie de la Gaule, soit en y introduisant des hommes à lui, soit en les achetant de ses propres deniers; ou qu'il les soumit à son joug après les avoir détruits par la force; les dragons des îles tremblèrent, puisqu'aucun des grands de l'Angleterre n'osa faire entendre même le plus léger murmure contre son administration; dans les jours de ce monarque l'or fut extrait par lui du lis, c'est-à-dire des religieux que leur piété met en bonne odeur, et de l'ortie, c'est-à-dire des séculiers toujours prêts à frapper avec les armes; ce qui signifie que ce prince utile à tous était servi par tous. Il vaut mieux en effet que tous aient un seul maître qui les défende tous, que de périr tous jusqu'au dernier en n'ayant pas un maître. Sous Henri encore l'argent découlait du pied des animaux mugissans, puisque la tranquillité qui régnait dans les campagnes remplissait les greniers, et que des greniers bien remplis l'argent coulait en abondance et s'entassait dans les coffres-forts. Lors donc de son voyage en Normandie, ce roi parvint, tant par caresses que par menaces, à enlever à Pains de Gisors le château de Gisors, place très-avantageusement située et bien fortifiée, bâtie à l'extrémité des frontières des Français et des Normands, dont la rivière d'Epte, renommée par le nombre et la bonté de ses poissons, fait la séparation, conformément à l'antique ligne géométrique tracée d'un commun accord entre les Français et les Danois. Ce château assure aux Normands une voie facile pour se jeter sur la France et empêche les Français d'entrer en Normandie. A ne consulter que le droit de le posséder, le monarque des Français n'eût pas été moins fondé que celui des Anglais à revendiquer ce fort comme appartenant à ses Etats en raison de sa situation avantageuse et neutre. Ses prétentions sur cette place firent donc éclore promptement des guerres entre les deux rois. Celui des Français ayant, mais sans succès, réclamé par des envoyés, ou la remise ou la destruction dudit château, signifia la rupture de l'alliance qui avait existé jusqu'alors, et fixa le jour et assigna le lieu où devait se terminer cette affaire.

Comme il arrive toujours dans de telles circonstances, les méchans, loin d'apaiser, pendant qu'on le pouvait encore, la colère des deux princes, l'animèrent et l'excitèrent par leurs malins propos. Afin donc de se présenter à la conférence avec un appareil plus orgueilleux et plus menaçant, chacun à l'envi réunit d'immenses forces militaires. De presque tous les points du royaume des Français accoururent les grands, Robert comte de Flandre, avec environ quatre mille chevaliers, Thibaut comte du palais, le comte de Nevers, le duc des Bourguignons, et une foule d'autres

ainsi que beaucoup d'archevêques et évêques. Tous passèrent sur les terres du comte de Meulan qui avait pris parti pour le roi d'Angleterre, y portèrent partout le ravage et l'incendie, préludant par de tels bienfaits à la future conférence. Dès que les armées furent rassemblées des deux côtés, on se rendit au lieu vulgairement nommé les Planches de Neaufle, près d'un château malheureux par sa position, où, suivant le dire des anciens du pays, ceux qui s'y sont réunis pour s'accommoder n'ont jamais ou presque jamais pu conclure la paix ; les partis opposés assirent leur camp sur les rives opposées d'une rivière qui les séparait, et ne permettait le passage à aucun des deux. Cependant des Français choisis, après mûre délibération, entre les plus nobles et les plus sages, passèrent un pont tremblant qui, à cause de sa vétusté, menaçait de s'écrouler sous un seul homme et à plus forte raison sous plusieurs, et allèrent trouver le monarque anglais. Celui d'entre eux qui s'était chargé d'exposer les motifs de la querelle, habile orateur, parla en ces termes au nom de tous les comtes, mais sans saluer le roi. « Lorsque votre habileté parvint à
« obtenir de la glorieuse libéralité du seigneur roi des
« Français et de sa main magnifique le duché de Nor-
« mandie comme fief propre de la couronne, il fut,
« entre autres choses, et plus que toute autre chose
« c'est un fait notoire, stipulé sous la foi du serment,
« relativement aux châteaux de Gisors et de Bray,
« que, quel que fût l'acte en vertu duquel l'un de
« vous deux s'en serait rendu maître, ni l'un ni l'au-
« tre ne le garderait, mais que dans les quarante jours
« de la remise de ces châteaux, le possesseur, se con-

« formant au traité, les détruirait de fond en comble.
« Parce que vous ne l'avez point fait, le roi ordonne
« que vous le fassiez maintenant, et que pour ne l'a-
« voir point fait, vous donniez les indemnités que
« fixe la loi. Il est honteux, en effet, qu'un roi trans-
« gresse la loi, puisque les rois et la loi commandent
« en vertu de la même puissance. Que si les vôtres
« nient quelqu'une de ces choses ou refusent fausse-
« ment de les reconnaître vraies, nous sommes prêts
« à les prouver par le témoignage de deux ou trois
« barons et par le combat judiciaire. » Ces envoyés,
ayant rempli leur mission, n'étaient pas encore de
retour auprès du monarque de la France, que des
Normands les suivent, se rendent devant ce prince,
nient avec impudeur tout ce qui peut nuire à leur
cause, et demandent que la querelle se termine par
les voies ordinaires de la justice : ils ne voulaient
évidemment autre chose qu'empêcher la négociation
entamée de se terminer, et faire, à force de délais,
que la vérité des choses ne se montrât pas dans tout
son jour aux yeux éclairés de tant de grands du
royaume. Avec ces Normands on renvoya des députés
d'un rang plus élevé que les premiers, pour offrir que
Robert comte de Flandre, celui qui se distingua dans
la lutte pour la délivrance de Jérusalem, prouvât les
faits par son courage, réfutât les fausses paroles des
Normands par le combat judiciaire, et montrât, les
armes à la main, à qui appartenait le bon droit. Les
autres n'ayant ni accepté ni rejeté positivement cette
proposition, le magnanime Louis, vraiment grand de
corps et d'esprit, fit partir sur-le-champ des envoyés
avec ordre de signifier au monarque anglais l'alter-

native ou de détruire le château ou de se laver par un combat corps à corps avec lui du crime d'avoir traîtreusement violé sa foi. « Allons, disait Louis, la « fatigue du combat doit être pour celui qui recueil- « lera l'honneur d'avoir vaincu et soutenu la vérité. » Quant au champ de bataille, réglant tout avec la plus grande convenance possible, il ajouta : « Qu'Henri « fasse éloigner ses troupes de la rive de la rivière, « afin que nous puissions la traverser, et qu'un lieu « plus sûr nous garantisse une entière sécurité pen- « dant cette lutte; ou, s'il le préfère, qu'il retienne « en otages les hommes les plus distingués de toute « notre armée tant que durera notre combat corps à « corps, mais à la condition qu'après que nous aurons « fait retirer nos gens, il passera la rivière pour venir « à nous. » Quelques-uns des nôtres, par une ridicule jactance, sommèrent les deux rois de combattre sur ce pont tremblant qui menaçait ruine dans ce moment même; le seigneur Louis, autant par légèreté que par audace, y consentit; mais le prince des Anglais ré- pondit : « Je n'ai pas la jambe assez sûre pour aller, « à cause de semblables bravades, m'exposer à per- « dre, sans l'espoir d'aucun avantage, un château « fameux et qui m'est si éminemment utile. » Pour repousser au reste les invectives qu'on lui adressait et toutes autres de ce même genre, il allégua que la dif- ficulté de l'endroit choisi pour le combat ne permet- tait pas d'accepter la proposition qu'on lui faisait, et ajouta : « Quand je verrai le seigneur roi de France « en lieu où je me doive défendre contre lui, je ne « le fuirai pas. » Les Français, irrités de cette ridicule réponse, courent aux armes, comme si la position du terrain eût permis d'en venir aux mains; les Normands en font autant de leur côté; les deux partis marchent en toute hâte vers le fleuve, et la seule impossibilité de le traverser éloigna pour le moment l'horreur d'un grand carnage et de cruelles calamités. Tout ce jour s'étant passé en pourparlers, quand la nuit approcha, on se retira de part et d'autre, les Anglais à Gisors, et les nôtres à Chaumont. Mais le lendemain, aussitôt que l'aurore eut chassé les étoiles du pôle, les Français, tourmentés du souvenir de l'insulte qu'ils avaient reçue la veille, et rendus plus matineux encore par leur ardeur guerrière, s'élancent sur leurs rapides coursiers, font disparaître le chemin derrière eux, s'approchent en toute hâte de Gisors, déploient à l'envi une étonnante audace, et rivalisent à qui prouvera le mieux, en repoussant derrière leurs portes les Normands battus, combien les hommes continuellement rompus aux fatigues de la guerre l'emportent sur ceux qu'amollit une longue paix. C'est par cette action et d'autres semblables que commença cette guerre qui continua pendant près de deux années. Le roi d'Angleterre en souffrit plus que le nôtre, par la nécessité de pourvoir à grands frais et avec de nombreux chevaliers à la défense de presque toute la ligne des marches de la Normandie dont l'étendue forme son duché. Quant au monarque des Français, protégé par les châteaux et les retranchemens antiques que lui offrait son propre pays, et aidé gratuitement des courageux guerriers que lui fournissaient la Flandre, le Ponthieu, le Vexin et les autres contrées qui combattaient sous ses drapeaux, il ne cessait de désoler tout le pays par le ravage et l'incendie. Cependant

Guillaume, fils du monarque anglais, ayant prêté le serment de foi et hommage au roi Louis, ce prince, par une bonté toute particulière, consentit à augmenter son fief du susdit château, et lui rendit, à cette occasion, son ancienne bienveillance ; mais avant que cette paix eût lieu, cette guerre violente fut la cause d'une exécrable destruction d'hommes que vengèrent des représailles non moins funestes.

CHAPITRE XVI.

De la trahison commise à La Roche-Guyon, par Guillaume, beau-frère du roi. — De la mort de Gui et de la prompte vengeance exercée sur Guillaume.

Sur un promontoire que forment dans un endroit de difficile accès les rives du grand fleuve de la Seine, est bâti un château non noble, d'un aspect effrayant et qu'on nomme La Roche-Guyon : invisible à sa surface, il est creusé dans une roche élevée; la main habile de celui qui le construisit a coupé sur le penchant de la montagne, et à l'aide d'une étroite ou chétive ouverture, le rocher même, et formé sous terre une habitation d'une très-vaste étendue. C'était autrefois, selon l'opinion générale, soit un antre prophétique où l'on prenait les oracles d'Apollon, soit le lieu dont Lucain dit :

. . . . *Nam quamvis Thessala vates*
Vim faciat satis, dubium est quid traxerit illuc,
Aspiciat Stygias, an quod descenderit, umbras.

De là peut-être descend-on aux enfers. Ce château souterrain, non moins odieux aux hommes qu'à Dieu, avait pour maître Gui, jeune homme d'un bon caractère : étranger à la méchanceté de ses ancêtres, il en avait interrompu le cours, et se montrait résolu de mener une vie honnête et exempte de toute infâme et vorace rapacité. Surpris à la faveur de la malheureuse position de son funeste château, et massacré par la trahison de son beau-père, le plus scélérat d'entre les plus scélérats, il perdit par une mort imprévue son manoir et sa vie. Guillaume, ce beau-père, Normand d'origine, n'avait pas son égal en perfidie, et on le regardait comme l'ami le plus intime de son gendre. Cet homme, tourmenté d'une noire envie et enfantant d'iniques projets, trouva, le soir d'un certain jour de dimanche, l'occasion favorable d'accomplir ses traîtres desseins; il vint donc, couvert d'une cuirasse et enveloppé d'un manteau, à la tête d'une poignée de scélérats, et se mêla, mais avec des pensées bien différentes, à ceux qui, comme les plus dévots, se rendaient les premiers vers une église qui communiquait à la maison de Gui par une fente du rocher. Tandis que les autres se livraient à la prière, lui feignit pendant quelque temps de prier aussi, mais il examina attentivement par quel chemin il pourrait pénétrer jusqu'à Gui, et se jeta en travers de la porte par laquelle celui-ci se hâtait d'entrer dans l'église; tirant alors son glaive, et secondé par ses criminels associés, il s'abandonne en furieux à sa propre iniquité, attaque, frappe et égorge son gendre sans défiance, et prêt à lui sourire s'il n'eût senti le tranchant de l'épée. La noble épouse de Gui, stupéfaite à cette vue, s'arrache les cheveux et se déchire les joues, comme le font les femmes dans leur colère, court vers son mari sans s'inquiéter de la mort qui la menace, se précipite sur lui et le couvre de son corps. « Vils « bourreaux, massacrez-moi, s'écrie-t-elle, moi mal- « heureuse, et qui ai bien plus mérité le trépas. » Toujours étendue sur son mari, et recevant les coups et les blessures des assassins, elle ajoutait : « De quoi, « cher époux, t'es-tu rendu coupable envers ces hom- « mes? Gendre et beau-père, n'étiez-vous donc pas « liés d'une indissoluble amitié? Quelle est cette fu- « reur insensée? la frénésie vous transporte. » Les meurtriers la traînant par les cheveux, l'arrachent de dessus son mari, percée par le glaive, meurtrie de coups et le corps presque tout déchiré de blessures ; ils font ensuite subir à son mari la mort la plus igno- minieuse, et, par une cruauté digne d'Hérode, écra- sent contre le rocher ceux des enfans qu'ils trouvent sous leurs mains. Pendant que grinçant des dents et courant çà et là, ils se livrent à leur rage, la malheu- reuse femme étendue par terre soulève sa tête infor- tunée et reconnaît le cadavre de son mari; entraînée par son amour, elle rampe à la manière des serpens, autant que le lui permet sa faiblesse, se traîne toute sanglante, arrive jusqu'à ce tronc inanimé, le couvre autant qu'elle le peut des plus doux baisers, comme s'il était encore vivant, pousse de lugubres gémisse- mens, et payant à Gui le seul tribut funèbre qui soit en son pouvoir, elle s'écrie : « Quel bien me reste-t-il « encore, cher époux? Est-ce là ce qu'a mérité ton « admirable et chaste fidélité envers moi? Est-ce là « ce que tu devais t'attirer en renonçant à la vie cri-

« minelle qu'ont menée ton père, ton aïeul et ton
« bisaïeul ? Est-ce pour cela que, laissant la pauvreté
« régner dans ta maison, tu t'es abstenu de tout bri-
« gandage envers tes voisins et les pauvres ? » Elle dit
et retombe sans forces, épuisée par la violence de son
chagrin; et nul n'aurait pu distinguer la femme demi-
morte du mari entièrement mort : tous deux étaient
également baignés dans les flots de leur sang confondu. Après les avoir jetés dehors ainsi que de vils
pourceaux, et s'être, comme une bête féroce, rassasié
de sang humain, le scélérat Guillaume suspendit enfin
sa fureur; admirant alors, plus qu'il n'avait encore
fait, la force inexpugnable du rocher, il la loue et
examine mûrement en lui-même tout ce qu'elle lui
offre de moyens pour exercer de tous côtés ses rapines
et répandre à sa volonté la terreur parmi les Français
et les Normands. Montrant ensuite sa tête insensée à
une fenêtre, il appelle les habitans natifs du pays, et
cet homme qui n'a en lui rien de bien, leur promet
toute espèce de biens s'ils veulent s'attacher à sa
personne ; mais c'est en vain, aucun n'entre dans le
château. Le matin cependant la nouvelle de ce grand
et horrible forfait vole rapidement et excite à la vengeance non seulement le voisinage, mais les gens les
plus éloignés; ceux du Vexin, hommes courageux et
très-redoutables dans les combats, violemment animés, rassemblent de toutes parts, chacun selon son
pouvoir, de grandes forces en chevaliers et en fantassins, et marchent en toute hâte contre la roche, dans la
crainte que le puissant roi des Anglais Henri ne prête
plus tard son appui aux perfides meurtriers; ils placent
sur le penchant du rocher beaucoup de chevaliers et

5.

d'hommes de pied afin d'empêcher que personne entre dans le château ou en sorte, et postent le gros de leur armée de manière à intercepter aux Normands la route par laquelle ils pourraient amener des secours.

Cependant ils députent vers le roi Louis, lui font connaître l'action scélérate de Guillaume, et demandent ce qu'il ordonne de faire à cet égard. Ce prince, par un exprès commandement de son autorité royale, leur enjoint de faire subir aux coupables la mort la plus cruelle et la plus honteuse, et promet de les aider, s'il le faut. Leur armée étant demeurée sur les lieux quelques jours, le criminel, voyant qu'elle se renforçait de jour en jour davantage, commence à trembler, réfléchissant alors sur ce qu'il a fait : par suite de sa docilité aux insinuations du démon, il appelle quelques-uns des plus nobles hommes du Vexin, et leur prodigue les plus belles promesses de s'unir à eux, et de servir bien fidèlement le roi des Français, s'ils veulent le laisser en paix dans son rocher. Ceux-ci ayant rejeté ces propositions, et pressant la punition de ce traître, le forcent, dans son abattement, de s'engager à leur remettre le château qu'il occupe, s'ils veulent lui assigner, sous serment, un lieu où il puisse se retirer, et lui garantir toute sécurité pour s'y rendre. Cet engagement fut confirmé par le serment, et quelques Français seulement y souscrivirent. La fin de ce misérable fut donc différée jusqu'au lendemain par cette circonstance ; mais le matin quelques-uns des nôtres entrèrent dans le souterrain, outre ceux qui avaient juré l'arrangement, et furent suivis de beaucoup d'autres. Ceux qui étaient encore dehors se mirent alors à pousser de violentes clameurs, et à crier d'une manière effrayante qu'on eût à leur livrer les coupables, et à choisir, ou de le faire sur-le-champ, ou de partager leur supplice, comme complices de leur crime : ceux qui avaient juré la convention résistent, mais ceux qui ne l'avaient pas jurée l'emportent par leur audace et la crainte qu'ils inspirent, foncent le glaive en main dans le château, attaquent les assassins, égorgent pieusement ces impies, coupent aux uns tous les membres, éventrent cruellement les autres, et trouvent trop doux ce qu'il y a de plus cruel, se livrant contre eux à tous les excès de la fureur. On doit croire que la main de Dieu hâta cette punition si prompte du crime, puisque ces malheureux, jetés, tant morts que vivans, par les fenêtres, et couverts de dards innombrables, comme des hérissons, étaient soutenus en l'air par les fers de lance, et y flottaient comme si la terre les rejetait loin d'elle. C'est ainsi que l'on punit de peines extraordinaires un forfait extraordinaire aussi, et que Guillaume qui, vivant, avait montré un cœur pervers, mourut privé de cœur. Son cœur, en effet, arraché de ses entrailles, et tout gonflé de fraude et d'iniquité, fut placé sur le haut d'un pieu, et resta planté dans un certain lieu en témoignage de la vengeance qu'on avait tirée de sa scélératesse. Son cadavre et celui de quelques-uns de ses compagnons, attachés avec des cordes sur des claies faites exprès, furent jetés dans le fleuve de la Seine, afin que si rien ne les empêchait de flotter jusqu'à Rouen, ils fissent voir comment était punie la perfidie, et afin aussi que ces criminels qui, vivans, avaient un moment souillé la

France de leur présence corrompue, morts, en infectassent à tout jamais la Normandie, comme la terre natale de telles gens.

CHAPITRE XVII.

Comment le roi Louis enleva à son frère Philippe, et malgré sa résistance, les châteaux de Mantes et de Montlhéry.

La rareté de la foi fait que l'on rend le mal pour le bien, plus souvent que le bien pour le mal. Cette dernière conduite est divine; la première n'est ni divine ni humaine; cependant on la tient. Ce mauvais penchant se manifesta dans Philippe, fils de cette Angevine qui avait usurpé la place de la légitime épouse. Ce frère du roi Louis avait obtenu de celui-ci, à la sollicitation de leur père commun, à qui Louis ne refusa jamais rien, et à force de douces séductions de la part de sa très-noble et très-complaisante marâtre, la seigneurie de Montlhéry et celle du château de Mantes dans le cœur même du royaume; mais il se montra si peu reconnaissant de tels bienfaits que, se confiant dans sa haute parenté, il poussa l'audace jusqu'à se révolter. Philippe avait pour oncle Amaury de Montfort, vaillant chevalier et très-puissant baron, et pour frère, Foulques, comte d'Angers, et dans la suite roi de Jérusalem. Sa mère, plus considérable encore que ceux-ci, était courageuse, remplie d'agrémens, et consommée dans ces admirables artifices, naturels à son sexe, et à l'aide desquels les femmes hardies mettent sous leurs pieds des maris qu'elles ont accablés d'outrages. Elle avait tellement plié à ses volontés l'Angevin son premier mari, quoique entièrement exclu de son lit, qu'il la respectait comme une souveraine, et que le plus souvent, assis sur l'escabeau où elle posait ses pieds, et comme fasciné par ses enchantemens, il obéissait aveuglément à ses ordres, ce qui suffisait bien à enorgueillir la mère et les fils ; toute cette famille avait l'espoir que, si par quelque accident le roi venait à périr, son frère Philippe lui succéderait, et qu'ainsi la famille, admise au partage des honneurs et du pouvoir, éleverait sa tête orgueilleuse jusqu'au trône du royaume. Comme donc le susdit Philippe, quoique sommé plusieurs fois de comparaître, avait orgueilleusement refusé de se soumettre au jugement de la cour, le roi, fatigué des déprédations exercées contre les pauvres, du tort fait aux églises, et du trouble qui désolait tout ce pays, se hâta de marcher, quoique bien à regret, contre son frère ; celui-ci et ses parens, se voyant une troupe nombreuse d'hommes d'armes, avaient annoncé hautement, et avec une grande jactance, qu'ils repousseraient Louis. Cependant, saisis de frayeur, ils quittèrent eux-mêmes le château ; le monarque, couvert de sa cuirasse, s'y précipita alors sans perdre un instant, pénétra par le centre même de la place jusqu'à la tour, et se hâta de la cerner et d'en former le siége. Enfin, tout en faisant préparer les béliers pour battre les murs, les pierriers et autres machines propres à lancer des projectiles, il réduisit non sur-le-champ, mais après grand nombre de jours, les assiégés, qui désespéraient d'avoir la vie sauve, à se rendre à discrétion.

Cependant la mère de Philippe et son oncle Amaury de Montfort, craignant que l'autre seigneurie, celle de Montlhéry, ne fût également perdue pour eux, la transportèrent à Hugues de Créci, en l'unissant, par les liens du mariage, à la fille d'Amaury. Ils espéraient opposer ainsi au roi de tels obstacles, que tout chemin lui serait fermé par les châteaux de cette seigneurie, par ceux de Gui de Rochefort, frère d'Amaury, et par la puissance de celui-ci qui s'étendait jusqu'à la Normandie, sans que rien l'en séparât. Ils se flattaient qu'outre les maux qu'ils pourraient lui faire chaque jour dans le cœur de Paris, ils lui ôteraient tout moyen de se rendre même à Dreux. Comme donc Hugues, après avoir célébré son mariage, se hâtait d'aller prendre possession du château, le roi le poursuivit avec encore plus de rapidité. A peine, en effet, ce prince aperçut-il Hugues, qu'il pressa audacieusement sa marche vers Arpajon, place principale de cette seigneurie, y entra à la même heure et au même moment que lui, détacha de son parti, et attira dans le sien les gens les plus considérables du pays, déterminés d'un côté par l'espoir qu'ils fondaient sur sa libéralité et sa douceur suffisamment éprouvée; de l'autre, par la crainte que leur inspiraient la tyrannie et la cruauté bien connues de Hugues. Celui-ci et le seigneur Louis demeurèrent là quelques jours à combattre, le premier pour se rendre maître de la seigneurie, le second pour l'empêcher. Mais comme une fourberie en amène une autre, Hugues fut déjoué par l'artifice que voici : Milon de Brai, fils du grand Milon, bien conseillé, se présente, réclame la possession de cette seigneurie, en vertu de ses droits héréditaires, se jette aux pieds du monarque en pleurant et en gémissant, le presse ainsi que ses conseillers par d'instantes prières, et supplie humblement sa munificence royale de lui rendre cette seigneurie, de le rétablir dans l'héritage de ses pères, de le tenir à l'avenir pour son serf et son commensal, et d'user de lui et de sa chose suivant sa volonté. Le roi, condescendant à ces lamentables sollicitations, fait rassembler les habitans, et leur présente Milon comme leur seigneur ; il apaise le chagrin qu'ils pouvaient conserver encore, et les remplit d'une aussi grande joie que s'il leur eût fait descendre du ciel la lune et les étoiles. Sans plus tarder, ces gens signifient à Hugues de se retirer, le menaçant d'une mort prompte s'il ne quitte leur ville au plutôt, et déclarent qu'entre eux et leur seigneur naturel, ce ne seront plus la foi ni le serment, mais la force ou la faiblesse qui décideront. Hugues, stupéfait à ces discours, s'enfuit au plus vite : il se flattait de s'être sauvé sans perdre aucun de ses avantages propres ; mais de la courte joie de son mariage, il ne remporta que le long opprobre de se voir répudié, non sans grand dommage pour lui, et sans une perte considérable en meubles et en chevaux. Honteusement chassé, il reconnut ainsi ce qu'on gagne à s'unir avec les ennemis de son maître.

CHAPITRE XVIII.

Comment le roi Louis, après avoir pris Hugues, détruisit le château du Puiset.

Comme l'agréable fruit d'un arbre de bonne qualité reproduit sa saveur et son parfum quand on transplante la souche de cet arbre, ou qu'on greffe avec ses branches, de même la méchanceté et l'iniquité, qu'il faudrait partout extirper, se propagent et conservent leur amertume originaire en passant d'une nombreuse suite de scélérats à l'un de leurs descendans[1]. Il en était ainsi de Hugues du Puiset, homme méchant, et riche seulement de sa propre scélératesse et de celle de ses ancêtres. Son père, que distinguait un étonnant orgueil, avait pris les armes et la croix dès le commencement des entreprises formées pour la délivrance de Jérusalem ; quant à lui, ayant succédé à son oncle Gui, dans la seigneurie du Puiset, il ne cessait, comme un mauvais rejeton, d'imiter son père en tout genre de malice ; il y a plus, ceux que celui-ci ne déchirait qu'à coups de fouet, lui, plus cruel, les perçait de dards. Devenu d'autant plus arrogant qu'il avait impunément opprimé, avec la dernière dureté, de pauvres églises et des monastères, il osa s'avancer jusqu'à cet excès de crime où ceux qui font le mal ne peuvent plus se soutenir, et tombent renversés. Ne tenant en

---

[1] *Tanquam anguis angui inter anguillas stimulans.* Je n'ai pu découvrir le sens de cette phrase incidente.

effet aucun compte, ni du roi de tous les hommes,
ni du roi des Français, il attaqua la très-noble comtesse de Chartres et son fils Thibaut, jeune homme
distingué par sa bonté comme par son courage dans
les armes, ravagea toutes leurs terres jusqu'aux portes de Chartres, et porta partout le pillage et l'incendie. La noble comtesse et son fils tâchèrent quelque temps de se venger du mieux qu'ils pouvaient ;
mais ils n'agissaient que lentement, et avec peu de
succès, et sans oser jamais s'approcher du Puiset à
plus de huit ou dix milles. L'audace de Hugues était
en effet si grande, et son impérieux orgueil imposait
tellement, que, quoique peu l'aimassent, beaucoup
le servaient, et que force gens combattaient pour sa
défense, tout en soupirant après sa ruine. Le susdit
comte Thibaut reconnut bientôt que, contre un tel
ennemi, il avancerait peu par lui-même, mais beaucoup avec le secours du roi. Il se rend donc en toute
hâte auprès de ce prince, avec sa noble mère, qui,
dans tous les temps, s'était montrée dévouée à ce monarque, le presse avec force prières de l'aider, et lui
représente que sa famille s'est acquis des droits à son
secours par de nombreux services ; puis il rappelle
en ces termes quelques-uns des torts de Hugues, de
son père, de son aïeul et de ses ancêtres : « Rappelez
« dans votre mémoire, seigneur roi, comme il con-
« vient à la majesté royale de le faire, l'affront igno-
« minieux que votre père a reçu de l'aïeul de Hu-
« gues, quand celui-ci, parjure à tous ses sermens,
« repoussa honteusement Philippe loin du Puiset,
« qu'il attaquait pour venger une foule d'insultes ;
« quand, à l'aide de ses nombreux et scélérats pa-

« rens, et de leur factieuse confédération, il con-
« traignit l'armée royale à fuir jusqu'à Orléans, prit, et
« jeta dans d'indignes fers le comte de Nevers, Lan-
« celin de Beaugency, près de cent chevaliers; et
« même, ce qui ne s'était jamais vu jusqu'alors,
« quelques évêques. » Continuant le détail de ses
accusations, Thibaut expliqua comment, dans l'origine, le château du Puiset, qui ne remontait pas à
des temps fort anciens, avait été bâti par la vénérable
reine Constance, au milieu du pays, pour le défendre contre toute attaque, et comment ensuite
l'aïeul de Hugues l'avait usurpé tout entier, et n'avait
laissé au roi, pour sa part, que des insultes à supporter; puis il ajouta que maintenant les gens du
pays de Chartres, de Blois, de Châteaudun, qui,
d'ordinaire, combattaient sous les bannières de Hugues, non seulement l'abandonnaient, mais étaient
encore prêts à servir le roi; que si donc ce prince
le voulait, il pourrait facilement venger ses propres
injures et celles de son père, en détruisant le château, et en l'arrachant à Hugues; que si Louis se
refusait à punir les torts faits, soit à lui personnellement, soit à ceux qui avaient bien mérité de lui,
il devait au moins regarder comme siennes, et faire
cesser l'oppression soufferte par les églises, les déprédations exercées contre les pauvres, et les vexations impies prodiguées aux veuves et aux orphelins, par lesquelles Hugues désolait le pays et ses
habitans. Le monarque, ému par ces discours et
d'autres semblables, donna jour à Thibaut et à sa
mère pour s'occuper de leurs plaintes, et nous nous
rassemblâmes en parlement à Melun : là vinrent

beaucoup d'archevêques, d'évêques, de clercs et de moines qui criaient que Hugues, ce loup dévorant, ravageait leurs terres : tous se jetant aux pieds du roi, bien à son grand regret, s'y tenaient prosternés, et le priaient humblement de réprimer ce rapace brigand, d'arracher de la gueule de ce dragon les prébendes que la munificence des rois avait assignées aux serviteurs de Dieu dans la Beauce fertile en froment, de tout faire pour affranchir les terres des prêtres, asservies par la cruauté de ce Pharaon, et de rendre à leur première liberté, lui vicaire de Dieu, les biens de Dieu, dont tout roi est l'image vivante. Louis admit leur requête avec une grande bonté de cœur. Lorsqu'ensuite les prélats de l'Église, l'archevêque de Sens, l'évêque d'Orléans, et le vénérable Yves, évêque de Chartres, qui, pendant un grand nombre de jours, avait été retenu prisonnier, et jeté violemment dans les fers dans ledit château, se furent retirés, ce prince, qui n'entreprenait rien légèrement, me renvoya, du consentement de l'abbé Adam, d'heureuse mémoire, mon prédécesseur, à Thoury en Beauce où je commandais. C'était un domaine qui appartenait au monastère du bienheureux Saint-Denis, riche et fertile en choses nécessaires à la vie, mais nullement fortifié. Le roi m'ordonna de ne rien négliger, pendant que lui-même sommerait Hugues de venir se laver des accusations portées contre lui, pour approvisionner ce domaine, de le munir, autant qu'il serait possible, d'une forte garnison de ses soldats et de ceux de l'abbaye, et de donner tous mes soins à empêcher que Hugues ne pût le détruire. L'intention du seigneur Louis était en effet de s'y fortifier et d'attaquer de là le Puiset, comme avait fait son père. Avec le secours de Dieu, je parvins en peu temps à rassembler, dans ce domaine, une nombreuse troupe d'hommes d'armes et de fantassins ; alors, par cela seul que Hugues ne s'était pas présenté pour se défendre, son jugement se trouvait consommé. Le roi vint donc me joindre à Thoury avec une armée considérable, et requit de Hugues la remise du château, dont ledit jugement le dépossédait. Sur son refus, le monarque, sans plus tarder, se hâte d'attaquer le château[1], l'assiège avec tous ses chevaliers et ses fantassins, et déploie contre lui force balistes, l'arc, l'écu, le glaive et la guerre tout entière. Là, vous auriez vu avec étonnement, d'un côté comme de l'autre, et tour à tour, les traits tomber comme la pluie, les casques étincelans sous une grêle de coups lancer des éclairs, et les boucliers transpercés se briser subitement et merveilleusement en éclats ; vous auriez admiré comment l'ennemi, repoussé d'abord dans l'intérieur du château, arrachait les poutres, lançait des pieux, les faisait, de l'intérieur des forts et du rebord des remparts, pleuvoir sur les nôtres comme une grêle horrible et presque insupportable aux plus audacieux, et commençait à nous repousser sans pouvoir cependant y réussir complétement ; vous auriez contemplé d'une autre part les chevaliers du roi combattant avec ardeur de tout le courage de leur cœur et de toute la force de leur corps, se couvrant pour remplacer leurs boucliers rompus, d'ais, de portes, de bois de toute espèce et

[1] En 1111.

battant avec violence les portes du château. Nous avions fait charger des charrettes d'une grande quantité de bois sec mêlé de graisse et de sang coagulé, de manière à fournir plus promptement un aliment aux flammes destinées à brûler cette gent excommuniée et entièrement vouée au démon ; une troupe nombreuse les poussa contre les portes, pour allumer au moyen de ces chariots, un feu qu'on ne pût éteindre, et pour se faire en même temps un abri des tas de bois qui les remplissaient. Pendant qu'on se livre un combat périlleux, les uns pour allumer, les autres pour éteindre le feu, le comte Thibaut, tout plein encore des injures qu'il a reçues, accourt à la tête d'une grosse troupe d'hommes d'armes et de gens de pied, attaque le château sur un autre point, celui qui regarde Chartres, et fait les efforts les plus actifs pour s'en emparer. Il excite les siens à monter le revers rapide du fossé, mais il a le chagrin de les voir redescendre encore plus vite et tomber ; ceux qu'il presse de grimper doucement et en rampant le ventre contre terre, il les contemple avec tristesse renversés rudement sur le dos, et cherche à reconnaître s'ils n'ont pas rendu l'ame sous les amas de pierres qui roulent sur eux. En effet, des chevaliers qui, montés sur de rapides chevaux, faisaient sans cesse le tour du château pour veiller à sa défense, paraissaient à l'improviste, chargeaient de coups, tuaient et précipitaient violemment du haut du fossé en bas ceux qui tâchaient d'en saisir le rebord et de s'y accrocher avec les mains. Déjà ces gens, les bras rompus et les genoux affaiblis, laissaient languir l'assaut, lorsque la main forte et toute puissante de Dieu, pour qui tout est faisable, voulant pour ainsi dire prendre sur soi seule le succès d'une si grande et si juste vengeance, anima du souffle robuste d'une force surnaturelle un pauvre prêtre chauve, venu avec les communautés des paroisses du pays, et rendit possible pour lui, contre toute opinion humaine, ce que le comte, malgré sa bonne armure, et les siens avaient éprouvé leur être impossible. Cet homme, en effet, le front découvert et portant devant lui pour toute défense une mauvaise planche, monte avec rapidité, parvient facilement jusqu'à la palissade, et l'arrache pièce à pièce en se couchant sous les ais arrangés pour en couvrir l'ouverture; reconnaissant avec joie qu'il réussit aisément, il fait signe de venir l'aider à ceux de nos gens qui hésitaient à le suivre, et restaient dans la plaine sans prendre part au combat. Ceux-ci, voyant ce prêtre désarmé briser courageusement la palissade, s'élancent, couverts de leurs armes, la frappent avec des haches et toutes sortes d'instrumens de fer, la coupent et la renversent, ce qui fut une preuve éclatante de la volonté divine, comme si devant elle fussent tombés les murs d'une nouvelle Jéricho. A la même heure les troupes du roi et du comte brisent les portes et entrent dans le château. Beaucoup de ceux du dedans, ne pouvant éviter d'aucun côté l'attaque des nôtres qui se précipitaient çà et là, furent promptement arrêtés dans leur fuite et durement traités. Ceux qui échappèrent, et Hugues lui-même, à qui le mur intérieur du château n'offrait plus un abri assez sûr, se retirèrent dans une tour en bois élevée sur un tertre. Mais bientôt, frappé d'horreur et de crainte à la vue des dards menaçans de l'armée qui le poursuivait, Hugues se rendit, fut retenu prisonnier avec les siens dans sa propre demeure, et apprit tristement dans les fers quels malheurs enfante l'orgueil. Le roi, maître de la victoire, emmena ses nobles captifs, proie vraiment digne de la majesté royale, et ordonna que tous les meubles et les richesses du château fussent vendus publiquement, et que le château lui-même fût détruit par le feu; il prescrivit seulement de différer quelques jours de brûler la tour, parce que le comte Thibaut perdant déjà le souvenir du bien que lui avait fait le roi par un succès si important, auquel il n'eût jamais atteint par ses seules forces, complotait de reculer les frontières de son propre fief jusqu'à un bourg nommé Alone, en bâtissant un château dans la seigneurie du Puiset, qui originairement était un fief du domaine royal. Le seigneur Louis refusant d'y consentir, le comte s'offrit de prouver, par le bras d'André de Beaumont, régisseur de ses terres, que ce point avait été convenu; le monarque, qui jamais n'avait refusé de reconnaître la loi et le jugement du duel, consentit à faire soutenir ses droits par Anselme son sénéchal, partout où les deux champions croiraient pouvoir combattre avec sécurité. Ces vaillans hommes réclamèrent souvent pour ce combat des assemblées judiciaires, mais n'en obtinrent jamais.

Quand donc le susdit château du Puiset eut été détruit et qu'on eut renfermé Hugues dans la tour de Château-Landon, le comte Thibaut, fort du secours de son oncle, le fameux Henri roi d'Angleterre, et secondé par ses complices, osa faire la guerre au roi Louis, remplit de trouble les terres de ce prince, lui débaucha ses barons à force de promesses et de présens, et machina, dans sa méchanceté, tout ce qu'il y avait de plus pernicieux pour l'État. De son côté, le roi, homme très-habile dans la guerre, ne négligeait rien pour se venger du comte, et ravageait ses terres à la tête de beaucoup d'autres barons, et avec l'aide de son oncle le comte de Flandre, guerrier qui s'était fait admirer et rendu très-célèbre parmi les Chrétiens et les Sarrasins dès le commencement des expéditions pour la délivrance de Jérusalem. Ayant un jour mené ses troupes vers la cité de Meaux contre Thibaut, le seigneur Louis aperçut ce comte, frémit de rage, fondit sur lui et les siens, ne craignit pas de les poursuivre jusque sur le pont, les culbuta, et, puissamment aidé par le glaive du comte Robert et d'autres grands du royaume, précipita les fugitifs dans les flots. Vous eussiez vu ce héros agile porter des coups dignes d'Hector, pousser sur ce pont tremblant des attaques comparables aux efforts des géans, s'obstiner à forcer ce passage dangereux et vouloir s'emparer de la ville malgré la résistance de chevaliers nombreux. Le grand fleuve de la Marne qui séparait Louis de la place ne l'eût point arrêté, s'il n'eût, au delà du fleuve, trouvé les portes fermées. Ce prince n'agrandit pas le renom de sa bravoure par un fait d'armes moins éclatant, lorsqu'ayant conduit son armée du côté de Lagny, et rencontré dans les belles plaines qui avoisinent Pompone les hommes d'armes de Thibaut, il s'élança sur eux les armes à la main, les accabla sous ses coups et les contraignit à prendre la fuite. Redoutant d'être atteints à l'étroite entrée d'un pont voisin, les uns ne craignirent pas d'exposer leur vie en prenant, par frayeur, le parti de se précipiter dans les flots au risque d'une mort cruelle; les autres se foulant aux pieds réciproquement pour passer de force sur le pont, jetaient leurs armes, et, plus ennemis d'eux-mêmes que l'ennemi, faisaient si bien, en voulant tous à la fois traverser le pont, qu'à peine un seul put y entrer. Pendant que, par leurs efforts tumultueux, ils s'embarrassent mutuellement, plus ils se pressent, plus ils retardent leur marche, et il en arrive que les derniers sont les premiers, et que les premiers sont les derniers. Cependant un fossé qui entourait l'entrée du pont leur fut d'un merveilleux secours : les chevaliers du roi ne pouvaient en effet les poursuivre qu'en passant un à un, et ne le faisaient pas sans un grand danger; mais d'un autre côté beaucoup de ces fuyards s'efforçant tous à la fois de gagner le pont, peu y parvenaient, et ceux qui de manière ou d'autre y arrivaient, pressés le plus souvent par la foule, soit des leurs, soit des nôtres, tombaient, quoi qu'ils en eussent, et en se relevant faisaient de même choir les autres. Le roi qui, à la tête des siens, les suivait par derrière, en faisait un grand carnage; ceux qu'il frappait, il les renversait, et ceux que renversaient les coups de son épée ou le choc de son vigoureux cheval, il les précipitait dans le fleuve de la Marne. Ceux d'entre eux qui se trouvaient désarmés surnageaient en raison de leur légèreté; ceux, au contraire, que couvraient encore leurs cuirasses, enfonçaient par leur propre poids : et ceux-ci retirés de l'eau, s'il était possible, par le secours de leurs camarades, avant d'avoir plongé trois fois, emportaient, si c'est le cas de s'exprimer ainsi, la honte d'être rebaptisés.

Le monarque, fatiguant donc le comte par ces cruelles attaques et d'autres du même genre, ravagea ses terres tant de la Brie que du pays Chartrain, sans se soucier plus de sa présence que de son absence, ni de son absence que de sa présence. Thibaut redoutant la faiblesse et le peu d'activité des siens, s'étudiait à débaucher au roi ses barons, les attirait par des promesses et des présens, leur faisait espérer le redressement de divers griefs dont ils se plaignaient, et s'engageait à ne faire aucune paix avec ce prince avant que tous fussent satisfaits. Du nombre de ceux qu'il séduisit ainsi furent Lancelin de Bulens, seigneur de Dammartin, et Pains de Montjai, dont les terres, situées à l'embranchement de deux chemins, donnaient un passage sûr pour aller attaquer Paris. De la même manière il mit dans son parti Raoul de Beaugency, qui avait pour femme une cousine-germaine du roi, fille de Hugues-le-Grand. De plus, préférant l'utile à l'honnête, et aiguillonné par ses nombreuses inquiétudes, conformément au proverbe qui dit qu'un aiguillon presse la marche d'un âne, Thibaut, sans aucun respect pour lui-même, unit, par un mariage adultère, sa noble sœur à Milon de Montlhéry[1], à qui nous avons dit plus haut que le roi avait rendu son château. A l'aide de ces alliances, le comte interrompit pour les voyageurs toutes les facilités de communication, et reporta dans le cœur même de la France la guerre et les tempêtes qui l'avaient autrefois désolée. Son union avec ses parens Hugues de Créci, seigneur de Châteaufort, et Gui de Rochefort, livrait

---

[1] Ce Milon avait alors une autre femme dont il n'avait pas été séparé canoniquement.

tout le pays de Paris et celui d'Étampes à la dévastation, s'ils n'étaient défendus par une bonne milice; d'un autre côté, un large passage sur les terres de Paris et de Senlis était ouvert au comte Thibaut et à ses hommes de la Brie, ainsi qu'à son oncle Hugues de Troyes et à ceux de cette ville, en deçà de la Seine, et à Milon au delà de ce fleuve. Il devint donc impossible aux habitans de ces deux villes de se secourir les uns les autres; il en fut de même pour ceux d'Orléans, que les gens de Chartres, de Châteaudun, de Laon et de Brie tenaient resserrés sans que Raoul de Beaugency leur prêtât nul secours. Cependant le roi seul contre tant d'ennemis leur tombait souvent sur le dos, quoique les trésors de l'Angleterre et de la Normandie fussent prodigués contre lui, et que le puissant prince Henri n'épargnât ni soins ni efforts pour désoler le royaume par la guerre; mais Louis ne se laissait pas plus abattre par toutes ces défections que ne ferait la mer si tous les fleuves menaçaient de lui retirer leurs eaux.

CHAPITRE XIX.

De la délivrance de Hugues du Puiset.

Dans ce temps mourut Eudes comte de Corbeil, homme qui n'avait rien de l'homme, et était non un animal raisonnable, mais une véritable brute. Il était fils de cet orgueilleux comte Bouchard, audacieux à l'excès, et vrai chef de scélérats, qui ne se plaisait qu'aux troubles ; c'est ce même Bouchard qui, osant aspirer à la couronne, en prenant un certain jour les armes contre le roi, refusa de recevoir son glaive des mains de celui qui le lui offrait, et dit par jactance à la comtesse sa femme, alors présente : « Noble « comtesse, donnez joyeusement au noble comte « votre époux sa brillante épée, et celui qui la re- « çoit de vous aujourd'hui comme comte vous la rap- « portera comme roi. » Mais il arriva, au contraire, que, par la volonté de Dieu, cet homme finit cette même journée sans être ni ce qu'il était ni ce qu'il ambitionnait d'être. Ce même jour, en effet, frappé d'un coup de lance par le comte Etienne qui combattait pour la cause du roi, il rendit par sa mort une paix stable au royaume, et alla porter lui et sa guerre dans les plus profonds abîmes de l'enfer, où il a une lutte éternelle à soutenir. Son fils, le comte Eudes, étant donc mort, le comte Thibaut et sa mère s'intriguèrent de toutes manières, par le moyen de Milon et de Hugues, et à force de dons et de promesses, pour obtenir ce château à l'aide de leurs parens, et arracher ainsi au roi les entrailles même de son royaume. De son côté, ce prince et les siens épargnaient ni les plus grandes fatigues ni les ais les plus considérables pour déjouer ce projet et avoir ce château ; mais le seigneur Louis ne pouvait avancer à rien sans le consentement de Hugues du Puiset, dont on a parlé ci-dessus, neveu du feu comte Eudes. Le jour et le lieu furent donc fixés pour terminer cette affaire, qui présageait évidemment de nouveaux malheurs. Nous nous réunîmes à Mousseaux, maison de campagne de l'évêque de Paris ; on discuta ce qu'il y avait de nuisible et d'avantageux dans le parti que l'on prenait ; et comme nous ne pouvions ce que nous voulions, nous nous résignâmes à vouloir ce que nous pouvions. Ledit comte renonça donc au château de Corbeil, dont il se disait héritier ; déclara devant nous tous qu'il cesserait de prétendre aucunes corvées, tailles et contributions de tout genre sur toutes les possessions des églises et des monastères ; jura de ne jamais fortifier le Puiset sans le consentement du seigneur roi, et donna des otages en garantie de toutes ces promesses. Alors nous nous séparâmes, trompés non par son habileté, mais par sa perfidie.

CHAPITRE XX.

De l'attaque de Thoury et de la restitution du Puiset.

Les sermens de Hugues n'avaient pas eu le temps de s'affermir ; ils étaient encore récens et près de s'écouler comme l'eau : aussi n'en tint-il aucun compte. A l'exemple d'un chien qui tenu long-temps à l'attache, libre enfin, et tourmenté d'une rage que sa chaîne a aussi long-temps comprimée et exaltée, s'abandonne à toute la violence de sa fureur, mord et déchire dès qu'il ne sent plus le collier, Hugues, exaspéré par sa longue détention, et redonnant un libre cours à sa méchanceté long-temps stagnante, s'agite, s'aiguillonne lui-même et se précipite vers la trahison. Aussitôt donc qu'il apprend que le seigneur roi Louis a passé en Flandre pour les affaires du royaume, il s'allie aux rebelles Thibaut, comte du palais, et le grand roi des Anglais Henri, rassemble une armée de chevaliers et de fantassins, aussi nombreuse qu'il le peut, forme le projet de rétablir son château du Puiset, et marche en hâte pour détruire ou subjuguer le bourg adjacent. Un certain samedi qu'il traversait son château détruit, sur l'emplacement duquel se tenait, avec la permission du roi, un marché public, cet homme furieux promet sous serment, et par la voix d'un héraut, une entière sécurité, puis tombe à l'improviste sur tous ceux qu'il apprend être les plus riches et les jette dans des prisons; ensuite écumant de rage et mettant en pièces tout ce qui se présente devant lui, comme une vraie bête féroce, il court, avec le comte Thibaut, contre Thoury, domaine appartenant à l'abbaye de Saint-Denis et bien fortifié, dans l'intention de le détruire de fond en comble. La veille, cet homme, consommé dans la ruse et la scélératesse, était venu vers moi, et avait obtenu, à force de prières, que je me rendisse ce jour-là même auprès du roi pour intercéder en sa faveur, persuadé que, pendant mon absence, il pourrait sans difficulté entrer dans Thoury, ou le raser complétement si on faisait quelque résistance. Mais ceux qui, combattant pour la cause de Dieu et du bienheureux Saint-Denis, formaient la garnison, protégés par le secours de la Providence et la bonté des remparts du lieu, se défendirent en gens de courage et d'audace. Quant à moi, lorsque je fus en deçà de Corbeil, je rencontrai le roi; déjà il avait appris en Normandie la vérité des faits : s'étant informé promptement de la cause de mon voyage, il se moqua de ma simplicité, me dévoila avec une vive indignation la perfidie de Hugues, et me renvoya secourir en toute hâte Thoury. Pendant que, rassemblant une armée, il prenait la route d'Etampes, je me dirigeai par le chemin le plus court et le plus droit sur Thoury. Pour acquérir la seule preuve que je pusse avoir que cette place n'était pas encore prise, je regardais sans cesse et avec attention si l'on apercevait encore sa tour à trois étages qui dominait au loin sur la plaine, et eût été infailliblement brûlée par les ennemis dans le cas où ils se fussent rendus maîtres du fort. Ceux-ci occupant tout le pays d'alentour, et le dévastant par leurs brigandages, je ne pus ni par promesses ni par dons déterminer à me suivre aucun de ceux qui vinrent à ma rencontre. Mais moins on est, plus on est sûr de n'être pas aperçu. Comme, au coucher du soleil, l'ennemi, après avoir assailli les nôtres pendant tout le jour sans pouvoir les forcer à se rendre, ralentissait un peu ses attaques par excès de fatigue, je me mêlai dans ses rangs comme si j'en eusse fait partie, guettai l'occasion favorable, m'élançai, non sans un grand danger, vers la porte même du milieu de Thoury, qui me fut ouverte par les gardes des remparts à qui j'avais fait signe, et entrai rapidement avec le secours de Dieu. Les nôtres, transportés de joie par ma présence, se moquaient de l'inaction de l'ennemi, l'attaquaient de propos injurieux et le provoquaient, en dépit de toutes mes défenses, à un nouvel assaut; mais la main de Dieu protégea les défenseurs et la défense de Thoury, moi présent, comme elle l'avait fait moi absent. Peu du petit nombre des nôtres et beaucoup du parti nombreux des ennemis furent mis hors de combat par des blessures ; nos adversaires emportèrent dans des litières une grande quantité des leurs, et en abandonnèrent d'autres qui, à peine recouverts d'un léger amas de mauvaise terre, devinrent, ou dès le lendemain, ou le surlendemain, la proie de la dent des loups.

Ils n'étaient pas encore, après cet échec, rentrés dans le château du Puiset, lorsque Guillaume de Garlande et beaucoup de gens qui étaient les mieux montés et les plus fortement armés d'entre les hommes de la maison du roi, accoururent au secours de Thoury, desirant vivement trouver encore l'ennemi sous les murs de cette place, et lui prouver la vaillante audace des chevaliers du roi. Le seigneur Louis, qui dès le lendemain matin avait suivi les siens, sachant que les ennemis étaient logés dans le bourg, se préparait à exercer contre eux une vengeance après laquelle il soupirait depuis long-temps. Ce prince se montrait d'autant plus joyeux et satisfait, qu'il trouvait l'occasion de punir rudement leur insulte inattendue par un carnage et un châtiment subits et également inattendus ; mais à la nouvelle de son arrivée les ennemis furent frappés d'étonnement qu'il eût appris une révolte qu'ils croyaient si secrète, abandonné si vite son voyage en Flandre, et volé plutôt qu'accouru au secours de Thoury. N'osant donc tenter autre chose, ils travaillèrent avec ardeur à remettre le Puiset en état de défense ; de son côté le roi ayant à soutenir, sur un grand nombre de points, une guerre active, réunit tout ce qu'il put tirer de troupes des lieux les plus proches ; le mardi venu il fit avancer son armée, forma ses lignes, désigna les chefs qui devaient commander, plaça lui-même les archers et les frondeurs dans les postes convenables, et s'approcha peu à peu du château qui n'était pas encore fortifié complétement. Instruit que le comte Thibaut se vantait de vouloir le combattre en rase campagne, Louis, fidèle à sa magnanimité accoutumée, met pied à terre, s'avance armé de toutes pièces au milieu de ses chevaliers, ordonne d'éloigner les chevaux, invite à l'audace ceux qu'il a fait descendre de cheval avec lui, les presse de ne point reculer, et leur crie de combattre en gens de cœur. Les ennemis le voyant venir à eux si fièrement, tremblent, n'osent sortir des retranchemens qui entourent le château, et préfèrent lâchement, mais prudemment, ranger leurs troupes en bataille derrière l'ancien fossé du vieux château ruiné, et nous attendre dans cette position : ils se flattaient que quand l'armée du roi s'efforcerait de monter le revers du fossé, ses lignes se rompraient, et qu'une fois en désordre elles seraient facilement ébranlées. La chose se passa en grande partie de cette manière. Dans le premier choc du combat, les nôtres avec une merveilleuse audace, chassèrent du fossé les ennemis à moitié vaincus, en firent un grand carnage, et, ne gardant plus leurs rangs, les poursuivirent vivement et sans ordre. Cependant Raoul de Beaugency, homme distingué par sa valeur et sa sagacité, prévoyant dès le premier moment ce qui arriverait, avait caché ses gens dans une partie du château, où l'élévation d'une certaine église et l'ombre des maisons avoisinantes ne permettaient pas de les apercevoir. Aussitôt donc qu'il vit ceux de son parti franchir la porte en fuyant, il opposa des troupes bien reposées aux chevaliers du roi fatigués, et fondit sur ceux-ci avec une grande violence. Les nôtres qui suivaient l'ennemi pied à pied, embarrassés dans leur marche par la pesanteur de leurs cuirasses et de leurs armes, ne purent soutenir le choc des chevaliers qui les attaquaient en bon ordre, reculèrent, non sans qu'on eût de part et d'autre porté des coups nombreux et combattu long-temps, regagnèrent le fossé dont ils s'étaient emparés, entraînèrent dans leur fuite le roi toujours à pied, et s'aperçurent, mais trop tard, que la science l'emporte de beaucoup sur l'audace, et que s'ils eussent en bon ordre attendu l'ennemi dans la plaine, ils l'auraient défait aussi complétement qu'ils l'eussent voulu. Séparés les uns des autres par la confusion qui s'était mise dans leurs rangs, ils ne retrouvaient plus leurs chevaux, et ne savaient quel parti prendre. Le roi, monté non sur son propre coursier, mais sur celui de l'un des siens, résistait avec courage, invitait à grands cris ses gens à revenir, appelait les plus braves par leur nom, et les pressait de ne point fuir. Entouré des phalanges ennemies, l'épée au poing, il secourait les siens autant qu'il le pouvait, forçait les fuyards à retourner sur leurs pas, combattait corps à corps et en vieux guerrier, plus qu'il ne séait à la dignité royale, et remplissait le devoir d'un soldat plus que celui d'un roi. Au moment où, son cheval tombant de fatigue, le seigneur Louis ne pouvait empêcher l'armée ennemie de l'accabler, son écuyer arriva et lui amena son propre coursier; alors sautant promptement dessus, et portant devant lui sa bannière, il retourna avec une poignée d'hommes contre l'ennemi, arracha de ses mains, par son étonnante bravoure, plusieurs des siens faits prisonniers, intercepta, par son choc impétueux, tout passage aux plus vaillans du parti opposé, les empêcha de porter plus loin leur rage contre son armée, les força à s'arrêter comme s'ils eussent trouvé devant eux les portes d'Hercule ou se fussent vus repoussés par le grand Océan, et les contraignit à reculer de nouveau. Mais avant qu'ils rentrassent au château du Puiset, il vint à leur secours un corps de cinq cents Normands, et plus, qui nous eussent fait un grand mal s'ils fussent arrivés plus tôt, et lorsque toute l'armée ennemie fondait sur la nôtre. Les chevaliers du roi, dispersés de tous les côtés, se rendirent les uns à Orléans, et les autres soit à Étampes, soit à Pithiviers. Quant à lui, accablé de fatigue, il vint à Thoury : là, semblable à un taureau qui, chassé du troupeau dans un premier combat, frappe les arbres de ses cornes, rassemble ses forces avec un bouillant courage, et dédaignant ses profondes blessures, fond de nouveau sur son fier ennemi, le monarque, rappelant près de lui son armée, la reforme à sa valeur, lui rend son antique audace, attribue sa défaite plutôt à l'imprévoyance qu'à l'incapacité, la console par l'assurance que toute troupe de guerre est inévitablement soumise à de pareils malheurs, et s'efforce de l'exciter par menaces et par caresses à se montrer, s'il se présente quelque occasion favorable, d'autant plus ardente et courageuse à combattre, et à venger l'affront qu'elle a reçu. Cependant Français et Normands travaillaient sans relâche à réparer le château du Puiset. Avec le comte Thibaut et l'armée Normande étaient Milon de Montlhéry, Hugues de Créci, et son frère Gui, comte de Rochefort, qui, à la tête de treize cents hommes d'armes, menaçaient d'assiéger Thoury ; mais le roi, inaccessible à la crainte, ne cessait de les harceler nuit et jour, autant qu'il le pouvait, et les empêchait d'aller au loin chercher des vivres.

Après une semaine de travail le château fut mis en état, et, malgré la retraite de quelques uns des Normands, il restait encore au comte Thibaut une armée considérable. Le roi, cependant, réunissant toutes ses forces, rentre en campagne avec tout l'appareil de la guerre, retourne devant le Puiset avec des troupes nombreuses, écrase l'ennemi qui ose se présenter devant lui, le mène battant jusqu'à ses portes, et, vengeant son injure récente, l'enferme dans le château. Il place ensuite tout autour des postes de vaillans chevaliers pour empêcher l'ennemi de sortir, s'empare d'une éminence abandonnée, qui autrefois avait appartenu à ses ancêtres, et n'était pas éloignée du château du jet d'une pierre, et y construit un fort avec des peines et des dangers infinis. Tant qu'on n'eut pas en effet dressé les poutres qui unissaient entre elles les fermetures, les nôtres eurent à supporter les coups dangereux des arbalêtriers, frondeurs et archers ennemis, qui, en nous harcelant, étaient garantis par les retranchemens du château, de derrière lesquels ils lançaient leurs traits, et ne redoutaient aucune des représailles qu'ils méritaient justement. L'émulation de la victoire enflammait encore cette lutte périlleuse de ceux du dedans et de ceux du dehors. Les chevaliers du roi qui avaient été battus, tourmentés du souvenir de cet affront, rivalisèrent d'efforts pour battre rudement à leur tour, et n'interrompirent pas leurs travaux jusqu'à ce qu'ils eussent garni d'une troupe nombreuse et d'une grande quantité d'armes leur fort élevé si rapidement, et pour ainsi dire par les mains des fées ; bien certains qu'aussitôt que le roi se serait retiré, il leur faudrait, ou se défendre avec la plus grande audace contre les attaques sans cesse renaissantes du château voisin, ou périr misérablement par le glaive cruel des ennemis. Bientôt en effet Louis retourna à Thoury, rassembla de nouvelles forces, et brava vaillamment, tantôt suivi de peu de monde, tantôt avec des troupes nombreuses, le danger de traverser les rangs ennemis, pour porter à ceux des siens établis sur ladite éminence les vivres destinés à les nourrir. A la fin, ceux du Puiset, qui par leur proximité accablaient déjà les nôtres d'insupportables fatigues, font mine de les assiéger ; incontinent le roi lève son camp, occupe Joinville qui n'est éloigné du Puiset que d'un mille environ, et entoure promptement les cours intérieures de ce lieu de pieux et de haies de bouleau. Pendant que son armée dresse ses tentes en dehors, le comte du palais, Thibaut, réunit une troupe aussi considérable qu'il le peut, tant des siens que des Normands, fond impétueusement sur les nôtres avant qu'ils soient prêts à soutenir l'attaque, et tâche de les repousser et de les renverser pendant qu'il ne sont pas encore retranchés. Le monarque s'arme sur-le-champ et court à la rencontre du comte : alors on combat de part et d'autre avec acharnement dans la plaine ; on s'attaque indifféremment avec la lance ou l'épée : c'est de la victoire plus que de la vie qu'il s'agit, et on songe moins à la mort qu'au triomphe. Combien ne voit-on pas là de preuves d'une étonnante audace? L'armée du comte, trois fois au moins plus nombreuse que celle du roi, repousse d'abord dans la ville les soldats de ce prince; celui-ci, quoiqu'il n'eût avec lui que quelques hommes, le très-noble Raoul, comte de Vermandois son cousin, Dreux de Mons, et deux ou trois autres, dédaigne de rentrer par peur dans les murs, et, fidèle à son antique valeur, aime mieux soutenir le choc violent des chevaliers ennemis, et s'exposer à leurs coups, presque innombrables, que déroger à sa propre valeur et à l'excellence de la royauté, en se laissant contraindre par la force à se retirer dans la ville. Le comte Thibaut se croit déjà vainqueur, et fait d'audacieux efforts pour renverser les tentes du comte de Vermandois; mais celui-ci accourt avec une merveilleuse rapidité, lui reproche d'oser ce que jamais jusqu'ici les gens de la Brie n'ont eu la présomption de tenter contre ceux du Vermandois, fond sur lui, prend, après une longue lutte, sa revanche de l'insulte qui lui est faite, et repousse bravement le comte. A la vue de cette action valeureuse, les chevaliers du roi poussent de grands cris de joie, se précipitent sur les ennemis, les attaquent avec une ardeur qu'irrite la soif du sang, en font un grand carnage, leur enlèvent l'honneur du combat, les forcent de courir s'enfermer dans le Puiset, en prennent et en tuent un grand nombre, quoique Thibaut eût fait lever la porte pour recevoir les siens. C'est ainsi que, les événemens de la guerre étant toujours douteux, ceux qui d'abord se croyaient vainqueurs furent réduits à rougir de leur défaite, regrettèrent leurs compagnons faits prisonniers, et déplorèrent la mort de beaucoup des leurs. Dans la suite le roi eut toujours l'avantage, et le comte au contraire, tombant chaque jour de plus en plus du faîte de la roue de la fortune, vit sans cesse décliner ses forces. Après donc une longue fatigue et des échecs non moins intolérables que destructifs pour les siens et pour lui, le comte s'apercevant que le parti du roi grossissait journellement, et que les grands du royaume, indignés de sa rebellion, accouraient de toutes parts auprès du monarque, saisit pour se retirer de cette lutte l'occasion que lui offrait la défaite qu'il venait d'éprouver la veille; il envoya des députés, fit agir des intercesseurs, et pria avec d'humbles instances qu'on lui permît de retourner à Chartres avec sécurité. Le seigneur Louis, dont la douceur et la mansuétude surpassaient toute croyance humaine, daigna condescendre à cette demande, quoique beaucoup de gens voulussent le dissuader de laisser échapper un ennemi qu'il tenait comme pris au piége par le manque de vivres, et lui fissent craindre d'avoir un jour à en souffrir de nouvelles injures. Le comte abandonnant donc à la discrétion du roi, et le château du Puiset, et Hugues lui-même, se retira dans Chartres, frustré de ses vaines espérances; et ce qu'il avait commencé sous d'heureux auspices, il le termina malheureusement. Le roi ne se borna pas à dépouiller Hugues de ses biens; il ruina le château du Puiset, en abattit les murs, en creva les puits, et le rasa complétement, comme un lieu dévoué à la malédiction divine.

CHAPITRE XXI[1].

De la nouvelle trahison de Hugues du Puiset.

Long-temps après, et par un autre changement de fortune, ce même Hugues parvint, à force de multiplier les otages et les sermens, à rentrer en grâce auprès du monarque; mais, reprenant bientôt le cours de ses trahisons, il se révolta de nouveau, et se montra jaloux de surpasser Sylla, maître passé en fait de crimes. Assiégé derechef par le roi, une seconde fois dépouillé de ses biens, et s'étant rendu coupable de percer de sa propre lance le courageux baron, Anselme de Garlande, sénéchal du palais, il ne put même alors prendre sur lui de renoncer à ses habitudes naturelles de perfidie. A la fin, cependant, l'expédition de Jérusalem, également funeste à beaucoup d'autres méchans, mit un terme à sa vie et à sa scélératesse, qu'exaspéraient toutes les passions les plus corrompues.

Les grands du royaume et des hommes pieux donnèrent enfin tous leurs soins à rétablir une paix solide entre le roi d'Angleterre, le roi de France et le comte Thibaut. Par une équitable justice, ceux qui, conspirant contre l'État, avaient déterminé le roi d'Angleterre et le comte Thibaut à les soutenir dans la poursuite de leurs prétentions particu-

---

[1] A partir de cet endroit, la *Vie de Louis-le-Gros* cesse d'être divisée en chapitres.

lières, furent épuisés par la guerre, ne gagnèrent rien à la paix, et reconnurent, par l'effet de cette juste sentence, le mal qu'ils s'étaient faits. Ainsi Lancelin, comte de Dammartin, fut déchu, sans aucun espoir de le recouvrer jamais, du droit qu'il revendiquait sur le commandement de Beauvais; ainsi encore Pains de Montjai, trompé dans l'espérance de posséder le château de Livri, eut à regretter amèrement la perte de ce château, dont tous les retranchemens détruits en un mois avaient été, dans le mois suivant, rétablis et rendus beaucoup plus forts avec le secours de l'argent du monarque anglais; ainsi enfin Milon de Montlhéry vit avec chagrin et douleur, rompre, pour cause de parenté, son mariage avantageux avec la sœur du comte Thibaut, et éprouva plus de honte et de tristesse de ce divorce, qu'il n'avait trouvé d'honneur et de joie dans cette union. Ces légitimes châtimens prononcés par le jugement des hommes sont sanctionnés par l'autorité des canons, où l'on trouve cette sentence : « Que les « obligations contractées contre la paix soient com- « plétement annulées. »

C'est le devoir des rois de réprimer de leur main puissante, et par le droit originaire de leur office, l'audace des tyrans qui déchirent l'État par des guerres sans fin, mettent leur plaisir à piller, désolent les pauvres, détruisent les églises, et se livrent à une licence qui, si on ne l'arrêtait, les enflammerait d'une fureur toujours croissante, comme il arrive des esprits malins qui accablent toujours de plus de maux ceux qu'ils craignent de voir échapper, choyent en toutes choses ceux qu'ils espèrent retenir dans leurs voies, et apportent sans cesse aux flammes de nouveaux alimens pour qu'elles dévorent plus cruellement leurs victimes. Thomas de Marle en fut un exemple. En effet, pendant que Louis donnait tous ses soins aux guerres dont on vient de parler, et à beaucoup d'autres, ce Thomas, homme d'une scélératesse consommée, que le démon favorisait, comme il fait les insensés, que d'ordinaire leur prospérité pousse à leur ruine, ravagea, et, en loup furieux, dévora les territoires de Laon, Rheims et Amiens, avec une telle dureté que la crainte des peines ecclésiastiques ne lui fit point épargner le clergé, et qu'aucun sentiment d'humanité ne lui inspira de pitié pour le peuple. Égorgeant et détruisant tout, il enleva au couvent des religieuses de Saint-Jean à Laon deux riches domaines; munit d'un excellent retranchement et de hautes tours les forts châteaux de Créci et de Nogent, comme s'ils lui eussent appartenu, en fit un véritable antre de dragons et une caverne de voleurs, et de là désola cruellement presque tout le pays par la flamme et le pillage. Fatiguée de ses intolérables vexations, l'Église des Gaules se réunit en assemblée générale à Beauvais, pour promulguer contre cet ennemi de son époux Jésus-Christ un premier jugement et la sentence de condamnation. Là, le vénérable Conon, évêque de Préneste, et légat de l'Église romaine, pressé par les tristes et innombrables plaintes des églises, des pauvres et des orphelins, frappa de l'épée du bienheureux Pierre, c'est-à-dire, d'une excommunication générale, ce tyran oppresseur, le déclara, quoique absent, indigne de porter le baudrier de chevalier, et le dépouilla, en vertu d'un jugement unanime, de tous ses honneurs comme scélérat infâme, et ennemi du nom chrétien. A la prière et sur les plaintes de ce grand concile, le roi leva sur-le-champ une armée contre cet homme; suivi du clergé, pour lequel ce prince montrait toujours le plus pieux dévouement, il marcha droit contre le château de Créci; quoiqu'il fût bien fortifié, il s'en empara à l'improviste, grâce au bras puissant de ses soldats, ou plutôt grâce à celui de Dieu; prit d'assaut la forte tour de ce château avec la même facilité que si c'eût été une cabane de paysan, jeta la confusion parmi les scélérats qui la remplissaient, immola pieusement ces impies, et égorgea sans pitié ces hommes qu'il n'avait attaqués que parce qu'ils s'étaient montrés sans pitié. En voyant ce château brûlé pour ainsi dire par le feu de l'enfer, on n'eût pu s'empêcher de s'écrier : « L'univers a combattu pour lui contre les in-« sensés[1]. »

Comme après cette victoire, le roi, toujours actif à pousser ses succès, se dirigeait vers l'autre château nommé Nogent, un homme se présenta et lui dit : « Mon seigneur roi, que ta Sérénité sache bien que « dans ce château habitent les plus scélérats des « hommes, dignes du séjour de l'enfer. Ce sont « eux qui, à l'occasion de l'ordre que tu as donné « de détruire la commune de Laon, ont brûlé non « seulement cette ville, mais encore la fameuse église « de la Mère de Dieu, et beaucoup d'autres, ils ont « martyrisé presque tous les notables de la ville, « sous le prétexte et en punition de ce que, fidèles à « leur foi, ils s'efforçaient de défendre leur seigneur

---

[1] Sagesse, chap. v, v. 21.

« évêque, ce sont eux qui n'ont pas craint de porter
« la main sur l'oint du Seigneur, le vénérable évêque
« et défenseur de l'Église, Gaudri, l'ont tué avec
« barbarie, l'ont dépouillé et ont exposé son cadavre
« sur la place, aux insultes des bêtes féroces et des
« oiseaux de proie, après lui avoir coupé le doigt
« qui portait l'anneau pontifical ; ce sont eux enfin
« qui, à la sollicitation du méchant Thomas, ont
« concerté avec lui de s'emparer de cette tour qui
« t'appartient et de te l'enlever. » Doublement animé
par ces paroles, le roi attaqua ce château criminel[1],
brisa les murailles de ces lieux sacriléges, vraies
prisons de l'enfer, fit grâce aux innocens, et frappa
les coupables avec la dernière sévérité. Seul il punit
les crimes de beaucoup de gens. Consumé de la soif
de la justice, tous ceux de ces scélérats homicides
sur lesquels il tomba, il ordonna qu'ils fussent attachés au gibet, les livra comme pâture à la voracité
des milans, des corbeaux et des vautours, et fit voir
ainsi ce que méritent ceux qui osent porter la main
sur l'oint du Seigneur. Après avoir renversé ces deux
châteaux, repaires de corruption, et rendu au monastère de Saint-Jean ses domaines, Louis retourna vers
Amiens, et mit le siége devant la tour de cette ville
qu'occupait un certain Ada, cruel tyran qui désolait
par ses brigandages les églises et tout le voisinage.
Ayant tenu cette tour étroitement assiégée[2] pendant
près de deux ans, le seigneur Louis contraignit enfin
ceux qui la défendaient à se rendre à discrétion ; la
prit de vive force et la détruisit de fond en comble dès
qu'il en fut maître. Ce prince remplissant dignement

---

[1] En 1115. — [2] En 1116 ou 1117.

les devoirs d'un roi, qui ne tire jamais le glaive sans cause légitime, rétablit, par la destruction de cette tour, une douce paix dans le pays, et dépouilla pour toujours, tant le susdit méchant Thomas que ses héritiers, de toute autorité sur cette ville d'Amiens.

On sait que les rois ont les mains longues : pour qu'il parût donc clairement qu'en aucune partie de la terre l'efficacité de la vertu royale n'était renfermée dans les limites étroites de certains lieux, un nommé Alard de Guillebaut, homme habile, et beau parleur de son métier, vint des frontières du Berri[1] trouver le roi : il exposa en termes assez éloquens les réclamations de son beau-fils, et supplia humblement le seigneur Louis de citer en justice, par devant lui, en vertu de son autorité souveraine, le noble baron Aymon, surnommé Vair-Vache, seigneur de Bourbon, qui refusait justice à ce beau-fils, de réprimer la présomptueuse audace avec laquelle cet oncle dépouillait son neveu, fils de son frère aîné Archambaut, et de fixer, par le jugement des Français, la portion de biens que chacun devait avoir. Craignant que des guerres privées ne fussent pour la méchanceté une occasion de s'accroître, et que les pauvres, accablés de vexations, ne portassent la peine de l'orgueil d'autrui, le monarque, autant par commisération pour les églises et les pauvres que par amour de la justice, cita en justice le susdit Aymon. Ce fut en vain : celui-ci, se défiant de l'issue du jugement, refusa de se présenter. Alors, sans se laisser arrêter ni par les plaisirs ni par la paresse, Louis marcha vers le territoire de Bourges, à

[1] En 1117.

la tête d'une nombreuse armée, alla droit à Germigni, château bien fortifié appartenant à ce même Aymon, et assaillit vigoureusement la place. Ledit Aymon, reconnaissant qu'il n'avait aucun moyen de résister, et perdant tout espoir de sauver sa personne et son château, ne trouva d'autre voie de salut que d'aller se jeter aux pieds du seigneur roi. S'y prosternant plusieurs fois au grand étonnement de la foule des spectateurs, il pria instamment le roi de se montrer miséricordieux envers lui, rendit son château, et se remit entièrement lui-même à la volonté de la majesté royale. Le seigneur Louis garda le château, conduisit Aymon en France pour y être jugé, fit, avec autant d'équité que de piété, terminer la querelle entre l'oncle et le neveu, par le jugement ou l'arbitrage des Français, et mit fin, à force de fatigues et d'argent, aux peines et à l'oppression qu'avait à souffrir une foule de gens. Il prit ensuite l'habitude de faire souvent, et toujours avec la même clémence, des expéditions semblables dans ce pays, pour y assurer la tranquillité des églises et des pauvres : les rapporter toutes dans cet écrit serait fatiguer le lecteur, nous croyons donc plus convenable de nous en abstenir.

De hautes ambitions auxquelles l'orgueil ôte toute espèce de frein, ont cela surtout de remarquable, que les unes ne peuvent souffrir de supériorité, et les autres ne veulent point d'égalité. C'est à elles que conviennent ces vers du poète :

Nec quemquam sufferre potest Cæsarve priorem,
Pompeiusve parem [1]......

[1] LUCAIN. César ne peut souffrir de supérieur, et Pompée ne veut point d'égal.

Toute puissance étant donc impatiente du moindre partage, le roi des Français, Louis, se prévalait contre Henri roi des Anglais, et duc des Normands, comme contre son vassal, de la dignité qui lui assurait sur lui la supériorité. De son côté, le monarque des Anglais, à qui la grandeur de son royaume et la merveilleuse abondance de ses richesses rendaient toute infériorité insupportable, entraîné par les conseils de son neveu, le comte du palais, Thibaut, et de beaucoup d'ennemis de Louis, à se soustraire à son empire, ne négligeait rien pour soulever le royaume, et tourmenter le roi. On vit donc se renouveler les maux des anciennes guerres qui avaient éclaté entre eux. Le prince anglais et le comte Thibaut que liait le voisinage de la Normandie et du pays Chartrain, concertèrent une attaque contre la frontière des États de Louis la plus voisine, envoyant en même temps Etienne, comte de Mortagne, frère de l'un et neveu de l'autre, avec une armée sur un autre point, en Brie, dans la crainte qu'en l'absence du comte Thibaut, ses terres ne tombassent au pouvoir du roi de France. Celui-ci, renfermé au milieu d'eux tous comme dans un cercle, n'épargna ni les Normands, ni ceux du pays Chartrain, ni les gens de la Brie, exerça de grands ravages sur les terres, tantôt des uns, tantôt des autres, et leur prouva, par de fréquens combats, toute la vigueur de la majesté royale. Mais grâce aux nobles soins, tant du monarque anglais que des ducs normands, la frontière de Normandie était mieux défendue qu'aucune autre, par la construction de nouveaux châteaux, et par les eaux de fleuves rapides. Le roi qui le savait, et souhaitait ardemment entrer en Normandie, se dirigea vers la frontière de ce pays avec une petite poignée d'hommes afin de pouvoir conduire son entreprise avec plus de succès, et envoya adroitement en avant quelques-uns des siens déguisés; ceux-ci, couverts de leurs cuirasses, et ceints de leurs épées par dessous leurs capes, suivirent, comme de simples voyageurs, la voie publique, et gagnèrent la ville appelée le Gué-Nicaise[1]. C'était une place qui pouvait donner aux Français une entrée large et facile dans la Normandie, et qui, au moyen des eaux de la rivière d'Epte qui l'entouraient de toutes parts, offrait un asile sûr à ceux du dedans, et fermait au loin, tant en amont qu'en aval, tout passage à ceux du dehors. Dès qu'ils y sont entrés, les nôtres jettent bas leurs capes, et tirent leurs épées; les habitans qui s'en aperçoivent les pressent vivement; les nôtres leur résistent avec courage et les repoussent. Tout à coup le roi, bravant tous les dangers, descend à pas précipités le penchant de la montagne, se hâte d'apporter aux siens déjà fatigués un secours dont ils ont grand besoin, et s'empare, non sans perdre quelques hommes, du centre même de la ville, et de l'église que fortifiait une tour. Ce prince, ayant alors appris que le roi d'Angleterre s'approchait avec une armée considérable, suivant son habitude constante, appelle à lui ses barons, et les conjure de venir le joindre. Baudouin, comte de Flandre, jeune homme, Gui, leste et vaillant chevalier, Foulques, comte d'Angers, et beaucoup des grands du royaume s'empressent d'accourir tous ensemble,

[1] En 1118.

et rompent sur ce point la barrière de la Normandie ; ensuite pendant que les uns fortifient la place prise, les autres portent la dévastation et l'incendie dans ce pays enrichi par une longue paix ; et ce qu'on n'avait point osé jusqu'alors, ils étendent de tous côtés le ravage et la plus intolérable confusion, à la vue même du monarque anglais.

Celui-ci, cependant, prépare avec une grande activité tout ce qu'exige la construction d'un château, et presse ses travailleurs. Aussitôt que le roi Louis quitte le fort qu'il vient de prendre, après y avoir laissé une bonne garnison, le roi anglais élève le sien sur une éminence voisine, et y met une troupe nombreuse d'archers et d'arbalêtriers, destinés à repousser les nôtres, à leur enlever les vivres, et à les contraindre ainsi par la nécessité à dévaster leur propre pays. Mais le roi des Français, comme un habile joueur de dés, riposte à ce coup par un coup semblable, et, lui rendant la pareille sans tarder, réunit sur-le-champ une armée, revient avec l'aurore, et attaque vivement ce nouveau château qu'on nommait vulgairement Mal-Assis. Après beaucoup d'efforts, et une foule de grands coups donnés et reçus (car en tels marchés c'est d'ordinaire ainsi qu'on se paie), Louis, à la gloire de son royaume, et à la honte de son ennemi, renverse vaillamment sous ses pieds, brise, détruit et dissipe avec un rare courage tout ce qui avait été préparé contre lui. Ainsi donc, comme la puissante fortune n'épargne personne, et qu'on dit d'elle avec vérité :

Si fortuna volet, fies de rhetore consul,
Si volet hæc eadem, fies de consule rhetor[1] ;

[1] JUVÉNAL, Sat. 7. Si la fortune le veut, de rhéteur vous deviendrez consul, et si elle le veut encore, de consul vous deviendrez rhéteur.

le roi d'Angleterre, après de longs et admirables succès dus à la prospérité la plus douce, tomba du sommet de la roue de la fortune, et se vit surpris par de funestes et étonnans revers. En effet, le roi des Français, sur le point dont il s'agit, le comte de Flandre, du côté du Ponthieu qui touche à son pays, et Foulques comte d'Angers, du côté du Mans, l'attaquèrent à la fois de toutes parts, et portèrent par leurs efforts courageux et concertés le trouble dans tous ses domaines. Ce n'étaient pas seulement des ennemis du dehors qu'il avait à se défendre ; au dedans Hugues de Gournai, le comte d'Eu, celui d'Aumale et beaucoup d'autres ne cessaient de lui faire éprouver tous les maux de la guerre. Pour comble de malheur, sans cesse en proie aux chagrins domestiques et aux frayeurs que lui causaient les complots secrets de ses chambellans et gardiens de sa chambre, souvent il changeait de lit ; souvent tourmenté par ses craintes nocturnes, il multipliait autour de lui les sentinelles armées, et ordonnait que durant toute la nuit son épée et son bouclier fussent placés auprès de lui pendant qu'il dormait. Au nombre de ces conspirateurs était un nommé Henri, le plus intime des familiers de ce prince, dont la libéralité l'avait rendu riche, puissant et fameux, mais qui, plus fameux encore par sa perfidie, et convaincu d'une si horrible trahison qu'il eût mérité la corde, fut, par un excès d'indulgence, condamné à perdre les yeux et les organes de la génération.

Ces choses et d'autres semblables faisaient que ce prince, si distingué par son courage et sa magnanimité naturelle, ne se croyait en sûreté nulle part, et que par excès de précaution, il était toujours ceint de son glaive, même chez lui, ne souffrait pas que les hommes auxquels il se fiait le plus fussent armés de leur épée hors de leur demeure, et, s'ils l'étaient, les punissait d'une amende quelconque, tout en ayant l'air de plaisanter. Vers ce temps, un certain Enguerrand de Chaumont, homme de cœur et entreprenant, s'avança audacieusement à la tête d'une troupe d'hommes d'armes vers un château nommé les Andelys, dont les remparts lui furent ouverts secrètement par la trahison de quelques hommes du dedans, et en prit hardiment possession. Après s'en être emparé, fort des secours du roi Louis, il y mit une garnison d'hommes pleins de courage, et de là il accablait tout le pays environnant d'un côté jusqu'à la rivière appelée Andelle, et de l'autre du fleuve d'Epte jusqu'au pont Saint-Pierre. Bien plus, accompagné de beaucoup de gens qui lui étaient supérieurs par le rang, et enhardi par là, il se présentait en rase campagne contre le monarque anglais, le poursuivait sans aucun égard quand il revenait en Normandie par cette route, et disposait de tout le territoire compris dans les limites susdites comme d'un bien à lui appartenant. Du côté du Mans, ce même roi Henri ayant, après force délais, résolu avec le comte Thibaut de marcher au secours de ses gens assiégés dans la tour du château d'Alençon, fut repoussé par le comte Foulques, et perdit par ce honteux échec beaucoup des siens, la tour et le château. Éprouvé long-temps par ces malheurs et d'autres semblables, il était presque tombé dans le dernier degré d'infortune ; mais la divine miséricorde, après avoir durement flagellé et corrigé pour un temps ce monarque, soigneux d'enrichir les églises par ses libéralités, et de répandre d'abondantes aumônes, mais trop abandonné aux plaisirs de la volupté, daigna le regarder en pitié, et résolut de le relever avec bonté de l'excès de l'abaissement où il se trouvait. Contre toute espérance, il se vit donc, du fond de l'abîme de l'adversité, reporté subitement au sommet de la roue de la prospérité ; les plus superbes de ses ennemis, ou s'affaiblirent entièrement, ou tombèrent tout-à-fait, moins sous sa main que sous celle de Dieu, qui d'ordinaire étend avec bonté le bras de sa miséricorde sur les malheureux presque réduits au désespoir et privés de tout secours humain. Ainsi le comte de Flandre Baudouin, qui avait durement désolé les terres dudit roi par de cruels ravages, et fait de funestes incursions en Normandie, pressant un jour avec une ardeur effrénée le siége du château d'Eu et l'attaque de la côte maritime voisine, fut tout à coup frappé d'un léger coup de lance à la face. Dédaignant de s'occuper d'une si petite plaie, il n'eut bientôt qu'à songer à mourir ; et sa fin épargna bien des maux non seulement au monarque anglais, mais encore à tout le monde. Ainsi encore cet Enguerrand de Chaumont, dont il a été parlé plus haut, homme rempli d'audace et l'un des plus hardis ennemis de ce même monarque, étant allé porter la destruction sur une terre de l'église de la bienheureuse Marie mère du Seigneur, dépendante de l'archevêché de Rouen, sans être retenu par l'horreur d'un tel sacrilége, fut attaqué d'une maladie très-grave. Apprenant alors, quoique trop tard, ce qu'on doit à la reine du ciel, il perdit la vie après de longs tourmens d'esprit et des souffrances de corps, longues, intolérables, mais bien méritées. Ainsi enfin Foulques, comte d'Angers, qui s'était uni au roi Louis par la foi et hommage, des promesses multipliées et la remise d'une foule d'otages, préférant l'avarice à la fidélité, et se déshonorant par la perfidie, donna sa fille [1] en mariage, sans même consulter le roi son seigneur, à Guillaume, fils du monarque anglais, et s'unit avec ce prince d'une si étroite amitié, qu'il rompit traîtreusement l'alliance qu'il avait faite contre lui et que cimentaient tant de sermens.

Cependant Louis employait tous ses efforts à réduire la Normandie, du côté qui regardait ses propres États, et la désolait çà et là par d'horribles ravages, tantôt avec une poignée de gens, tantôt à la tête de troupes nombreuses. Enflé par une longue habitude de succès, il dédaignait le monarque anglais non moins que les chevaliers de ce prince, et n'en tenait aucun compte. Mais tout à coup un certain jour, le roi d'Angleterre observant l'imprudente audace de celui des Français, rassemble de grandes forces, marche secrètement contre lui à la tête d'une armée en bon ordre, dispose des feux destinés à éclater à l'improviste contre les nôtres, fait mettre pied à terre à ses chevaliers pour qu'ils combattent plus fortement, et ne néglige aucune des sages précautions que son adresse peut imaginer pour s'assurer la victoire. Louis, au contraire, sans daigner, non plus que les siens, faire aucun préparatif pour le combat, vole imprudemment, mais audacieusement à l'ennemi [2]. Les ha-

[1] Mathilde.
[2] Le 20 août 1119, dans la plaine de Brenneville, à trois lieues des Andelys.

bitans du Vexin, ayant à leur tête Bouchard de Montmorency et Gui de Clermont, en vinrent les premiers aux mains, semèrent d'un bras vigoureux le carnage dans la première ligne des Normands, la chassèrent merveilleusement du champ de bataille, et rejetèrent vigoureusement les premiers rangs de la cavalerie sur les hommes de pied; mais les Français qui devaient suivre ceux du Vexin, attaquant sans aucun ordre des bataillons rangés et disposés avec un ordre extraordinaire, ne purent, comme il arrive toujours en de telles circonstances, soutenir l'effort bien combiné de l'ennemi, et lâchèrent pied. Le roi fut frappé d'étonnement à la vue de son armée repoussée; mais, comme à son ordinaire dans l'adversité, ne prenant conseil que de sa constance, il secourut lui-même et les siens de ses armes, et se retira aux Andelys, le plus honorablement qu'il put, mais non sans que ses troupes en déroute éprouvassent de grandes pertes. Furieux d'un événement si subit et si malheureux, quelque peu mécontent aussi de sa propre imprudence, mais ne voulant pas que les ennemis insultassent plus long-temps à sa défaite, et crussent qu'il n'oserait pas rentrer en Normandie, ce prince toujours plus courageux et plus ferme dans la mauvaise fortune, ce qui est le propre des seuls grands hommes, rassemble de nouveau son armée, appelle à lui les fuyards, invite tous les grands du royaume à venir le joindre, et fait signifier au roi d'Angleterre qu'à certain jour fixe il entrera sur ses terres, et lui livrera un combat terrible. Fidèle à cet engagement, comme s'il l'eût confirmé par ses sermens, Louis ne perd pas un instant à le remplir; il fond sur la Normandie, la ravage à la tête d'une armée considérable, fait brûler un très-fort château nommé Ivri, dont il s'était rendu maître après plusieurs vives attaques, et parvient jusqu'à Breteuil. Après s'être arrêté quelque temps dans le pays, ne voyant pas paraître le roi d'Angleterre et ne trouvant personne sur qui venger dignement l'affront qu'il avait reçu, Louis tourna vers Chartres pour faire aussi retomber sa colère sur le comte Thibaut, et assiégea vigoureusement cette ville. Il se préparait à la brûler, quand tout à coup le peuple et le clergé, faisant porter devant eux la tunique de la bienheureuse mère de Dieu, afin que pour l'amour de Marie, ce prince, le principal défenseur de l'Église, leur accordât miséricorde et pitié, vinrent le supplier ardemment et le conjurer de ne pas venger sur les siens l'injure que lui avaient faite des étrangers. Le monarque laissant la grandeur de la majesté royale fléchir devant leurs humbles prières, et craignant que la belle église de la bienheureuse Marie ne fût, en même temps que la ville, la proie des flammes, ordonna à Charles, comte de Flandre, de retirer l'armée, et de faire grâce à la ville par amour et par respect pour son église. Louis et les siens étant retournés ensuite dans leur pays, ne cessèrent de tirer une longue, continuelle et terrible vengeance, de leur défaite d'un moment.

Vers ce temps, Pascal, de vénérable mémoire, souverain pontife de Rome, passa de la lumière du jour à la lumière éternelle[1]. Il eut pour successeur Jean de Gaëte, chancelier, créé pape sous le nom de Gélase[2], par une élection canonique; mais, fatigué

---

[1] Le 18 ou le 21 janvier 1118. — [2] Gélase II.

des intolérables persécutions de Bourdin archevêque de Prague, qui avait encouru la déposition, et que l'empereur Henri avait placé par la violence et indûment sur le siége apostolique, tourmenté à l'excès par les Romains gagnés à prix d'argent, et chassé du Saint-Siége par la tyrannie de ses ennemis, le nouveau pape s'enfuit pour venir, comme avaient fait autrefois plusieurs de ses prédécesseurs, se mettre sous la tutelle et la protection du sérénissime roi Louis, et solliciter la compassion de l'Église française. La pauvreté qui le pressait le força de se rendre par mer à Maguelone, petite île où il ne reste, pour un seul évêque, ses clercs et leur suite peu nombreuse, qu'une seule et misérable cité, qui cependant est défendue par une muraille contre les attaques des Sarrasins, qui sans cesse courent les mers. Envoyé tout exprès vers lui par le roi, qui déjà était informé de son arrivée dans cette île, je m'acquittai de ma mission, et, en retour des présens que je lui offris au nom du royaume, je rapportai joyeusement sa bénédiction, et la promesse d'une conférence qui devait à certain jour fixé s'ouvrir à Vezelai. Au moment où le monarque se hâtait d'aller au devant de ce souverain pontife, on lui annonça qu'après avoir long-temps souffert de la goutte il était mort[1], et avait ainsi, en quittant la vie, épargné une querelle aux Français et aux Romains. Beaucoup d'hommes religieux et de prélats de l'Église s'empressèrent de se trouver à ses obsèques qui furent célébrées comme il convenait pour un successeur des Apôtres. On y remarqua Gui, archevêque de Vienne, vénérable entre tous les hommes, dis-

[1] Le 29 janvier 1119.

tingué par sa descendance directe du noble sang des empereurs et des rois, mais encore beaucoup plus distingué par ses mœurs. La nuit précédente et pendant son sommeil, ce prélat, dans un songe miraculeux qui le regardait clairement, quoiqu'il n'en saisît pas d'abord le sens, vit un être puissant qui portait la lune cachée sous son manteau, et la lui donnait à garder; mais il reconnut parfaitement la vérité de cette vision, quand ceux de l'Église romaine, réfugiés alors en France, l'élurent bientôt après souverain pontife, afin que les intérêts de l'Église ne souffrissent pas de la vacance du siége apostolique. Une fois élevé à une si haute dignité, il soutint les droits de l'Église avec humilité, mais aussi avec gloire et courage, et, par amour ainsi que par dévouement pour le seigneur Louis roi et la noble reine Adélaïde sa propre nièce, il pourvut habilement aux affaires de l'Église de France.

Ce pape tint donc à Rheims un concile solennel; puis, sans prendre aucun repos, il alla, sur la frontière jusqu'à Mouson, à la rencontre des députés de l'empereur Henri, pour rendre la paix à l'Église. Mais n'ayant rien pu gagner sur eux, il suivit l'exemple de ses prédécesseurs, et chargea ce prince des liens de l'excommunication dans un concile que remplissaient les Français et les Lorrains. Lorsqu'ensuite, enrichi des dons que lui avait prodigués le dévouement des églises, il fut arrivé à Rome, le peuple et le clergé romain lui firent la réception la plus honorable. Plus habile que beaucoup de ses prédécesseurs, il administra heureusement les affaires de l'Église; aussi à peine eut-il séjourné quelque temps dans la ville du Saint-Siége, que les Romains, charmés de sa grandeur et de sa libéralité, se saisirent du schismatique et intrus Bourdin, créature de l'empereur, qui faisait sa résidence à Sutri, et forçait à fléchir le genoux devant lui tous les clercs qui se rendaient à la cité des saints Apôtres. Ensuite ces hommes, plaçant en travers sur un chameau, animal tortu, ce tortueux anti-pape, ou plutôt cet antechrist, le revêtirent d'un manteau de peaux de bouc, encore crues et sanglantes; puis, pour venger sur lui, avec la plus grande publicité, la honte de l'Église, ils le conduisirent par la route royale à travers la ville de Rome, le jetèrent, par l'ordre du seigneur pape Calixte, dans une prison voisine du monastère de Saint-Benoît, dans les montagnes de la campagne de Rome, le condamnèrent à y finir ses jours, et, pour conserver la mémoire de cette punition exemplaire, le peignirent dans une des salles du palais pontifical foulé aux pieds du seigneur pape. Le seigneur Calixte, ainsi glorieusement établi sur le Saint-Siége, réprima les brigands de l'Italie et de la Pouille, qui désolaient l'État Romain; ce flambeau de la chaire pontificale et de l'église du bienheureux Pierre ne se cacha point sous le boisseau; mais, placé sur le haut de la montagne, il brilla du plus vif éclat; et les Romains, heureux sous la douce protection d'un maître si grand, recouvrèrent tant les rentes de la ville que les biens du dehors qu'ils avaient perdus. Envoyé par le seigneur roi Louis, pour certaines affaires du royaume, auprès de ce pontife, je le trouvai à Bitonte, dans la Pouille. Cet homme apostolique m'accueillit honorablement, par égard tant pour le seigneur roi que pour le monastère auquel j'appartenais, et m'aurait gardé plus long-temps auprès de lui, si je n'avais été rappelé en France par mon attachement à mon Église et à mes compagnons, ainsi que par les sollicitations de l'abbé de Saint-Germain, mon collègue dans cette mission, et mon condisciple, et les prières de quelques autres personnes.

Ayant terminé les affaires du royaume dont j'étais chargé, je me hâtai joyeusement, comme font tous les voyageurs, de revenir dans mon pays. Accueilli avec hospitalité dans une certaine maison de campagne, je m'étais jeté tout habillé sur un lit, après avoir dit matines, et j'attendais ainsi le jour. Plongé dans un demi sommeil, je crus me voir dans un petit bateau, seul et sans aucun rameur, errant dans le vaste espace des mers, entraîné par le mouvement rapide des ondes, tantôt soulevé, tantôt précipité par les vagues, flottant çà et là au milieu des plus grands dangers, frappé par la tempête d'une horrible terreur, et fatiguant de mes cris les oreilles de la Divinité : tout à coup il me sembla que, grâce à la bonté secourable de Dieu, un vent doux et tranquille, échappé pour ainsi dire d'un ciel serein, retournait et remettait dans le droit chemin la proue de ma misérable nacelle qui déjà tremblait sous moi, et allait périr ; le vent la poussa plus vite que la pensée, et la fit entrer dans un port à l'abri des orages. Réveillé par le crépuscule, je me remis en route ; mais, tout en cheminant, je méditais profondément sur cette vision, et me fatiguais à m'en rappeler toutes les circonstances, et à en chercher l'explication, craignant fort que ce soulèvement des flots ne m'annonçât quelque grave infortune. Tout à coup arrive à ma rencontre un serviteur affidé, qui, reconnaissant mes compagnons et moi, et sanglotant tout à la fois de plaisir et de chagrin, m'annonça la mort de mon seigneur et prédécesseur l'abbé Adam, d'heureuse mémoire, et l'élection qu'une assemblée générale avait faite de moi pour le remplacer[1]; mais il ajouta que cette élection ayant eu lieu sans l'aveu du roi, ce prince, quand les plus distingués et les plus pieux des moines, ainsi que les plus nobles des chevaliers s'étaient présentés devant lui pour lui soumettre leur choix, et solliciter son approbation, les avait accablés d'une foule de reproches, et fait mettre en prison dans le château d'Orléans. Fondant alors en larmes, et payant au père spirituel qui m'avait nourri et élevé, un tribut affectueux d'amour et de reconnaissance, je me désolai profondément de sa mort temporelle, et suppliai pieusement la miséricorde divine de l'arracher à la mort éternelle. Rendu à moi-même par les consolations de beaucoup de mes compagnons de voyage, et par ma propre raison, je me sentis tourmenté d'un triple embarras : devais-je, en acceptant une élection faite suivant les principes rigoureux de l'Église romaine, et par l'autorité du seigneur pape Calixte, dont j'étais aimé, mais contre la volonté du roi, souffrir qu'à mon occasion l'Église qui me servait de mère, et ne cessait, depuis que j'avais quitté la mamelle, de me réchauffer dans le doux sein de sa libéralité, fût affligée et vexée par deux puissances redoutables, qui, jusqu'alors, n'a-

---

[1] En 1123.

vaient jamais manifesté aucun sentiment ennemi à son égard? ou bien m'était-il permis de consentir que mes frères et mes amis languissent honteusement par amour pour moi dans une prison royale? ou enfin, fallait-il que, renonçant, par ces motifs et d'autres à peu près semblables, à mon élection, je supportasse l'opprobre de me voir si durement repoussé par le roi? Je songeais à envoyer quelqu'un des miens consulter le seigneur pape sur toute cette affaire, quand tout à coup se présenta devant moi un clerc romain, homme noble et mon ami intime, qui s'offrit, par dévouement, à remplir la mission que je voulais confier à l'un des miens, quoiqu'il dût m'en coûter beaucoup de fatigues et d'argent. Je chargeai de plus quelqu'un à moi de se rendre avec le messager qui m'était venu trouver auprès du roi, et de me rapporter quelle fin il entreverrait à cette affaire si pleine de trouble et de confusion; quant à moi, je ne voulais pas m'exposer imprudemment au mécontentement du monarque.

Je suivais donc les miens de près, mais triste, incertain de l'événement, et aussi cruellement tourmenté que si j'eusse erré sans rameurs au milieu d'une mer immense, longue. Semblable à ce vent calme qui, dans mon songe, avait sauvé ma barque près de périr, la vaste bonté du Dieu tout-puissant permit que mes messagers revinssent inopinément et m'annonçassent la fin de la colère du roi, l'élargissement des prisonniers et la confirmation de mon élection. Voyant dans tout cela une preuve évidente de la volonté de Dieu, qui, certes, pouvait seule faire arriver si promptement ce que je souhaitais, je me rendis, avec l'aide du Seigneur, à l'Église qui me servait de mère. Elle accueillit avec une bonté si douce, si maternelle et si noble, son enfant prodigue, que j'eus le bonheur d'y trouver le seigneur Louis ; il était venu jusqu'à Saint-Denis au devant de moi avec un visage sur lequel la colère avait fait place à la sérénité, et m'attendait là avec l'archevêque de Bourges, l'évêque de Senlis et plusieurs personnages revêtus de dignités ecclésiastiques ; tous me reçurent avec empressement au milieu de mes frères réunis, et qui faisaient éclater leur amour. Le samedi suivant, celui de la mi-carême, on m'ordonna prêtre, moi, indigne, et le dimanche d'après, celui de *isti sunt dies*, je fus, malgré mon peu de mérite, consacré abbé devant le très-saint corps du bienheureux Denis. Par un effet habituel de la toute-puissance de Dieu, plus le Seigneur daigna m'élever, moi, pauvre, du fond de la fange à la plus haute dignité, afin de me faire asseoir au milieu des princes, plus aussi sa main, non moins douce que forte, me rendit humble et dévoué à tout le monde, autant que le permet la fragilité humaine. C'est le Seigneur seul qui, quoiqu'il connût toute l'insuffisance de ma naissance et de ma science, voulut bien, dans sa clémence, aider mon incapacité à recouvrer les anciens domaines de mon Église, à lui en acquérir de nouveaux, à l'étendre de toutes parts, à restaurer ses bâtimens et à en construire de neufs. C'est encore lui qui, dans sa miséricorde, opérant ce qu'il y avait de plus difficile et de plus desirable, daigna, par une grâce extraordinaire, permettre que, pour la gloire des saints de son Église, et bien plus pour la sienne propre, je réformasse le saint Ordre de mes religieux, et parvinsse à y établir paisiblement la règle de la sainte religion, qui seule mène à Dieu, sans qu'il y eût trouble ni scandale parmi les moines, quoique toutes leurs habitudes fussent contrariées. Une grande abondance de liberté, de bonne réputation et de richesses terrestres, suivit bientôt ces preuves de la bonté divine et en prouva l'efficacité; on me vit, et même dans le présent, ce qui est un puissant encouragement pour notre faible humanité, comblé en quelque manière de récompenses temporelles; les papes, les rois, les princes se firent un plaisir de contribuer aux félicités de mon Église; ils me prodiguèrent les pierres précieuses, l'or, l'argent, les étoffes et les ornemens d'église de tout genre, et je pus me dire à bon droit : « Tous les biens me sont arrivés « avec elle (cette sainte règle). » Après un tel essai de la gloire future de Dieu, je supplie ceux de mes frères qui me succéderont, et je les adjure, au nom de la miséricorde du Seigneur et de son terrible jugement, de ne plus souffrir de relâchement dans cette sainte règle religieuse qui unit les hommes à Dieu, raffermit les choses brisées, relève les ruines et enrichit l'indigence. Rien ne manque en effet à ceux qui craignent le Seigneur; mais ceux qui ne le craignent pas, fussent-ils rois, sont privés de tout bien et se manquent aussi à eux-mêmes.

Avant ma promotion, la sainte Église romaine m'avait toujours, tant à Rome qu'ailleurs, accueilli avec bienveillance et entendu avec faveur. Quand j'avais soutenu, dans un grand nombre de conciles différens, les intérêts soit de mon Église, soit de quelques autres, toujours aussi elle avait poussé chaudement et moi et les affaires dont j'étais chargé. Ne voulant donc point me faire taxer d'ingratitude, je me hâtai d'aller visiter cette Église l'année qui suivit mon ordination. Reçu de la manière la plus honorable par le seigneur pape Calixte et toute sa cour, je demeurai six mois auprès de ce pontife, et j'assistai au grand concile de Latran, composé de plus de trois cents évêques et assemblé pour pacifier la querelle des investitures. Après avoir été souvent prier dans divers lieux saints, tels que les couvens de Saint-Benoît du Mont-Cassin, de Saint-Bartholomée de Bénévent, de Saint-Matthieu de Salerne, de Saint-Nicolas de Bari, des Saints-Anges du Mont-Gargano, je revins heureusement avec l'aide de Dieu, emportant avec moi des témoignages d'amour et de faveur du seigneur pape, et des lettres de communion écrites de sa propre main. Quelques années après, ce pontife m'appela une seconde fois à sa cour, de la manière la plus flatteuse, pour m'honorer plus qu'il n'avait encore fait, et comme le disaient ses lettres, pour m'élever selon ses desirs. Mais j'appris avec certitude la nouvelle de sa mort à Lucques, ville de Toscane, et je me hâtai de revenir sur mes pas pour éviter d'éveiller de nouveau l'ancienne convoitise des Romains. Il eut pour successeur le pape Honorius qu'on tira de l'évêché d'Ostie, personnage jouissant de l'estime générale, homme grave et sévère. Ce pontife reconnut, par les témoignages de son légat Matthieu, évêque d'Albe, des évêques de Chartres, de Paris, de Soissons, de Renaud archevêque de Rheims, et de beaucoup d'autres personnages éminens, la justice de la réclamation de l'abbaye de Saint-Denis sur le monastère d'Argenteuil, décrié dans l'opinion par la mauvaise conduite des religieuses qui l'occupaient. Ce pape reçut en outre des mains de mes envoyés, et lut attentivement les chartes des anciens rois Pepin, Charlemagne, Louis-le-Pieux et autres qui constataient le droit de mon Église sur le lieu en question ; enfin, de l'avis de tout son conseil, il rendit et confirma la propriété de ce monastère à l'abbaye du bienheureux Denis, en considération tant du juste droit qu'elle y avait, que de la honteuse irrégularité des religieuses d'Argenteuil.

Mais je reviens à mon sujet, et je reprends l'histoire du roi. L'empereur Henri conservait depuis longtemps au fond de son cœur un vif ressentiment contre le seigneur Louis, de ce que dans son royaume, à Rheims, en plein concile, le seigneur Calixte l'avait frappé, lui Henri, d'anathème. Avant donc que ledit seigneur pape Calixte fût mort, cet empereur rassembla une armée[1] aussi nombreuse qu'il put, de Lorrains, d'Allemands, de Bavarois, de Souabes et de Saxons, quoiqu'il eût à se plaindre des brigandages de ces derniers ; puis, par le conseil du monarque anglais Henri, dont il avait épousé la fille, et qui de son côté faisait la guerre au roi français, il feignit de marcher vers un autre point, mais projeta d'attaquer à l'improviste la cité de Rheims, se proposant, ou de la détruire tout d'un coup, ou du moins de lui faire subir la honte et tous les maux d'un siége qui durât autant de temps que la session du concile dans laquelle le seigneur pape avait procédé contre lui. Le seigneur Louis, informé de ce dessein par les rapports d'hommes qui lui étaient dévoués, pressa sans dif-

[1] En 1124.

férer des levées de troupes, appela à lui tous ses barons, et publia la cause de ses mesures. Sachant de plus, pour l'avoir ouï raconter à une foule de gens, et fréquemment éprouvé lui-même, qu'après Dieu, le bienheureux saint Denis est le patron spécial et le protecteur particulier du royaume, il se rendit en hâte à ses pieds, et le sollicita du fond du cœur, tant par des prières que par des présens, de défendre le royaume, de préserver sa personne, et de résister comme à son ordinaire aux ennemis. En outre, et suivant le privilége que les Français ont obtenu de saint Denis, de faire descendre sur l'autel les reliques de ce pieux et miraculeux défenseur de la France, ainsi que celles de ses compagnons, comme pour les emmener au secours du royaume, quand un État étranger ose tenter une incursion dans celui des Français, le monarque ordonna que cette cérémonie se fît pieusement en grande pompe, et en sa présence. Enfin, prenant sur l'autel la bannière appartenant au comté du Vexin, pour lequel ce prince relevait de l'église de Saint-Denis, et la recevant pour ainsi dire de son seigneur suzerain avec un respectueux dévouement, le roi vola avec une petite poignée d'hommes au devant des ennemis, pour parer aux premiers besoins de ses affaires, et invita fortement toute la France à le suivre. La France donc, avec son ardeur accoutumée, s'indigna de l'audace inaccoutumée des ennemis; partout elle mit en mouvement l'élite de ses chevaliers, et de toutes parts elle envoya de grandes forces, et des hommes qui n'avaient oublié, ni l'antique valeur ni les victoires de leurs ancêtres. Quand de tous les points du royaume notre puissante armée fut réunie

à Rheims, il se trouva une si grande quantité de chevaliers et de gens de pied, qu'on eût dit des nuées de sauterelles qui couvraient la surface de la terre, non seulement sur les rives des fleuves, mais encore sur les montagnes et dans les plaines. Le roi ayant attendu là une semaine tout entière l'arrivée des Allemands, les grands du royaume se préparaient au combat et disaient entre eux : « Marchons hardi-
« ment aux ennemis, qu'ils ne rentrent pas dans leurs
« foyers sans avoir été punis, et ne puissent pas dire
« qu'ils ont eu l'orgueilleuse présomption d'attaquer
« la France, la maîtresse de la terre. Que leur arro-
« gance obtienne ce qu'elle mérite, non dans notre
« pays, mais dans le leur même, que les Français ont
« subjugué, et qui doit leur rester soumis en vertu
« du droit de souveraineté qu'ils ont acquis sur lui ; ce
« qu'ils projetaient d'entreprendre furtivement contre
« nous, rendons-le leur ouvertement. » Mais l'expérience plus sûre de quelques autres conseillait d'attendre que les ennemis fussent entrés sur notre territoire, de leur couper la retraite, et, quand ils ne sauraient plus où fuir, de tomber sur eux, de les culbuter, de les égorger sans miséricorde comme des Sarrasins, d'abandonner sans sépulture aux loups et aux corbeaux les corps de ces barbares, à leur éternelle ignominie, et de légitimer ces actes de rigueur et ces terribles massacres, par la nécessité de défendre notre pays.

Cependant les grands du royaume rangent en bataille, dans le palais même et sous les yeux du roi, les diverses troupes de guerriers, et règlent celles qui, d'après l'avis commun, doivent marcher ensemble. De ceux de Rheims et de Châlons, qui sont plus de soixante mille, tant fantassins que cavaliers, on forme le premier corps; les gens de Soissons et de Laon, non moins nombreux, composent le second; au troisième sont les Orléanais, les Parisiens, ceux d'Etampes et la nombreuse armée du bienheureux Saint-Denis, si dévouée à la couronne. Le roi, plein d'espoir dans l'aide de son saint protecteur, arrête de se mettre lui-même à la tête de cette troupe. « C'est avec ceux-ci, « dit-il, que je combattrai courageusement et sûre-« ment; outre que j'y serai protégé par le Saint mon « seigneur, j'y trouve ceux de mes compatriotes qui « m'ont élevé avec une amitié particulière, et qui, « certes, me seconderont vivant ou me rapporteront « mort, et sauveront mon corps. » Le comte du palais, Thibaut, qui, quoiqu'il fît alors, avec son oncle le roi d'Angleterre, la guerre au seigneur Louis, était venu, sur la sommation de la France, avec son autre oncle le noble Hugues comte de Troyes, conduisait la quatrième division; à la cinquième composant l'avant-garde, étaient le duc de Bourgogne et le comte de Nevers. Raoul, comte de Vermandois, renommé par son courage, illustre par sa parenté proche avec le roi, et que suivaient une foule d'excellens chevaliers et une troupe nombreuse tirée de Saint-Quentin et de tout le pays d'alentour, et bien armée de cuirasses et de casques, fut destiné à former l'aile droite. Louis approuva que ceux de Ponthieu, Amiens et Beauvais fissent l'aile gauche; on mit à l'arrière-garde le très-noble comte de Flandre avec ses dix mille excellens soldats, dont il eût triplé le nombre s'il eût été prévenu à temps, et près de ceux-ci combattirent Guillaume duc d'Aquitaine, le comte de Bretagne et le vaillant guerrier Foulques comte d'Angers, qui rivalisaient d'autant plus d'ardeur que la longueur de la route qu'ils avaient eu à faire et la brièveté du délai fixé pour la réunion, ne leur avaient pas permis d'amener des forces considérables, et qui pussent venger durement sur l'ennemi l'injure faite aux Français. On régla de plus que, partout où l'armée en viendrait aux mains avec les Allemands, des charrettes chargées d'eau et de vin, pour les hommes blessés ou épuisés de fatigues, seraient placées en cercle comme une espèce de forteresse, pourvu que le terrain s'y prêtât, et que ceux que des blessures ou la lassitude forceraient à quitter le champ de bataille, iraient là se rafraîchir, resserrer les bandages de leurs plaies, et reprendre des forces pour venir de nouveau disputer la palme de la victoire. Ces dispositions si redoutables, et la réunion d'une armée si courageuse furent bientôt publiques [1]. Dès que l'empereur en eut connaissance, feignant, dissimulant, il couvrit sa fuite de quelque prétexte, marcha vers d'autres lieux, et préféra la honte de se retirer lâchement, au risque d'exposer son empire et sa personne à la cruelle vengeance des Français et au danger d'une ruine certaine. A la nouvelle de sa retraite, il ne fallut rien moins que les prières des archevêques, des évêques et des hommes recommandables par leur piété, pour engager les Français à ne pas porter la dévastation dans les États de ce prince, et à en épargner les pauvres habitans.

Après cette importante et si célèbre victoire, au-

[1] En 1124.

tant et plus grande même que si l'on eût triomphé sur le champ de bataille, les Français retournèrent chacun chez eux. Le roi, plein de joie et incapable de se montrer ingrat envers les très-saints Martyrs ses protecteurs, vint humblement dans leur église, rendit d'abord à Dieu et ensuite à eux de grandes actions de grâce, leur restitua pieusement la couronne du roi son père qu'il avait retenue injustement, et qui leur appartenait de droit comme celle de tous les rois morts[1], leur rendit de son propre mouvement les droits de foire qui se percevaient à l'extérieur sur la place, car les droits dus à l'intérieur étaient déjà la propriété de ces Saints, et leur concéda solennellement, et sous la confirmation d'une charte royale, les droits sur les chemins de toute espèce, sur lesquels furent élevés d'espace en espace des colonnes et des statues de marbre capables, comme autant de colonnes d'Hercule, de résister à tous les ennemis de la France. Faisant plus encore, le roi reporta lui-même jusqu'à leur place ordinaire sur ses épaules, avec une piété filiale et une grande abondance de larmes, les sacrées et vénérables châsses d'argent qui contenaient les corps des saints martyrs, ses seigneurs et patrons, et qui, tant qu'avait duré le rassemblement des troupes pour la guerre, étaient restées sur le maître autel, honorées nuit et jour de continuelles et solennelles prières par les religieux, et d'oraisons sans nombre par un peuple de dévots et de femmes pieuses qui accouraient en foule solliciter le secours

---

[1] Il paraît, d'après un diplôme de Louis-le-Gros lui-même, que cette couronne avait déjà été rendue à l'abbaye de Saint-Denis quatre ans auparavant, en 1120.

es Saints pour notre armée. Ces secours enfin, et les
autres bienfaits que Louis avait reçus de ces Saints,
il les reconnut par des dons en terres et en autres
espèces de richesses. Cependant l'empereur d'Allemagne, avili par cette affaire, et déclinant de plus
en plus dans l'opinion, vit son dernier jour avant que
cette même année eut terminé son cours, et vérifia
ainsi cette sentence de nos ancêtres, que quiconque,
noble ou non noble, troublera l'État ou l'Église, et
dont la révolte aura forcé de déplacer les reliques
des Saints, ne passera pas l'année, et mourra avant
qu'elle soit finie. Dans ce même temps le roi d'Angleterre, qui connaissait bien la perfide entreprise
de l'Allemand, et faisait encore alors, avec le comte
Thibaut, la guerre au roi Louis, forma le projet de
profiter de l'éloignement du roi pour ravager complétement et occuper la frontière de France limitrophe de la Normandie. Mais un seul baron, Amaury
de Montfort, homme d'une valeur éprouvée dans les
combats, et les courageuses troupes du Vexin suffirent pour repousser ce prince qui ne recueillit de
cette expédition que peu ou point de profit, et se
retira frustré de ses vaines espérances. Ni dans nos
temps modernes, ni même à beaucoup des époques
de nos temps anciens, la France n'a rien fait de
plus brillant, et n'a jamais montré plus glorieusement jusqu'où va l'éclat de sa puissance, lorsque
les forces de tous ses membres sont réunies, que
quand, dans le même moment, son roi a ainsi triomphé, présent, de l'empereur d'Allemagne, absent, du
monarque d'Angleterre : aussi la terre se tut devant
la France, l'orgueil de ses ennemis fut étouffé, et

presque tous ceux d'entre eux qu'elle pouvait atteindre, s'empressant de rentrer en grâce avec elle, lui tendirent la main en signe d'amitié. C'est ainsi que qui refuse les choses les plus justes cède tout à qui déploie la force des armes.

Vers le même temps [1], l'évêque de Clermont en Auvergne [2], homme d'une vie édifiante et défenseur illustre de l'Église, fut chassé de son siége et poursuivi par l'orgueil des Auvergnats, orgueil qu'ils ont eu de toute antiquité, qu'ils conservent encore, et qui a fait dire d'eux à juste titre :

Avernique ausi Latio se fingere fratres [3].

Ce prélat s'étant réfugié auprès du seigneur roi lui exposa les plaintes douloureuses de son église, et lui dit comment le comte d'Auvergne [4] s'était emparé de la ville, et, par la trahison du doyen du chapitre, avait pris et fortifié tyranniquement l'église épiscopale dédiée à la bienheureuse Marie ; se prosternant même aux pieds du monarque, malgré les efforts de ce prince pour l'en empêcher, il le supplia humblement et avec instance de délivrer son église de la servitude où elle était réduite, et de réprimer, par le glaive de la majesté royale, la tyrannie effrénée du comte. Le roi, qui jamais ne perdait un moment quand il s'agissait de secourir l'Église, prit en main avec plaisir et solennellement, dans cette circonstance, la cause de Dieu ; et n'ayant pu, ni par paroles ni par

[1] En 1121.
[2] Il se nommait Aimeri.
[3] Les Auvergnats ont l'audace de se prétendre frères des Romains.
[4] Guillaume VI.

lettres scellées du sceau de la majesté royale, réussir à faire rentrer le tyran dans le devoir, ce prince en vint promptement aux actions, assembla des troupes, et conduisit dans l'Auvergne révoltée une nombreuse armée de Français. Dès qu'il fut à Bourges, les premiers du royaume, le belliqueux comte d'Angers, le puissant comte de Bretagne Conan, l'illustre comte de Nevers [1], et beaucoup d'autres grands vassaux de la couronne, empressés de venger sur les Auvergnats l'injure faite à l'Église, accoururent le joindre avec une suite considérable d'hommes d'armes. Ce prince ravagea donc tout le territoire des ennemis, et s'approcha de Clermont; les Auvergnats abandonnèrent alors les châteaux bâtis sur le sommet de leurs hautes montagnes, et cherchèrent un asile dans les murs de cette ville parfaitement fortifiée; mais les Français rirent à bon droit de leur simplicité. Dans la persuasion que les ennemis abandonneraient cette cité par crainte de perdre leurs châteaux, ou que, s'ils y demeuraient enfermés, ils consommeraient promptement leurs vivres, ils suspendirent leur marche sur Clermont, et se dirigèrent d'un autre côté, contre un excellent château, nommé le Pont-du-Château; fixant leurs tentes tout à l'entour, ils saccagèrent également et les plaines et les montagnes. A voir l'ardeur avec laquelle ils enlevaient les forts bâtis sur le sommet des monts, on eût dit que comme les géants ils voulaient dans leur audace escalader le ciel; ils faisaient leur proie non seulement des troupeaux, mais même des hommes qui les gardaient, et les traînaient en foule à leur suite; faisant jouer ensuite les machines de guerre

[1] Guillaume II.

contre la tour du château, les nôtres l'écrasèrent de blocs de pierre, l'inondèrent de traits, la remplirent de carnage, et la forcèrent de se rendre à discrétion. A la nouvelle de cette victoire, ceux qui occupaient Clermont, frappés de terreur et redoutant un sort semblable ou plus dur encore, prirent la fuite, abandonnèrent leur ville, et la laissèrent au pouvoir du roi. Ce prince, habitué à triompher dans tout ce qu'il entreprenait, rendit à Dieu son église, au clergé ses tours, à l'évêque sa cité, rétablit la paix entre eux et le comte, et la fit confirmer par les sermens les plus saints, et le don de nombreux otages.

Mais un lustre s'était à peine écoulé que cette paix fut rompue par la perfide inconstance du comte[1] : l'Église et l'évêque, accablés de nouvelles calamités, portèrent au monarque de nouvelles plaintes. Indigné de s'être exposé une première fois sans fruit à d'immenses fatigues, Louis rassembla une armée beaucoup plus forte que la précédente, et marcha de nouveau contre les Auvergnats. Déjà il était devenu très-gros, et avait peine à porter la masse épaisse de son corps: tout autre, quelque pauvre qu'il eût été, n'aurait ni voulu ni pu, avec une telle incommodité physique, s'exposer au danger de monter à cheval ; mais lui, contre le conseil de tous ses amis, n'écoutait que son admirable courage, bravait les feux dévorans de juin et d'août, dont avaient horreur les plus jeunes chevaliers, et se moquait de ceux qui ne pouvaient supporter la chaleur, quoique souvent il fût contraint, dans des passages étroits et difficiles de marais, de se faire soutenir par les siens. A cette expédition étaient

[1] En 1126.

le puissant comte de Flandre Charles, Foulques comte d'Anjou, le comte de Bretagne, une armée de Normands envoyée par le roi d'Angleterre Henri, en sa qualité de vassal, et une foule de barons et de grands du royaume. C'était, certes, plus qu'il n'en eût fallu pour subjuguer l'Espagne. Franchissant donc l'entrée périlleuse de l'Auvergne, et forçant tous les châteaux qui se rencontrent sur sa route, Louis arrive à Clermont, et fait assiéger par son armée le château de Montferrand, bâti en face de la ville du côté de l'orient. Les gens chargés de défendre cette place tremblent devant la merveilleuse armée des Français qui leur est si supérieure, sont éblouis de l'éclat que jettent les cuirasses et les casques frappés par le soleil, hésitent à cette seule vue sur ce qu'ils doivent faire, abandonnent les fortifications extérieures, et se réfugient à grande peine dans la tour et derrière les remparts qui l'entourent. Sur-le-champ les maisons des ouvrages extérieurs deviennent la proie des flammes dévorantes, et tout ce qui se trouve hors de la tour et de son enceinte est réduit en cendres. Ce premier jour, la rapide violence de l'incendie qui consuma le bourg nous contraignit de retirer nos tentes en arrière ; mais le lendemain, et aussitôt que la flamme fut assoupie, nous les reportâmes plus avant, et sur le terrain même occupé par ce qui avait été brûlé. Un des jours suivans, au lever de l'aurore, le roi fit une disposition qui remplit les ennemis d'affliction et nous de joie. Eux, en effet, ne cessaient toute la nuit d'inquiéter, par des attaques continuelles, d'un des côtés de la tour, celles de nos tentes qui en étaient plus proches, et les accablaient tellement de flèches

et de traits, que, quoique nous eussions mis entre
eux et nous des avant-postes, nous étions obligés de
nous couvrir de nos boucliers. Le seigneur Louis ordonne donc au vaillant et célèbre Amaury, baron de
Montfort, de placer une embuscade sur leur flanc,
pour les empêcher de rentrer impunément dans le
mur d'enceinte de la tour. Habile dans de telles expéditions, Amaury prend les armes; pendant que les
nôtres arrêtent l'ennemi dans sa marche, lui et les
siens tombent sur son flanc de toute la rapidité de
leurs coursiers, surprennent inopinément quelques
hommes, et les conduisent promptement au roi. Ces
malheureux demandaient avec instance qu'on leur
permît de se racheter; mais le seigneur Louis commanda qu'on leur coupât une des mains, et qu'ainsi
mutilés et portant la main coupée dans celle qui leur
restait, on les reconduisît à leurs autres camarades de
la tour, qui, effrayés par cette sévérité, nous laissèrent
en repos. Pendant que le roi, conservant toujours en
état les machines et instrumens de guerre qu'on avait
construits, tenait toute l'Auvergne ouverte aux entreprises de son armée et à sa disposition, le duc
d'Aquitaine, Guillaume, arriva suivi d'un corps nombreux d'Aquitains. Du haut des monts où il avait assis
son camp, il n'eut pas plutôt vu briller dans la plaine
les phalanges des Français, que frappé d'étonnement
à l'aspect d'une si grande armée, il se repentit d'être
venu, faible comme il était, s'opposer aux desseins
du roi. Il envoya donc à ce prince des messagers porteurs de paroles de paix, et afin d'obtenir qu'il pût
s'adresser à lui comme à son seigneur; puis, se présentant lui-même, il s'exprima en ces termes : « Ton

« duc d'Aquitaine, seigneur roi, te souhaite santé,
« gloire et puissance. Que la grandeur de la majesté
« royale ne dédaigne point d'accepter l'hommage et
« le service du duc d'Aquitaine, ni de lui conserver
« ses droits. La justice exige sans doute qu'il te fasse
« son service, mais elle veut aussi que tu lui sois
« un suzerain équitable. Le comte d'Auvergne tient
« de moi l'Auvergne, comme je la tiens de toi; s'il
« s'est rendu coupable, je dois le présenter au juge-
« ment de ta cour quand tu l'ordonneras : cela, je ne
« l'ai jamais refusé. Il y a plus : j'offre de le faire, et
« je te supplie humblement et avec instances d'y
« consentir. En outre, et pour que ton Altesse daigne
« ne conserver à cet égard aucun doute, je suis prêt
« à lui donner tous les otages qu'elle croira néces-
« saires. Si les grands du royaume jugent qu'il en doit
« être ainsi, que cela soit fait; s'ils pensent autre-
« ment, qu'il soit fait comme ils diront. » Le roi ayant
donc délibéré sur ces propositions avec les grands du
royaume, reçut du duc d'Aquitaine, comme le commandait la justice, la foi, le serment, des otages en
nombre suffisant, rendit la paix au pays et à l'Église,
fixa un jour précis pour régler et décider, en parlement à Orléans et en présence du duc, entre l'é-
vêque et le comte, les points auxquels jusqu'alors
les Auvergnats avaient refusé de souscrire ; puis ra-
menant glorieusement son armée il retourna victorieux en France.

Je me propose de rappeler ici l'action la plus noble
que le seigneur Louis ait faite, depuis sa jeunesse jusqu'à la fin de sa vie ; mais, pour éviter de fatiguer le
lecteur, je la raconterai brièvement, quoiqu'elle exi-

geât de longs détails, et je dirai ce qu'il a fait, non comment il l'a fait. Le fameux et très-puissant comte Charles, fils du roi des Danois, et de la sœur de l'aïeule du roi Louis, avait succédé, en vertu de son droit de parenté, au très-courageux comte Baudouin, fils de Robert, surnommé le *Hiérosolymitain*[1], gouvernait le pays populeux de Flandre avec autant de fermeté que de soin, et se montrait illustre défenseur de l'Église de Dieu, célèbre et libéral, aumônier et insigne protecteur de la justice. Quelques hommes puissans, d'une naissance obscure, et sortis même de la fange et d'une condition servile, mais enflés de leurs richesses, s'efforçaient insolemment de lui enlever la dignité qu'il possédait à juste titre, et d'exclure du pouvoir la branche de la maison de Flandre, à laquelle il appartenait. Lui les avait fait, comme il convenait, citer en jugement devant sa cour; mais eux, savoir, le prévôt de l'église de Bruges et les siens, hommes superbes et renommés par leur perfidie, avaient tramé contre lui les plus noirs complots. Un certain jour donc[2] qu'il était venu à Bruges, il alla de très-grand matin à l'église de Dieu, et là, prosterné sur le pavé, il priait en tenant dans ses mains un livre d'oraisons. Tout à coup, un nommé Bouchard, neveu du susdit prévôt, et véritable coupe-jarret, entre suivi de gens comme lui, de l'espèce la plus scélérate, et d'autres complices de son exécrable trahison, se glisse en silence derrière le comte qui priait, et dans ce moment

[1] Robert n'avait point été roi de Jérusalem, comme dit la chronique de Saint-Denis; mais il fut surnommé le *Hiérosolymitain*, à cause de ses exploits dans la Terre-Sainte.

[2] Le 2 mars 1127. Voyez la *Vie de Charles-le-Bon*, comte de Flandre, par Galbert, dans ce même volume.

parlait à Dieu même ; ce malheureux tire doucement son épée du fourreau, et en pique légèrement le col du comte alors prosterné, afin que celui-ci, en se redressant un peu, se présentât pour ainsi dire de lui-même et sans défense aux coups du glaive assassin ; puis cet impie frappe cet homme pieux de son épée, et ce serf criminel abat d'un seul coup la tête de son seigneur. Tous les auteurs de ce meurtre abominable, alors présens, altérés du sang du comte, se précipitèrent sur ses misérables restes comme des chiens furieux, et déchirèrent avec une atroce joie le cadavre de cette innocente victime ; tous se glorifièrent, avec le plus grand excès d'audace, d'avoir contribué à accomplir le crime douloureux qu'ils avaient commis, et l'iniquité qu'ils avaient machinée ; puis entassant scélératesse sur scélératesse, et aveuglés par leur propre malice, tous ceux des châtelains et des plus nobles barons du comte qu'ils purent surprendre, soit dans cette église, soit au dehors, dans le château, ils les firent périr du plus funeste genre de mort, sans même qu'ils fussent préparés à quitter cette vie ni confessés. Je crois, au surplus, qu'il a beaucoup servi à ces infortunés d'avoir été ainsi égorgés à cause de leur fidélité à leur seigneur, et trouvés priant dans l'église, parce qu'il est écrit : « Où je te trouverai, je « te jugerai. » Cependant les barbares meurtriers du comte l'enterrèrent dans l'église même, de peur qu'il ne fût enseveli et pleuré au dehors avec de plus grandes marques d'honneur, et que sa vie glorieuse, et sa mort plus glorieuse encore, n'excitassent à la vengeance ses peuples dévoués. Faisant ensuite du temple de Dieu une caverne de voleurs, ces misérables s'y fortifièrent, ainsi que dans la maison du comte attenante à l'église, y rassemblèrent des provisions de bouche de toute espèce, et formèrent le projet audacieux de s'y défendre, et de soumettre de là tout le pays.

Au récit d'un crime si grand et si scélérat, les barons de Flandre qui n'y avaient pas trempé furent saisis d'horreur, firent à leur seigneur des obsèques qu'ils accompagnèrent de larmes pour éviter qu'on ne les taxât de trahison, et dénoncèrent ce forfait au roi Louis, et non seulement à lui, mais encore à tout l'univers où ils en répandirent la renommée. Poussé par son amour pour la justice et son affection pour un homme de son sang, à punir une si horrible perfidie, ce prince, sans être retenu par la guerre que lui faisaient le monarque d'Angleterre et le comte Thibaut, entra furieux dans la Flandre, et déploya les plus ardens efforts de courage et d'activité pour détruire, avec la dernière rigueur, les exécrables auteurs du meurtre. Il établit d'abord comte de Flandre Guillaume-le-Normand, fils du comte Robert de Normandie, le Hiérosolymitain, à qui ce pays revenait par les droits du sang; puis, à peine arrivé à Bruges, il ne fut arrêté ni par la crainte de s'engager dans un pays tout plein de cruautés, ni par celle d'avoir à lutter contre la branche de la maison de Flandre qui s'était souillée d'une telle trahison ; il resserra et assiégea les meurtriers dans l'église et la tour, ne leur laissa parvenir aucune subsistance, et les réduisit à celles qu'ils avaient déjà, mais que, déjà aussi, la main de Dieu frappait de corruption, et dont ils n'osaient faire usage. Après avoir quelque temps souffert durement de la faim, des maladies et du fer des assaillans, ces malheureux, abandonnant l'église, ne conservèrent que la tour, dans l'espoir que la tour les conserverait sains et saufs; mais bientôt ils désespérèrent de leur vie; leurs chants de triomphe se changèrent en cris de deuil, et leurs voix, auparavant si retentissantes, ne firent plus entendre que des sanglots. Alors le plus scélérat d'entre eux, Bouchard, s'enfuit de l'aveu de ses compagnons; il voulait quitter le pays, mais ne le put : l'énormité de sa propre iniquité lui en ôta seule tous les moyens, et, arrivé dans le château d'un de ses amis intimes, il y fut saisi en vertu d'un ordre du roi. Par un raffinement de rigueur dans le choix du supplice de cet homme, on le lia sur une roue élevée, où il resta exposé à la voracité des corbeaux et des oiseaux de proie; ses yeux furent arrachés de leurs orbites; on lui mit toute la figure en lambeaux; puis, percé d'un millier de flèches, de dards et de javelots qu'on lui lançait d'en bas, il périt de la manière la plus cruelle, et fut jeté dans un cloaque. Berthold, le chef de l'attentat inique commis sur le comte, résolut également de s'enfuir. Après avoir erré çà et là sans être trop poursuivi, poussé par son seul orgueil, il revint disant : « Qui « suis-je donc, et qu'ai-je donc fait? » Mais lui aussi fut pris et remis à la disposition du roi, qui le condamna à la mort la plus affreuse : on le pendit en effet à une fourche avec un chien, chaque fois qu'on frappait celui-ci, l'animal déchargeait sur lui sa colère, lui dévorait la figure de ses morsures, et quelquefois même, ce qui fait horreur à dire, le couvrait de ses ordures. C'est ainsi que ce Berthold, le plus misérable des misérables, termina sa misérable vie, et fut précipité dans la mort éternelle. Quant aux autres que le seigneur Louis tenait renfermés dans la tour, il les contraignit à se rendre après une foule de souffrances ; tous furent jetés séparément, et l'un après l'autre, du haut de la tour, et eurent la tête fracassée à la vue de leurs parens. Un d'entre eux même, nommé Isaac, qui, par crainte de la mort, s'était caché dans un certain monastère et fait tondre, fut dégradé de sa qualité de moine, et attaché à un gibet.

Ayant ainsi triomphé à Bruges, le roi marcha en toute hâte contre Ypres, château très-fort, pour punir aussi Guillaume-le-Bâtard, fauteur de ce perfide complot. Celui-ci envoya des messagers à ceux de Bruges, et, tant par menaces que par caresses, les attira dans son parti. Mais tandis qu'avec trois cents hommes d'armes il s'avançait au devant du seigneur Louis, une partie de l'armée royale fondit sur lui ; l'autre, prenant une route de traverse, entra dans le château par une autre porte, et s'en empara : une fois maître de cette place, le monarque dépouilla Guillaume de ses biens, l'exila de la Flandre entière, et condamna justement à ne plus rien posséder en Flandre celui qui avait tenté de s'approprier toute la Flandre par la perfidie. Ce pays ainsi blanchi et comme rebaptisé par ces châtimens et d'autres d'espèces diverses, et par une abondante effusion de sang, le roi, après y avoir bien établi le comte Guillaume-le-Normand, revint, avec l'aide de Dieu, victorieux en France [1].

Une autre fois [2], ce prince infligea encore un châti-

---

[1] En 1128. — [2] En 1130.

ment semblable, non moins fameux et non moins agréable au Seigneur, à Thomas de Marle, quand, de sa forte main, il étouffa comme un tison ardent cet homme exécrable qui opprimait la sainte Église, et ne respectait ni Dieu ni les hommes. Touché des plaintes lamentables des Églises, Louis se rendit à Laon pour en tirer vengeance ; là, déterminé par les conseils des évêques, des grands du royaume et du fameux Raoul comte de Vermandois, le seigneur le plus puissant après le monarque dans cette contrée, il arrêta de conduire son armée contre le château de Coucy. Pendant qu'il y marchait en toute hâte, ceux qu'on avait envoyés en avant pour découvrir quel point du château présentait un accès plus facile, revinrent annoncer que partout les approches en étaient difficiles et impossibles ; beaucoup de gens alors pressèrent le roi de changer son plan d'après ce rapport. Mais son courage s'indignant d'un tel conseil, il s'écria : « Le parti pris « à Laon est resté gravé dans mon esprit ; ni la vue de « la mort ni le desir de conserver la vie ne me feront « changer ce qui a été arrêté dans cette ville. La gloire « de la majesté royale serait avilie si j'avais l'air de « fuir par crainte d'un scélérat. » Il dit, et malgré sa corpulence, animé d'une admirable ardeur et bravant tous les dangers, il se précipita avec son armée à travers les ravins et les routes que les bois rendaient impraticables. Comme il approchait du château, on informa le vaillant comte Raoul, qui se dirigeait vers un autre côté de la place, que l'ennemi avait dressé des embûches à l'aide desquelles il se préparait à détruire entièrement nos phalanges. Raoul s'arme sur-le-champ, marche, avec plusieurs de ses compagnons, par un chemin obscur, vers l'endroit où était l'embuscade, envoie en avant quelques-uns des siens, et quand il les rejoint, voit Thomas de Marle déjà blessé et renversé par terre : pressant aussitôt son coursier de l'éperon, il fond sur ce misérable, le frappe rudement de son glaive, lui fait une plaie mortelle, et aurait redoublé ses coups si on ne l'en eût empêché. Thomas fait prisonnier et mortellement blessé fut donc conduit au roi Louis, et par ordre de ce prince transporté à Laon, à la satisfaction presque universelle tant des siens que des nôtres. Le lendemain, les champs qu'il possédait furent vendus au profit du fisc, on rompit ses étangs, et le seigneur Louis, faisant grâce au pays parce qu'il en tenait le seigneur à sa disposition, reprit la route de Laon. Ni ses blessures, ni ses fers, ni les menaces, ni les prières, ne purent déterminer cet homme perdu de crimes à mettre en liberté des marchands que, par une infâme perfidie, il avait dépouillés sur le grand chemin de tout ce qu'ils portaient avec eux et qu'il retenait en prison. Et lors même qu'avec la permission du roi il eut fait venir sa femme auprès de lui, la perte de ces marchands, qu'on exigeait qu'il remît en liberté, parut l'affliger bien plus que celle de sa propre vie. Réduit enfin presque à la dernière extrémité par l'insupportable douleur de ses blessures, et pressé par les sollicitations d'une foule de gens de se confesser et de recevoir le viatique, il n'y consentit qu'à grand'peine ; aussi, quand le prêtre eut apporté le corps du Seigneur dans la chambre qu'habitait cet homme, Jésus-Christ lui-même ne put, pour ainsi dire, se résoudre à entrer dans le misérable corps de ce pécheur non repentant. Au moment donc où, pour recevoir la communion, ce malheureux relevait la tête, son col se tordit et se brisa, et, privé de la divine eucharistie, il exhala son ame noire et atroce. Une fois qu'il fut mort, le roi, dédaignant de poursuivre davantage ou lui ou sa terre, se contenta d'exiger la mise en liberté des marchands et d'enlever à la veuve et aux enfans la plus grande partie des trésors du défunt, et revint triomphant à Paris, après avoir rendu la paix à l'Église par la mort de ce tyran.

A une autre époque[1], une vive querelle s'éleva entre ce prince et Amaury de Montfort, homme illustre, à l'occasion de la place de sénéchal et à l'instigation d'Etienne de Garlande. Le monarque d'Angleterre et le comte Thibaut appuyèrent Amaury de leur secours; mais le seigneur Louis, faisant marcher une armée en toute diligence, assiégea le château de Livry, dressa ses machines de guerre, donna de fréquens et impétueux assauts, et se rendit vaillamment maître de la place. A ce siége un éclat de pierre lancé par une baliste creva un œil au fameux comte Raoul de Vermandois, cousin-germain du roi, qui s'était montré le plus ardent à l'assaut; et le monarque irrité détruisit de fond en comble ce château remarquable par ses excellentes fortifications. Il fit, de plus, si cruellement souffrir à ses ennemis tous les maux de la guerre, qu'il les contraignit, par un traité bien cimenté, à se désister de toute prétention sur le sénéchalat et son hérédité. Dans cette guerre, ce prince lui-même, vaillant guerrier, et toujours le premier à fondre sur l'ennemi, eut la jambe frappée et griève-

[1] En 1127 ou 1128.

ment blessée d'un éclat de pierre envoyé par une baliste ; mais, avec sa grandeur d'ame ordinaire, il ne tint aucun compte de sa blessure, et, pensant que la majesté royale devait se montrer insensible à la douleur d'une plaie, il supporta si fermement son mal qu'on eût cru qu'il n'éprouvait aucune souffrance.

Vers ce même temps, l'église de Rome fut cruellement déchirée, presque jusqu'au fond du cœur, par un schisme funeste. Quand le souverain et universel pontife le pape Honorius, de vénérable mémoire, fut entré dans la dernière voie de toute chair [1], les plus considérables et les plus sages de l'Église romaine, voulant éviter toute espèce de trouble dans l'Église, arrêtèrent entre eux de s'assembler à Saint-Marc et non ailleurs, et de faire en commun, suivant l'usage romain, une élection solennelle; [mais, avant que le décès du seigneur pape fût connu, ceux qui avaient été le plus avant dans sa confiance et son intimité, redoutant l'ardeur tumultueuse des Romains, n'osèrent se réunir au lieu qu'on venait de fixer et nommèrent au suprême pontificat le vénérable Grégoire, cardinal-diacre du titre de Saint-Ange; ceux, au contraire, qui tenaient pour le parti de Pierre Léon, se rassemblèrent à Saint-Marc, suivant ce qui avait été convenu, invitèrent les autres à se joindre à eux, et une fois la mort du dernier pape connue, élurent, comme ils le desiraient, ce même Pierre Léon cardinal-prêtre, du consentement d'un grand nombre de cardinaux, d'évêques, de clercs et de nobles Romains. C'est ainsi que, créant un schisme pernicieux et déchirant la tunique sans couture de notre Seigneur

[1] Le 14 février 1130.

Jésus-Christ, ils divisèrent l'Église de Dieu. Tandis que chacun déclarait s'en remettre au souverain juge, les deux partis, ne s'en rapportant qu'à leur propre jugement, s'admonestaient et s'anathématisaient l'un l'autre. Celui de Pierre Léon [1], qu'appuyaient la puissante famille de ce prélat et la noblesse romaine, l'ayant emporté, le seigneur pape Innocent se résolut à quitter Rome avec les siens, dans le dessein de se faire plus sûrement reconnaître de tout l'univers. Abordant donc sur les côtes de la France, il choisit comme l'asile le plus sûr et le protecteur le plus convenable, après Dieu, pour l'Église et sa propre personne, l'illustre royaume des Français, et envoya des députés presser avec instance le roi Louis de le secourir ainsi que l'Église. Ce monarque, toujours prêt à se montrer pieux défenseur de l'Église, convoqua aussitôt à Étampes [2] une grande assemblée d'archevêques, d'évêques, d'abbés et d'hommes religieux, et s'enquit par leur avis plutôt des qualités personnelles de l'élu que de la validité de l'élection, sachant bien que souvent, et par suite des désordres dont les turbulens Romains affligent l'Église, les élections ne se font pas régulièrement. Par l'avis donc de ces sages personnages, ce prince adhéra à l'élection de Grégoire, s'engagea à la soutenir de son bras puissant, et m'envoya à Cluny offrir au pape les premières assurances de son secours et de ses services. Ce pontife, charmé d'avoir pour lui un si important appui, me fit bientôt repartir chargé des expressions de sa reconnaissance, de ses actions de grâces et de sa bénédiction pour le

---

[1] Ce pape prit le nom d'Anaclet.
[2] En avril 1130.

seigneur roi. Quand ensuite ce pape fut arrivé à Saint-Benoît-sur-Loire, le monarque se rendit au devant de lui avec la reine et ses fils; puis, inclinant sa noble tête si souvent couverte du diadême, comme il l'eût fait devant le tombeau de Saint-Pierre, il se prosterna aux pieds du pontife, et lui promit pour l'Église et lui-même l'amour d'un vrai catholique et les efforts du zèle le plus dévoué. A l'exemple du seigneur Louis, Henri, roi d'Angleterre, vint à Chartres à la rencontre du pape, se jeta dévotement à ses pieds, l'assura qu'il trouverait dans son pays, de sa part et de celle des siens, un ardent appui et l'obéissance filiale la plus entière. Le pontife visita donc, comme l'exigeait la nécessité de ses affaires, les églises de France, et arriva dans le pays des Lorrains. L'empereur Lothaire vint alors au devant de lui dans la cité de Liége avec une nombreuse et magnifique suite d'archevêques, d'évêques et de grands des États d'Allemagne ; ce prince s'offrit ensuite humblement, sur la place même de l'église épiscopale, à servir d'écuyer au pape, marcha devant lui à pied au milieu de la procession, et le conduisit, comme son seigneur, en portant dans une de ses mains une baguette pour montrer qu'il était prêt à le défendre, et en tenant de l'autre les rênes de la haquenée blanche que montait le pontife ; enfin, quand celui-ci eut mis pied à terre, Lothaire l'aida à marcher en le soutenant tout le temps de la procession, et releva ainsi, aux yeux des grands comme des petits, la haute dignité du père de l'Église.

Le pape, ayant donc resserré les nœuds de la paix qui avait réuni récemment l'Empire et l'Église, daigna considérer comme sa fille bien aimée l'église du bienheureux Denis, et vint y célébrer les fêtes de la Sainte Pâques qui approchaient. La veille de la cène du Seigneur, mus par la crainte de Dieu et de l'Église mère de toutes les autres, ainsi que de sa fille l'église de Saint-Denis, et manifestant toute notre joie de recevoir le pontife, nous allâmes au devant de lui en formant une procession magnifique aux yeux de Dieu et des hommes, et nous l'embrassâmes en exaltant son arrivée par des chants d'allégresse. Après avoir célébré pontificalement dans notre église la cène du Seigneur, c'est-à-dire suivant le rit romain, avec une merveilleuse magnificence et de grandes largesses, il adora avec vénération la vénérable croix de Jésus-Christ, et passa toute la nuit des Vigiles de la résurrection du Seigneur dans de pieux devoirs. Le lendemain de grand matin il se rendit pour ainsi dire secrètement, et par un chemin extérieur, avec une suite nombreuse de ses assistans, dans un bourg voisin de l'église des saints martyrs ; là, tous les siens l'habillèrent suivant l'usage romain, le parèrent d'une foule d'ornemens admirables, placèrent sur sa tête, comme insigne de sa puissance, la tiare en forme de casque, et environnée d'un diadême d'or, et le conduisirent porté sur une haquenée blanche couverte d'une riche housse ; eux-mêmes, revêtus de superbes habillemens, montés sur des chevaux de couleur diverse, mais ayant tous des housses blanches, marchaient solennellement deux à deux en chantant des hymnes ; les barons, vassaux de notre église, et de nobles châtelains, tous à pied, et faisant les humbles fonctions d'écuyers, tenaient les rênes de la monture du pontife ; quelques hommes qui le précédaient jetaient une grande quantité d'argent pour écarter la foule qui obstruait le passage, et la route royale était parsemée de branches, et tendue somptueusement de tapis précieux attachés aux arbres. Au milieu des troupes rangées en bataille, et du concours immense de peuple qui se pressait au devant des pas du pontife pour l'honorer, se présenta la synagogue des Juifs de Paris; toujours plongée dans l'aveuglement, elle lui offrit le texte de la Loi écrit sur un rouleau qu'enveloppait un riche voile, et en obtint en retour ce souhait plein de miséricorde et de piété : « Puisse le Dieu tout-puissant arracher le « voile qui couvre vos cœurs ! » Arrivé à la basilique des saints martyrs, où brillaient des couronnes d'or, et où étincelaient d'un vif éclat des diamans et des pierres précieuses cent fois préférables à l'or et à l'argent, le pontife y célébra avec une divine piété les mystères divins, et, assisté par nous, il immola la sainte victime, le véritable agneau pascal. La messe finie, tous se placèrent, comme étendus sur des lits, autour de tables dressées dans le cloître tendu de tapis, mangèrent l'agneau charnel, et se nourrirent des autres mets qui couvrent d'ordinaire une table noblement servie. Le lendemain on refit la même procession de l'église de Saint-Remi à l'église principale, et, trois jours après la Pâques, le seigneur pape, nous ayant rendu grâce de notre bonne réception, et promis ses conseils et son appui, se rendit à Paris; de là il continua à visiter les églises, qui, toutes, s'empressèrent de suppléer de leurs trésors aux richesses dont manquait son indigence;

puis, après avoir ainsi voyagé quelque temps, il fixa son séjour à Compiègne.

Dans ce temps arriva un malheur étrange, et jusqu'alors inouï dans le royaume de France. Le fils aîné du roi Louis, Philippe, enfant dans la fleur de l'âge, et d'une grande douceur, l'espoir des bons et la terreur des méchans, se promenait un jour à cheval dans un faubourg de la cité de Paris; un détestable porc se jette dans le chemin du coursier, celui-ci tombe rudement, jette et écrase contre une roche le noble enfant qui le montait, et l'étouffe sous le poids de son corps. Ce jour-là même on avait convoqué l'armée pour une expédition; aussi les habitans de la ville et tous les autres qui apprennent cet événement, consternés de douleur, crient, pleurent, poussent des sanglots, s'empressent à relever le tendre enfant presque mort, et le transportent dans la maison voisine; ô douleur! à l'entrée de la nuit il rendit l'ame[1]. Quelle tristesse et quel désespoir accablèrent son père, sa mère, et les grands du royaume! Homère lui-même ne pourrait l'exprimer. On l'enterra dans l'église du bienheureux Denis, dans le lieu réservé à la sépulture des rois, et à la gauche de l'autel de la Sainte-Trinité, avec tout le cérémonial usité pour les rois, et en présence d'une foule d'évêques et de grands de l'État. Son sage père, après s'être abandonné long-temps aux plaintes les plus déchirantes, et avoir maudit tristement les jours qui lui restaient à survivre à son fils, prêta l'oreille aux avis des hommes sages et pieux, et ouvrit son cœur aux consolations. Nous tous qui étions ses intimes

[1] Le 13 octobre 1131.

et ses familiers, craignant qu'il ne vînt à nous être enlevé subitement par suite de l'infirmité toujours croissante de son corps affaibli, nous lui conseillâmes de faire ceindre du diadême royal et oindre de l'huile sainte son fils Louis, enfant charmant, et de l'associer ainsi à sa couronne, afin de déjouer ses ennemis dans leurs projets de trouble. Acquiesçant à cette idée, le vieux monarque se rendit à Rheims avec sa femme, son fils, et les grands du royaume ; là, dans un concile général et solennel, qu'avait convoqué le seigneur pape Innocent, il éleva son fils à la dignité de roi par l'onction de l'huile sainte, et l'imposition de la couronne royale, et pourvut aux besoins de l'État en s'assurant un digne successeur. Ce jeune prince reçut alors d'abondantes bénédictions d'une foule d'archevêques et évêques de tous pays, Français, Allemands, Aquitains, Anglais, Espagnols, et ce fut pour beaucoup de gens un présage certain que sa puissance ne pouvait que s'accroître. Lorsque son père, plein d'une vive joie qui adoucissait ses douloureux regrets pour l'enfant qu'il avait perdu, fut de retour à Paris, le seigneur pape sépara le concile et alla habiter Auxerre. Trouvant quelque temps après une occasion favorable de repasser dans son pays en la compagnie de l'empereur Lothaire, qui lui avait promis de le conduire à Rome à la tête d'une forte armée, et de déposer Pierre Léon, il se rendit dans cette ville avec ce prince ; mais comme il avait proclamé *Auguste* l'empereur, malgré la résistance des Romains, il ne put obtenir aucun repos tant que Pierre Léon vécut. Lorsqu'enfin celui-ci fut sorti de ce monde, l'Église, après une longue agitation et des souffrances prolongées, et presque mortelles, retrouva la paix par la protection de Dieu, et le seigneur pape remplit heureusement la sainte chaire, et l'illustra par son zèle pour ses devoirs, ainsi que par les mérites de sa vie.

Déjà depuis quelque temps le seigneur Louis affaibli par sa corpulence, et les fatigues continuelles de ses travaux guerriers, perdait les forces de son corps et non celles de son ame, comme c'est le propre de la nature humaine. Alors même, si dans tout le royaume il se faisait quelque chose qui blessât la majesté royale, il ne pouvait en aucune manière supporter l'idée de n'en pas tirer vengeance. Quoique sexagénaire, il était d'une telle science et d'une telle habileté que, si l'incommodité continuelle de la graisse qui surchargeait son corps ne s'y fût opposée, il aurait encore écrasé partout ses ennemis par sa supériorité : aussi lui arrivait-il souvent de se plaindre et de gémir avec ses amis, disant : « Hélas ! « quelle misérable nature que la nôtre ! Savoir et « pouvoir tout ensemble lui est à peine, ou plutôt « ne lui est jamais permis ! » Quoique accablé par sa pesante corpulence au point d'être obligé de se tenir tout droit dans son lit, il résista si fermement au roi d'Angleterre, au comte Thibaut et à tous ses ennemis, que ceux qui étaient témoins de ses belles actions, ou les entendaient raconter, célébraient hautement la noblesse de son ame, et déploraient la faiblesse de son corps. Épuisé pour ainsi dire par sa maladie, et pouvant à peine se soutenir par suite d'une blessure à la jambe, il marcha contre le comte

Thibaut, brûla Bonneval, à l'exception d'un couvent de moines qu'il épargna ; une autre fois il fit renverser de fond en comble par ses hommes, n'ayant pu se trouver à cette affaire, Château-Renard, qui relevait du même comte Thibaut. La dernière expédition qu'il fit en personne fut de conduire une très-belle armée contre le château de Saint-Briçon sur la Loire, de le détruire par les flammes, et de contraindre la tour et le seigneur à se rendre à discrétion, en punition de la rapacité de celui-ci, et des déprédations qu'il exerçait sur les marchands. Au retour de cette guerre, il fut pris violemment, dans le nouveau château de Montrichard [1], d'une forte diarrhée et d'un cours de ventre, comme il en avait quelquefois. En homme sage, pensant à son bien, plein de piété pour son ame et agréable à Dieu, il pourvut à son salut par de fréquentes confessions et des prières ferventes. Ce qu'il desirait surtout de toute l'ardeur de son cœur, c'était d'être transporté, de quelque manière que ce fût, auprès des saints martyrs ses protecteurs, Denis et ses compagnons ; de déposer son diadême et sa dignité royale devant leurs corps sacrés ; de changer sa couronne ainsi que les insignes de la royauté et les ornemens distinctifs du pouvoir suprême, pour la couronne de l'humble habit du bienheureux Benoît, et d'embrasser la vie monastique. Que ceux qui s'écartent de la pauvreté religieuse apprennent donc par là comment, non seulement les archevêques, mais encore les rois, préférant la vie éternelle à cette vie passagère, se

---

[1] Selon Félibien et la chronique de saint Denis ; selon d'autres le château de Triguaire, peu éloigné de Château-Renard.

réfugient, pour la sûreté de leur ame, sous l'asile tutélaire de la règle monastique.

Cependant, comme il souffrait de jour en jour plus cruellement de sa diarrhée, les médecins le tourmentaient, pour arrêter son mal, de tant de potions désagréables et de tant de poudres diverses d'une amertume rebutante, que les hommes les plus courageux et les mieux portans eux-mêmes n'auraient pu supporter ce supplice. Mais lui, au milieu de ces ennuis et d'autres du même genre, ne perdant rien de sa douceur naturelle, admettant tout le monde, faisant amitié à chacun, il se montrait aussi bienveillant et caressant pour tous que s'il n'eût éprouvé nulle douleur. Épuisé par son fâcheux cours de ventre et par le long affaiblissement de son corps amaigri, mais s'indignant de mourir d'une manière ignoble ou inopinée, il appela autour de lui des hommes pieux, des évêques, des abbés, beaucoup de prêtres de la sainte Église ; puis, rejetant toute mauvaise honte, et pénétré de respect pour Dieu et ses saints Anges, il demanda à se confesser dévotement devant tous, et à se prémunir contre la mort par le secourable viatique du corps et du sang du Seigneur. Pendant qu'on dispose tout, ce prince se lève lui-même tout à coup, s'habille, sort tout vêtu de sa chambre, à la grande admiration de tous, va au devant du corps de notre Seigneur Jésus-Christ, et se prosterne religieusement. Là, en présence de tous, tant clercs que laïques, il se dépouille de la royauté, se démet du gouvernement de l'État, se confesse du péché de l'avoir mal administré, remet à son fils Louis l'anneau royal, et l'oblige à promettre, sous serment, de protéger l'Église de Dieu, les pauvres et les orphelins, de respecter les droits de chacun, et de ne retenir aucun individu prisonnier dans sa cour, à moins que celui-ci n'eût forfait actuellement et dans la cour même. Là encore, distribuant, par amour de Dieu, aux églises, aux pauvres et aux indigens, l'or, l'argent, les vases précieux, les vêtemens, les lits en drap, ainsi que tout le mobilier qu'il possédait et qui était à son usage, il ne se réserva ni les manteaux et habits royaux, ni même sa propre chemise. Sa précieuse chapelle comprenait un livre d'Évangile enrichi d'or et de pierres précieuses, un encensoir d'or du poids de quarante onces, des candélabres d'or qui en pesaient cent soixante ; un calice d'or tout brillant de pierres précieuses, dix chappes d'une riche étoffe, et une magnifique hyacinthe qui lui venait de son aïeule Anne fille du roi des Russes, et qu'il remit de sa propre main dans les miennes, avec ordre de l'attacher à la couronne d'épines de Notre-Seigneur : toutes ces richesses il les envoya par moi aux saints martyrs, et promit de se rendre lui-même auprès d'eux de quelque manière que ce fût, si sa santé le lui permettait. Après s'être donc ainsi déchargé des choses de ce monde, ce monarque, rempli de la miséricorde de Dieu, s'agenouilla très-humblement devant le corps et le sang sacré de notre Seigneur Jésus-Christ, qu'avaient apportés pieusement et en procession ceux qui venaient de célébrer la messe ; puis, se confessant à haute voix de bouche et de cœur comme un véritable catholique, il s'exprima en ces termes dignes, non d'un homme illétré, mais du plus docte théologien : « Moi, « Louis, malheureux pécheur, je confesse un seul et

« vrai Dieu, le Père, le Fils et le Saint-Esprit ; je con-
« fesse qu'une personne de cette sainte Trinité, le
« Fils unique, consubstantiel et coéternel à Dieu son
« père, incarné dans le sein de la très-sainte vierge
« Marie, a souffert, est mort, a été enseveli, est res-
« suscité le troisième jour, est monté au ciel où il est
« assis à la droite de Dieu le père, et viendra juger les
« vivans et les morts, au jour du grand et dernier juge-
« ment. Je crois que cette Eucharistie de son très-
« sacré corps est ce même corps qu'il a pris dans le
« sein de la Vierge et qu'il donna à ses disciples pour
« qu'ils demeurassent unis et associés en lui. Je crois
« fermement, et je confesse de bouche et de cœur, que
« ce vin est le même sang sacré qui a coulé de son
« côté quand il était attaché à la croix. Je desire enfin
« que ce viatique, le plus sûr des secours, me fortifie
« à l'heure de ma mort et me défende, par sa protec-
« tion irrésistible, de toute puissance infernale. »
Après avoir, à l'admiration de tous, fait la confession
de ses péchés, il reçut en communion le corps et le
sang de Jésus-Christ, parut de ce moment commencer
à se trouver mieux, retourna dans sa chambre, et,
rejetant loin de lui toutes les pompes et l'orgueil du
siècle, s'étendit sur un lit de simple toile. M'ayant vu
pleurer sur lui qui, par le sort commun aux hommes,
était devenu si petit et si humble de si grand et si élevé
qu'il était, il me dit : « Ne pleure pas sur moi, très-
« cher ami, mais plutôt triomphe et réjouis-toi de ce
« que la miséricorde de Dieu m'a donné, comme tu
« le vois, les moyens de me préparer à me présenter
« devant lui. »

Cependant, éprouvant peu à peu quelque mieux, il

alla, en se faisant transporter comme il put, jusqu'à Melun, sur le fleuve de la Seine, au milieu d'un immense concours de peuples dévoués, auxquels il avait conservé la paix, qui tous abandonnaient les châteaux, les bourgs, les charrues pour accourir sur les chemins au devant de lui, et recommandaient sa personne au Seigneur. Ce fut encore au milieu de ce même concours, que, pressé par sa dévotion pour les saints martyrs, et du desir de les visiter et de leur exprimer sa pieuse reconnaissance, il se mit promptement en route pour Saint-Denis, et put, avec l'aide de Dieu, y arriver à cheval. Reçu par les moines et presque tous les gens du pays, avec le plus grand zèle et la pompe la plus solennelle, comme le plus tendre père et le plus noble défenseur de l'Église, il se prosterna humblement devant les saints martyrs, leur rendit, les larmes aux yeux, les religieuses actions de grâces qu'il leur avait vouées pour tous leurs bienfaits envers lui, et les supplia dévotement de continuer à lui être favorables. De là le seigneur Louis se rendit au château de Béthisy; à peine y fut-il, qu'arrivèrent près de lui des députés de Guillaume, duc d'Aquitaine, qui lui annoncèrent que ce duc, parti pour un pélerinage à Saint-Jacques, était mort en chemin; mais qu'avant de se mettre en route, et même lorsqu'il y était, et se sentant mourir, il lui avait de sa pleine volonté légué sa fille, la très-noble demoiselle Éléonore, non encore mariée, ainsi que tout son pays, pour lui appartenir à toujours. Le roi ayant pris conseil de ses familiers, accepta gracieusement et avec sa grandeur d'ame accoutumée les offres qui lui étaient faites, et promit de marier Éléonore à son cher fils;

puis, arrangeant une noble et pompeuse suite destinée à accompagner le jeune prince en Aquitaine, il réunit une troupe de plus de cinq cents très-nobles hommes et chevaliers des meilleurs du royaume, leur donna pour chefs le comte du palais Thibaut, et le fameux comte de Vermandois, Raoul son cousin, et leur adjoignit, tant moi son intime que tout ce qu'il put trouver de gens du plus sage conseil. Au moment où son fils partit, le vieux roi lui fit ses adieux en ces termes : « Puisse, mon très-cher fils, le « Dieu tout-puissant qui règne sur les rois, te pro- « téger de sa divinité à qui tout cède; car si par « quelque infortune, je venais à perdre, et toi et « ceux qui t'accompagnent, ni ma propre vie, ni « mon royaume ne seraient plus de rien pour moi. » Donnant ensuite au jeune prince d'abondans trésors et de fortes sommes d'argent, il défendit avec toute l'autorité de sa majesté royale, que l'on prît rien dans tout le duché d'Aquitaine, qu'on fît le moindre tort, soit au pays soit aux pauvres du pays, et qu'on se rendît ainsi ennemis des peuples amis; et il n'hésita pas à ordonner que sa troupe reçût chaque jour, sur son propre trésor, une indemnité considérable. Après avoir traversé le Limousin, nous arrivâmes sur les frontières du pays de Bordeaux, nous dressâmes nos tentes en face de cette cité, dont le grand fleuve de la Garonne nous séparait, nous attendîmes là et passâmes ensuite dans la ville sur des vaisseaux. Le dimanche suivant, le jeune Louis épousa et couronna du diadême royal la susdite noble demoiselle Éléonore, en présence de tous les grands de Gascogne, de Saintonge et de Poitou réunis. Revenant ensuite par le pays de Saintes, et détruisant sur notre passage ce qui se trouvait de gens ennemis, nous arrivâmes à la cité de Poitiers au milieu des transports de joie de tout le pays.

Les chaleurs de l'été furent alors plus violentes et plus nuisibles que d'ordinaire; aussi plusieurs d'entre nous qu'elles brûlaient et accablaient en souffrirent-ils cruellement. Le seigneur Louis exténué par leur intolérable ardeur fut repris à Paris, mais plus dangereusement que jamais, de la dysenterie, et s'affaiblit tout-à-fait. Toujours prompt à pourvoir aux besoins de son ame, il appela près de lui le vénérable évêque de Paris, Étienne, et le pieux abbé de Saint-Victor, Gildoin, auquel il se confessait d'autant plus habituellement qu'il avait construit son monastère depuis les fondations, renouvela sa confession, et s'empressa dévotement de se munir pour l'heure de la mort du viatique du Seigneur. Il voulait se faire transporter à l'église des saints martyrs, pour acquitter le vœu que, dans son humilité, il avait souvent répété; mais arrêté dans ce dessein par les douleurs de sa maladie, ce qu'il ne put effectuer de fait, il l'accomplit en intention de cœur et d'ame. En effet, ordonnant qu'on étendît un tapis par terre, et que sur ce tapis on jetât des cendres en forme de croix, il s'y fit porter et déposer par ses serviteurs; puis, fortifiant toute sa personne par le signe de la croix, il rendit l'ame le jour des calendes d'août, dans la trentième année de son règne, et presque la soixantième de son âge [1]. Son corps fut à l'heure même enveloppé de riches étoffes pour être trans-

---

[1] Le 1er août 1137.

porté et enterré dans l'Église des saints martyrs, et des gens prirent le devant pour préparer le lieu de sa sépulture; mais alors arriva une chose qui ne paraît pas devoir être passée sous silence. Le prince dont je parle, causant avec moi, m'avait quelquefois et souvent même entretenu de la sépulture des rois; il me disait alors que celui-là serait bienheureux qui obtiendrait d'être enterré entre l'autel sacré de la Sainte-Trinité et celui des saints martyrs, parce que le secours des Saints et les prières de ceux qui entreraient dans l'église lui assureraient le pardon de ses péchés : il me fesait ainsi connaître ses desirs sans les exprimer formellement. Avant donc de partir avec son fils, j'avais pourvu avec le vénérable Hervée, prieur de Saint-Denis, à ce que ce monarque fût enterré devant l'autel de la Sainte-Trinité, du côté opposé au tombeau de l'empereur Charles, et de manière que l'autel séparât ce tombeau du sien. Mais la place était remplie par la sépulture du roi des Français Carloman, et comme il n'est ni permis ni d'usage de déplacer les cendres des rois, ce que j'avais réglé ne put se faire. A force de recherches et contre l'opinion de tous les assistans qui croyaient occupé l'endroit que l'on fouillait, on trouva dans le lieu même que ce monarque avait, par une sorte de pressentiment miraculeux, désigné comme l'objet de ses desirs, un espace vide, ni plus ni moins grand qu'il ne fallait pour la longueur et la largeur de son corps. On l'y déposa donc avec le cérémonial d'usage pour les rois, au milieu de chants nombreux d'hymnes et de prières, et après lui avoir fait de pieuses et solennelles funérailles. C'est là qu'il attend d'être admis à jouir de sa résurrection future, et qu'il est d'autant plus près de se réunir en esprit à la troupe des esprits célestes, que son corps est plus voisin des corps des saints martyrs, et plus à portée d'en être protégé.

> *Felix qui potuit, mundi nutante ruina,*
> *Quo jaceat præscisse loco* [1].

Puisse le Rédempteur ressusciter l'ame de ce roi, à l'intercession des saints martyrs, pour lesquels il avait un si pieux dévouement! puisse cette ame être placée au rang des Saints, par celui qui a donné la sienne pour le salut du monde, notre Seigneur Jésus-Christ qui vit et règne, roi des rois, et maître des puissances, aux siècles des siècles! Amen.

[1] Heureux qui aura pu, pour le moment où la destruction du monde approchera, connaître à l'avance le lieu où il reposera.

FIN DE LA VIE DE LOUIS-LE-GROS.

VIE
DE SUGER,

Par GUILLAUME,

MOINE DE SAINT-DENIS*.

---

* Voyez la *Notice* sur Suger placée en tête de ce volume.

PRÉFACE.

GUILLAUME A SON AMI GEOFFROI.

Tant que tu as été avec moi, il ne me restait pour écrire aucun moment de libre; mais aussitôt après ton départ, me rappelant tes prières et mes promesses, j'ai pris la plume et me suis mis à composer, du mieux que j'ai pu, sur notre cher Suger, quelques pages qui, j'espère, te plairont et seront utiles à beaucoup de gens. Plus j'approfondis les vertus de cet homme vénérable, plus je repasse en moi-même ses paroles et ses actions, plus il me semble avoir été donné au monde comme un modèle, afin que nos futurs neveux apprennent, par ses paroles et ses actions, à bien régler leur vie. Ayant comme toi passé quelque temps dans son intimité, et connu ses pensées les plus secrètes, je craindrais d'autant plus, si je ne célébrais, autant que je le puis par mes écrits, celles de ses actions qui sont venues à ma connaissance, d'être taxé d'ingratitude que j'ai joui de ses bonnes grâces et éprouvé ses bienfaits, au-delà de ce que je méritais. Ce n'est pas que les vertus soient telles de leur nature qu'on puisse les tenir ignorées, même quand l'envie pousserait à les passer sous silence d'un commun accord, ni qu'un tel silence leur puisse faire aucun tort. Il viendra en effet, il viendra le jour qui mettra en lumière les bonnes œuvres cachées et étouffées par la malignité du siècle. Il faut, au surplus, que j'obtienne une chose de toi, c'est que tu n'exiges pas que je suive un ordre bien fixe dans ce que je raconterai de Suger; je ne me suis proposé d'écrire que très-peu de ses actions innombrables, à mesure que, dans leur foule, quelques unes se présenteront à ma mémoire. Tu les as, au reste, mieux connues que moi, et c'eût été bien plutôt à toi de les retracer; mais tu le veux, tu l'ordonnes, et je crois ne devoir rien te refuser : je ferai donc ce que je pourrai.

VIE DE SUGER.

LIVRE PREMIER.

Ce grand homme paraît avoir été, par la volonté de Dieu, destiné à illustrer non seulement l'abbaye dont il était le chef, mais encore tout l'Empire des Français, et appelé à augmenter d'une manière spéciale la splendeur, non d'un seul Ordre de moines, mais de tous les Ordres de l'Église. Ce qu'on doit certes admirer en lui, c'est que la nature ait logé un cœur si ferme, si beau et si grand dans un corps si chétif et si petit, à moins qu'elle n'ait voulu, d'une part, nous montrer clairement par cet exemple que l'ame la plus accomplie peut se cacher sous telle écorce que ce soit, et qu'il n'est pas de lieu où ne naisse la vertu; de l'autre, nous apprendre que la petitesse du corps n'affaiblit pas l'ame, et que les forces de l'ame sont l'ornement du corps. Mais, comme je n'ignore pas que dans l'esprit de certaines gens domine une fausse opinion sur le compte de Suger, il faut qu'on sache qu'il fut appelé au gouvernement de l'église de Saint-Denis lorsqu'il était absent et loin, et qu'il ne l'accepta que malgré lui. Il lui fut d'autant moins permis de s'y refuser et de passer sa vie dans l'obscurité, que déjà il avait été mis en lumière par la vigueur de son esprit, son érudition, les nobles amitiés des hommes considérables, et bien plus, par ce qui l'emporte de beaucoup sur tout le reste, le choix de Dieu, qui avait préparé ce vase d'élection pour l'honneur de son Église. Il était en effet si généralement connu que, quoiqu'il fût caché aux extrémités de la terre, son antique probité le découvrait à tous les yeux, et les vertus avec lesquelles il était familiarisé depuis son enfance le trahissaient. Les premiers et intègres sentimens qu'il avait manifestés le faisaient briller d'un tel éclat que, quand il l'aurait voulu, rester enseveli dans les ténèbres lui était impossible; tout le monde admirait son ame excellente, modérée, pleine de mépris pour tout orgueil du siècle, regardant en pitié tout ce que le vulgaire a coutume de craindre ou desirer, et, même au milieu du monde, ne s'attachant, pour son plus grand avantage, qu'aux biens célestes.

En même temps que Suger gouvernait son monastère, il commandait dans le palais, et s'acquittait de ce double office de telle manière que la cour ne le détournait d'aucun des devoirs du cloître, et que le cloître ne l'empêchait jamais d'assister aux conseils du prince. Celui-ci le vénérait comme un père et le respectait comme un instituteur, à cause de l'élévation et de la rectitude de ses avis. Quand il arrivait, les prélats se levaient par égard, et le faisaient asseoir parmi eux à la première place. Toutes les fois en effet que, sur l'invitation du roi, les évêques se ré-

unissaient pour délibérer sur des affaires importantes
du royaume, c'était toujours lui seul qu'ils chargeaient unanimement de porter la parole en leur nom
à tous ; ils n'osaient rien ajouter à ses paroles, ainsi
que Job le dit lui-même[1], quand une fois les flots de
son éloquence étaient tombés sur eux goutte à goutte.
C'est par lui que les clameurs des orphelins et les
plaintes de la veuve arrivaient jusqu'au monarque ;
toujours il intervenait, et quelquefois même il commandait pour eux. Quel est l'opprimé ou l'homme
gémissant d'une injure qui n'ait pas trouvé en lui un
patron, pourvu que sa cause fût juste ? Toutes les
fois qu'il rendit des jugemens, il ne voulut, à aucun
prix, s'écarter de l'équité, ne fit jamais acception des
personnes, n'aima point les présens, et n'exigea pas
rigoureusement les rétributions qui lui revenaient. Qui
n'admirerait son esprit inaccessible à la cupidité,
humble dans la prospérité, calme au milieu des orages du monde, que les périls ne pouvaient effrayer,
et certes beaucoup plus fort qu'on ne croirait que pût
le supporter un corps si faible ?

Les ennemis de cet homme illustre lui reprochent
la bassesse de sa naissance ; mais ces aveugles et ces
insensés ne réfléchissent donc pas que c'est un plus
grand éloge et une plus grande gloire pour lui d'a-
voir fait les siens nobles que d'être né d'ancêtres nobles. Platon dit bien que jamais un roi ne peut sortir
de gens du commun, et qu'un homme du commun ne
peut sortir des rois ; mais une longue suite d'événemens divers a confondu toutes ces distinctions de
races ; la fortune a élevé ce qui était en bas, et ra-

[1] Chap. xx, v. 22.

baissé ce qui était en haut. C'est l'ame qui fait les nobles, et, chez Suger, l'ame était notoirement telle qu'on peut croire, à bon droit, qu'elle a été peinte par l'écrivain qui a dit : « Son ame voit à fond le « vrai, sait ce qu'il faut fuir et rechercher, attache « du prix aux choses, non d'après l'opinion des hom- « mes, mais d'après la nature réelle de ces choses, « entre dans toutes les affaires de ce monde, étudie « avec réflexion tout ce qui s'y passe, est brillante « avec décence, saine et sobre avec force, impertur- « bable et intrépide, ne se brise sous aucune violence, « et ne se laisse ni élever ni abattre par le sort. » C'était là bien assurément l'ame de Suger. Combien de fois cet homme sincère et pur ne s'est-il pas efforcé d'abandonner la cour et l'administration pour se livrer dans la retraite à des soins d'une plus haute importance? Mais la fortune qui l'avait lancé dans les grandeurs ne le permit pas, et ne souffrit point qu'il vieillît dans la médiocrité de ses ancêtres, comme il aurait, disait-il, souhaité de le faire.

Lors même que le fardeau des principales affaires du royaume pesait sur lui, jamais cependant aucune occupation, ni publique ni privée, ne lui fit négliger le service divin. Soit qu'il célébrât l'office au milieu de ses religieux ou avec ses domestiques, il n'écoutait pas en silence chanter les psaumes, comme c'est la coutume de certaines gens, mais toujours il était le premier à psalmodier à haute voix ou à réciter les leçons ; et, ce que j'ai souvent admiré en lui, tout ce qu'il avait appris dans sa jeunesse, il le conservait si bien dans sa mémoire que, pour ce qui regarde les pratiques et les prières monastiques, nul ne pouvait lui être comparé. On aurait cru qu'il ne savait et n'avait jamais appris autre chose ; et cependant, telle était sa profonde instruction dans les études libérales, que parfois il dissertait avec une rare subtilité sur les sujets de dialectique ou de rhétorique, et plus encore sur ceux de théologie dans lesquels il avait vieilli. Il était en effet si plein de la lecture des divines Écritures que, sur quelque point qu'on l'interrogeât, la réponse la plus juste ne se faisait jamais attendre un seul instant. La tenacité de sa mémoire lui avait si peu permis, en quelque temps que ce fût, d'oublier même les poètes profanes, qu'on l'entendait réciter de mémoire jusqu'à vingt et même trente vers d'Horace, pourvu qu'ils continssent quelque chose d'utile. Avec une si grande perspicacité d'esprit et une mémoire si heureuse, ce qu'il avait une fois saisi ne pouvait plus lui échapper.

Rappellerai-je ce que tout le monde sait, que de son temps on ne vit point briller un plus grand orateur? De fait, Suger était, suivant le mot de Marcus Caton, un homme de bien habile à bien parler. Il possédait dans les deux langues, c'est-à-dire en latin et dans sa langue maternelle, une telle grâce d'élocution que, quelque chose qu'on entendît sortir de sa bouche, on croyait qu'il lisait, et non qu'il parlait d'abondance. L'histoire lui était si familière que, quelque roi ou prince des Français qu'on lui nommât, il en parcourait toutes les actions avec une rapidité que rien n'arrêtait. Il a retracé dans un magnifique ouvrage les actions du roi Louis-le-Gros. Il commença d'écrire aussi la vie du fils de ce même Louis ; mais la mort le prévint, et ne lui permit pas de conduire ce dernier ouvrage jusqu'à sa fin. Qui pouvait mieux connaître et rapporter plus fidèlement tous les faits de ces deux règnes, que celui qui vécut dans l'intimité de ces deux rois, pour qui il n'y eut rien de secret, sans l'avis de qui ces deux monarques n'entreprirent rien, et en l'absence de qui le palais semblait vide? C'est un fait constant, que du moment où Suger fut admis pour la première fois dans les conseils du prince, jusqu'à l'instant où il cessa de vivre, le royaume jouit d'une continuelle prospérité, étendit amplement et utilement ses limites, triompha de ses ennemis, et parvint à un haut degré de splendeur. Mais à peine cet homme fut-il enlevé du milieu des vivans, que le sceptre de la France ressentit grièvement les inconvéniens d'une telle perte. Aussi le voit-on aujourd'hui, par le manque d'un tel conseiller, dépouillé du duché d'Aquitaine, l'une de ses plus importantes provinces.

Parmi toutes ses autres vertus, cet homme distingué avait surtout ceci d'excellent, que si quelqu'un de ses subordonnés était par hasard accusé près de lui, loin de prêter sur-le-champ l'oreille aux dénonciations, il tenait prudemment les délateurs pour suspects, jusqu'à ce qu'une investigation approfondie l'eût complétement éclairé sur les faits, tant il était persuadé que vouloir se venger de qui que ce soit était une indignité. S'il châtiait les coupables, c'était moins parce qu'ils avaient failli que pour empêcher qu'ils ne faillissent de nouveau. Même en punissant il se montrait tel que nul ne doutait qu'il ne souffrît d'avoir à sévir, et ne s'y décidât qu'à son corps défendant. Tout en réprimandant comme chef, il se montrait père indulgent : jamais on ne le vit dépouiller les officiers publics placés sous ses ordres de leurs emplois, légèrement, sans motifs certains et importans, et à moins de fautes évidentes. Rien, disait-il en effet, n'est plus funeste à la chose publique qu'une marche contraire ; ceux qu'on révoque emportent tout ce qu'ils peuvent, et les remplaçans, craignant un sort semblable à celui de leurs devanciers, se hâtent de se gorger de rapines.

Beaucoup de gens toutefois, ou lâches ou ennemis, et qui le connaissaient bien peu, s'efforçaient de noircir son caractère par de malignes interprétations. Suivant l'expression de Salomon[1], les paroles de Suger étaient comme des aiguillons et des clous qui s'enfoncent profondément. A l'exemple du bienheureux Job[2], il ne laissait pas tomber sur la terre l'éclat de sa face : c'était assez pour que de telles gens le crussent trop roide et trop dur. Mais combien le jugeaient différemment ceux qui l'approchaient de plus près et vivaient dans son intimité ! Cependant, quoiqu'il s'humanisât et fût même gai quand il se trouvait au milieu de ses familiers, jamais la joie ne le faisait sortir de lui-même, comme jamais non plus la tristesse ne l'abattait. Sa tâche était celle des bons parens, qui tantôt reprennent doucement leurs enfans, tantôt emploient envers eux la menace, et quelquefois même renforcent les avertissemens par les coups. Il ne dépouilla personne de ses biens pour une première offense ; il fallait que les crimes fussent nombreux et graves, et que ce qu'il voyait à craindre pour l'avenir fût pire que la faute présente qu'il pu-

[1] Eccl. chap. XII, v. 11.
[2] Job, chap. XXIX, v. 24.

nissait ; jamais non plus il n'alla jusqu'à ordonner des supplices sans avoir épuisé tous les autres remèdes. Ce ministre sage usa si doucement et si utilement du pouvoir qui lui fut confié, qu'aujourd'hui son nom est célébré non seulement dans les Gaules, mais encore chez les nations étrangères.

Quel est celui des monarques chrétiens qui n'ait pas été frappé d'étonnement au récit de la magnanimité de Suger, n'ait pas desiré jouir de son entretien, et s'instruire par ses conseils ? Le fameux Roger, roi de Sicile, ne lui a-t-il pas écrit des lettres humbles et suppliantes, et envoyé des présens ? Dès que ce même prince eut appris son pieux desir d'entreprendre le pélerinage de la Terre-Sainte, ne se prépara-t-il pas à venir au devant de lui ? Le puissant roi des Anglais, Henri, ne se glorifiait-il pas de l'amitié d'un tel homme, et ne se félicitait-il pas d'être compté au nombre de ses intimes ? N'est-ce pas lui que ce prince constitua son médiateur auprès du roi Louis, et dont il fit le lien le plus sûr de la paix entre eux ? Aussi, toutes les fois que Suger se rendait auprès de Henri pour traiter de la paix des deux royaumes, ce roi, contre sa coutume, allait au devant de lui hors de son palais, courait l'embrasser et manifestait combien il préférait sa conversation à toutes les richesses. David, le pieux roi des Écossais, lui fit passer, avec des lettres pleines d'attachement, de riches présens, et entre autres les dents d'un monstre marin qui étaient d'une admirable grandeur et d'un haut prix. J'ai vu quelquefois, j'en atteste Dieu, le roi des Français, au milieu du cercle des premiers de l'État, se tenir respectueusement devant ce grand homme assis sur un marche-pied, lui leur dicter d'utiles préceptes comme à des inférieurs, et eux tous, suspendus pour ainsi dire à ses lèvres, écouter ses paroles avec la plus profonde attention. Quand ces conférences étaient finies, Suger voulait reconduire le monarque, mais celui-ci ne souffrait jamais qu'il fît un pas ou se levât de son siége, et cela je le dis afin que ses ennemis et ses détracteurs sachent combien l'estimait le prince, et le respectaient les grands.

Le comte de Blois, ce grand ami de la religion, rendait à Suger toutes sortes d'honneurs, et n'employait jamais d'autre avocat auprès du roi de France. Combien de fois Geoffroi, comte des Angevins et duc des Normands, ne lui envoya-t-il pas des messagers à la manière des gens qui font des caresses ou des prières? Combien de fois cet homme, d'un esprit hautain, d'une ame fière et dominante, ne lui écrivit-il pas de sa propre main des lettres dans lesquelles il mettait le nom de Suger avant le sien propre[1]? Ces deux grands que je viens de nommer, les hommes les plus puissans de son temps, n'hésitaient pas à lui rendre des actions de grâce pour la paix dont ils jouissaient, et lui attribuaient spécialement la tranquillité des royaumes. Aussi je ne sais en vérité s'il est aucun des pères de l'Église qui l'ont précédé, à qui l'on puisse appliquer plus justement ces paroles : « Dans les temps de colère il s'est rendu l'auteur des « réconciliations[2].

[1] L'usage voulait alors que dans les salutations par où on commençait une lettre, on mît le nom du plus noble le premier.
[2] Eccl., chap. XLIV, v. 17.

LIVRE SECOND.

J'en ai peut-être déjà dit sur cet homme vénérable plus que ne souhaiteraient ses ennemis, et il ne manque pas de gens pour qui ce que je viens d'écrire, quoique très-vrai, sera une source d'ennuis. J'avais prévu qu'il en arriverait ainsi : cependant je ne m'arrêterai pas là; j'ajouterai d'autres éloges, et je le ferai avec d'autant plus de plaisir qu'en priver sa mémoire serait difficile. Il faut, s'il est possible, que ceux qui ne l'ont pas connu le connaissent ici tout entier, et que ceux qui l'ont connu l'y reconnaissent. Pour beaucoup de gens, je le sais, tout ce que je tenterai de dire à sa louange sera, en effet, très-agréable. Ce n'est pas que j'aie pu savoir complétement et tout ce qu'il a fait et tout ce qu'il possédait de vertus éminentes; au surplus, cela n'a été donné à aucun de ceux qui lui furent attachés long-temps avant moi, et dont très-peu, je crois, restent encore aujourd'hui, car les cheveux de sa tête commençaient à blanchir quand sa grandeur daigna m'admettre dans sa familiarité. Mais pourquoi donc ne lui témoignerais-je pas ma gratitude selon mon pouvoir? pourquoi donc ne m'éleverais-je pas sans cesse en l'honneur d'un si grand nom? Quand Suger a bien voulu recevoir dans sa société la plus intime, et montrer souvent assis à sa table un homme comme moi, voyageur, étranger et tout-à-fait indigne d'une telle distinction, il a, certes, bien fait voir qu'il ne faisait en aucune manière acception des personnes.

Cet homme justement fameux, étant fréquemment obligé de s'absenter de son monastère pour les affaires générales de l'État ou de l'Église, avait préposé quelques sujets probes, animés d'un zèle ardent pour Dieu, pris parmi ses religieux, et propres, par leur doctrine et leurs exemples, à le remplacer, pendant son absence, auprès du troupeau qui lui était confié. Dans le choix de ceux qu'il désigna, il ne consulta ni la naissance ni le pays, mais ceux dont il approuvait la vie il les nomma. C'est là ce qui explique comment il donna pour supérieur à la congrégation de ses moines, Hervée, homme d'une grande sainteté, d'une admirable simplicité de mœurs, mais peu lettré ; il n'ignorait pas, en effet, que souvent la science enorgueillit, mais que toujours la charité édifie.

Que Suger fût chez lui ou dehors, on voyait accourir auprès de sa personne une foule de gens appartenant à quelque Ordre religieux, et jamais ils ne s'en allaient sans remporter quelques secours, soit temporels, soit spirituels. Nul ne se retirait d'auprès de lui le cœur triste et les mains vides. Les monastères les plus proches comme les plus éloignés témoignent hautement combien il se montra prodigue envers les pauvres et compatissant pour les malades. Quelle fut sa libéralité envers tous ses semblables, soit étrangers, soit compatriotes? personne ne saurait le bien dire. N'est-ce pas une preuve évidente de son extrême munificence que ces superbes vîtraux dont il fit présent à l'Église de Paris? Voilà un fait, mais ce n'est pas le seul. Il reste encore de lui beaucoup de dons semblables en plusieurs lieux, et tous sont des actes non de devoir, mais de pure générosité. Quel est celui qui, venu près de lui pour solliciter une chose juste, ne s'en soit pas toujours retourné content? Jugeant plus beau de tout donner et de ne rien exiger, ou il satisfaisait par des bienfaits à la prière de ceux qui demandaient, ou il adoucissait leurs peines en les flattant de l'espoir d'un meilleur avenir.

Quoique pasteur en titre d'un seul monastère, Suger l'était en fait de toutes les églises du royaume : quelque part qu'elles fussent établies, il étendait sur elles sa constante sollicitude et leur donnait de grands soins, dirigeant les unes par ses conseils, fournissant aux autres des subsistances, et veillant avant tout à ce que la règle religieuse ne se relâchât dans aucune. Il envoyait des vivres, ou construisait des ateliers aux indigens ; et c'était le spectacle le plus magnifique aux yeux des anges et des hommes, que de les voir tous s'appuyer sur un seul comme sur la colonne la plus solide, et puiser en lui des secours comme dans la source la plus abondante. Tous savaient en effet qu'il était autant pour eux qu'au dessus d'eux, et que sa sollicitude veillait également au salut de tous en général, et de chacun en particulier.

Combien, bon Jésus, il y avait en lui de vigueur d'ame ! A sa présence les tyrans fuyaient, les enfans des ténèbres se cachaient, tandis que ceux de la lumière et de Dieu accouraient à l'envi. Dès que le trouble se manifestait dans le royaume, et que, comme il n'arriva que trop souvent, des guerres éclataient,

Suger était toujours le principal artisan de la concorde et le plus courageux entremetteur de la paix. César par le cœur, Cicéron par l'éloquence, il domptait les rebelles et renversait les félons. C'est de lui qu'on a dit avec vérité :

> *Illo incolumi, mens omnibus una;*
> *Amisso, rupere fidem* [1].

A parler hardiment, mais franchement, telles furent sa prudence et sa force d'esprit que l'univers entier ne me paraît pas avoir pu suffire à sa vaste administration, et je me trompe fort si mon assertion n'est pas confirmée par le but qu'il se proposait et les projets qu'il formait, projets qu'il avait commencés, et aurait accomplis si la mort ennemie n'eût porté envie à ses succès. Et, en effet, ce que les deux monarques les plus puissans, celui des Français et celui des Romains, ne purent faire, je ne sais par quel décret de la Providence, en réunissant leurs armées et rassemblant toutes les forces de l'Occident, Suger, s'appuyant sur le secours seul de Dieu et sur ce génie éminent qui brillait en lui, l'avait entrepris courageusement au défaut de ces princes, comme le prouvera la narration suivante. Mais je crains que la dignité de si grandes choses n'ait à souffrir, si c'est une plume aussi faible et aussi grossière que la mienne qui les décrit. En attendant, je vais encore ajouter quelques mots sur son genre de vie et ses mœurs, quoiqu'il soit bien reconnu que sa vie de chaque jour et presque chacune de ses paroles sont dignes des plus grands éloges.

[1] Tant que cet homme vécut, tous n'eurent qu'un même esprit. A peine fut-il mort, que les liens de la fidélité se rompirent

Né avec un corps petit et grêle, il avait encore beaucoup épuisé ses forces par un travail trop assidu ; mais sa sobriété dans le manger, son exactitude à éviter les mets qui peuvent irriter l'appétit et son soin vigilant de lui-même, le firent, avec l'aide du Seigneur, parvenir jusqu'à la vieillesse. Sa nourriture n'était ni grossière ni recherchée ; jamais il ne s'occupait ni de la qualité ni du genre d'apprêt de ses alimens. Il goûtait un peu de tout ce qu'on servait devant lui, et passait le reste aux pauvres ; car jamais je ne l'ai vu manger sans en avoir quelques-uns à sa table. Il ne fit usage de viandes que quand il y eut été forcé par ses infirmités, et contraint par les puissans conseils de ses amis, ne buvait de vin qu'après y avoir mêlé de l'eau, et, dans la saison de l'été, n'étanchait le plus souvent sa soif qu'avec de l'eau pure. Au milieu de tous les genres divers de grâces qu'il reçut du Ciel, une seule lui manqua, celle de devenir plus gras après avoir pris les rênes du gouvernement de Saint-Denis, qu'il ne l'était dans l'état de simple particulier, tandis que presque tous les autres, quelque maigres qu'ils fussent auparavant, n'ont pas plutôt obtenu l'imposition des mains, qu'ils engraissent d'ordinaire des joues et du ventre, pour ne pas dire même du cœur. Été comme hiver, n'ayant besoin que de peu d'heures de sommeil, il lisait après son souper ou écoutait lire pendant long-temps, ou instruisait ceux qui se trouvaient avec lui par le récit de faits mémorables. Sa lecture habituelle était les livres authentiques des Pères, et quelquefois des morceaux d'histoire ecclésiastique. D'un naturel fort gai, il racontait souvent tantôt ses propres actions, tantôt celles d'autres hommes d'un grand caractère, qu'il avait vues ou apprises, prolongeait quelquefois ses récits jusqu'au milieu de la nuit, et se reposait ensuite un peu dans un lit ni trop dur ni trop délicat. Ce qu'il évitait surtout avec le plus grand soin, était de paraître rien faire qui sentît l'affectation dans ses habitudes, et sa manière de vivre. Il jugeait en effet toute dissimulation indigne d'un homme de bien, et trouvait, comme disent les Stoïciens, peu d'honnêteté à satisfaire son ambition par des voies perverses.

Lorsqu'après avoir célébré l'office de matines avec toute la solennité accoutumée, Suger s'était reposé et s'éveillait, son premier soin chaque jour était de se rendre à l'église au lever de l'aurore ; là, avant de s'approcher de l'autel, il se prosternait humblement devant les tombeaux des saints Apôtres, s'immolait, dans ses prières, tout entier au Seigneur, et inondait le pavé de ses larmes ; et c'est ainsi que ce prêtre vénérable se préparait à offrir, avec autant de piété que de pompe, les saintes hosties. Qui pourrait exprimer dignement de quelle componction il était pénétré, quelle abondance de larmes il répandait, quels gémissemens il poussait au moment du sacré sacrifice, tant il se persuadait tenir réellement Dieu présent dans ses mains ? Les jours de la Nativité ou de la Résurrection du Sauveur, ou des autres grandes fêtes solennelles, on le voyait pieusement joyeux et joyeusement pieux, d'une manière extraordinaire, joyeux de visage, pieux de cœur ; il ne permettait à aucune affaire du siècle d'entrer trop profondément dans sa pensée, et ne souffrait pas, autant qu'il était en lui, qu'on l'entretînt d'aucun événement triste, disant que ces jours-là devaient se passer dans la joie, et être employés tout entiers à louer le Seigneur. Si quelquefois, comme il arrivait assez souvent, la nuit le surprenait, dans ces jours de solennités, occupé à chanter les vêpres avec la plus grande pompe, il disait qu'il importait fort peu que les louanges de Dieu fussent terminées le jour ou la nuit, puisque la nuit est son ouvrage comme le jour; aussi ne pensait-il pas que les cérémonies dussent, contre la règle ordinaire, être abrégées le moins du monde, car il avait lu ce qui est écrit : « Il a établi des chantres pour être devant « l'autel, et il a accompagné leurs chants des doux « concerts de sa musique; il a rendu les fêtes plus cé- « lèbres, et il a orné les jours sacrés jusqu'à la fin de « sa vie[1]. »

Quand quelques-uns de ses religieux tombaient malades, Suger n'en souffrait pas moins que s'il eût engendré charnellement chacun de ceux dont il était le père spirituel en Jésus-Christ; aussi n'épargnait-il aucune dépense pour les faire guérir et leur procurer des médecins; et cependant, pour le dire en un mot, il laissa les revenus annuels de son monastère doublés par son habileté. Des témoins de ce fait existent encore, et j'en suis un moi-même, moi le dernier de ses moines, et qui suis redevable plus que tous les autres à sa pitié : sur personne, en effet, il n'a versé plus abondamment et avec plus de profusion les bienfaits de sa compassion. Si je ne rapporte pas en détail et par ordre toutes les preuves que j'en ai reçues, c'est pour ne pas paraître me glorifier par vanité des

[1] Eccl., chap. XLVII, v. 11 à 12.

bontés d'un si grand homme, et afin de ne pas ennuyer mes lecteurs par un écrit trop prolixe et trop négligé. Puisse le Seigneur le payer de tout ce que je lui dois, et regarder avec miséricorde les œuvres de sa charité! mais le Seigneur, il est permis de le croire, a déjà récompensé ce fidèle serviteur, et lavé tous les péchés de celui dont il a élevé la tête et étendu la gloire à toute éternité.

Entre autres choses grandes et nobles qu'a faites Suger, il appela des divers points du royaume des ouvriers de toute espèce, maçons, menuisiers, peintres, forgerons, fondeurs, orfèvres et lapidaires, tous renommés par leur habileté dans leur art, et voulut qu'ils consacrassent le bois, la pierre, l'or, les diamans et toutes les autres matières précieuses à rehausser la gloire des saints martyrs, et à rendre leur église neuve, vaste et brillante, de vieille, petite et obscure qu'elle était autrefois : en cela son espoir ne fut pas déçu, et la fortune ne le trahit pas. Si l'on veut savoir combien ses desirs furent servis par le talent et couronnés d'un heureux succès, de superbes ouvrages le proclament hautement. Il enrichit de plus cette église d'un précieux et abondant mobilier, c'est-à-dire de vases d'or et d'argent, de fioles d'onyx, de sardoine, d'émeraude et de cristal, d'étoffes de pourpre, de robes brodées d'or, et d'habits entièrement de soie ; à tout cela il ajouta des ouvrages en verre et en marbre qui ne sont pas à dédaigner, et augmenta le nombre des vases sacrés.

Il existe encore beaucoup de lettres que lui adressèrent des hommes célèbres ; ceux qui, entre autres, lui écrivirent le plus fréquemment, furent Pierre abbé de Cluny, et Bernard abbé de Clairvaux, tous deux illustres par leur vie et leur science, et, ce qui ne mérite d'être compté qu'après, leur éloquence. Leur témoignage prouve de reste combien Suger fut célèbre, et de quelle considération il jouissait aux yeux de tous, dans les lieux les plus voisins comme les plus éloignés. Ce même père Bernard, si chéri de Dieu, écrivit aussi au souverain pontife Eugène une épître [1], courte à la vérité, mais pleine de longues louanges de Suger, et où il le dit considéré par César comme un membre du sénat romain, et par Dieu comme un membre du sénat céleste, non moins saint que David, et comme lui ne se conduisant en toutes choses que d'après la volonté du Seigneur. De même, l'abbé de Cluny, ayant admiré quelque temps les ouvrages et les bâtimens qu'il avait fait construire, et s'étant retourné vers la très-petite cellule que cet homme, éminemment ami de la sagesse, avait arrangée pour sa demeure, gémit profondément, dit-on, et s'écria : « Cet homme nous condamne tous, il bâtit, non « comme nous, pour lui-même, mais uniquement « pour Dieu. » Tout le temps, en effet, que dura son administration, il ne fit pour son propre usage que cette humble cellule, d'à peine dix pieds en largeur et quinze en longueur, et la fit dix ans avant sa mort, afin d'y recueillir sa vie, qu'il avouait avoir dissipée trop long-temps dans les affaires du monde. C'était là que, dans les heures qu'il avait de libres, il s'adonnait à la lecture, aux larmes et à la contemplation ; là, il évitait le tumulte et fuyait la compagnie des hommes du siècle; là, comme on le dit du sage,

---

[1] Lettre 309 de saint Bernard.

il n'était jamais moins seul que quand il était seul; là, en effet, il appliquait son esprit à la lecture des plus grands écrivains, à quelque siècle qu'ils appartinssent, s'entretenait avec eux, étudiait avec eux ; là, il n'avait pour se coucher, au lieu de plume, que de la paille, sur laquelle était étendue, en place d'une fine toile, une couverture assez grossière de simple laine, que recouvraient, pendant le jour, des tapis décens. Je préviens le lecteur que, m'efforçant d'être court, je passe sous silence beaucoup des vertus de cet homme célèbre, et me hâte de raconter brièvement les faits dont, je me le rappelle, j'ai, un peu plus haut, promis de parler.

LIVRE TROISIÈME.

Dans le temps [1] où le très-chrétien roi des Français Louis, portant la croix d'après l'exemple du Seigneur, partit pour Jérusalem, il se tint [2] une assemblée générale des évêques et des principaux du royaume, pour décider surtout à qui des grands ou des personnages ecclésiastiques il fallait confier le poids des affaires et le gouvernement de l'État. Par une inspiration divine, tous s'accordèrent unanimement à porter leur choix sur l'illustre Suger, et le pressèrent de se charger, à son grand regret, et malgré des refus assez prolongés, du soin et de l'administration de la chose publique. Jugeant la dignité qu'on lui offrait plutôt un fardeau qu'un honneur, il se défendit autant qu'il put de l'accepter, et ne consentit à la recevoir que quand il y fut enfin forcé par le pape Eugène, présent au départ du roi, et auquel il ne lui était ni permis ni possible de résister. Mais qu'on ne croie pas que ce soit d'après ses instances et ses conseils que le roi ait entrepris le voyage de la Terre-Sainte. Ce prince, quoique le succès ait été tout autre qu'on ne l'espérait, ne se décida que par un pieux désir et son zèle pour Dieu. Quant à Suger, toujours prévoyant, et ne lisant que trop bien dans l'avenir, non seulement il ne suggéra point au monarque un

[1] En 1147. — [2] A Étampes.

tel dessein, mais il le désapprouva dès l'instant qu'on lui en parla. Ce qu'il y a de vrai, c'est qu'après s'être vainement efforcé de le prévenir dès son principe, et ne pouvant arrêter l'ardeur du roi, il crut sage de céder au temps pour ne pas paraître blesser la piété de Louis, ou pour ne pas encourir inutilement la responsabilité de l'avenir.

A peine donc le roi était parti pour les pays étrangers, et l'illustre Suger avait pris possession du pouvoir, que les hommes avides de pillage croyant trouver, dans l'absence du prince, l'occasion d'exercer impunément leur brigandage, commencèrent à désoler çà et là le royaume, et à manifester au grand jour les projets pervers qu'ils avaient conçus depuis long-temps; les uns enlevaient ouvertement par la violence les biens des églises et des pauvres, les autres exerçaient leurs rapines plus sourdement; le nouveau chef s'arma sur-le-champ pour les punir du double glaive, l'un matériel et royal, l'autre spirituel et ecclésiastique, que le souverain pontife lui avait confiés par la volonté de Dieu. En peu de temps il réprima la téméraire audace de ces méchans, et anéantit de sa main puissante leurs machinations; la faveur du Ciel l'accompagna si parfaitement dans toutes ses démarches qu'il écrasa les ennemis de l'État sans répandre une goutte de sang, et que l'intégralité du royaume ne fut pas même entamée. C'est ainsi que cet homme, vertueux lion extérieurement, agneau intérieurement, et conduit par la main du Christ, triompha, par les armes de la paix, des guerres qui déchiraient l'État. Des points les plus éloignés de la France, on voyait les habitans du Limousin, du Berri, du Poitou, de la

Gascogne, accourir auprès de lui dans leur détresse et solliciter son appui, et lui les satisfaisait si pleinement en toute occasion, tantôt par des secours, tantôt par des conseils, que ces gens n'auraient pu espérer davantage de quelque roi que ce fût.

Faisant plus même qu'un bon père de famille, il améliora ce qu'il ne s'était chargé que de conserver, restaura les maisons royales, et releva les ruines des tours et des murs: Quel est en effet le palais, quel est l'édifice royal que le prince à son retour n'ait pas trouvé en meilleur état dans quelqu'une de ses parties ? De peur même que, pendant l'absence du monarque, quelque chose ne parût manquer à la dignité du royaume, les chevaliers reçurent de Suger leur paye accoutumée, et, en outre, à certains jours des habits et des dons vraiment royaux. Tous ces présens, c'est chose bien connue, il les fit de ses propres deniers, et par un effet de sa munificence personnelle, non sur le trésor du prince ou aux dépens de l'État; car tout ce qui sortait du fisc royal, Suger l'envoyait à l'étranger ou le réservait pour le roi, convaincu que, dans un pays éloigné, beaucoup de choses étaient nécessaires à ce prince, ou que ce qu'on lui gardait ne lui serait pas superflu, quand il reviendrait dans ses États.

C'était par les ordres de Suger que se donnaient ou se retiraient les dignités ecclésiastiques; c'était avec son consentement que les évêques élus obtenaient la consécration, et que les abbés étaient ordonnés ; aussi les prélats se soumettaient à lui, déféraient à ses avis, et lui obéissaient sans la moindre apparence de honte ou d'envie. S'il les convoquait ils s'assemblaient ; s'il les congédiait ils se retiraient dans leurs diocèses, contens qu'on eût trouvé dans le clergé un homme tel que seul il suffisait à soutenir, pour l'intérêt de tous, le fardeau de l'administration du royaume.

Le souverain pontife lui-même rendait un tel hommage à la probité sans tache et à la prudence consommée de Suger, que tout ce que celui-ci ordonnait dans les Gaules était ratifié à Rome, et que ce qui avait pris naissance dans le premier de ces lieux acquérait toute force dans le second. Le pape Eugène lui écrivait souvent du ton de la familiarité la plus intime, le soutenait fréquemment par ses exhortations, ne lui enjoignait jamais rien avec les formes du commandement, et, pour dire toute la vérité, le priait plutôt avec humilité. Suger faisait ce que le pape lui recommandait confidentiellement ; le pontife aidait Suger de l'autorité qui lui appartient; souvent même des affaires qui n'avaient pu se finir à Rome ont été portées devant Suger et terminées convenablement. Quiconque lira les nombreuses épîtres que se sont adressées ces deux hommes, et les écrits qu'ils ont fréquemment échangés entre eux, reconnaîtra facilement combien ils s'honoraient et se respectaient l'un l'autre, et quelle confiance réciproque les unissait.

Avant que le roi fût de retour, son frère[1] revint de Jérusalem. Quelques hommes du peuple, qui toujours est facile à se laisser entraîner vers les nouveautés, se mirent à courir sur le passage de ce prince et à lui souhaiter une longue vie et le pouvoir suprême ; il y en eut même parmi le clergé, qui, mécon-

[1] Robert.

tens que certaines choses se fissent dans le royaume autrement qu'ils ne voulaient, cherchèrent à séduire Robert par de perfides adulations, à lui inspirer une confiance aveugle dans son sang royal, et à le pousser à quelques démarches illicites ; je supprime au surplus ici le nom de ces ecclésiastiques, pour ne pas paraître vouloir les offenser avec intention. Mais comme un lion qui sent sa force, le juste Suger, instruit des projets présomptueux de Robert, et voulant empêcher qu'il ne le troublât dans l'exercice du pouvoir qui lui était confié, comme on disait qu'il avait précédemment excité la perfidie des Grecs contre l'armée de Dieu, s'entendit avec les fidèles du royaume, et ne cessa de s'opposer aux efforts du frère du roi, que lorsqu'il eut par sa prudence réprimé l'audace de Robert, et contraint celui-ci à donner une juste satisfaction pour sa faute. Telles étaient, certes, la fidélité de Suger et sa constance qu'il eût reçu la mort avec joie, pour la cause de la justice et de la vérité, si les circonstances l'eussent exigé. Maintenant, au reste, que j'en suis à juger son ame par ses œuvres, je pense que c'est à lui surtout qu'il faut attribuer le salut et le retour du roi. D'une part, en effet, il ordonna que le peuple et le clergé fissent d'abondantes aumônes, et récitassent fréquemment des litanies pour la conservation de ce prince ; de l'autre, impatient de son retour, il ne cessait, dans ses lettres, tant publiques que particulières, de le rappeler, lui faisait connaître le desir général et les vœux inquiets de toute la France, et lui représentait vivement les désavantages du moindre retard.

Personne ne s'étonnera sans doute si, dans de

telles circonstances, Suger éprouva l'injustice qui, d'ordinaire, frappe tous les gens de bien; personne, dis-je, ne sera surpris que les délateurs aient exercé sur lui leurs lèvres iniques et leur langue artificieuse, quand le Sauveur lui-même ne fut pas à l'abri de leurs coups dans sa course. La renommée qui, chaque jour, transforme dans ses récits mensongers le bien en mal et le mal en bien, murmura aux oreilles du roi certains bruits qui troublèrent pour un moment l'ame simple de ce prince, habitué à mesurer les sentimens des autres sur les siens propres. Mais, lorsque les prières de Suger et des autres fidèles eurent enfin obtenu fort heureusement le retour de ce monarque, et que celui-ci approcha de Rome, le pontife romain, dont on a parlé plus haut, vint à la rencontre de Louis, et, dès les premiers mots de l'entretien qu'ils eurent ensemble, s'étudia tellement à faire valoir auprès du roi les services de Suger, qu'il perça de ses paroles, comme d'un fer chaud, la langue des calomniateurs, et mit dans tout leur jour les mensonges de ceux qui s'efforçaient de souiller la réputation et d'obscurcir l'éclat de cet homme illustre. Il en arriva que l'envie non seulement ne put lui nuire, mais rehaussa même sa gloire : le roi qui déjà lui avait voué une tendre affection avant de quitter la France, une fois qu'il eut découvert la vérité, et reconnu la fidélité de Suger, tant par ses œuvres que par le témoignage du pape, le chérit et l'honora davantage encore, et comme il le méritait, après son retour. Comment en effet n'aurait-il pas aimé, comment n'aurait-il pas jugé digne des plus grands honneurs l'homme qui avait si fidèlement et si courageusement dirigé l'administration suprême commise à ses soins, et remettait à son prince le royaume tranquille et dans son intégralité? Comment ne se serait-il pas confié plus que dans tous les autres à celui qu'il avait trouvé plus fidèle que tous les autres? De fait il le chérit, il le chérit beaucoup, et la suite prouva jusqu'où allait son amour; car on sait généralement combien ce monarque montra de gratitude envers Suger tant que celui-ci vécut, et même quand il fut mort. De ce moment le prince et le peuple l'appelèrent le *père de la patrie*, et tous lui prodiguèrent pour ses services les titres les plus honorables. Bien des gens pensaient qu'un tel comble de félicité suffisait à sa gloire, et qu'il ne pourrait en atteindre par la suite un plus grand; mais de même qu'il n'est jamais de dernier degré où s'arrête la chute des méchans, de même il n'est aucun terme au delà duquel n'aille l'élévation des hommes vertueux.

Chaque jour, en effet, l'ame de Suger souffrait de voir que du dernier voyage dans la Terre-Sainte il ne restât nulle trace glorieuse; il supportait avec peine l'idée que d'une si grande armée de Français, les uns eussent été moissonnés misérablement par le fer ou la faim, et que les autres fussent revenus sans honneur dans leur patrie; aussi craignait-il beaucoup que, par suite de cette malheureuse expédition, le nom chrétien ne perdît tout son lustre dans l'Orient, et que les lieux saints ne fussent foulés aux pieds par les Infidèles. Il avait, en effet, reçu d'au-delà des mers des lettres du roi de Jérusalem et du patriarche d'Antioche qui le pressaient avec larmes de les secourir, et l'assuraient que, si on ne le faisait promptement, le prince étant mort, la croix du Sauveur, renfermée par les Sarrasins dans Antioche, et la ville elle-même touchaient au moment de tomber aux mains des Infidèles. Vers ce même temps le pape Eugène avait aussi adressé à Suger des lettres apostoliques où il le priait, par suite de sa considération pour lui, et lui ordonnait, en vertu de son autorité, d'aviser, dans la sagesse que Dieu lui avait accordée, aux moyens d'aider l'Église d'Orient, et de relever, par toutes les voies possibles, les Chrétiens de l'opprobre. Suger chercha donc avec piété comment il pourrait donner du secours aux Chrétiens en péril, et rejeter sur les méchans l'injure faite à la croix. Persuadé qu'il fallait, dans cette circonstance, épargner de nouveaux dangers au roi des Français et à l'armée revenue de la Terre-Sainte, qui l'un et l'autre avaient à peine eu le temps de respirer de leurs fatigues, il engagea les évêques du royaume à se réunir pour délibérer sur cette affaire, les exhortant et les excitant à ambitionner pour eux-mêmes la gloire d'un succès refusé aux rois les plus puissans. Ayant échoué trois fois dans ses démarches auprès des évêques, et reconnaissant trop jusqu'où allaient leur faiblesse et leur lâcheté, il crut digne de lui de se charger seul, au défaut de tous les autres, d'accomplir le noble vœu qu'il formait. Il aurait préféré certainement cacher, pour un temps du moins, tout ce qu'avait de magnifique le dévouement de sa piété, à cause de l'incertitude des événemens, et pour éviter qu'on l'accusât de jactance ; mais l'immensité des préparatifs trahit sa munificence. Il commença donc à s'occuper avec ardeur des moyens d'envoyer à Jérusalem, par les mains des chevaliers du saint Temple, tout l'argent nécessaire à la réussite d'un si grand projet, et à prendre ces fonds sur l'augmentation de revenus que ses secours et son habileté avaient procurée à son monastère; et, certes, nul ne sera fondé à s'en indigner, s'il réfléchit combien les soins de Suger élevèrent les produits de toutes les possessions de son église, et combien son monastère a, dans le temps de son administration, acquis de nouveaux domaines, et accru le nombre de ses églises. Toutes ces dispositions, il les prenait en apparence, comme s'il pensait à faire partir à sa place des hommes à lui; mais la vérité est que, si la vie lui eût été prolongée, il serait allé de sa personne en Orient, et aurait tenté par lui-même son entreprise. Il espérait dans l'appui du Tout-Puissant qui, d'ordinaire, donne la victoire aux plus dignes, qu'ils soient peu ou beaucoup; et il croyait la sagesse plus indispensable que de grandes forces, et la prudence plus nécessaire que les armes pour réussir en des desseins tels que le sien.

Tandis qu'il songeait à son départ, et soupirait sans cesse après de pieux combats, le très-haut scrutateur des ames, auprès de qui l'intention est réputée pour le fait, résolut de couronner son champion avant même qu'il en vînt aux mains, et d'épargner de nouveaux dangers au glorieux vieillard qui avait déjà soutenu pour lui tant et de si diverses luttes. Suger, que le Seigneur rappelait à lui, fut donc pris d'une petite fièvre. Nous avons vu, mon cher Geoffroi, nous avons vu ce vieillard d'une ame encore verte et pleine de fermeté, combattre quelque temps la maladie et la faiblesse de son physique ; nous l'avons vu se faire soutenir par les mains de ses religieux, et immoler ainsi les saintes hosties, jusqu'à ce qu'enfin la maladie s'aggravant, et lui perdant ses forces, il fut contraint de garder le lit. Ce que je n'ai pu regarder sans douleur, je ne saurais le raconter sans de tristes gémissemens : dès qu'il reconnut que l'heure de son rappel à Dieu était venue, et que son dernier jour approchait, il se soumit d'une ame égale et joyeuse à la volonté du Créateur, et se réjouit, comme il le disait, de pouvoir enfin s'élancer de la prison d'ici-bas dans un séjour plus libre et plus élevé. N'avait-il pas le pressentiment de sa fin prochaine quand cette même année il se rendit à Tours, afin de prier sur le tombeau de l'illustre confesseur de cette ville[1] ? Il le fit, comme il nous l'assurait, pour lui demander la permission de passer en Orient, et lui dire un dernier adieu ; et on le vit offrir, avec sa libéralité accoutumée, sur le sépulcre du saint, un vêtement de soie d'un merveilleux travail.

La seule chose que Suger parût supporter avec chagrin, c'était que le projet, conçu par sa piété, fût remis aux mains d'un autre, qui n'apporterait pas, à ce qu'il craignait, une grande ardeur à le faire réussir. Pour ne pas laisser donc ses desseins tout-à-fait sans exécution, il choisit parmi les plus nobles des grands de la France un homme de cœur, distingué par son énergie, très-expérimenté dans l'art de la guerre, et tel qu'il pût le faire partir à sa place pour l'Orient, puisque lui-même était appelé à se rendre dans la Jé-

---

[1] Saint Martin.

rusalem céleste. Après donc avoir fait jurer sur la croix à ce chef d'accomplir son plan et son vœu, Suger lui fit don de tous les fonds qu'il avait envoyés d'avance, et qui suffisaient pour aider pendant long-temps, et lui et une armée nombreuse, à combattre les Infidèles et venger les injures faites aux lieux saints.

A dater du jour où il eut réglé cette affaire, Suger attendit avec plus de gaieté son heure dernière; il ne tremblait pas à la vue de sa fin, parce qu'avant la mort il avait épuisé la vie; il ne s'affligeait pas de mourir parce qu'il avait bien vécu, quittait volontiers le jour parce qu'il savait qu'un sort meilleur lui était réservé après le trépas, et pensait qu'il ne convient pas à l'homme de bien de sortir de ce monde comme le fait celui qui en est rejeté et chassé malgré lui. Ce grand personnage se montrait donc serein en présence du trépas, et, j'en prends Dieu à témoin, s'indignait plus contre ceux qui lui promettaient la continuation de sa vie, que contre la mort même. Vraiment admirable, il contemplait sa propre fin avec le même visage et la même fermeté d'ame qu'on a d'ordinaire en voyant la fin d'un autre; et, certes, il n'eût pas senti si joyeusement arriver la sienne, s'il ne s'y fût préparé depuis long-temps. Suger demandait donc la mort avec autant d'ardeur que certains autres sollicitent la vie. En vivant bien il s'était arrangé pour avoir assez vécu, s'occupant, non de vivre long-temps, mais de toujours bien vivre. Retenu dans ce monde par sa maladie quatre mois et plus, il remerciait le Tout-Puissant de l'avoir retiré à lui, non tout d'un coup, mais peu à peu, afin de le conduire pas à pas au repos nécessaire à l'homme fatigué. Vers le jour de la Nativité du Seigneur, se trouvant plus violemment accablé par son mal, il pria Dieu avec instances de différer un peu son passage de ce monde dans l'autre, et au moins jusqu'après les fêtes, de peur, qu'à cause de lui, ces jours de joie ne se changeassent en jours de deuil. Le Tout-Puissant parut clairement exaucer ce vœu. Ce ne fut en effet que quand ces saintes fêtes eurent été célébrées, et le jour de l'Octave de l'Épiphanie, que Suger passa au Seigneur, auprès duquel, comme on peut le croire, il célèbre continuellement cette Octave. On est, en effet, bien fondé à penser que celui qui, plus qu'aucun autre mortel, avait coutume de se plaire aux fêtes de Dieu et des Saints, est admis aux fêtes éternelles d'en haut.

Voilà, cher Geoffroi, que pour t'obéir je me suis exposé à être déchiré par les morsures de beaucoup de gens, et tourné en ridicule par un grand nombre d'autres; il ne manquera pas en effet, je le sais, d'hommes qui me taxeront de présomption, pour avoir osé m'emparer d'un noble sujet qui méritait d'être illustré par les plus habiles panégyristes. Aussi, j'ai certes attendu long-temps à le faire, espérant qu'il se présenterait quelqu'un qui paierait un juste tribut d'éloges aux vertus du grand Suger. Mais, voyant que certains hommes montraient à cet égard peu de zèle, j'ai mieux aimé écrire comme je pourrais, que d'encourir le reproche d'ingratitude ou de négligence. Que si quelqu'un trouve que j'ai été bien court sur une matière aussi vaste que les mérites de Suger, qu'il songe que par ma brièveté j'ai sacrifié au goût des lecteurs modernes. S'il en est quelqu'autre qui m'accuse au contraire d'avoir excédé la juste mesure dans mon ouvrage, qu'il lise ce que Suger lui-même a écrit sur les faits et gestes de nos rois, qu'il parcoure, s'il le veut, les lettres adressées à ce grand homme de tous les coins de l'univers, et il reconnaîtra que je suis loin d'avoir épuisé l'abondance d'un si beau sujet. Je crois, au reste, n'avoir fait que jeter les fondemens sur lesquels s'éleveront quelque jour des édifices d'une plus haute proportion. J'ai coupé dans le bois le plus touffu quelques matériaux grossiers, qui plus tard recevront une forme convenable des mains d'ouvriers habiles.

Quant aux autres détails sur la mort de Suger, et la manière glorieuse dont il a passé de cette vie dans l'autre, sur les admirables obsèques de celui qui vécut si admirablement, et sur les personnages illustres qui ont assisté à ses funérailles, ceux qui en sont curieux les trouveront tout entiers dans la lettre ci-jointe, que j'ai publiée, à ta prière, sur les derniers momens de ce grand homme. Enfin, combien n'es-tu pas heureux, combien ne le suis-je pas moi-même, nous qui l'avons servi pendant sa vie et après sa mort! nous dont les mains ont rempli d'aromates précieux son corps déjà privé d'existence! Ce qui nous reste à desirer, c'est qu'il se souvienne de nous; c'est que Suger, habitué à prier avec nous, prie pour nous, et que nous obtenions l'appui de l'intercession de celui dont nous nous réjouissions d'être les commensaux. Et certes, si nous l'avons bien connu, admis aujourd'hui à jouir des joies célestes, il continue à remplir la tâche qui a tant honoré son nom; certes, ce même Suger qui, tant qu'il fut au milieu de nous, sollicitait la haute majesté des rois en faveur des sujets, intercède maintenant auprès de la Divinité pour ceux qui sont pieux et prient avec humilité. S'il montrait une si vive sollicitude pour ses religieux, lorsqu'il se sentait encore comprimé sous le poids de son enveloppe corporelle, que ne doit-on pas espérer qu'il fasse pour eux maintenant que, dégagé de tous les liens de la chair, il s'est échappé vers une entière liberté ? Nul doute que Dieu n'accueille avec bonté les prières de celui qui fut constamment attentif à écouter et soigneux d'accomplir les préceptes de Dieu.

Lettre *encyclique du monastère de Saint-Denis, sur la mort de Suger.*

A tous les fidèles établis partout en Jésus-Christ, l'humble monastère du bienheureux Denis, salut ; puissent-ils obtenir dans le ciel la consolation éternelle, en retour de celle qui leur est demandée dans le présent! Nous avons cru devoir notifier à votre sainte universalité le glorieux passage de ce monde en l'autre du révérendissime abbé Suger, de pieuse mémoire, afin que nous obtenions de votre charité quelque soulagement à la douleur dont nous sommes accablés plus qu'on ne peut l'imaginer. Tous en général, et chacun en particulier, nous sommes les membres d'un seul chef; nous nous devons donc certainement, les uns aux autres, une mutuelle compassion. Ainsi quoique le père dont nous avons parlé, et dont la mémoire doit être célébrée dans tous les siècles, soit connu de presque tout l'univers pour sa science extraordinaire, son courage et son habi-

leté, cependant nous desirons, en ce qui nous regarde, ne point paraître oublier et payer d'ingratitude ses mérites et ses bienfaits immenses. Ce n'est pas certainement que nous puissions renfermer complétement dans cette courte cédule toutes ses actions éminentes, et ses louanges. Un petit volume et un esprit médiocre ne suffiraient pas assurément à les détailler, si l'on songe surtout combien sa renommée est moindre encore que son mérite, et combien son éloge est au dessous de ses vertus. Qui pourrait, en effet, célébrer dignement sa vie? Qui pourrait assez admirer la magnanimité qu'il montra dans sa jeunesse, et la prudence qu'il développa dans la conduite des affaires, tant ecclésiastiques que séculières? Personne ne peindra jamais assez bien sa vigilance pour le culte de Dieu, et son ardeur à enrichir l'Église. La première de ses pensées, le premier de ses soins, furent toujours de relever de plus en plus l'honneur et la gloire du monastère du bienheureux Denis, de le régler pieusement, de rendre son église opulente en revenus, riche en bâtimens, et magnifique en ornemens; de cela, il en reste des preuves plus claires que le jour, et qui se conserveront jusqu'à la fin des siècles. Suger peut donc maintenant chanter en toute assurance et avec vérité devant le Seigneur :
« Seigneur, j'ai chéri l'honneur de ta maison et le lieu
« où habite ta gloire[1].» En lui brillaient tout ensemble et distinctement la finesse de l'esprit, l'éclat du langage, la science des lettres, le talent de parler et d'écrire, et personne n'eût pu dire lequel de ces avantages il possédait à un plus haut degré. Ce qui parais-

[1] Psaume xxv, v. 8.

sait peut-être le plus admirable en lui, c'est qu'il écrivait, non pas lentement et avec peine, mais presque aussi rapidement qu'il parlait ; à une mémoire naturelle, heureuse et ferme, il joignait une telle habileté à saisir et à retenir ce qu'il lui était nécessaire de savoir, que tout ce qu'il avait entendu ou dit lui-même de remarquable une seule fois, lui revenait sur-le-champ à l'esprit, dans la circonstance et au moment où il le fallait. Une telle sobriété le distinguait, que nul ne pouvait discerner s'il était plus sobre avant ou après ses repas. Au surplus, pour dire beaucoup en peu de mots, une seule chose prouve quelle idée on avait dans tout le royaume de la vertu et de la capacité de Suger ; c'est que le roi Louis, quand il partit pour Jérusalem, commit spécialement, par le conseil des évêques et des grands, la suprême direction de ses États à la fidélité et aux talens éprouvés de cet homme célèbre, qui, pendant à peu près deux années, gouverna et administra si bien, avec l'aide de Dieu, qu'au retour du monarque, il lui remit intact le dépôt que ce prince lui avait confié. Le souverain pontife Eugène lui-même, combien de fois, quand quelques affaires graves survenaient dans le royaume, et étaient portées devant son tribunal, n'a-t-il pas remis à la sagesse reconnue de Suger le soin de les terminer ? Lorsqu'il lui fallait, quoique bien à regret et à son corps défendant, paraître dans les conseils des rois et des grands, il s'y résignait, non, comme lui-même le disait, sans un pénible effort d'esprit, afin de porter secours aux orphelins, aux veuves, aux pauvres et à ceux qui souffraient de quelque injustice, quels qu'ils fussent ; il le faisait encore surtout pour appuyer, dans l'occasion, auprès du monarque les réclamations de l'église confiée à ses soins, et de toutes celles du royaume. Énorgueillis de tant et de si éminentes qualités réunies dans cet homme admirable, nous desirions le conserver toujours, et nous le croyions digne d'une plus longue vie; aussi avons-nous, en le perdant, reçu une blessure que nous pouvons à peine supporter. Et cependant, si nous étions maîtres de commander à notre chagrin, nous devrions plutôt nous réjouir d'avoir eu un tel père, que nous affliger de le voir nous précéder là où nous sommes certains de le suivre un jour. Ce n'est pas à nous, mais aux dangers de ce monde qu'il est enlevé; il n'a pas perdu la vie, mais l'a changée contre une plus heureuse. Comme personne n'est excepté de la condition de mourir, du moment où cet homme vénérable se sentit fortement atteint de la maladie dont il est mort, il demanda d'être soutenu par les mains des religieux, et conduit dans le monastère. Là, après quelques mots d'exhortation, il se prosterna aux pieds de tous avec larmes et gémissemens, et, redoutant le jugement du Dieu commun des hommes, il se soumit humblement au jugement de ses frères, et les pria, en sanglotant, de lui pardonner, par égard pour l'amour qu'il leur portait, les fautes et les négligences dont il avait pu se rendre coupable à leur égard, ce que tous les moines firent bien volontiers avec la plus grande dévotion et une abondante effusion de larmes. De son côté, Suger remit, de son propre mouvement et avec une admirable clémence, à certains religieux qui avaient failli, les accusations portées contre eux, et les peines sous lesquelles ils gémissaient, quelles qu'elles fussent, se réconcilia avec eux tous, présens ou absens, et leur rendit leurs anciennes charges et dignités. Enfin il souhaita et sollicita, autant qu'il fut en lui et avec d'instantes prières, d'être entièrement déchargé de tout soin pastoral ; mais il ne put en aucune manière arracher le consentement des religieux à une telle demande. Quelque temps après, voyant que la maladie l'accablait plus cruellement, et reconnaissant, tant par lui-même que d'après l'avis des médecins, que sa fin approchait, il appela près de lui ses amis intimes, les vénérables évêques de Soissons, de Noyon et de Senlis, afin de régler en leur présence et par leur avis ce qui regardait son abbaye, et de se fortifier de leurs conseils pour quitter ce monde avec plus de sécurité. Ces prélats l'assistèrent humblement dans ses derniers momens, et il leur confessa avec d'abondantes larmes, tantôt secrètement, tantôt en présence de tout le monde, ce qui tourmentait sa conscience. Suger leur exposa fréquemment sa foi tout entière, accomplit pieusement ce qu'ils lui prescrivirent, et reçut tour à tour, des mains de chacun d'eux, pendant les quinze jours environ qui précédèrent sa mort, et sans y manquer une seule fois, le sacrement du corps et du sang du Seigneur. Tournant ainsi toutes ses idées vers Dieu, il passait avec une pieuse sollicitude les jours et les nuits à réciter les psaumes, ou à dire par ordre les noms des Saints ; exhortait sans cesse ses moines à ne rien négliger pour le maintien de la paix, à conserver l'unité de la foi en toutes choses, à éviter avec le plus grand soin les scandales, les séditions et les schismes, et les avertissait de s'appliquer diligemment à la conservation de la règle, au culte de Dieu, et à la vénération des Saints. Ce père digne de regrets, cet excellent pasteur, passa de ce monde dans l'autre en récitant l'oraison dominicale et le symbole, le jour des ides de janvier, dans la soixante et dixième année de son âge, la soixantième environ depuis qu'il avait pris l'habit monastique, et la vingt-unième de sa prélature. Il passa, disons-nous, de ce monde dans l'autre, comptant non moins de vertus que de jours. Dans le ciel, les Saints se livrèrent aux transports de la joie; mais sur la terre les fidèles de tout âge, de tout sexe, de tout rang et de tout état, s'abandonnèrent à la douleur et aux sanglots. A son enterrement et à ses funérailles qui furent très-magnifiques, comme il convenait, en raison de sa personne et de la dignité du lieu, assistèrent, par la volonté de Dieu, six vénérables évêques, beaucoup d'abbés et de religieux, qui recommandèrent son ame au Seigneur, et confièrent son corps à la terre, avec de pieuses oraisons. Le roi très-chrétien Louis, qui alors était fort loin, n'eut pas plutôt appris l'affligeante nouvelle de la mort de ce grand homme, que, mû par le souvenir de l'amour et de l'intimité qui les avaient unis, et laissant là toutes ses affaires, il accourut avec les premiers d'entre les grands du royaume pour assister aux obsèques de Suger. Tout le temps que dura l'enterrement, ce prince, ne songeant qu'à son attachement, et oubliant sa grandeur royale, ne cessa de pleurer amèrement. Une chose certaine sans doute, c'est que celui dont la vie avait été si glorieuse, ne pouvait finir sans gloire; aussi la Providence eut-elle soin que des prélats consacrassent sa mort, et que le roi honorât ses funérailles de sa présence ; on vit même y assister le maître du saint Temple avec un grand nombre de chevaliers de son Ordre ; et tous recommandèrent à Dieu l'ame bien aimée de Suger, avec des larmes, des prières, et de toutes les manières qu'ils purent. Quant à nous qui lui survivons, sans lui quel allègement espérerions-nous à nos peines, nous que lui seul consolait dans nos afflictions, nous qu'il excitait à la joie, et dont il dissipait les chagrins? Comment pourrions-nous supporter la perte d'un tel compagnon de notre vie, et d'un tel consolateur dans nos tourmens? C'est la maladie qui fait voir tout ce qu'a de précieux la santé ; de même nous sentons plus tout ce que valait le trésor que nous possédions depuis que nous avons cessé de le posséder. Sur lui seul, parmi nous, notre maison se remettait du soin de ses intérêts, et l'État se reposait de celui des affaires publiques. Lui seul parmi nous était notre joie au dedans, et notre gloire au dehors. Parce qu'il a payé la dette commune à la nature humaine, il ne faut pas certainement que sa mort nous fasse méconnaître les grâces singulières qu'il a reçues du Christ ; mais comment aussi pourrions-nous jamais cesser de penser à lui, ou nous rappeler quelque chose de lui sans larmes et sans douleur? Les joies de tous doivent sans doute suivre dans le ciel celui qui, foulant la mort sous ses pieds, a déjà reçu la couronne de l'éternel repos. Cependant pourrions-nous jamais oublier un tel père, ou nous en souvenir sans lui payer en quelque sorte un tribut de pleurs? Si ces retours sur lui renouvellent nos chagrins, ils nous apportent toutefois quelque volupté. En le pleurant, nous paraîtrons peut-être espérer moins son salut; mais aussi si nous nous abstenions entièrement de larmes, on nous accuserait justement d'ingratitude et de peu d'amour. Pour que sa mort nous fût plus supportable, nous n'osions y arrêter d'avance notre pensée; nos esprits s'épouvantaient de concevoir une telle idée sur lui; non que nous ignorassions quel sort l'attendait, mais parce que nous n'avions appris à prévoir pour lui que des choses heureuses. Il nous a été enlevé de peur que la malice ne changeât ce cœur et cette ame qui avaient trouvé grâces devant Dieu. Après avoir passé une sage vieillesse, il s'est endormi dans le Seigneur, et a rejoint ses pères. Sa poussière est retournée dans la poussière, mais son esprit s'est élevé jusqu'aux astres, pour être couronné et mis au nombre des élus, par celui qu'il servit et pour lequel il combattit avec une foi pure, tant qu'il fut renfermé dans son enveloppe charnelle[1].

Pourquoi rappellerais-je les mérites, les mœurs et la vie de cet homme? Je connais toutes ses vertus, toutes sont présentes à ma mémoire; mais vainement je les passerais sous silence, et tiendrais caché ce que j'en sais. Un jour arrivera qui les mettra en lumière. Telle est la nature du bien, que la violence ne peut le renfermer dans l'obscurité. Ce qui longtemps est resté dans les ténèbres se produira au grand jour. Le ciel avait, je le pense, choisi et donné, à juste titre, cet homme aux mortels comme un mo-

---

[1] Le paragraphe suivant qui termine cette lettre est en vers dans l'original.

dèle de vie. J'admire comment des esprits si élevés animaient un tel corps, comment un si petit vase renfermait tant et de si excellentes choses. Par ce seul fait, la nature a voulu le prouver clairement : la vertu peut se trouver enveloppée sous quelque écorce que ce soit. Tullius par l'éloquence, Caton par la vertu, César par le cœur, Suger dirigeait les rois par ses conseils, et les royaumes par ses travaux. Ce qu'autrefois Caton et Scipion ont fait pour Rome, lui seul l'a fait pour la terre de sa patrie. Quelles louanges, quels titres, quels chants de triomphe dignes de toi, père abbé, ton troupeau pourrait-il faire entendre? Excellent Suger, que pourrait-on dire qui ne fût au dessous de tes mérites? Tout ton éloge sera renfermé dans ce peu de mots : le ciel même t'applaudit pour ta vertu ; l'univers et la Gaule entière célèbrent tes louanges ; les sept planètes ont souri à ta naissance, elles ont montré pour toi un aspect et une force salutaire; la nature t'a départi largement ses trésors ; la sagesse t'a ouvert son sein ; la fortune ne t'a pas refusé d'heureux succès, et les destins t'ont accordé tout ce qu'il leur est donné d'avoir de bon.

FIN DE LA VIE DE SUGER.

VIE

DE LOUIS-LE-JEUNE[*].

[*] Voyez la *Notice* sur Suger placée en tête de ce volume.

VIE
DE LOUIS-LE-JEUNE.

Le glorieux Louis, fils du glorieux roi Louis, ayant appris par un prompt message la mort funeste d'un père si grand[1], pourvut d'abord prudemment à la sûreté du duché d'Aquitaine; puis se hâtant de prévenir les pillages, querelles, séditions et autres désordres qui éclatent d'ordinaire à la mort des rois, il revint promptement à la cité d'Orléans, où il avait appris que, sous prétexte d'intérêts de la commune, quelques insensés méditaient la ruine de l'autorité royale; il réprima hardiment ces complots, non sans malheur pour certains hommes. De là ce prince se rendit à Paris, comme à sa résidence habituelle (car c'est dans cette ville, ainsi qu'on le lit dans les anciennes chroniques, que les rois des Français avaient coutume de passer leur vie), et s'occupa glorieusement, pour son âge et pour le temps, de l'administration du royaume et de la défense de l'Église.

Tous le pays s'estimait heureux qu'un homme ami de la paix et un si noble père laissât un tel rejeton, et qu'à la protection de tout le royaume, qui demandait la plus grande fermeté, succédât un si glorieux héritier qui accueillait les pieux et repoussait les im-

---

[1] Louis-le-Gros mourut le 1er août 1137; son fils en reçut la nouvelle à Poitiers.

pies. Plus on voyait, en effet, que, par le manque de successeurs naturels, l'Empire romain ainsi que le royaume d'Angleterre avaient souffert de nombreux malheurs qui avaient presque amené la ruine de l'État, plus on apprenait combien les habitans de ces pays gémissaient de ces maux, et plus on se louait, pour le bonheur de tous, tant en général qu'en particulier, d'avoir des héritiers du royaume et du roi.

En effet, Henri, empereur des Romains, étant mort sans héritier [1], de violens débats s'élèverent dans une nombreuse assemblée générale tenue à Mayence de près de soixante mille chevaliers; Frédéric, duc d'Allemagne [2], s'efforçait, comme neveu du défunt empereur Henri, d'obtenir le trône; mais au grand scandale et déchirement du royaume, les évêques de Mayence et de Cologne, et la plupart des principaux et grands de l'État, rejetèrent ce duc, se déclarèrent pour Lothaire, duc de Saxe, et le couronnèrent à Aix-la-Chapelle du diadême royal [3], au milieu des transports de joie du peuple et du clergé. Ce choix, quoiqu'illustre, n'eut pas lieu sans que beaucoup de gens en souffrissent; car ledit duc Frédéric, repoussé du trône, s'unit avec son frère Conrad, qui cependant à la mort de Lothaire succéda à la couronne, et avec ses parens et ses autres partisans, se livra contre les États de Lothaire aux ravages, aux guerres, aux incendies, au pillage des pauvres, à la destruction des églises, à d'innombrables excès, et eut lui-même de semblables maux à souffrir dans ses domaines. Lothaire ayant fait plusieurs actions éclatantes, se

[1] Henri v mourut à Utrecht, le 23 mai 1125.
[2] Duc de Souabe. — [3] Le 13 septembre 1125.

montra surtout grand et digne de louanges et d'admiration en administrant avec habileté le royaume d'Allemagne, auquel il ne s'était point élevé par droit d'héritage, en soumettant l'Italie par la force, et en prenant des mains du pape Innocent [1], malgré la résistance des Romains, la couronne de l'Empire ; dans sa route par les provinces de Capoue et de Bénévent, il subjugua la Pouille à la pointe de l'épée, mit en fuite le roi de Sicile, et s'empara de la cité de Bari et du pays d'alentour. Comme il revenait de ces contrées complétement victorieux, il sentit les approches de la mort commune à tous, et transporté dans sa terre natale, et sur ses propres pénates en son duché de Saxe, il termina par une noble fin de si grands travaux [2].

Le royaume d'Angleterre n'eut pas moins à souffrir, comme on l'a su, d'un événement semblable ; car le vaillant roi Henri étant mort sans héritier [3] mâle, Étienne, comte de Boulogne, son neveu, frère puîné du comte Thibaut, entra tout à coup dans le royaume sans vouloir songer que le comte d'Anjou avait épousé la fille dudit roi Henri son oncle, qui avait été impératrice des Romains, et qu'il en avait eu des fils ; et il s'empara de la couronne. Sa pernicieuse faction, par la jalousie et les discordes des comtes, des grands du royaume et la méchanceté des habitans, ruina tellement, durant une époque de calamité, cette terre fertile et abondante que près d'un tiers du royaume fut, dit-on, dévasté par les

[1] Innocent II couronna Lothaire empereur, le 4 juin 1133.
[2] Le 4 décembre 1137.
[3] Henri I*er*, mort le 1*er* décembre 1135.

pillages, les ravages et le meurtre. Ces malheurs étaient une consolation aux Français qui, voyant les autres éprouver tant de maux par le défaut de successeur au trône, se félicitaient et s'applaudissaient de la continuation d'une race si grande et si glorieuse.

Pour en revenir à notre sujet, le jeune roi Louis, âgé d'environ quatorze ou quinze ans, croissait de jour en jour en vertus tant naturelles qu'acquises par le travail.

En ce temps, Guillaume, duc d'Aquitaine, étant parti pour aller en pélerinage à Saint-Jacques, fut saisi d'une maladie et entra dans la voie de toute chair[1]. Il n'avait que deux filles, appelées l'une Éléonore et l'autre Alix. La terre d'Aquitaine privée de son seigneur demeura sans héritier mâle. C'est pourquoi le roi Louis garda entre ses mains toute l'Aquitaine, épousa Éléonore, l'aînée des deux susdites sœurs, et donna en mariage à Raoul, comte de Vermandois, la cadette Alix. Le roi eut de sa femme Éléonore une fille nommée Marie.

Peu de jours s'étaient écoulés que Gaucher de Montjai, enflé de l'orgueil du diable, voulut se révolter contre le roi et s'efforça audacieusement, mais non pas impunément, de troubler son royaume. Le roi, trop haut de cœur pour le supporter patiemment, ayant rassemblé des troupes de tous côtés, marcha promptement contre Montjai et détruisit son château avec toutes ses fortifications[2].

La même année, il arriva aux Chrétiens du pays de Jérusalem un déplorable malheur; car les Parthes,

[1] Guillaume x, duc d'Aquitaine, mort le 9 avril 1137.
[2] En 1138.

poussés par l'esprit diabolique, étant venus assiéger avec de puissantes forces la ville d'Édesse, s'en emparèrent, non sans un grand carnage des leurs[1]. Grandement enorgueillis de cette victoire, ils menacèrent de détruire tous les Chrétiens du pays. La nouvelle de ce malheur étant parvenue aux oreilles du très-pieux roi Louis que remplissait le zèle du Saint-Esprit, il fut ému de pitié : c'est pourquoi à la fête de Pâques de cette même année, il tint à Vézelai une grande assemblée[2], où il invita les archevêques, les évêques, les abbés et plusieurs grands et barons de son royaume, parmi lesquels était Bernard, abbé de Clairvaux. Lui et les évêques ayant donc pris place dans cette assemblée, ils prêchèrent au sujet du pays où notre Seigneur Jésus-Christ, après avoir vécu corporellement, a souffert le supplice de la croix pour la rédemption du genre humain. Le roi Louis, enflammé de ces prédications et admonitions par l'inspiration de la grâce divine, prit la croix, et après lui sa femme Éléonore; ce qu'à leur exemple firent aussi les grands qui assistèrent à cette assemblée : Simon, évêque de Noyon; Godefroi, évêque de Langres; Arnoul, évêque de Lisieux; Herbert, abbé de Saint-Pierre de Sens; Thibaut, abbé de Sainte-Colombe; Alphonse, comte de Saint-Gilles; Thierri, comte de Flandre; Henri, fils de Thibaut, comte palatin de Blois, alors vivant; Guillaume, comte de Nevers; Renaud son frère, comte de Tonnerre; le comte Robert, frère du roi; Yves, comte de Soissons; Gui, comte de Ponthieu; Guillaume, comte de Varennes; Archambaud de Bourbon, Enguerrand

---

[1] Le 24 décembre 1144. — [2] En 1146.

de Couci, Geoffroy de Rancogne, Hugues de Lusignan, Guillaume de Courtenai, Renaud de Montargis, Itier de Touzy, Gaucher de Montjai, Evrard de Breteuil, Dreux de Mouchi-le-Châtel, Manassé de Beuil, Anselme de Trenacel, Guérin son frère, Guillaume le Bouteiller, Guillaume-Agillon de Trie, plusieurs autres chevaliers, et une multitude infinie de gens de pied.

Dans le même temps, Conrad, empereur d'Allemagne, ayant appris la désolation des Chrétiens, prit la croix ainsi que son neveu Frédéric, duc de Saxe, et Amédée, comte de la Maurienne, oncle du roi Louis, et beaucoup de gens les accompagnèrent. Ensuite, par dévotion pour la sainte Croix, que le roi avait reçue avec ses gens, le vénérable Pons, abbé de Vézelai, construisit en l'endroit où avait eu lieu cette prédication, c'est-à-dire sur le penchant de la montagne, entre Écouen et Vézelai, une église en l'honneur de la sainte Croix, sur laquelle le Seigneur opéra un grand nombre de miracles, en faveur de ceux qui s'y rendaient avec une foi sincère.

Cependant le roi Louis, avant de partir pour la Terre-Sainte, passa toute l'année dans son royaume, depuis la fête de Pâques, où il avait reçu la croix, jusqu'à l'autre fête de Pâques, et même jusqu'à la Pentecôte. Sur ces entrefaites, les bourgeois de la ville de Sens, enflammés de colère contre Herbert, abbé de Saint-Pierre-le-Vif, parce qu'il avait fait dissoudre leur communauté, le mirent cruellement à mort. En punition de ce crime, le roi fit précipiter du haut de la tour de Sens quelques-uns de ces meurtriers, et en fit décapiter quelques autres à Paris.

L'an de l'Incarnation du Seigneur 1147, le glorieux roi Louis, pompeusement environné, comme il convenait, d'un cortége royal, partit de Paris, la semaine d'après la Pentecôte, pour le voyage qu'il avait fait vœu d'accomplir. Il souffrit dans ce voyage beaucoup de fatigues, et arriva enfin à Jérusalem. Là, après avoir prié devant le Saint-Sépulcre, et adoré, avec la vénération qui lui est due, la croix de Notre-Seigneur, il quitta ce pays sacré, et revint dans son royaume sans avoir éprouvé aucun fâcheux accident[1]. Après son retour, il eut de sa femme Éléonore une fille nommée Alix.

Peu de temps après, Geoffroi, comte d'Anjou, et son fils Henri, qui, dans la suite parvint au trône d'Angleterre, se rendirent auprès du roi Louis, et se plaignant à lui d'Étienne, roi des Anglais, ils lui exposèrent l'injustice avec laquelle il leur enlevait ce qui leur appartenait de droit, à savoir, le royaume d'Angleterre et le duché de Normandie. Le roi, voulant, comme il convient à la majesté royale, maintenir tout le monde dans la justice et la raison, et conserver les droits de chacun, attaqua la Normandie avec une armée considérable, s'en empara par la force, et la remit entre les mains de Henri, fils du comte d'Anjou, qui tint de lui ce pays comme son homme lige. Pour prix du service qu'il lui avait rendu, Henri, avec la permission de son frère Geoffroi, donna au roi Louis le Vexin Normand, situé entre l'Iton et l'Andelle, sans lui en demander aucune redevance. Ce pays contient les châteaux et forteresses

[1] En octobre 1149.

de Gisors, de Neaufle, d'Etrechy, de Dangu, de Gamaches, d'Archeville, de Château-Neuf, de Baudemont, de Brai, de Gournai, de Bucail, de Nogent-sur-Andelle, et quelques autres encore. Ce fut de cette manière que, comme on l'a dit, le roi Louis conquit et restitua la Normandie au perfide Henri, ne prévoyant pas la trahison que dans la suite ce dernier médita contre lui.

Peu de temps après, en effet, se justifia le proverbe vulgaire que plus on aggrandit un pervers, plus il s'élève contre son bienfaiteur. Henri, replacé sur le trône de Normandie par la main du roi, s'enfla d'un orgueil excessif, et refusa de comparaître en justice devant son seigneur le roi Louis. Le roi, enflammé d'une ardente colère, et ne pouvant contenir son courroux, marcha sur Vernon avec une grande armée, et, après un siége de peu de jours, se rendit maître de cette ville par l'effort de son courage. Il prit de même la ville de Neuf-Marché. Le traître Henri, duc de Normandie, voyant enfin que rien ne pouvait résister au tout-puissant roi Louis, tel qu'un renard rusé, eut recours à ses artifices accoutumés; feignant de s'abaisser, afin de recouvrer, de quelque manière, ce qu'il avait perdu, il jura faussement qu'il ne leverait plus désormais un pied orgueilleux [1] contre le roi son seigneur; le roi Louis, toujours plein de bonté et trompé par cette promesse mensongère, le traita avec une grande bénignité, et lui rendit les deux places qu'il lui avait enlevées [2].

Dans la suite, après un intervalle de peu d'années,

---

[1] *Calcaneum elevare, calcaneum erigere*; expression consacrée en ce temps pour désigner la révolte; on la trouve même dans les chartes

[2] En 1154.

quelques-uns des proches et des parens du roi Louis vinrent le trouver, et lui dirent qu'il y avait entre lui et la reine Éléonore un degré de consanguinité, et lui promirent de l'affirmer par serment; ce qu'apprenant le roi ne voulut point garder plus long-temps sa femme contre la loi catholique. C'est pourquoi Hugues, archevêque de Sens, les manda tous deux, à savoir, le roi Louis et la reine Éléonore, en sa présence à Beaugency, où, sur son injonction, ils se rendirent le vendredi d'avant le dimanche des Rameaux. Il s'y trouva aussi Samson, évêque de Rheims, Hugues, évêque de Rouen, l'archevêque de Bordeaux dont j'ignore le nom[1], quelques-uns de leurs suffragans, et une grande partie des grands et des barons du royaume de France. Quand ils furent assemblés dans l'endroit ci-dessus désigné, lesdits parens du roi prononcèrent, selon qu'ils l'avaient promis, le serment qu'il existait, comme nous l'avons dit plus haut, un proche degré de parenté entre le roi et la reine Éléonore, et ainsi fut dissoute entre eux la société matrimoniale[2]; après quoi Éléonore regagna promptement son pays d'Aquitaine. Henri, duc de Normandie, et qui, dans la suite, fut élevé au trône d'Angleterre, la prit aussitôt pour femme. Le roi Louis maria les deux filles qu'il avait eues d'Éléonore, l'aînée Marie, à Henri, comte palatin de Troyes, et la plus jeune, Alix, au frère de celui-ci, Thibaut, comte de Blois.

Ensuite, le roi voulant vivre selon la loi divine qui ordonne qu'un mari s'attache à sa femme, et qu'ils ne fassent tous deux qu'une même chair, et dans l'espoir d'avoir une postérité qui gouvernât après lui le

---

[1] Geoffroi. — [2] Le 18 mars 1152.

royaume de France, prit en mariage Constance, fille de l'empereur d'Espagne. Hugues, archevêque de Sens, la sacra reine à Orléans et couronna le roi avec elle. Après avoir habité quelque temps ensemble, le roi eut d'elle une fille nommée Marguerite. Avec les dispenses de l'Église romaine, cette même Marguerite fut mariée à Henri, fils de Henri, roi des Anglais, et d'Eléonore sa femme, et qui, dans la suite, monta sur le trône d'Angleterre[1]. Le roi donna en mariage à sa fille Marguerite le pays du Vexin, que Henri, roi d'Angleterre, le père de ce Henri, lui avait donné exempt de toute redevance.

Dans le même temps, Geoffroi de Gien donna sa fille en mariage à Etienne de Sancerre : ce qu'il faisait à dessein, car il pensait que son gendre le protégerait contre les dégâts que faisait sur ses terres le comte de Nevers. Geoffroi donna même Gien pour dot à sa fille. Ce que voyant Hervée, fils de ce même Geoffroi, s'opposa à ce qu'on donnât ainsi une ville qui lui revenait par droit d'héritage ; mais son père, ne tenant nul compte de son opposition, remit cette ville en la possession d'Etienne de Sancerre. C'est pourquoi Hervée alla trouver le roi, et se plaignit à lui de ce que son père le déshéritait ainsi. Il porta plainte aussi contre Etienne qui, malgré lui, avait reçu ladite ville, appartenant à son héritage, et la possédait sans son consentement. Ayant entendu ces plaintes, le roi, comme ami constant du droit et de la justice, ne put souffrir une telle iniquité, ni qu'Hervée fût plus long-temps dépouillé de ses

---

[1] Henri dit *au court mantel*, qui fut seulement sacré roi d'Angleterre, et ne régna jamais.

droits ; ayant donc rassemblé une armée, il marcha promptement contre Gien, qu'Etienne de Sancerre avait munie de troupes, mais dont il s'était lui-même absenté. Le roi, ayant vigoureusement assiégé la place avec ses soldats, s'en empara aussitôt, et la rendit à Hervée. Après cette expédition, chacun s'en retourna chez soi.

Ensuite le roi eut de la reine Constance une fille qu'on appela Adélaïde[1]. La reine termina son dernier jour dans le travail de cet enfantement[2], ce qui causa une grande tristesse à tout le royaume. Louis, cependant, par les consolations de ses seigneurs, ayant un peu oublié son affliction, se disposa, d'après les conseils et les avis des archevêques et évêques, et des autres barons de son royaume, à prendre une épouse. Il avait toujours présente à l'esprit cette parole : *qu'il vaut mieux se marier que de brûler*[3]. Il craignait d'ailleurs que le royaume de France ne cessât d'être gouverné par un successeur sorti de son sang. C'est pourquoi, tant pour son propre salut que pour la sûreté future du royaume, il prit en mariage Adèle[4], fille de Thibaut, comte de Blois, qui était mort, laissant quatre fils et cinq filles, à savoir : Henri, comte palatin de Troyes, Thibaut, comte de Blois, Etienne, comte de Sancerre, Guillaume, archevêque de Sens, la duchesse de Bourgogne, la comtesse de Bar, la femme de Guillaume Goiet, qui avait été d'abord duchesse de Pouille, la comtesse du Perche, et enfin

---

[1] Ou Alix, accordée à Richard Cœur-de-Lion ; puis mariée en 1195 à Guillaume III, comte de Ponthieu.

[2] En 1160.

[3] Ire Épître de saint Paul aux Corinthiens, chap. VII, v. 9.

[4] Ou Alix.

Adèle, la plus jeune, que Notre-Seigneur éleva à ce point qu'elle régna sur ses frères et sur ses sœurs, elle qui auparavant leur avait été soumise. Elle fut digne de louanges par ses qualités tant naturelles qu'acquises, car elle rayonnait de l'éclat de la sagesse, excellait en beauté dans sa personne, et brillait par la chaste pureté de ses mœurs : c'est pourquoi, décorée d'une telle fleur de vertu, elle mérita d'être élevée à un si haut rang. Ainsi que nous l'avons dit, elle fut unie solennellement par la loi conjugale au sérénissime roi Louis[1], et à la Saint-Brice, Hugues, archevêque de Sens, la sacra à Paris dans l'église de la bienheureuse vierge Marie, et couronna le roi avec elle. Il célébra le même jour la messe en cette église. Etienne, chanoine de Sens, et qui devint dans la suite évêque de Meaux, lut l'épître, et Guillaume, archidiacre de Sens, dans la suite évêque d'Autun, lut l'évangile ; Mathieu, préchantre de Sens, et Albert, chantre de Paris, dirigèrent le chœur, et imposèrent les versets pendant la procession.

Peu de temps après cette cérémonie, la méchanceté et la cupidité croissant et augmentant de jour en jour, Nivelon de Pierre-Fontaine et Dreux de Meulent, qui avaient épousé les deux filles de Dreux de Mouchi-le-Châtel, eurent ensemble un différend. Nivelon de Pierre-Fontaine enleva injustement à Dreux de Meulent la moitié de Mouchi-le-Châtel, qui lui appartenait aux droits de sa femme. Ce dont celui-ci s'étant plaint au roi Louis, il le vint supplier qu'il daignât se rendre le vengeur d'une telle injustice ; le roi ayant accueilli sa demande, et voulant avec équité retenir

---
[1] Le 13 novembre 1160.

chacun dans la justice, aussi bien les puissans que les faibles, rassembla une armée et marcha contre Mouchi-le-Châtel, dont il s'empara à main armée; il en fit renverser la tour avec toutes les fortifications, et rendit à Dreux de Meulent la moitié de cette ville qui lui appartenait de droit. Nivilon étant mort peu de jours après, le roi maria sa femme à Enguerrand de Trie, et lui donna avec la moitié de Mouchi-le-Châtel.

Dans ce temps il s'éleva un horrible schisme dans l'Église romaine : son siége étant devenu vacant, les cardinaux, assistés de la grâce divine, élurent unanimement pour leur chef Alexandre III, d'heureuse mémoire[1]. Victor, appelé aussi Octavien, rempli d'arrogance et aspirant avec avidité aux honneurs terrestres, voulut usurper présomptueusement le pontificat de l'Église romaine, quoique son élection ne fût pas canonique; car les clercs de son parti concoururent seuls à cette élection irrégulière, il y manqua la participation et les suffrages des cardinaux ou évêques, à l'exception de deux seulement, tous les cardinaux et évêques ayant unanimement voté en faveur du seigneur pape Alexandre. Ensuite le vénérable pape Alexandre étant parti pour la Gaule, passa à Montpellier; le bruit de son arrivée étant parvenu aux oreilles du seigneur roi Louis, il prit conseil à ce sujet sur ce qu'il devait faire, et envoya vers lui le seigneur Thibaut, abbé de Saint-Germain. L'affaire du seigneur roi terminée, Thibaut fit dessein de s'en retourner, avec le bon plaisir du seigneur pape et de la cour romaine. Comme il était en route pour revenir, une grave maladie le prit à Clermont. Ne voulant pas cependant

[1] Le 7 septembre 1159.

séjourner plus long-temps dans un pays étranger, il se hâta, tout malade qu'il était, de gagner Vézelai, et arriva trois jours avant la fête de sainte Marie, dans l'église de la bienheureuse Marie Magdeleine, où il avait été élevé depuis son enfance, avait reçu l'habit religieux et fait sa profession. Sa maladie s'étant aggravée, il quitta le monde dans cette église, le lendemain de la fête de Marie Magdeleine : Hugues, moine de Sainte-Marie de Vézelai, fut nommé en sa place l'an du Seigneur 1162.

En ces mêmes jours, le roi Louis, avec tout son royaume, reconnut le pape Alexandre pour le véritable pasteur[1]. La nouvelle de ce fait s'étant répandue dans tous les pays, les empereurs de Constantinople et d'Espagne, le roi d'Angleterre, le roi de Jérusalem, le roi de Sicile, le roi de Hongrie et tous les rois de la chrétienté, suivant l'exemple du roi Louis, reconnurent le dit pape avec les marques de respect convenables ; excepté Frédéric, empereur d'Allemagne, qui, persévérant dans sa fureur et sa tyrannie accoutumée, maintint, contre les lois et le droit, le schismatique Octavien, et le tint pour pape toute sa vie durant. A la mort d'Octavien cet abominable empereur éleva en sa place Gui de Crémone, un des deux cardinaux du parti schismatique. Excité par ses exhortations, le même empereur marcha contre Rome pour la détruire. Là périt, non point par la force des Romains ni d'autres mains mortelles, mais par la seule vengeance divine, une grande partie de son armée. Il arriva, chose merveilleuse à dire, que le Seigneur, étendant la main de la vengeance sur l'armée de cet exécrable tyran, fit, à travers l'air corrompu, tomber

---

[1] En juillet 1160.

sur elle des flots d'une pluie bouillante, en sorte qu'une multitude infinie de cavaliers et de fantassins, frappés du glaive invincible de la divine puissance, finirent misérablement leurs jours. Parmi ceux qui moururent furent le fils de l'empereur Conrad, et Renaud archevêque de Cologne, dont les serviteurs transportèrent jusqu'à Cologne le corps divisé en morceaux, cuit dans de l'eau bouillante, et assaisonné de sel. L'empereur, frappé de la crainte du châtiment divin, leva le siége, et arriva en fuyant dans la Toscane ; de là, traversant la Lombardie, et chassé par les courageux habitans de ce pays, il se hâta d'arriver à Suze, d'où s'échappant furtivement avec quelques-uns de ses compagnons, il passa les Alpes, ayant ainsi perdu dans ce siége un grand nombre de ses évêques et de ses barons, et tellement effrayé, tellement confus, que n'osant demeurer plus long-temps en ce pays, misérable fuyard, il retourna en Allemagne.

Puisque la méchanceté croît de jour en jour, c'est à la majesté royale à pourvoir à la sûreté du royaume, et à défendre ses sujets contre les attaques des méchans ; car si l'autorité des rois ne veillait attentivement à la défense de l'État, les puissans opprimeraient excessivement les faibles ; ce qui arriva alors, comme le fera connaître un récit fidèle. Le comte de Clermont et son neveu Guillaume, comte du Puy, ainsi que le vicomte de Polignac, poussés par l'instinct du diable[1], avaient coutume d'employer à la rapine leur misérable vie. Ils dévastaient les églises, arrêtaient les voyageurs, et opprimaient les pauvres. Les évêques de Clermont et du Puy, et les abbés de cette

[1] En 1163.

province, ne pouvant supporter plus long-temps leur tyrannie, et n'ayant, ni eux ni les leurs, la force de leur résister, s'avisèrent sagement de se rendre auprès du roi Louis; ils lui portèrent leurs plaintes contre les susdits tyrans, lui peignirent leurs cruelles injures envers les églises, et l'exhortèrent par de pieuses prières à venger les pauvres et les prisonniers. En sorte que le pieux roi apprenant les forfaits de ces tyrans, rassembla aussitôt une armée, et alla combattre ses ennemis avec la verge du châtiment qu'il ne tardait jamais à saisir; les ayant attaqués à la tête de cette troupe guerrière, exploit digne de la majesté royale, il les vainquit à la pointe de l'épée; les ayant vaincus il les prit, et les ayant pris il les emmena avec lui, et les retint captifs jusqu'à ce qu'ils eussent fermement juré de cesser désormais pour toujours d'inquiéter les églises, les pauvres et les voyageurs.

Peu de temps après qu'il eut accompli cette œuvre insigne, il se répandit, en divers pays, la nouvelle d'une action exécrable et inouïe dans notre temps. Guillaume, comte de Châlons, suivant les traces du diable qui osa tenter le Seigneur, persécutait d'une manière atroce l'église de Cluni. Ayant ramassé, pour exercer ses tyranniques cruautés, une multitude de brigands, appelés vulgairement Brabançons, hommes n'aimant point Dieu, et ne voulant point connaître la voie de vérité, soutenu par ces criminels satellites, le brigand partit pour ravager ladite église. Les moines, qui y étaient consacrés au service de Dieu, défendus, non par le fer ou le bouclier, mais seulement par des armes divines, et revêtus des habits ecclésiastiques, s'avancèrent au devant du tyran avec les reliques des

Saints et la croix, et accompagnés d'une grande multitude de peuple. L'exécrable troupe de ces brigands dépouilla les moines de leurs vêtemens sacrés, et, à l'instar des bêtes féroces qui, pressées par la faim, se jettent sur les cadavres, ils égorgèrent comme des brebis plus de cinq cents bourgeois de Cluni. La nouvelle de ce crime inouï s'étant répandue dans différens pays, parvint aux oreilles du pieux roi Louis. Ne pouvant supporter qu'avec la plus grande indignation un tel forfait envers la sainte Église, il se sentit animé, par le zèle ardent du Saint-Esprit, à prendre vengeance de cet abominable massacre. Que dirai-je de plus? Un édit royal rassembla les phalanges valeureuses des belliqueux Français. Soutenu par eux, il marcha promptement contre le tyran pour l'exterminer [1]; mais l'infâme comte de Châlons, apprenant l'arrivée du roi, n'osa pas attendre sa présence, et, abandonnant ses terres, prit la fuite. Comme le roi, dans sa route, traversait le territoire de Cluni, vinrent à sa rencontre des femmes veuves et de jeunes filles, et de jeunes garçons orphelins qui, s'étant jetés à ses pieds en pleurant et gémissant, l'instruisirent de leur misère par de lugubres clameurs, et offrant à la majesté royale leurs très-pieuses prières, la supplièrent d'étendre miséricordieusement sur eux la main de sa sagesse et de son assistance; ils excitèrent de plus en plus à la ruine de cette gent scélérate le pieux roi et toute l'armée, que leur malheur toucha presque jusqu'aux larmes. Et comment s'en étonner? Vous auriez vu des enfans orphelins suspendus encore à la mamelle de leurs mères, de jeunes filles éplorées s'é-

[1] En 1166.

criant lamentablement qu'elles étaient privées de l'appui paternel; vous auriez entendu les airs retentir des vagissemens des enfans. Enfin, pour abréger, le roi prompt à accomplir son dessein, pénétra hardiment avec son armée, sans être arrêté par aucun obstacle, dans les terres de l'exécrable comte de Châlons, et s'empara à la pointe de l'épée de la ville de Châlons, du mont Saint-Vincent et de toutes les terres de ce tyran, dont il donna une moitié au duc de Bourgogne, et le reste au comte de Nevers. Tous ceux qu'il put prendre des Brabançons, gens qui méprisent la volonté divine et se font suivans du diable, il les fit pendre à des fourches pour venger l'Église de Dieu. Un d'eux ayant voulu racheter sa vie par une immense somme d'argent ne put rien obtenir, et fut livré au même supplice que les autres. Ayant donc enfin tiré une juste vengeance du massacre et de la persécution atroces infligés à Cluni et à la sainte Église, le roi s'en retourna joyeux, remportant un si glorieux trophée.

Comme il convient à la majesté royale de couvrir les églises de Dieu du bouclier de sa défense contre toute persécution, le très-bienfaisant roi, qui ne voulait pas que, par négligence, il survînt faute de justice qui les exposât aux ravages des brigands, après avoir glorieusement vengé les outrages faits à l'église de Cluni, délivra aussi l'église de Vézelai des attaques de ses ennemis. Il arriva, en effet, que les bourgeois de Vézelai, se liguant entre eux, enflés d'orgueil, se soulevèrent contre leur seigneur abbé et contre les moines, et les persécutèrent long-temps par des incursions sur leurs terres. Ils étaient tous convenus par serment de ne plus se soumettre à la domination de l'Église; en quoi ils avaient l'assentiment et les conseils du comte de Nevers, ennemi de cette même église. L'abbé et les moines furent contraints, par les violentes attaques des bourgeois, de fortifier, pour leur défense, les tours du monastère; les bourgeois, par dehors, les pressaient et inondaient sans relâche d'une pluie de traits et de coups de bélier; ils les tinrent si long-temps bloqués que, n'ayant point de pain à manger, ils furent réduits à ne se substanter que de viande. Une partie des moines était de garde pendant la nuit, tandis que l'autre réparait un peu par le sommeil ses membres fatigués. Comme ils étaient sous le poids d'une telle persécution, l'abbé, voyant que ces hommes iniques ne se relâchaient en rien de leur entreprise impie, et les assiégeaient avec une violence toujours croissante, sous la conduite de quelques-uns de ses amis, sortit secrètement du monastère, et se rendit promptement auprès du roi Louis, qui résidait alors à Corbeil. Il lui exposa leur malheur et se plaignit hautement de l'injuste persécution de la commune de Vézelai. Instruit par l'abbé, le roi, toujours prêt à défendre les églises, envoya l'évêque de Langres vers le comte de Nevers qui soutenait ladite ligue, et lui manda de rétablir la paix de l'Église et d'obliger la commune à se dissoudre; mais le comte négligeant d'obéir aux ordres du roi, laissa les gens de Vézelai persister en leur iniquité. Cette désobéissance étant parvenue aux oreilles du roi, dans le digne projet de réprimer lui-même cette indigne violence, il rassembla une armée, ensuite de quoi il se mit en marche contre ledit comte. Ce qu'apprenant, celui-ci envoya vers le roi l'évêque d'Autun, pour lui mander qu'il fît de la commune à sa volonté. Ensuite étant venu lui-même à Moret à la rencontre du roi, il lui engagea sa foi de ne plus soutenir la commune, et de la dissoudre entièrement. Le roi, acceptant la promesse du comte, congédia son armée, et vint avec ce même comte à Autun, où ayant convoqué les bourgeois de Vézelai, il leur fit jurer de se conformer à la volonté de l'abbé Pons et de ses successeurs, de dissoudre leur commune, et de n'en plus former à l'avenir. Ensuite, par un décret du roi, ces mêmes bourgeois donnèrent à l'abbé Pons quarante mille sols, et ainsi fut rétablie la paix de l'Église[1].

Peu d'années après, Guillaume, comte de Nevers, commença à s'élever contre cette même église, car il réclamait d'elle certains droits qu'elle ne lui devait pas, et que lui devaient Guillaume, abbé de Vézelai, et les moines du monastère[2]. C'est pourquoi le comte, oubliant tout respect de Dieu, enleva aux moines leur nourriture. Ceux-ci, manquant de subsistance, se rendirent à pied vers le roi Louis; l'ayant trouvé à Paris, ils se prosternèrent à terre, et en répandant des larmes, ils lui exposèrent leurs plaintes sur les mauvais traitemens que leur faisait éprouver ledit comte. Le roi donc, ému de compassion par les plaintes pitoyables de ces moines, fit rétablir dans l'église de Vézelai une paix très-solide.

C'est pourquoi, à cause de ces œuvres de justice et de beaucoup d'autres encore, que le pieux roi Louis,

---

[1] Cette affaire eut lieu en 1155, c'est-à-dire environ dix ans avant la précédente. Le biographe de Louis-le-Jeune bouleverse souvent les dates. Voyez du reste dans le tome VII de cette collection *l'Histoire du Monastère de Vézelai*.

[2] En 1166.

par l'inspiration de la divine majesté, avait accomplies en faveur de cette église et de plusieurs autres, ainsi que du châtiment qu'il avait tant de fois fait tomber sur les ennemis de l'église de Cluni, et ceux de plusieurs autres églises, la divine bonté lui accorda une digne récompense de tant de bonnes œuvres. En effet, le roi, par la grâce de la divine munificence, eut un fils de la noble reine Adèle.

Ce noble rejeton naquit l'an de l'Incarnation du Seigneur, 1165, le samedi de l'octave de l'Assomption de la bienheureuse vierge Marie [1], dans la nuit, pendant qu'on célébrait les solennités des matines ; un messager, annonçant la joyeuse nouvelle de cette naissance, vint à Saint-Germain-des-Prés transmettre le bruit de cet heureux événement au moment où les moines commençaient à chanter le cantique du prophète : « Béni soit le Seigneur, le Dieu d'Israël, parce « qu'il nous a visités et a racheté son peuple. » D'où l'on peut conjecturer, avec évidence, que cela arriva par un décret du Seigneur. La renommée d'une naissance si desirée s'étant répandue partout, remplit tous les Français de la plus grande joie : car un grand nombre de gens avaient long-temps et ardemment desiré qu'il sortît du roi Louis un successeur du sexe masculin, qui, après la mort de son glorieux père, parvînt au rang de la majesté royale. Le Seigneur satisfit leur desir, et ils ne furent point déçus dans leurs vœux. Ce royal enfant venu au monde, le lendemain du jour de sa naissance, c'est-à-dire, le dimanche, le roi Louis son père lui fit donner le sacrement du baptême. Maurice, évêque de Paris, mandé par le roi

---

[1] Le 22 août.

pour le lui administrer, se revêtit des habits sacerdotaux dans l'église de Saint-Michel-de-la-Place, et régénéra solennellement, par le baptême, le rejeton de la race royale. Hugues, abbé de Saint-Germain, fut son parrain, et tint l'enfant dans ses bras sur les fonts baptismaux. Hervée, abbé de Saint-Victor, et Eudes, autrefois abbé de Sainte-Geneviève, furent aussi parrains; Constance, sœur du roi Louis, épouse de Raimond, comte de Saint-Gilles, et deux veuves parisiennes, furent marraines du jeune prince, qui fut appelé Philippe.

FIN DE LA VIE DE LOUIS-LE-JEUNE.

VIE
DE CHARLES-LE-BON,

COMTE DE FLANDRE,

Par GALBERT,

SYNDIC DE BRUGES.

NOTICE
SUR GALBERT.

Nul événement peut-être ne fit, dans le cours du xiie siècle, une impression aussi générale et aussi profonde que l'assassinat du comte de Flandre, Charles-le-Bon, dans l'église de Saint-Donatien, à Bruges, par le prévôt du chapitre et sa famille. Charles était un prince doux, pieux, soigneux d'établir partout l'ordre et la paix, mérite qui, dans ces temps de violence et d'anarchie, était la plus utile et la plus populaire vertu des rois. Les malheurs de son enfance, les exploits de sa jeunesse lui avaient concilié de bonne heure la bienveillance des Flamands. Après s'être illustré dans la Terre-Sainte où il avait accompagné Robert, dit le Hiérosolymitain, son oncle, il avait refusé, pour ne pas quitter la Flandre, la couronne impériale et celle de Jérusalem. Il fut assassiné au milieu de ses prières et de ses aumônes, par des hommes d'origine servile, que des intérêts privés poussaient seuls à ce crime. La vengeance fut prompte et terrible; les chevaliers, les bourgeois Flamands, le roi de France Louis-le-Gros, vinrent assiéger les coupables d'abord dans le château de Bruges, puis dans l'église même où s'était commis le meurtre, puis dans le clocher de l'église, dernier asyle qui leur restât, et qu'ils défendirent avec l'opiniâtreté du désespoir. Toutes ces circonstances, la longueur et les tragiques incidens du siége, le nombre et l'ardeur de ceux qui y prenaient part, firent de cet événement le sujet des entretiens populaires, et valurent au comte le titre de saint martyr. Aussi nous en est-il resté plusieurs histoires, toutes contemporaines, toutes écrites avec ces minutieux détails et cet intérêt pressant où se révèle l'émotion non seulement de l'auteur, mais de la population tout entière. Suger s'afflige, comme on l'a vu, dans sa *Vie de Louis-le-Gros*, de ne pouvoir en parler plus longuement. Plusieurs chroniqueurs du temps perdent, en s'en occupant, leur sécheresse accoutumée; Gautier, chanoine de Térouane, à la demande de Jean son évêque et de tout le chapitre, et peu de mois après la catastrophe, en écrivit une relation circonstanciée où il consigna tout ce qu'il avait recueilli de témoins oculaires, tout ce qui s'en racontait dans le pays. Un poète, dont le nom est resté inconnu, en fit, en mauvais vers latins, une assez touchante élégie. Enfin Galbert, notaire, c'est-à-dire syndic de Bruges, qui était dans la ville au moment du crime et durant le siége, nota jour par jour sur ses tablettes, en présence de l'événement, ce qui se passait, ce qu'il voyait, ce qu'il faisait lui-même de concert avec ses concitoyens, et en composa, environ trois ans après (en 1130), la dramatique histoire dont nous publions aujourd'hui la traduction.

Nous l'avons choisie entre toutes les autres, parce qu'elle est sans contredit la plus instructive comme la plus attachante. Malgré la barbarie de son style et l'absence de tout renseignement sur sa personne, Galbert était à coup sûr un bourgeois considérable, d'une imagination vive et vraie, bien instruit des affaires de sa ville, de tout le comté, et qui mérite autant de confiance que son récit inspire d'intérêt. Aucun document de cette époque n'est aussi animé, aussi poétique, quoique dégagé de toute fiction; aucun ne nous transporte aussi complétement au milieu de ces vieux temps, sur la place publique d'une grande commune, dans l'intérieur des maisons, et au sein des mœurs de ces bourgeois déjà si libres, de ces chevaliers encore si féroces. Quand l'importance de l'événement et la place qu'il a occupée dans le règne de Louis-le-Gros ne nous auraient pas prescrit d'insérer dans notre Collection cette histoire, son mérite dramatique et l'abondance des détails curieux qu'elle renferme auraient suffi pour nous y décider. Duchesne et les Bénédictins n'en ont publié que des fragmens, quelquefois assez mal choisis. C'est dans le recueil des Bollandistes qu'elle se trouve tout entière et que nous l'avons puisée [1]. La seconde partie qui commence au 1er mai 1127, et contient le récit des guerres de Guillaume Cliton et de Thierri d'Alsace pour la possession du comté de Flandre, est moins intéressante que la première; cependant elle offre encore beaucoup de détails importans. Une vieille traduction française, dont le manuscrit existait dans la bibliothèque de Gabriel Bonart, syndic de Bruges, au XVIIe siècle, a fait croire à quelques savans que Galbert lui-même avait écrit son ouvrage en français; mais l'erreur est évidente, la langue de cette traduction est de beaucoup postérieure au XIIe siècle, et tous les anciens manuscrits de la *Vie de Charles-le-Bon* sont en latin.

F. G.

[1] Tome I, *des Actes des Saints du mois de mars*, p. 179-219.

PRÉFACE.

Quoique, parmi les princes des royaumes connus qui nous entourent, Henri, empereur des Romains[1], ait fait éclater par ses hauts faits le plus ardent desir d'acquérir de la gloire et de la renommée, et qu'il eût à bien régner les mêmes dispositions que ces princes, il gouvernait cependant avec moins de puissance et de célébrité. Après un règne de plusieurs années, il mourut sans héritier[2]. Le roi d'Angleterre[3], sans enfans, gouvernait aussi son royaume avec moins de réputation et de puissance que le comte Charles, marquis de Flandre, notre seigneur et prince naturel, qui, fameux dans les armes et de race royale, commandait depuis sept ans dans ce comté, et s'y montrait le père et le protecteur des églises de Dieu, généreux envers les pauvres, affable et juste envers ses seigneurs, impitoyable et habile contre ses ennemis. Il mourut sans enfant, trahi et assassiné à cause de sa justice, par les siens; que dis-je? par ses infâmes serviteurs[4]. Je n'ai

---

[1] Henri v. — [2] Le 23 mai 1125.
[3] Henri 1er. — [4] Le 2 mars 1127.

point cherché à orner des figures de l'éloquence la description de la mort d'un si grand prince, ni à l'embellir des nuances de différentes couleurs; mais, ne m'attachant qu'à l'exactitude des faits, je transmets à la mémoire des fidèles, en style peu élégant, il est vrai, le récit de cette mort étrangère à l'ordre de nature.

Je n'avais, en effet, ni le temps ni le lieu favorables lorsque je m'appliquai à ce travail; c'était dans un moment où notre ville était pressée par la crainte et la nécessité, au point que le clergé et le peuple sans exception couraient également risque des biens et de la vie. Ce fut au sein de tant d'adversités, et pressé par de telles angoisses, que je commençai à rasseoir mon esprit flottant, et comme agité au milieu de l'Euripe, et me forçai au travail d'écrire. Dans cet effort de mon esprit une seule petite étincelle de charité, entretenue et fomentée de sa flamme, alluma au fond de mon cœur toutes les vertus intellectuelles, et donna ainsi à mon être captif sous les terreurs du dehors quelque liberté d'écrire.

Si quelqu'un veut parler et médire de cet ouvrage de mon esprit, que j'ai composé dans une si fâcheuse extrémité, et que je livre à votre connaissance et à celle de tous les fidèles, je m'en embarrasse peu : ce qui me rassure, c'est que je dis et transmets à la mémoire de la postérité la vérité bien connue de tous ceux qui ont couru les mêmes dangers. Je prie donc et avertis celui entre les mains duquel tombera cet ouvrage, d'un style si aride et si mesquin, de ne point s'en moquer ni le mépriser; qu'il admire au contraire des choses qui, de notre temps seulement, ont été écrites et recueillies par l'ordre de Dieu, et qu'il apprenne à ne pas mépriser ou livrer à la mort les puissances de la terre, qui, nous devons le croire, ont été établies à notre tête par la volonté de Dieu. C'est pourquoi l'Apôtre dit: « Soyez « donc soumis pour l'amour de Dieu à tous vos su- « périeurs, soit au roi comme au souverain, soit « aux gouverneurs comme à ceux qui sont envoyés « de sa part[1]. » *Comme* en effet n'est pas ici un terme d'assimilation, mais d'affirmation; *comme* se dit dans l'Écriture sainte pour signifier ce qui est véritable, ainsi qu'on le voit dans ce passage: *comme époux,* c'est-à-dire, parce qu'il est l'époux. Les homicides, les buveurs, les débauchés, tous les pervers de notre pays, ne méritaient pas d'avoir pour prince un homme bon, religieux, puissant, catholique, protecteur après Dieu des pauvres et des églises, défenseur de sa patrie, et tel que les autres puissances de ce monde terrestre pouvaient prendre modèle sur lui pour la manière de bien gouverner et de servir Dieu dignement. Le diable donc, comme vous allez l'apprendre, voyant l'avancement de l'Église et

---

[1] Ire Épître de saint Pierre, chap. II, v. 13, 14.

de la foi chrétienne, détruisit le repos du pays, c'est-à-dire de l'Église de Dieu, et le troubla par ses piéges, par les trahisons et l'effusion du sang des innocens.

VIE
DE CHARLES-LE-BON.

CHAPITRE PREMIER.

Des gestes glorieux du bienheureux Charles dans le comté. — L'Empire romain et le royaume de Jérusalem lui sont offerts.

CHARLES, fils de Cnution, roi de la Dacie[1], et d'Adèle[2], issue du sang des comtes de Flandre, fut, à cause de cette parenté, élevé dans notre patrie, depuis son enfance jusqu'à ce que son corps et son esprit eussent acquis la force de l'âge viril. Dès qu'il eut reçu le titre de chevalier, il fit contre ses ennemis une action remarquable qui lui valut une bonne renommée, et lui procura une grande gloire auprès de tous les puissans des royaumes. Pendant plusieurs années, nos grands avaient desiré que la fortune pût le leur donner pour seigneur. Le comte Baudouin, jeune homme d'une grande valeur, transmit en mourant son État à son neveu Charles, et le confia à la fidélité de ses grands[3].

Dans un grand et sage dessein, le pieux comte commença à s'occuper du rétablissement de la paix,

---

[1] Canut IV, roi de Danemarck, de l'an 1080 à l'an 1086.
[2] Fille de Robert-le-Frison.
[3] En 1119.

et à ramener dans le royaume les lois et la justice, en sorte que peu à peu, ayant rétabli partout la paix, la quatrième année de son gouvernement, tout fleurit, tout prit un aspect riant, tout jouit de la tranquillité et de toute sorte de bonheur. Enfin, voyant combien la paix était agréable à tout le monde, il ordonna que, dans toute l'étendue de son royaume, les habitans, soit sur les places publiques, soit dans l'intérieur des forts, se tinssent en repos et sécurité, et habituellement sans armes; voulant qu'autrement ils fussent frappés des mêmes armes qu'ils porteraient. Pour se conformer à ces ordres, les arcs, les flèches, et toutes les autres armes furent déposées dans des lieux paisibles, et situés hors des villes. A la faveur de cette paix, les hommes se gouvernaient par les lois et la justice, préparant pour les assemblées publiques tous les argumens de l'esprit et de l'étude; en sorte que chacun, s'il était attaqué, se défendait par la force et le charme de sa rhétorique; et s'il attaquait un ennemi, il l'éblouissait par la variété des couleurs de son éloquence. Alors trouva son emploi l'art de parler, soit naturel, soit acquis; car il y avait beaucoup d'hommes sans lettres, à qui la nature elle-même avait montré les règles de l'éloquence, et qu'elle avait instruits à débattre et argumenter avec tant de conséquence que les hommes savans dans l'art de la rhétorique ne pouvaient leur échapper ni les repousser; mais comme ils circonvenaient par là dans les assemblées les fidèles moins habiles et les brebis du Christ, Dieu, qui voit tout d'en haut, ne dédaigna pas de châtier ces trompeurs, afin de faire sentir par des punitions à ceux à qui il avait accordé, pour leur salut, le don de l'éloquence, qu'ils l'avaient fait servir à leur propre perte.

Le Seigneur donc envoya le fléau de la famine, et ensuite celui de la mortalité, sur tous les habitans de notre royaume; mais, auparavant, il daigna rappeler à la pénitence, par des signes effrayans, ceux qu'il voyait enclins au mal. L'an de l'Incarnation du Seigneur 1124, dans le mois d'août, vers la neuvième heure du jour, il apparut à tous les habitans du pays une éclipse dans le soleil; sa lumière manqua d'une manière qui n'était pas naturelle. La partie orientale de l'astre fut voilée, et peu après, il se répandit sur le reste une obscurité qui lui était étrangère, mais qui ne couvrit pourtant pas le soleil tout entier. Cet espèce de nuage le parcourut sans sortir de son disque, passant d'Orient en Occident; et, à la vue de ce phénomène, ceux qui observaient la paix, et savaient les injustices commises dans les assemblées, menacèrent tout le monde du danger d'une famine et d'une mortalité prochaine. Ces miracles n'ayant corrigé personne, ni les maîtres, ni les serviteurs, tout à coup fondit sur eux la famine et la mortalité; comme il est dit dans le Psalmiste : « Il appela la famine « sur la terre, et il brisa toute la force de l'homme « en le faisant manquer de pain¹. »

En ce temps, personne ne pouvait se substanter à la manière ordinaire, par la nourriture et la boisson; mais, contre la coutume, celui qui trouvait un repas mangeait, en une seule fois, autant de pain qu'il avait habitude d'en consommer en plusieurs jours avant le temps de la famine, on se gorgeait ainsi

¹ Psaume 104, v. 16.

jusqu'à l'excès, en sorte que, les conduits naturels élargis par cette trop grande quantité de nourriture et de boisson, la nature languissait, les hommes étaient malades de crudités et d'indigestion, ou travaillés par la faim jusqu'à ce qu'ils rendissent le dernier soupir. Un grand nombre de ceux à qui rien ne manquait enflèrent, dégoûtés de la nourriture et de la boisson. Dans le temps de cette famine, au milieu du carême, des hommes de notre pays, demeurant aux environs de Gand et des fleuves de la Lys et de l'Escaut, se nourrirent de viande, le pain leur manquant tout-à-fait. Quelques-uns, se rendant vers des villes et des châteaux pour s'y procurer du pain, périrent d'inanition tout au plus au milieu de la route. Des pauvres se traînant avec peine autour des métairies et des palais des riches, ou des murailles de leurs châteaux, pour demander l'aumône, moururent en mendiant. Chose étonnante à dire! personne dans notre pays n'avait conservé son teint naturel, et sur tous les visages était empreinte une pâleur approchant de celle de la mort. Ceux qui étaient sains et ceux qui étaient malades languissaient également; car ceux dont le corps était sainement constitué devenaient malades à voir la détresse des mourans.

Ces calamités ne corrigèrent point encore les impies, qui, dans ce temps, dit-on, conspiraient déjà la mort du pieux comte Charles. Cet illustre comte était sans cesse occupé à soutenir les pauvres de toutes les manières, leur distribuant lui-même, et par ses serviteurs, de généreuses aumônes dans les châteaux et les lieux qui lui appartenaient. Depuis les temps qui précédèrent le carême jusqu'aux nouvelles moissons, il nourrit chaque jour cent pauvres à Bruges, donnant à chacun d'eux un très-gros pain. Une semblable disposition avait lieu dans ses autres châteaux. La même année, le seigneur comte ordonna que quiconque ensemencerait deux mesures de terre dans le temps des semailles, ensemencerait une autre mesure de terre en fèves et en pois, parce que ces espèces de légumes poussant plus promptement, et dans une saison plus favorable, nourriraient plus vite les pauvres si la famine et la disette ne cessaient pas cette année. Il ordonna qu'on en fît ainsi dans tout son comté, pourvoyant ainsi pour l'avenir, autant qu'il le pouvait, aux besoins des pauvres. Il réprimanda avec des paroles d'opprobre les gens de Gand, qui avaient laissé mourir de faim devant les portes de leurs maisons des pauvres qu'ils auraient pu nourrir. Il défendit aussi de faire de la bière, parce que les citoyens et les cultivateurs s'interdisant cette fabrication dans le temps de la famine, il en devait résulter plus d'abondance pour les pauvres. Il ordonna de faire des pains d'avoine, afin qu'au moins les pauvres pussent soutenir leur vie de pain et d'eau. Il commanda qu'on vendît un quartaut de vin six écus, et pas davantage, afin que les marchands ne fussent point si fournis, et n'achetassent pas de vin, mais que pressés par la faim, ils échangeassent leurs marchandises pour d'autres denrées, et que par là les pauvres vécussent avec plus de facilité. Chaque jour il faisait emporter de sa propre table de quoi nourrir cent treize pauvres, et plus. Depuis le commencement du carême et de son pieux jeûne, durant lequel il fut trahi et s'endormit dans le Seigneur, jusqu'au jour où il mourut dans le Christ, il distribua chaque jour à un pauvre des vêtemens neufs, à savoir, une chemise, une tunique, des fourrures, une cape, des bottes, des bottines et des souliers; et, après avoir achevé cette miséricordieuse distribution aux pauvres, il se rendait à l'église, où, se prosternant pour prier, il chantait des psaumes en l'honneur de Dieu; et là, après avoir entendu la messe selon sa coutume, il distribuait des deniers aux pauvres, toujours prosterné devant le Seigneur.

Pendant que Charles, marquis de Flandre, gouvernait ainsi son comté avec paix et gloire, Henri, empereur des Romains, mourut, et le trône demeura désert et privé d'héritier. Les plus sages du clergé et du peuple du royaume des Romains et des Teutons s'agitaient de toutes les manières pour trouver un homme noble de naissance autant que par ses mœurs, auquel ils pussent confier l'empire. Ayant donc porté les yeux autour d'eux sur les princes des autres pays et royaumes, ils résolurent prudemment que les plus sages et puissans du royaume enverraient solennellement au pieux Charles, comte de Flandre, des députés propres à cette mission, à savoir, le chancelier de l'évêque de Cologne, et avec lui le comte Godefroi de Namur, priant et conjurant sa puissance et sa piété, de la part de tout le clergé et de tout le peuple du royaume et de l'empire des Teutons, que, par charité pure, il reçût les honneurs de l'empire, et la dignité royale avec le pouvoir qui les accompagne; car les meilleurs, tant du clergé que du peuple, l'attendaient pour l'élire avec un très-juste empressement; voulant, par la grâce de Dieu, s'il daignait venir vers eux, l'élever unanimement au trône de l'empire, et le créer roi conformément à la loi des précédens empereurs catholiques. Le comte Charles, ayant reçu leur députation et entendu leur demande, prit conseil des nobles et des pairs de sa terre, sur ce qu'il avait à faire à ce sujet; mais ceux-ci, qui le chérissaient d'un juste amour et d'une vertueuse prédilection, et le révéraient comme leur père, commencèrent à s'affliger et à pleurer à cause de son départ, disant ce pays cruellement perdu s'il l'abandonnait. Les abominables traîtres qui en voulaient à sa vie lui conseillèrent d'accepter chez les Teutons le trône et ses grandeurs, lui représentant combien il serait glorieux et honorable pour lui d'être roi des Romains. Ils s'efforçaient, les misérables, de trouver quelque ruse et quelque piége pour se défaire de celui qu'ensuite, ne pouvant l'éloigner tant qu'il demeurait en vie, ils prirent le parti de trahir, lui qui défendait contre eux les lois de Dieu et des hommes.

Le comte Charles, à la prière de ses sujets chéris, demeura donc dans son comté, faisant observer la paix à tout le monde et l'établissant, autant qu'il était en son pouvoir, ainsi que tout ce qui était favorable au salut de la patrie, se montrant fidèle à la foi catholique, bon et religieux, honorant Dieu, et gouvernant les hommes avec prudence.

Il n'avait pas, aux environs de sa terre, soit sur les frontières, soit dans l'intérieur de sa domination, d'ennemis contre lesquels il eût à se distinguer par des exploits terrestres, car ses voisins le craignaient, ou bien, unis à lui par des alliances de paix et d'amitié, ils entretenaient avec lui un commerce de dons et de présens; cependant, pour l'honneur de son pays et l'exercice de ses chevaliers, il livra des combats à quelques-uns des comtes ou des princes de la Normandie et de la France, et même au-delà de ce pays; et, à la tête de deux cents chevaliers, il fit des excursions dans leurs États; dans ces occasions, il éleva sa réputation, la puissance et la gloire de son comté, et racheta auprès de Dieu, par une quantité considérable d'aumônes, tout ce qu'il avait pu avoir de torts.

Il arriva aussi, du temps qu'il vivait [1], que le roi de Jérusalem [2] tomba en la captivité des Sarrasins, et que la ville de Jérusalem demeura abandonnée et sans roi; les chevaliers chrétiens, comme nous l'avons appris, qui servaient dans l'armée chrétienne, haïssaient ce roi captif parce qu'il était avare et ladre, et qu'il gouvernait mal le peuple de Dieu. Ils délibérèrent donc, et d'un commun avis envoyèrent une lettre au comte Charles pour le prier de venir à Jérusalem prendre possession du royaume de Judée, et recevoir, dans le lieu saint et dans la sainte Cité, la couronne de l'empire catholique et la dignité royale. Ayant à ce sujet consulté ses fidèles, il ne voulut point abandonner sa tendre patrie, qu'il aurait bien gouvernée, encore mieux qu'il n'avait fait jusqu'alors, si d'abominables traîtres, remplis du démon, n'eussent égorgé leur seigneur et père, qui était plein de l'esprit de piété, de sagesse et de force. O douleur qu'ils aient ravi à l'Église de Dieu un si grand homme, que le clergé et le peuple de l'empire d'Orient, et la cité sainte de Jé-

---

[1] En 1124. — [2] Baudouin II.

rusalem, ainsi que le peuple Chrétien avaient souhaité et demandé avec instances pour leur roi!

CHAPITRE II.

Occasion de la haine qui se souleva contre le bienheureux Charles.

Les forces de l'esprit, la mémoire, le courage et le talent me manquent pour louer le bon comte Charles ; vous tous princes des royaumes, vous lui êtes inférieurs en mérite, en puissance, en sagesse, en prudence, en bonnes mœurs. Le comte Charles, vers la fin de sa vie, était tel, aux yeux des fils religieux de l'Église, qu'il surpassait en mérite les chefs des États, et les nombreux docteurs de la foi chrétienne ; et, quoiqu'autrefois il eût été pécheur et coupable, à la fin de sa vie, par le fruit d'une heureuse pénitence, tout pour lui se tournait en bien, et concourait au salut éternel de son ame. C'est pourquoi quelqu'un a dit que personne ne doit être appelé heureux avant sa mort et ses funérailles ; et selon l'apôtre : « Nous savons que tout contribue au bien « de ceux qui aiment Dieu, et de ceux qu'il a appe- « lés pour être saints[1]. » Dans un lieu sacré, au milieu des prières sacrées et d'une sainte dévotion de cœur, dans le temps sacré du carême, au moment d'une distribution sacrée d'aumônes devant l'autel sacré, au milieu des reliques sacrées de saint Donatien, archevêque de Rheims, de saint Basile, et du grand saint

[1] Épître de saint Paul aux Romains, chap. VIII, v. 28.

Maxime, qui ressuscita trois morts, des chiens immondes, pleins du démon, des serviteurs abominables égorgèrent leur seigneur. Il n'est personne de si sot, de si stupide, de si niais, qui n'infligeât les derniers châtimens et les peines les plus inouïes à ces traîtres serviteurs, qui, par une trahison sans exemple, mirent à mort le maître qu'ils auraient dû défendre. Il est étonnant, et singulièrement mémorable, que parmi les empereurs, les rois, les ducs et les comtes que nous avons vus, ou dont nous avons entendu parler, nous n'en ayons encore connu aucun capable comme lui d'être le seigneur et le père de ses sujets, et le protecteur des églises de Dieu. Il savait être un seigneur, un père, un protecteur pieux, doux, humain, attentif à l'honneur de Dieu et de l'Église; la preuve en est, qu'après la mort d'un si grand homme, tout le monde, ses amis et ses ennemis, les étrangers et les voisins, les nobles et le vulgaire, et les habitans de tous les pays où était parvenue sa glorieuse renommée, attestèrent tous les mérites qu'on devait croire, devant Dieu et devant les hommes, à celui qui, comme un chef chrétien, était mort pour avoir fait exécuter la justice de Dieu, et pour le salut des peuples qu'il gouvernait. Des hommes avec lesquels il vivait en paix firent éclater leur trahison contre lui, ainsi qu'il est dit dans le psaume : « Car l'homme avec lequel je vi« vais en paix, en qui je me suis même confié, et qui « mangeait de mes pains, a fait éclater sa trahison « contre moi[1]. »

Après donc que la clémence de Dieu eut éloigné les fléaux, et fait cesser entièrement les calamités

---

[1] Psaume XL, v. 10.

du temps, il commença à rendre aux terres la fertilité de sa grâce, ordonna que les greniers fussent remplis de fruits, que le monde abondât en vingt autres choses nécessaires à la vie; et, par l'ordre divin, toute la terre recommença à refleurir sous un air plus doux. Le pieux comte, voulant ramener l'ordre dans son royaume, rechercha soigneusement dans les terres de sa domination quels étaient les hommes qui appartenaient à ses domaines, et quels étaient les serfs et les hommes libres. Le comte assistait souvent aux plaids où se traitaient ces affaires, écoutant les débats relatifs à la liberté des séculiers et à l'état des serfs, parce qu'au milieu des grandes affaires et des causes d'intérêt général, les hommes libres ne daignaient pas prononcer sur celles des serfs. Tous ceux que le comte trouvait lui appartenir, il s'occupait à les faire rentrer dans son domaine. Un certain Bertulphe, prévôt du chapitre de Bruges, appartenant au domaine du comte, et de condition servile, ainsi que son frère Désiré Haket, châtelain de Bruges, et ses neveux, Bouchard, Albert, Robert, et d'autres principaux de leur parenté, s'efforçaient de toute leur adresse et de tout leur esprit de trouver un moyen de lui échapper, et d'éluder son titre de propriété.

Ayant enfin pris conseil, le prévôt donna en mariage, à des chevaliers libres, ses nièces qu'il avait élevées dans sa maison, afin que ce mariage procurât à lui et aux siens les moyens de parvenir à la liberté séculière. Mais il arriva qu'un des chevaliers qui avaient épousé une nièce du prévôt, appela à un combat singulier, en présence du comte, un autre chevalier de race libre. Le chevalier provoqué répondit par un refus injurieux, disant qu'il n'était pas de condition servile, mais jouissait, en vertu de sa naissance, de tous les priviléges d'un homme libre, et qu'ainsi celui qui l'appelait en ce combat singulier n'était point son égal ; car, selon le droit établi par le comte, quiconque étant libre avait épousé une serve, un an après ce mariage, cessait d'être libre, et rentrait dans la même condition que sa femme. Le chevalier gémit d'avoir perdu la liberté à cause de sa femme, lui qui avait pensé, en la prenant, se rendre plus libre encore. Le prévôt et les siens en furent très-affligés, et s'efforcèrent de toutes les manières de se soustraire au servage du comte. Le comte, ayant vu, par les dépositions et le rapport des anciens du pays, qu'ils lui appartenaient incontestablement, s'efforçait de les remettre sous sa domination ; cependant le prévôt ni les siens n'avaient pas été interpellés ni poursuivis par les prédécesseurs du comte, comme étant de condition servile ; et la chose, assoupie et négligée pendant long-temps, était en quelque sorte oubliée de tous, si, dans l'appel au combat dont nous avons parlé, la vérité n'eût été rappelée à la mémoire. Le prévôt, qui, entouré de toute cette suite de neveux, se trouvait le plus puissant après le comte, et le plus illustre par la réputation et la dévotion, prétendait être libre ainsi que toute sa famille, ascendans et descendans, et se débattait avec une extrême opiniâtreté et arrogance. Il s'efforçait de tous ses moyens et de tout son pouvoir de se soustraire, lui et les siens, aux droits de propriété du comte, dont il parlait souvent ainsi : « Ce Charles

« de la Dacie ne serait jamais parvenu à la dignité
« de comte si je ne l'avais voulu ; et maintenant,
« lorsque c'est par moi qu'il est devenu comte, il ne
« se rappelle plus le bien que je lui ai fait ; loin
« de là, il veut me réduire en esclavage avec toute
« ma famille, s'informant des anciens si nous som-
« mes ses serfs ; mais qu'il cherche tant qu'il vou-
« dra, nous sommes et serons toujours libres, et il
« n'est pas un homme sur la terre qui puisse nous
« faire serfs. » C'est en vain cependant qu'il proférait
ces paroles orgueilleuses ; car l'habile comte avait
pénétré la désobéissance du prévôt et des siens, et
appris leur fourberie et leur trahison. Le prévôt,
voyant que sa défense et celle des siens ne pouvaient
avoir d'autres résultats que la privation de leur liberté, aima mieux périr avec tous ses neveux que
d'être soumis au servage du comte. Par un dessein
atroce et un complot abominable, ils commencèrent
à conspirer entre eux la mort du comte, et à choisir
un lieu et une circonstance favorables pour le tuer.
Le prévôt se réjouissait de ce que des querelles élevées entre ses neveux et Thancmar, dont le comte
soutenait à bon droit la cause, lui fourniraient l'occasion de trahir le comte ; car, tant par des récompenses que par sa puissance et ses brigues, il avait
appelé les chevaliers de notre province au secours
de ses neveux contre Thancmar, qu'il assiégeait de
toutes parts dans une place où celui-ci s'était retranché. Enfin, son armée s'étant réunie, il attaqua
vigoureusement les assiégés, et brisant les barri-
cades des portes, il détruisit les retranchemens et
les clôtures de ses ennemis. Absent lui-même du

lieu du combat, et comme s'il y eût été étranger, il avait tout fait par ses conseils et ses artifices. Au dehors il affectait une grande bienveillance, disant à ses ennemis qu'il était affligé de ce que ses neveux suscitaient tant de troubles, et commettaient tant d'homicides, tandis que c'était lui qui les avait excités à tous les crimes. Au jour dont nous venons de parler, il y eut des deux côtés un grand nombre d'hommes tués et blessés. Le prévôt, ayant appris que ce combat était engagé, se rendit vers les charpentiers qui travaillaient dans le cloître des religieux, et leur ordonna d'y apporter leurs outils, à savoir leurs haches pour aller démolir les murs, les retranchemens et les maisons de ses ennemis. Il envoya dans chaque maison de la ville pour y ramasser des haches qui furent très-promptement portées sous les murs de la place assiégée. Ses neveux étant revenus la nuit avec cinq cents chevaliers et un nombre infini d'hommes d'armes et de gens de pied, il les amena dans le cloître et dans le réfectoire des religieux, où il répara leurs forces avec des mets et des boissons de diverses sortes, et il se réjouit et se glorifia de leur victoire. Comme il opprimait ainsi continuellement ses ennemis, et dépensait de très-grosses sommes pour s'attacher ceux qui secouraient ses neveux, les hommes d'armes d'abord, et ensuite les chevaliers commencèrent à piller les paysans, au point qu'ils enlevaient et dévoraient les troupeaux et le bétail des métayers. Tout ce que possédaient les paysans, les neveux du prévôt le leur enlevaient avec violence, et l'employaient à l'usage des leurs. Mais jamais, depuis l'origine, nos comtes n'avaient souffert qu'on exerçât de tels ravages dans leurs États, parce qu'il en serait résulté de très-grands carnages et de terribles combats.

Les paysans, ayant appris que le comte était arrivé à Ypres, se rendirent vers lui secrètement, pendant la nuit, au nombre de deux cents, et s'étant prosternés à ses pieds, ils le supplièrent de leur accorder, comme à l'ordinaire, son secours paternel, et de leur faire rendre leurs biens, à savoir, les troupeaux et le bétail, les habits et l'argent, et enfin tous les autres meubles de leurs maisons, que leur avaient ravis entièrement les neveux du prévôt, et ceux qui les avaient accompagnés au siége, combattant avec eux le jour et la nuit. Le comte, ému de tristesse lorsqu'il entendit proférer de telles plaintes, convoqua ses conseillers et plusieurs mêmes qui étaient de la famille du prévôt, et demanda par quelle vengeance et quel jugement rigoureux on devait faire justice de ce crime. Ils lui conseillèrent de détruire sans délai, par l'incendie, la maison de Bouchard, parce qu'il avait exercé des rapines contre les paysans du comte. Ils l'excitèrent fortement à détruire cette maison, parce que, tant qu'elle resterait sur pied, Bouchard exciterait des troubles, commettrait des ravages ou des homicides, et dévasterait entièrement le voisinage. D'après ce conseil, le comte alla incendier la maison, et détruisit de fond en comble la demeure de Bouchard; ce dont celui-ci et le prévôt, ainsi que leurs complices, furent excessivement affligés, vu que, par cette action, le comte paraissait approuver et secourir leurs ennemis, et que chaque jour il les inquiétait sur leur condition servile, et s'efforçait, de toutes les manières, de les faire rentrer dans son domaine.

Après avoir brûlé cette maison, le comte retourna à Bruges ; alors vinrent à lui ses familiers, qui l'engagèrent à se tenir sur ses gardes, disant que les neveux du prévôt le trahissaient, et cherchaient contre lui une occasion favorable depuis l'incendie de ladite maison, et que même, n'eût-il pas agi de la sorte, ils ne l'en auraient pas moins trahi. Après le souper du comte, se rendirent auprès de lui des intercesseurs de la part du prévôt et de ses neveux, qui supplièrent le comte de détourner d'eux sa colère, et, prenant pitié d'eux, de les recevoir en amitié. Le comte répondit qu'il agirait avec eux selon toute justice et miséricorde, s'ils voulaient désormais renoncer aux troubles et aux pillages, et il leur promit en outre de rendre à Bouchard une meilleure maison. Il jura cependant que, tant qu'il serait comte, Bouchard ne posséderait plus aucune propriété dans l'endroit de la maison brûlée, parce que jusqu'alors, demeurant tout près de Thancmar, il n'avait fait qu'exciter des querelles et des séditions contre ses ennemis et contre les citoyens, et se livrer au pillage et au meurtre. Les intercesseurs, en partie complices de la trahison, ne pressèrent pas beaucoup le comte au sujet de la réconciliation, et comme les serviteurs se disposaient à présenter les santés, ils prièrent le comte d'ordonner qu'on apportât du meilleur vin. En buvant, ils demandèrent, selon la coutume des buveurs, que l'on bût une fois à leur santé et abondamment, après quoi ils prendraient, pour la dernière fois, congé du comte et s'en iraient dormir. Par l'ordre du comte, on but abondamment à la santé de tous ceux qui étaient présens, après quoi ils prirent enfin congé et s'en allèrent.

CHAPITRE III.

Conspiration nocturne pour le meurtre du bienheureux Charles.

Isaac, Bouchard, Guillaume de Wervick, Enguerrand et leurs complices, munis de l'assentiment du prévôt, pressaient l'exécution du dessein qu'ils devaient accomplir, non pas contraints par un ordre divin, mais de leur libre volonté. Aussitôt que les médiateurs et intercesseurs entre le comte et les neveux du prévôt, après l'incendie de la maison de ce dernier, rapportèrent la réponse du comte, savoir, qu'ils n'avaient pu obtenir aucune grâce pour lesdits neveux ou leurs fauteurs, mais que seulement le comte agirait avec eux selon la justice, telle que la règlerait le jugement des premiers de sa terre; alors le prévôt et ses neveux entrèrent dans une chambre, où ils réunirent qui ils voulurent, et, se donnant mutuellement la main, firent serment de tuer le comte. Pendant ce temps le prévôt gardait la porte de la chambre. Ils appelèrent à ce serment le jeune Robert, l'invitant à s'armer pour exécuter avec eux le dessein qu'ils allaient accomplir, et pour lequel ils s'étaient mutuellement donné la main; mais le noble jeune homme, que sa vertu rendait méfiant, réfléchit que l'action à laquelle ils le pressaient de participer devait être grave, et ne voulut point entrer dans leur conjuration sans savoir auparavant quelle chose ils avaient juré de faire ; et comme ils le pressaient encore, il s'échappa et se hâta de gagner la porte ; mais Isaac, Guillaume et les autres crièrent au prévôt, qui la gardait en ce moment, de ne point laisser sortir Robert sans l'avoir forcé par ses ordres à faire ce qu'ils lui demandaient. Alors, séduit par les caresses et les menaces du prévôt, le jeune homme rentra et jura d'observer ce qu'ils lui imposeraient, sans connaître ce qui devait s'exécuter, et, aussitôt le pacte conclu avec les traîtres, il demanda ce qu'on devait faire. Ils répondirent : « Ce « comte Charles travaille de tous ses moyens à notre « destruction et s'efforce de nous mettre en servage ; « nous avons juré de le trahir, et tu dois accomplir « avec nous cette trahison tant par tes conseils que « par tes actions. »

Alors le jeune homme, effrayé et fondant en larmes, dit : « Loin de nous le dessein de trahir notre « seigneur, le comte de notre patrie ! Bien plus, si « vous ne renoncez à votre projet, j'irai et décou« vrirai pleinement votre trahison au comte et à tous « les citoyens, et jamais, par la volonté de Dieu, je « ne vous aiderai en cette ligue par mes conseils ni « par mes secours. » Comme il s'échappait du milieu d'eux, ils le retinrent violemment en lui disant : « Écoute, ami, nous t'avons communiqué cette tra« hison comme si nous devions l'exécuter réellement, « pour éprouver par là si tu voudrais demeurer avec « nous pour quelque action importante ; mais le pro« jet pour lequel tu t'es lié à nous par la foi et le ser« ment est tout autre qu'on ne vient de te le dire ;

« nous te l'avons caché jusqu'ici ; nous te l'appren-
« drons plus tard. » Ils dissimulèrent ainsi leur trahison en la tournant en raillerie : ils sortirent alors de la chambre, et, se séparant, chacun se rendit chez soi. Isaac rentré dans sa maison feignit d'aller dormir, car il attendait le silence de la nuit, et bientôt montant à cheval il retourna dans le château, et se rendit à la demeure de Bouchard. Appelant celui-ci et tous les autres qu'il voulut, ils se rendirent séparément dans une autre habitation, à savoir celle du chevalier Gautier. En entrant ils éteignirent promptement le feu qu'il y avait dans la maison, de peur qu'à sa lueur ceux qui s'y trouvaient éveillés ne reconnussent qui ils étaient, et quelle affaire ils traitaient à cette heure inusitée. Tranquilles donc dans les ténèbres, ils résolurent d'exécuter leur crime le lendemain dès que le jour paraîtrait, et choisirent pour l'accomplir les plus intrépides et les plus audacieux de la maison de Bouchard, leur promettant beaucoup de richesses. Ceux qui tueraient le comte devaient avoir, les chevaliers quatre marcs, et les serviteurs deux marcs; et ils se lièrent par le serment le plus abominable. Comme le crépuscule commençait à poindre, Isaac retourna dans sa maison après avoir animé les autres par ses conseils, et les avoir préparés à un si grand crime.

Le jour ayant paru sombre et nébuleux, au point qu'on ne pouvait distinguer aucun objet à la distance de la longueur d'une lance, Bouchard envoya secrètement quelques serviteurs dans la cour du comte, pour épier le moment où il se rendrait à l'église. Le comte s'était levé de grand matin, et après avoir, selon sa coutume, distribué des aumônes aux pauvres dans sa propre maison, il se rendit à l'église. Mais, ainsi que l'ont rapporté ses chapelains, pendant la nuit, comme il s'était mis dans son lit pour dormir, il fut agité par une certaine méfiance inquiète; son esprit était confus et troublé, sa pensée tendue sur une foule d'idées qui se succédaient; tourmenté, il se couchait tantôt d'un côté, tantôt de l'autre, tantôt s'asseyant sur son lit, et croyant se sentir malade. Lorsqu'il se fut mis en chemin pour l'église de Saint-Donatien, les serviteurs qui épiaient sa sortie coururent annoncer aux traîtres que le comte était monté dans la tribune [1] de l'église, accompagné de peu de monde; alors le furieux Bouchard

---

[1] Le texte dit *in solarium*. Il est assez difficile de déterminer d'une manière positive le sens de ce mot *solarium*, dans la basse latinité. Tandis que le *solarium* des anciens, désignant une terrasse placée sur le faîte des maisons, un lieu exposé au soleil, paraît tirer son nom de *sol*, le moderne *solarium* semble avoir reçu le sien de *solum*, et désigner un lieu destiné à poser les pieds, en particulier un plancher, mais cependant un plancher élevé; en sorte que le mot *solarium* s'est appliqué à toute construction supposée à quelque distance du sol. On le rendait en vieux français par le mot *solier*, dont le sens varie, à la vérité, depuis la signification de *grenier* jusqu'à celle de *rez-de-chaussée*, ce qu'expliquent facilement l'incertitude du langage et les différens états par où il a dû passer durant le cours de la période dans laquelle on peut choisir des exemples. Cependant le *solier* désigne le plus ordinairement une chambre haute, une salle ou salon élevé au dessus du sol. Dans les Chartes, Codes et Recueils de jurisprudence, on désigne habituellement sous le nom de *solaria* les étages élevés au dessus du rez-de-chaussée. *Solarius* paraît présenter le même sens, et s'emploie aussi quelquefois, à ce qu'il semble, dans une signification un peu plus restreinte. Ainsi, dans quelques actes, on parle de maisons à plusieurs étages, *inter soculos et solarios*. *Soculus*, qui signifie habituellement *rez-de-chaussée*, paraîtrait employé ici dans le sens de *plancher*, et *solarius* dans celui de *plafond*. On trouve aussi *solarium* employé pour désigner un double fond de cassette ou une planche d'armoire: enfin, il est employé dans

et ses chevaliers et ses serviteurs, ayant pris des épées nues sous leurs manteaux, poursuivirent le comte dans cette tribune. Ils se divisèrent en deux bandes qui occupèrent les deux entrées, de manière qu'aucun de ceux qu'ils voulaient faire périr ne pût s'échapper par l'une ou l'autre issue de la tribune : et voilà qu'ils virent le comte prosterné selon sa coutume auprès de l'autel, sur un humble marche-pied, où il chantait les psaumes en l'honneur de Dieu, récitait dévotement des prières, et distribuait en même temps des deniers aux pauvres.

Or, il faut savoir quel homme noble et quel excellent comte firent périr ces serviteurs impies et inhumains; il avait eu pour aïeux les hommes les

le sens de *tribune*, placée au fond du chœur, et où l'on assiste aux offices de l'église. C'est évidemment ce qu'il désigne ici; et, comme la plus grande partie de l'action qui fait le sujet de la *Vie de Charles-le-Bon* se passe dans le *solarium* ou tribune de l'église, on a cru nécessaire d'en déterminer la situation aussi exactement qu'il était possible.

Elle était placée dans le chœur et devait être fort élevée; car, lorsque les meurtriers du comte de Flandre, chassés d'abord du château et de la maison du comte dans l'église, ensuite de la nef dans la tribune, se furent barricadés dans cette tribune, ils y soutinrent un siège de plusieurs jours; et plutôt que de les attaquer du bas de la nef, on fit à coups de bélier une ouverture dans le mur de l'église, et ce fut par là qu'on arriva jusqu'à eux. Il y a lieu de croire que c'était un lieu fermé, ayant une fenêtre sur l'église. Un escalier conduisait de l'intérieur de l'église dans la tribune. Elle avait encore une autre issue; les meurtriers du comte, au moment où ils viennent l'attaquer, ont soin, nous dit-on, de fermer les deux entrées, afin que personne ne s'échappe. On ne voit pas bien clairement où donnait la seconde issue. Il serait assez naturel de penser qu'elle conduisait à la maison du comte, qui communiquait effectivement à l'église par un passage voûté; mais rien n'indique si ce passage conduisait à la tribune, ou seulement dans la nef ou le chœur de l'église. En supposant que cette seconde issue donnât dans la tour, il resterait encore des difficultés à éclaircir, ainsi qu'on le verra dans des notes subséquentes.

meilleurs et les plus puissans qu'on eût vu fleurir depuis le commencement de la sainte Église, soit en France, soit en Flandre, soit en Dacie, ou dans l'Empire Romain. Le pieux comte issu de leur souche dans notre temps, et élevé depuis son enfance jusqu'à ce qu'il devînt un homme parfait, ne s'écarta jamais des nobles mœurs que lui avaient transmises ses royaux ancêtres, et de l'honnêteté qui leur était naturelle. Après avoir fait, avant d'être comte, un grand nombre d'actions illustres et remarquables, il prit le chemin du saint pélerinage de Jérusalem, traversa les abîmes de la mer, et enfin, selon ses vœux ardens et rempli de joie, il arriva dans cette ville, après bien des blessures et des périls soufferts à différentes reprises pour l'amour du Christ. Il combattit vaillamment contre les ennemis de la foi chrétienne, et, après avoir adoré avec respect le sépulcre du Seigneur, il revint dans sa patrie. Dans les fâcheuses nécessités et extrémités qu'il endura pendant ce pélerinage, le pieux serviteur du Seigneur apprit, comme il le rapportait souvent lorsqu'il fut parvenu au rang de comte, quelle misère accable les pauvres, de quel orgueil les riches sont enflés, et de combien de calamités tout le monde est frappé. C'est pourquoi il avait coutume de condescendre aux besoins des pauvres, d'être ferme dans l'adversité, modeste dans la prospérité, selon les paroles du psalmiste [1] ; « La majesté du roi suprême éclatait dans son amour « pour la justice, » et il gouvernait le comté selon l'avis des grands et des prudhommes.

Lorsqu'un si glorieux prince eut subi le martyre,

[1] Psaume xcviii, v. 3.

tous les habitans du pays, frappés de cette infâme trahison, la déplorèrent amèrement; et, chose étonnante à dire, le comte ayant été tué dans le château de Bruges, le matin d'un mercredi, le bruit de cette mort abominable frappa l'oreille des citoyens de la ville de Londres, située en Angleterre, le vendredi suivant vers la première heure du jour; et vers le soir de ce même vendredi, cette nouvelle alla jeter la désolation dans la ville de Laon qui, située en France, est à une distance très-considérable de nous. C'est ce que nous avons appris par nos écoliers qui étudiaient alors à Laon, et par nos négocians qui le même jour trafiquaient à Londres. Personne, ni à cheval ni sur mer, n'aurait pu traverser si promptement l'intervalle des temps et des lieux dont nous venons de parler.

Pour que cette trahison s'accomplît, il avait été voulu de Dieu qu'il ne demeurât de la race de Bertulphe que des fils audacieux et présomptueux; la mort avait atteint les autres. Les survivans étaient puissans dans leur patrie, importans et comblés de richesses; mais le prévôt dont nous venons de parler se conduisait envers le clergé avec une sévérité très-rude et un orgueil immodéré; car il avait coutume, lorsque paraissait en sa présence quelqu'un qu'il connaissait très-bien, de feindre par orgueil d'ignorer son nom, et de demander d'un air mécontent à ceux qui l'entouraient qui était cet homme; alors, si cela lui plaisait, il l'appelait et le saluait. Ayant vendu à quelqu'un un canonicat, il ne le fit point élire canoniquement, mais l'en investit par violence. Aucun de ses chanoines n'osait le blâmer, ni en secret ni ouvertement. Les chanoines de l'église de Saint-Donatien, dont nous avons déjà parlé, étaient autrefois très-religieux et très-versés dans les lettres; au commencement du gouvernement de ce prévôt si arrogant, il y en eut qui, réprimant son orgueil, le retinrent par leurs conseils dans la doctrine catholique, et l'empêchèrent de commettre aucune iniquité dans les affaires de l'Église. Mais, après qu'ils se furent endormis dans le Seigneur, le prévôt, laissé à lui-même, se porta à tout ce qui lui plut, et où le poussait l'impétuosité de son arrogance. Chef de sa famille, il éleva ses neveux selon son gré, et, les ayant destinés à la guerre, s'attacha à les mettre à la tête de tous dans le pays, et s'efforça de faire connaître partout leur renommée. Il excitait donc ses parens à des querelles et des séditions, et leur cherchait des ennemis à attaquer, afin qu'on redît partout de quelle puissance et de quelle force il jouissait, lui et ses neveux, puisque personne dans le pays ne leur résistait et ne les surpassait. Enfin, poursuivi devant le comte comme étant de condition servile, et le comte s'efforçant de prouver qu'il était serf ainsi que toute sa famille, il fut couvert de honte, comme on l'a déjà dit, et il tâcha de découvrir quelque ruse, quelque moyen pour échapper au servage et conserver la liberté qu'il avait usurpée. Ne pouvant y parvenir autrement, et rempli d'opiniâtreté, il finit par accomplir, avec les siens et quelques grands du pays, le meurtre auquel il s'était long-temps préparé, et dont l'issue devint funeste à lui et aux siens.

Cependant le Dieu très-miséricordieux daigna rappeler de nouveau les siens par des prodiges effroyables; car, dans notre voisinage, on vit dans les fossés des eaux ensanglantées en signe d'un meurtre prochain, ce qui eût pu les détourner de leur trahison si leur cœur n'avait été si endurci dans le projet de faire périr le comte. Souvent, conférant entre eux, ils se disaient : « Si nous tuons le comte, qui le « vengera ? » Ainsi, tandis que, sans savoir pourquoi, ils employaient le mot *qui*, ce mot, d'un sens indéterminé, indiquait des quantités infinies et qu'il était impossible de déterminer par un nombre certain, comme il parut lorsque le roi de France accompagné d'une armée considérable, et les princes de notre pays, avec une multitude infinie, s'assemblèrent pour venger la mort du très-pieux comte. Mais les tristes suites de ce coup fatal ne sont pas encore arrivées à leur terme, et cette mort ne cesse d'être vengée sur les suspects, les coupables et fugitifs exilés.

C'est pourquoi nous, habitans du pays de Flandre, qui pleurons la mort du comte, de ce grand prince, en souvenir de sa vie, nous prions, avertissons et conjurons qu'après avoir lu le récit véritable et certain de sa vie et de sa mort, vous tous qui le connaîtrez, vous demandiez pour son ame la gloire de la vie éternelle et une béatitude perpétuelle avec les saints. Dans le récit de cette mort, le lecteur trouvera rangé, selon l'ordre des jours et des faits, ce qui s'est passé en ce temps jusqu'à la vengeance rapportée à la fin de cet opuscule; vengeance que Dieu seul exerça sur les principaux du pays qu'il extermina de ce monde par un arrêt de mort, pour avoir médité et exécuté cette trahison.

CHAPITRE IV.

Meurtre du bienheureux Charles et de quatre autres. — Fuite et emprisonnement de quelques-uns.

L'année onze cent vingt-septième, le deuxième jour du mois de mars, deux jours de la seconde semaine du carême déjà passés, le jour suivant, mercredi, vers l'aube, le pieux comte était prosterné en oraison pour entendre la messe du matin à Bruges, dans l'église de Saint-Donatien, autrefois archevêque de Rheims, distribuant aux pauvres, selon sa pieuse coutume, ses généreuses aumônes ; les yeux fixés sur les psaumes qu'il lisait, et la main droite étendue pour distribuer ses aumônes, son chapelain, chargé de cet emploi, lui apprêtait des deniers que tout en priant il distribuait aux pauvres. Les prières terminées ainsi que les répons de la tierce, le comte, selon sa coutume, priait en lisant, ou récitait le *Pater Noster* à haute voix ; alors, par suite de tant de complots, de sermens conclus entre eux, les abominables et traîtres, déjà homicides dans le cœur, percèrent de leurs épées et tuèrent le comte tandis qu'il priait et distribuait l'aumône, humblement prosterné devant la majesté divine. Ainsi lavé de ses péchés par les ruisseaux de son sang et terminant par de bonnes œuvres la carrière de sa vie, le comte obtint de Dieu la palme des martyrs. Au dernier moment de sa vie et à l'approche de la mort, autant qu'il lui fut possible, au milieu des coups et des blessures dont l'accablaient ses assassins, il tourna vers le ciel son visage et ses mains royales, et livra ainsi son ame au maître de tous les hommes, s'offrant lui-même à Dieu pour le sacrifice du matin. Le corps sanglant d'un si grand homme et d'un tel prince demeura abandonné et privé des hommages et des soins respectueux de ses serviteurs. Misérablement délaissé, il n'eut pour honneurs funéraires que les larmes de tous ceux qui apprirent cet événement et qui recommandèrent à Dieu, en pleurant, un si grand prince mort de la mort des martyrs.

Les assassins tuèrent aussi Thancmar, châtelain de Bourbourg. D'abord ils le blessèrent à mort, et quelque temps après, l'ayant indignement tiré par les pieds hors de la tribune où il était monté avec le comte, ils le mirent en pièces à coups d'épée sous les portes extérieures de l'église. Dans cet intervalle, le châtelain avait confessé ses péchés aux prêtres de cette église et reçu chrétiennement en communion le corps et le sang du Christ. Aussitôt après avoir tué le comte, les meurtriers, laissant dans la tribune son corps et le châtelain à l'article de la mort, sortirent de l'église pour aller tomber sur ceux de leurs ennemis qui se trouvaient à la cour du comte, et les tuèrent à leur plaisir errans et dispersés dans le château. Ils poursuivirent dans la maison du comte un chevalier nommé Henri, que Bouchard soupçonnait d'avoir tué son frère Robert. Henri se jeta aux pieds du châtelain Haket, qui était aussi monté dans cette maison avec les siens pour s'en emparer. Haket le reçut à merci ainsi que le frère de Gautier de Locres et les sauva des coups de ceux qui avaient envahi le château.

En cette même heure, furent livrés aux meurtriers les deux fils du châtelain de Bourbourg, qui, pendant ce temps, confessaient leurs péchés aux prêtres dans la tribune de l'église, et dont chacun louait la valeur et l'esprit. Ces deux frères se nommaient Gautier et Giselbert, étaient égaux en valeur et dignes, par la noblesse de leur aimable figure, de l'affection de tous ceux qui les connaissaient. Ayant appris le meurtre du comte et de leur père, ils se hâtèrent de fuir; mais les misérables traîtres les poursuivirent à cheval jusque sur la place des Arènes à la sortie du faubourg. Un cruel chevalier nommé Eric, l'un de ceux qui avaient trahi le comte, jeta à bas du cheval sur lequel il fuyait un des deux frères; et renversé, celui-là fut tué par ceux qui le poursuivaient. Comme l'autre, sur la porte de sa demeure, se préparait à fuir, ils accoururent contre lui du côté opposé, et le percèrent de leurs épées. Un de nos citoyens, nommé Lambert Berakin, lui trancha la tête de sa hache comme s'il eût frappé sur du bois. C'est ainsi qu'en donnant la mort à ces deux frères, ils les firent passer à la sainte béatitude des cieux.

Ils poursuivirent pendant une lieue Richard de Woldman, homme puissant de cette ville et dont la fille avait épousé le neveu de Thancmar contre qui le prévôt et ses neveux avaient jusqu'alors excité des querelles et des séditions. Il était venu avec ses chevaliers à la cour du comte, comme plusieurs grands se préparaient à s'y rendre le même jour. Trompés dans leur poursuite, les traîtres retournèrent dans le château où se pressait la foule du clergé et du peuple courant çà et là, éperdu de ce qui se passait. Ceux qui auparavant avaient été dans l'amitié du comte pendant qu'il vivait, étaient dans une grande frayeur et se cachaient pour éviter d'être vus par les traîtres. Ceux de la cour du comte qui n'avaient eu d'autre appui que sa protection, ayant promptement pris la fuite, s'échappèrent à travers le peuple en tumulte. Gervais, camérier du comte, et que la main de Dieu arma le premier pour venger son maître, s'enfuit à cheval vers ses parens en Flandre. Jean, domestique du comte, chargé de veiller à la chambre, et que son maître chérissait entre tous ses serviteurs, s'enfuit en courant à cheval par des chemins écartés depuis le matin jusqu'à midi, et arriva vers cette heure à Ypres, où il annonça la mort du comte et des siens. Dans ce temps, les négocians de tous les pays des environs de la Flandre s'étaient rassemblés à Ypres dans la cathédrale de Saint-Pierre, où se tenaient alors tous les marchés et toutes les foires, et négociaient en sûreté sous la protection du pieux comte. Dans le même temps, des marchands du royaume des Lombards étaient venus à cette foire; et le comte leur avait acheté vingt et un marcs une coupe d'argent fabriquée avec un admirable travail où la liqueur disparaissait aux yeux des spectateurs.

Lorsque le bruit de cette nouvelle vint frapper, au milieu du concours, les hommes de divers pays dont était remplie cette foire, tous repliant leurs marchandises s'enfuirent jour et nuit, annonçant et divulguant en tous lieux la honte de notre terre.

La perte du comte fut pleurée par tous les hommes

qui aimaient la paix et la droiture, et par ceux-là même qui ne le connaissaient que d'après la renommée. Mais dans notre château où gissait assassiné notre seigneur et père le très-pieux Charles, personne n'osait gémir hautement sur sa mort; on contraignait sa douleur, ses soupirs et ses larmes, comme si notre seigneur, étendu là sous nos yeux, n'eût été qu'un inconnu, comme si notre père eût été un étranger ; plus la douleur qu'on éprouvait au dedans était forte, moins on osait la soulager par des larmes et des gémissemens. Les neveux du prévôt et le plus scélérat de tous les hommes, Bouchard, avec leurs complices, aussitôt après la fuite de leurs ennemis, étant revenus dans la ville, cherchèrent avec leurs chevaliers Gautier de Locres, qu'ils détestaient extrêmement, car il était du conseil du comte, leur avait nui en toute occasion, et avait excité le comte à remettre en son servage toute la famille du prévôt. Depuis le moment de la mort du comte jusqu'au retour de ces scélérats dans la ville, c'est-à-dire vers midi qu'ils revinrent après avoir mis en fuite leurs ennemis, Gautier, saisi d'angoisse, était demeuré caché dans le lieu qu'occupent les orgues, dans la même tribune où le comte gissait assassiné. Ils se précipitèrent donc par les portes dans l'église, et courant çà et là les épées nues et encore teintes de sang, ils cherchèrent Gautier avec de grands cris et un bruit d'armes éclatant dans les coffres et sous les bancs des frères, l'appelant à haute voix, par son nom, Gautier ! Gautier ! Ils trouvèrent, respirant encore, le châtelain de Bourbourg, qu'ils avaient mortellement blessé, et le tirant par les pieds, ils achevèrent enfin de le tuer aux portes de l'église.

Tandis qu'il respirait encore dans la tribune, il donna à l'abbesse d'Aurigny son anneau pour le porter à sa femme en signe de sa mort et de tout ce qu'il mandait par l'abbesse à sa femme et à ses enfans dont il ignorait la mort, arrivée aussitôt après la sienne.

Cependant on cherchait Gautier de Locres dedans et dehors l'église. Un des gardiens du temple l'avait caché et lui avait laissé son manteau. Troublé par la crainte de la mort, à ce bruit des armes et des voix qui l'appelaient par son nom, il sortit de l'endroit où il s'était caché, s'imaginant qu'il serait plus en sûreté dans l'église même. Sautant du haut des stalles des chantres, il s'enfuit à travers ses ennemis jusque dans le chœur de l'église, appelant par de hauts et lamentables cris Dieu et les saints à son secours. Le misérable Bouchard et Isaac, camérier et en même temps homme du comte Charles, le poursuivirent de près tout furieux dans le lieu saint, avec leurs épées nues et horriblement ensanglantées; le visage épouvantablement furieux et féroce, d'une taille élevée, d'un regard affreux, ils étaient tels que personne ne pouvait les envisager sans terreur. Bouchard l'ayant saisi par les cheveux et agitant son glaive, étendait le bras pour le frapper et ne voulait pas différer d'un instant la mort d'un ennemi qu'il tenait entre ses mains, après avoir tant desiré de s'en voir le maître. Cependant, par l'intervention des clercs, il différa sa mort jusqu'à ce qu'il l'eût conduit hors de l'église, le tenant toujours par les cheveux. Gautier, ainsi captif et sûr de mourir, marchait en criant : *Dieu, ayez pitié de moi!* Et ils lui répondaient : « Nous devons te payer d'une miséricorde semblable « à celle dont tu as usé envers nous. » Lorsqu'ils l'eurent conduit dans la cour, ils le jetèrent à tuer à leurs esclaves qui le mirent à mort en peu de momens, à coups d'épées, de bâtons, de clous et de pierres. Pendant ce temps, retournant dans le sanctuaire, ils cherchèrent autour de l'autel pour voir si quelqu'un de ceux qu'ils avaient destinés à la mort s'y était caché, et y introduisirent leurs serviteurs pour faire cette recherche. Dans le premier sanctuaire, Baudouin, chapelain et prêtre, et Robert, clerc du comte, se tenaient cachés auprès de l'autel, tapis contre terre dans l'excès de leur frayeur; dans le second sanctuaire s'étaient réfugiés Oger, clerc, et Frumold le jeune, syndic, qui était le plus familier de notre ville auprès du comte Charles, et pour cette raison plus suspect au prévôt et à ses neveux, et avec eux Arnoul, camérier du comte. Oger et Arnoul s'étaient couverts d'un tapis, et Frumold s'était fait une cache sous des faisceaux de branches, et ils attendaient ainsi la mort. Alors les serviteurs qui avaient été introduits dans le sanctuaire, cherchant et retournant tous les rideaux, les manteaux, les livres, les tapis et les branches que les moines avaient coutume d'apporter tous les ans au dimanche des Rameaux, ne tardèrent pas à découvrir Oger et Arnoul; ils avaient trouvé auparavant, sans savoir qui il était, Eustache, clerc, frère de Gautier de Locres, caché avec Baudouin et Godbert, et ceux-ci promirent à ces serviteurs envoyés à leur poursuite de leur donner de l'argent s'ils voulaient les cacher.

Les serviteurs qui étaient entrés dans le sanctuaire étant retournés dans le chœur vers Bouchard, Isaac et les autres, ceux-ci les sommèrent de déclarer s'ils

avaient trouvé quelqu'un; et ayant entendu leur rapport, Isaac fut saisi d'une violente et terrible fureur contre Frumold le jeune, au point qu'il jura par Dieu et les saints que sa vie ne pourrait être rachetée par une quantité d'or aussi grande que l'était l'église elle-même. Il excita aussi la fureur de tous contre Frumold, en criant que personne n'avait plus que lui nui dans l'esprit du comte au prévôt et à ses neveux. Alors, renversant les portes, Isaac se précipita aussitôt, et, saisissant Frumold par le corps, se disposa à l'emmener. Celui-ci l'ayant vu, loin de croire qu'Isaac l'emmenait prisonnier, s'imagina qu'il lui sauvait la vie, et lui dit : « Mon ami Isaac, je te sup-
« plie, par l'amitié qui a régné jusqu'ici entre nous,
« de conserver ma vie et de pourvoir par là à mes
« enfans, tes neveux, qui, si l'on me tue, demeureront
« sans appui. » Mais il lui répondit : « On t'accordera
« le pardon que tu as mérité en nous nuisant auprès du
« comte. » Alors un prêtre s'approchant de Frumold lui conseilla de confesser à Dieu et à lui ses péchés; lorsqu'il l'eut fait, Frumold tira de son doigt un anneau d'or, que, désespérant de sa vie, il envoya à sa fille par ce prêtre. Pendant ce temps Isaac délibérait avec Bouchard sur ce qu'il avait de mieux à faire, s'il devait le tuer ou lui conserver la vie, afin d'arracher de lui et d'Arnoul, camérier, qui était aussi prisonnier avec lui, tout le trésor du comte.

Cependant les chanoines de ce lieu coururent vers l'oncle de Frumold le jeune et l'engagèrent à supplier le prévôt pour la vie de son neveu qu'ils avaient vu sur le point de périr, et dont Isaac avait juré la mort. Alors le vieillard se hâta de se rendre avec les religieux de l'église vers la maison du prévôt, et, s'étant jeté à ses pieds, il le conjura et le supplia de sauver la vie de son neveu. Celui-ci envoya enfin un messager pour défendre à ses neveux de faire aucun mal à Frumold. Ayant entendu le messager, ils le renvoyèrent dire que cela ne se pouvait faire à moins que le prévôt ne vînt en personne. A ce rapport, le vieillard se jeta aux genoux du prévôt et le supplia d'aller lui-même le sauver, et le prévôt s'y rendit, non avec vitesse, mais d'un pas excessivement lent, comme ne se mettant pas beaucoup en peine d'un homme qui lui était fort suspect. Il arriva enfin au sanctuaire où il ne se passait rien de saint, mais des actions toutes abominables. A la demande des prêtres, il prit tous les prisonniers sous sa sauve-garde, à cette condition seulement que, quand Isaac et ses neveux requerraient les prisonniers qu'ils mettaient entre ses mains, le prévôt les leur remettrait.

Le prévôt retourna donc, et conduisit dans une chambre de sa maison ceux qui étaient sous sa surveillance, et les garda avec la plus grande attention. Il dit à Frumold qu'il avait emmené prisonnier : « Sache, Frumold, qu'à la prochaine Pâques tu
« ne posséderas pas ma charge comme tu l'espérais,
« et je n'avais pas mérité de toi que tu me fisses ainsi
« du tort dans l'esprit du comte. » Celui-ci jura qu'il avait agi sans mauvaise intention : il était vrai cependant qu'aucun de la cour du comte, tant qu'il vécut, n'entra plus avant dans sa familiarité ni ne lui fut plus cher que ledit Frumold. Car la maison de celui-ci ayant été brûlée, le comte la fit bâtir entièrement à ses frais, plus solide et plus élégante qu'elle n'avait

été auparavant, et dans le monde on n'estimait aucune maison meilleure ni plus commode que celle-là.

Renfermés et gardés prisonniers, ils eurent au moins le temps de pleurer ce pieux comte qui s'était montré non leur maître mais leur père et leur égal dans son intimité avec eux; miséricordieux, humble, doux et également favorable dans ses États aux riches et aux pauvres. La douleur empêchait les prisonniers de se parler autrement que par des sanglots et des soupirs que leur arrachait la profonde tristesse de leur ame. Ils déploraient ce funeste forfait qui n'avait pas permis à des serviteurs de mourir avec leur seigneur et leur père, bien plus malheureux de survivre à celui avec lequel ils eussent mieux aimé quitter le monde par une mort illustre et honorable devant Dieu et les hommes, que de vivre avec la douleur de sa perte, et de voir (Dieu nous préserve de ce malheur!) les traîtres prospérer sous l'autorité d'un autre comte.

Ils languissaient ainsi plongés dans la consternation sans qu'aucun de leurs amis osât s'approcher d'eux, même en secret, pour leur faire entendre des paroles de consolation ; bien plus, si quelqu'un le tentait, il était privé de la vie.

CHAPITRE V.

Obsèques du bienheureux Charles et des autres. — Miracle du boiteux guéri. — Pillage des biens.

Pendant ce temps on enleva du château les cadavres des morts, c'est-à-dire du châtelain et de Gautier de Locres, et on chargea le châtelain et ses fils chéris sur des navires pour les conduire vers les domaines et les châteaux qui leur appartenaient. Le prévôt se promenait dans sa maison avec ses chanoines, tâchant, autant qu'il pouvait, de se disculper par des paroles d'avoir eu aucune connaissance de cette trahison. Le même jour les traîtres firent une excursion contre leurs ennemis, c'est-à-dire contre Thancmar et les siens, auprès de Straten, et ils trouvèrent les villages déserts et les métairies abandonnées. Car, à la nouvelle du meurtre commis sur le comte, les peuples avaient été saisis d'une grande frayeur, voyant qu'ils avaient perdu leur défenseur, et que si, par hasard, ils étaient assiégés par les traîtres, ils n'avaient plus personne pour les secourir; lorsqu'ils apprirent aussi que tous les grands du pays avaient donné leur assentiment à la trahison, ils se crurent eux et l'État exposés, pour l'avenir, à de bien plus terribles dangers, et, oubliant le soin de leurs propriétés, ils ne songèrent qu'à conserver leur vie, et s'enfuirent dans des lieux plus sûrs. Alors les traîtres s'emparant du village et du domaine de Thancmar, enlevèrent toutes les armes et tous les meubles ainsi qu'une grande quantité des troupeaux et des habits des paysans de cette métairie, et s'en retournèrent le soir, après s'être ainsi livrés au pillage pendant tout le jour. Ils ne bornèrent pas leurs ravages à nos seuls environs; un grand nombre de gens qui étaient dans le secret de la trahison coururent aussitôt sur le passage des marchands qui allaient à la foire à Ypres, et s'emparèrent d'eux ainsi que de tous leurs bagages. Guillaume d'Ypres, apprenant la mort du comte, crut qu'il allait parvenir au comté, et força tous les marchands qu'il put prendre dans la foire, sans distinction de lieu, de jurer à lui et aux siens attachement et fidélité. Il ne leur permit pas de se retirer, et les retint prisonniers jusqu'à ce qu'ils eussent achevé de lui rendre hommage. Il fit tout cela par le conseil du prévôt et de ses traîtres neveux.

Vers le déclin de ce même jour, par le conseil commun du prévôt, de ses neveux et de leurs complices, ils demandèrent à Frumold le jeune, qu'ils retenaient prisonnier, les clefs du trésor du comte. Ils lui arrachèrent aussi toutes celles de la maison et des coffres et boîtes qui s'y trouvaient. Bouchard, le châtelain Haket et Gautier fils de Lambert de Redenbourg s'en emparèrent.

Pendant ce temps, on laissait là le corps du comte, dont les prêtres avaient tant recommandé l'âme à Dieu dans le moment où ils donnaient à la dérobée à son châtelain la communion du Christ; en sorte que ce corps sanglant et abandonné était encore dans la même position que lorsqu'il reçut la mort. Les frères de l'église délibéraient donc avec inquiétude sur ce qu'ils devaient faire et quelles obsèques ils devaient lui préparer, lorsqu'il n'était personne qui osât remplir même à la dérobée l'office divin dans cette même église où venaient de se commettre un si grand carnage et un si horrible forfait. Enfin en ayant reçu la permission du prévôt, et d'après le consentement des frères, Frumold le vieux enveloppa le noble corps d'un linceuil, et le mit dans un cercueil au milieu du chœur : il l'arrangea avec le respect convenable, plaça auprès quatre cierges, selon notre coutume, et accomplit avec grand soin toutes les autres cérémonies. Les femmes seules, assistant à ces funérailles, veillèrent pendant le jour et la nuit suivante, poussant de pieuses lamentations. Cependant les traîtres délibérèrent avec le prévôt et son châtelain par quelle ruse ils enleveraient le corps du comte, afin qu'ils n'eussent pas l'opprobre éternel de le voir inhumer en leur présence ; ils décidèrent donc habilement d'envoyer vers l'abbé de Gand pour le prier de faire enlever le corps du comte de notre ville, et de le faire transporter et inhumer à Gand. Ainsi se termina ce jour plein de douleur et de misère, origine de tous les maux et de tous les troubles qui eurent lieu dans les royaumes environnans, et des maux plus grands qui nous attendent à l'avenir.

La nuit suivante, le prévôt ordonna de munir d'armes l'église, et de garnir de sentinelles la tribune [1] et la tour, afin qu'il pût s'y retirer avec les siens en cas d'attaque de la part des citoyens. D'après l'ordre du prévôt, des chevaliers entrèrent armés cette

---

[1] Cela pourrait confirmer dans l'opinion que cette tribune ou *solarium* était un lieu fermé, ou peut-être même fortifié et fait pour qu'on pût s'y défendre.

nuit dans la tribune de l'église, et garnirent la tour et ses avenues de sentinelles toujours renouvelées, dans la crainte que les citoyens ne les attaquassent, et ne fissent sur eux une incursion le lendemain ou les jours suivans.

Le dimanche d'après la mort du comte, le prévôt envoya saluer Simon, notre évêque de Noyon. Raoul, moine de Saint-Trudon, était porteur d'une lettre dans laquelle il priait l'évêque de réconcilier à Dieu l'église où avait été assassiné et gissait le comte, dont celui-ci ignorait la mort. Il lui présenta aussi les moyens de justification par lesquels le prévôt voulait prouver canoniquement son innocence devant le clergé et le peuple. Le porteur de cette lettre ayant été pris et jeté à bas de son cheval, ne put parvenir vers l'évêque : cette nouvelle donna au prévôt une grande frayeur pour lui-même.

Le mercredi et le jeudi, le prévôt manda par un certain mercenaire à Gautier de Vlaersle[1] que, selon la promesse qu'il avait faite à lui et à ses neveux, de les aider, il se hâtât de venir à leur secours avec ses frères, et il lui fit remettre quarante marcs d'argent. Celui-ci, ayant reçu l'argent, feignit qu'il allait venir, mais ne vint que pour faire dommage au prévôt et à ses neveux. L'évêque Simon, qui était frère de l'épouse du comte Charles, du château de Bruges, frappa du glaive de l'anathême les sacriléges et les traîtres, défendit qu'aucun des fidèles entrât dans leur association ou leur accordât du secours, et condamna à l'anathême tous ceux qui les avaient aidés dans l'exécution de leur crime.

[1] Près de Dixmude.

Le jeudi 3 mars, l'abbé vers lequel on avait envoyé à Gand, ayant couru à cheval toute la nuit, arriva de grand matin au château vers le prévôt et ses neveux, et demanda qu'ils lui livrassent selon leur promesse le corps du comte. Le prévôt sortit, et, ayant convoqué le châtelain et ses neveux, assassins du comte, il délibéra avec eux sur la manière dont l'abbé pourrait enlever le corps sans tumulte. Mais aussitôt les pauvres qui attendaient que le prévôt leur distribuât des aumônes pour le salut de l'ame du comte (et qui pénétrèrent plus vite le projet, parce qu'il n'y avait qu'eux parmi les citoyens qui voulussent aller avec les traîtres et les fréquenter encore), commencèrent à répandre le bruit que l'abbé était venu avec fourberie, et par le conseil des traîtres, pour emporter le mort. L'abbé avait fait préparer un cercueil dans lequel on devait mettre le corps et le transporter à cheval. Cependant les pauvres suivaient le prévôt partout ou il allait, s'écriant : « Seigneur, qu'il n'arrive jamais qu'on « emporte de notre endroit le corps de notre père « et d'un si glorieux martyr ; car, si cela arrive, « notre ville et ses édifices seront détruits après sans « pitié. Les ennemis et les persécuteurs qui viendront « dans ce château auront quelque pitié et quelque mi- « séricorde, et ils n'oseront détruire entièrement une « église où sera enseveli avec respect le corps du « saint comte. » Et il s'éleva aussitôt un très-grand bruit parmi les citoyens sur l'enlèvement du corps. Le prévôt et l'abbé hâtèrent l'accomplissement de leur dessein, avant que la ville ne fût en rumeur ; ils firent faire un nouveau cercueil et le firent apporter jusqu'à la porte de l'église pour enlever le mort. Des chevaliers entrèrent pour emporter avec le corps le cercueil qui était au milieu du chœur, et le transporter dans celui qui était à la porte.

Alors les chanoines du lieu accourant, remirent violemment à sa place le cercueil du chœur, disant qu'ils voulaient auparavant apprendre du prévôt pour quel motif il avait donné cet ordre. Ils se rendirent au château, où se tenaient le prévôt et ses neveux, et avec eux une foule considérable de citoyens qui avaient entendu dire qu'on voulait enlever le corps. Un vieillard prit la parole, en présence de tout le peuple : « Seigneur prévôt, dit-il, si vous eussiez
« voulu agir avec justice, vous n'auriez pas donné, sans
« le consentement et le conseil des frères, un si pré-
« cieux martyr, un si grand prince, un si grand trésor
« de notre église, que la grâce et la miséricorde divine
« nous ont accordé pour martyr. Il n'est aucun motif
« pour lequel on doive nous enlever un prince qui a
« été élevé parmi nous, y a passé la plus grande partie
« de sa vie, et qui, par l'ordre de Dieu, a péri parmi
« nous pour la justice : bien plus, si l'on nous l'enlève,
« craignons la destruction de cette ville et de cette
« église ; car, par son intervention, Dieu nous épargnera
« et aura compassion de nous ; mais, si on nous l'enlève,
« Dieu vengera sans pitié la trahison qui vient d'avoir
« lieu parmi nous. » Mais le prévôt et les traîtres, saisis d'indignation, ordonnèrent l'enlèvement du corps. Alors les frères de l'église se précipitèrent aux portes du temple avec un grand tumulte, criant à haute voix que tant qu'ils vivraient, ils ne laisseraient pas emporter le corps du très-pieux Charles, comte et martyr, et qu'ils mourraient plutôt là que de souffrir qu'on

l'enlevât. On eût vu alors les clercs s'armer de tables, de siéges, de chandeliers, et de tous les ustensiles de l'église, dont ils pouvaient se servir pour faire résistance. En place de trompettes, ce fut au son des cloches qu'ils appelèrent tous les citoyens du lieu : ceux-ci, instruits de la chose, accoururent en armes, et, tirant leurs épées, entourèrent le cercueil du comte, prêts, si quelqu'un essayait de l'enlever, à s'y opposer.

Le tumulte se déclarant dedans et dehors l'église, la divine miséricorde voulut apaiser la fureur de ses enfans et le bruit des armes. Car comme des malades et des boiteux étaient étendus sur le cercueil, au milieu du tumulte, un boiteux, dont le pied était lié à ses fesses, commença à crier et à bénir Dieu qui, à la vue de tous les assistans, lui avait rendu, par la vertu du pieux comte, le mouvement naturel de ses membres.

La nouvelle de ce miracle apaisa tout le monde. Le prévôt, le châtelain et les traîtres, effrayés de l'émeute, s'étaient retirés dans la maison du comte, et mandèrent aux citoyens qu'on n'enleverait point le corps contre leur volonté. L'abbé s'en retourna donc, content de s'échapper. Le prévôt allait et venait, délibérant avec les traîtres, et se consultant sur ce qu'il y aurait à faire selon l'événement. Aussitôt les frères de l'église cherchèrent des artisans et des ouvriers qui pussent, aussi bien que le permettaient le temps et la nécessité, construire un caveau pour ensevelir le comte dans le lieu où il avait reçu la palme du martyre. Après en avoir cherché les moyens, ils s'occupèrent avec activité de cet ouvrage, craignant que, par quelque ruse plus adroite, on ne leur enlevât de nouveau le corps. Ainsi finit le jour où l'enlèvement du corps de ce malheureux défunt avait été l'occasion de tant d'artifices et de troubles.

Le vendredi, quatrième jour du même mois, les chanoines et le prévôt s'assemblèrent hors des murs, dans l'église de Saint-Pierre, pour y accomplir, selon la coutume, les funérailles du comte dont on avait déjà préparé le tombeau. On y célébra, pour l'ame du pieux comte, la messe des Morts, à laquelle il assista très-peu de monde excepté les chanoines ; car personne de sa cour n'y fut présent, si ce n'est le chapelain Baudouin, le jeune Oger et Godbert, clercs du comte. Ensuite le prévôt et les frères retournèrent dans l'église de Saint-Donatien où était le mort, et ayant fait entrer les pauvres dans l'église, Frumold le vieux distribua des deniers, pour le salut de l'ame du pieux comte Charles, et par la main du prévôt, à tous les malheureux qui en voulurent bien recevoir ; ce que Frumold le vieux ne put faire sans pleurer, et il répandit encore plus de larmes de compassion que de deniers. Il y avait une foule très-considérable de pauvres qui reçurent des aumônes. La distribution des aumônes terminée, le noble corps fut transporté dans la tribune, et le prévôt présent, et placé auprès du sépulcre, pleura enfin alors le comte, qu'il reconnut avoir été le père de tout le pays de Flandre, et il pleura des vertus que son esprit obstiné s'indignait de reconnaître. Le comte fut renfermé dans un sépulcre construit aussi bien que l'avait permis le temps ; et, s'il n'était point comme il convenait lorsqu'il fut placé dans le tombeau, on en décora ensuite l'entrée d'un travail soigné. Sans doute son ame épurée par les peines du martyre, jouit de la récompense de ses vertus entre les mains de celui dont la volonté l'a retiré du monde et l'a élevé au comté céleste avec Dieu et le Seigneur, à qui soit empire, louange, honneur et gloire pendant les siècles infinis des siècles!

CHAPITRE VI.

L'insolence croissante des traîtres commence à être réprimée par Gervais, camérier du comte.

Le samedi, cinquième jour de mars, vers le soir, Frumold le jeune fut délivré de sa captivité. Il dut sa liberté aux grandes peines que se donnèrent pour lui des intercesseurs auprès du prévôt et de ses neveux. Il fut renvoyé sous la condition que, dans les huit jours qui suivraient sa sortie de prison, il se réconcilierait avec les traîtres entre les mains desquels il était tombé, ou abjurerait sa patrie et s'exilerait pour toujours. Il alla dans sa maison trouver ses amis et sa famille qui, plus qu'on ne peut le dire, avaient été tourmentés de douleur et de crainte de la mort pour lui et pour eux-mêmes; car, depuis le moment qu'il avait été emprisonné, ses domestiques n'osaient sortir nulle part qu'ils ne crussent devoir être aussitôt poursuivis parce qu'ils étaient de sa maison. Il mangea avec ses amis et sa famille, décidé à abandonner sa patrie plutôt que de retomber au pouvoir de traîtres qui avaient fait périr son seigneur dont il était aimé plus que tous les autres et qu'il chérissait presque plus que lui-même. Il aimait mieux souffrir un exil perpétuel que d'entrer dans leur amitié; car il est insupportable pour un homme de faire alliance avec son ennemi. Cela est aussi contre nature, car toute créature fuit, si elle le peut, les choses qui lui sont ennemies. Lorsqu'on eut soupé, Frumold disposa de sa maison et de ses biens, et, ayant pris congé de chacun, il distribua à ses serviteurs, pour se substanter pendant un certain temps, du froment, des fromages et de la viande, espérant que, par la grâce de Dieu, il rentrerait un jour content et tranquille en possession de tout ce qu'il abandonnait par nécessité et par amour pour le très-pieux comte. Il se retira avec son beau-père hors du château et de la ville où il avait jusque-là habité ; ses amis le recommandant à Dieu avec des gémissemens et des larmes, le suivirent autant qu'ils purent. Dans le même temps, les traîtres, opiniâtrément obstinés dans tous les crimes, firent une excursion contre leur ennemi Thancmar et les siens ; mais repoussés honteusement, ils rentrèrent dans le château effrayés et couverts d'ignominie.

Le sixième jour de mars, Gottschalk de Thaihals vint en message d'Ypres à Bruges vers le prévôt à qui il parla ainsi : « Salut et amitié de la part de mon « maître et votre ami intime Guillaume d'Ypres, qui « vous promet publiquement, autant qu'il est en « lui, un très-prompt secours à vous et aux vôtres. » Après que tout le monde l'eut applaudi, ayant été introduit dans une chambre, il dévoila au prévôt, à Guillaume de Wervick, à Bouchard et au peu de gens qu'ils avaient admis en dedans avec eux, d'autres choses qu'il n'osait rapporter en public et qui transportèrent toute la maison de joie, et leur donnèrent une telle confiance en Guillaume, qu'ils le nommèrent et le prirent pour comte. D'après ce secret rapport, les sages et les faiseurs de conjectures regardèrent comme complice de la trahison ce Guillaume qui saluait les traîtres de notre pays après l'accomplissement de leur crime, et leur offrait de tout son pouvoir les secours les plus prompts en leur promettant par écrit force et caution. Lorsque l'envoyé s'en fut retourné, on s'empara des marchands de Flandre, de quelque lieu qu'ils vinssent à la foire d'Ypres, et on les força à jurer foi et hommage à Guillaume, et ainsi de le prendre pour comte. Cela fut fait par le conseil du prévôt et des siens qui espéraient ainsi que leur trahison envers le pieux comte Charles resterait impunie. Guillaume aurait été alors élevé au comté s'il fût aussitôt venu à Bruges pour venger le meurtre de son seigneur et neveu le comte; mais comme Dieu n'en avait pas disposé ainsi, il fallait que les autres princes et peuples de la terre suivissent l'ordre divin, et se liguassent tous unanimement pour venger la mort du très-pieux comte. Les habitans des faubourgs de notre ville entraient en apparence dans les desseins de leurs seigneurs, le prévôt, ses coupables neveux et le châtelain, et tâchaient de découvrir les secrets de leurs conseils, afin qu'instruits par ce stratagême de leurs ruses et machinations, ils pussent se précautionner contre eux.

Dans ce temps, le prévôt et les siens ne cessaient. par des conférences, de circonvenir tous ceux qu'ils pouvaient, les engageant, par un grand nombre de présens et de promesses, à embrasser leur parti. Il manda à Guillaume qu'il lui donnerait le comté, et l'exhorta, à cet effet, à recevoir hommage et serment de tous les Flamands qu'il pourrait réunir par force ou par l'appât d'une récompense ; il fit savoir aux habitans de Furnes, ses alliés, qu'ils fissent à Guillaume serment et hommage. Il envoya aussi à l'évêque de Noyon une lettre par laquelle il se justifiait d'avoir trempé, soit de conseil, soit de fait, dans la trahison envers le comte ; il le priait, par son ardent amour pour les fils de l'Église, de secourir promptement de ses conseils lui et ses chanoines, et de venir promptement, en vertu de son autorité pontificale, purifier l'église et célébrer l'office divin. Il envoya à Jean, évêque de Térouane, une lettre dont la teneur était la même. Il fit dire à Robert, alors à Kackzercke[1], qui avait épousé une de ses nièces, de fortifier avec le plus grand soin sa maison et ses propriétés, jusqu'à ce qu'on eût établi dans le comté le pouvoir de Guillaume d'Ypres. Ce Robert était un chevalier libre avant d'épouser la nièce du prévôt ; mais après l'avoir eue pendant un an, selon la loi des comtes de Flandre, il était devenu de condition servile et appartenait au comte : d'où s'éleva entre le pieux comte Charles et le prévôt et ses partisans un si funeste débat sur le servage et la liberté. Le prévôt manda aussi aux Flamands qui habitaient dans le voisinage, sur les bords de la mer, qu'ils vinssent avec leurs forces au secours de lui et de ses neveux, s'il arrivait que quelqu'un s'élevât dans le royaume et dans le comté pour venger le comte.

[1] Près de Dixmude.

Il ordonna expressément à nos citoyens d'entourer le faubourg de fossés et de palissades, à l'abri desquels ils pussent se défendre contre quiconque les attaquerait. Les citoyens ceignirent en effet le faubourg de palissades, mais dans une autre intention qu'on ne le leur avait recommandé et ordonné, ainsi que la suite le fit voir. Sous la conduite du châtelain ils enlevèrent hors du faubourg les palissades et les pièces de charpente employées en fortifications par le feu comte et par Frumold le jeune, qui se doutait que la proscription s'étendrait sur ses biens, et s'emparèrent de tout ce qui pouvait servir à les retrancher; ils bâtirent pour leur défense des tours, des forts, et s'assurèrent des moyens de sortie contre leurs ennemis. Tout le monde se hâtait pour terminer ces ouvrages, aussi bien le clergé que le peuple. On ne goûta aucun repos, employant la nuit à veiller et le jour à travailler, jusqu'à ce que, les fortifications du faubourg étant achevées, on établît des gardes à chaque porte, aux tours et aux forts, afin que personne n'en sortît sans qu'on le sût, et qu'on n'y laissât entrer que les citoyens.

Le lundi 7 mars, Dieu tira du fourreau le glaive de la vengeance divine contre les ennemis de son Église, et excita le cœur d'un chevalier, nommé Gervais, à faire tomber sur eux un châtiment plus terrible et plus prompt qu'on ne croyait alors. Ce chevalier sévit de toute sa colère et de toute sa puissance contre ces scélérats et abominables serviteurs qui avaient livré à la mort l'excellent, le pieux, le juste prince, au moment où il était humblement prosterné, adressant à Dieu et aux saints, pendant le service divin, l'hommage de sa vénération dans le saint temps du carême, dans un saint lieu et dans une sainte prière, tandis qu'il se croyait en sûreté au milieu d'eux. Gervais, l'un des familiers et des fidèles de son maître, le très-pieux Charles, et qui avait été son camérier et admis à ses conseils tant publics que secrets, affligé et irrité de la mort de son très-cher maître, marcha entouré d'une armée formidable de gens de pied et d'un cercle épais de chevaliers et d'armes, et, ainsi garanti des ennemis de Dieu comme par un rempart, il courut assiéger un lieu nommé Ravenscot, que les traîtres avaient muni de fortifications pour leur défense, lieu invincible et inaccessible tant par sa position naturelle que par ses fortifications. Gervais fit un grand butin des troupeaux de cette ville et des environs. Cependant tous ceux du parti de ces scélérats vivaient sans inquiétude, croyant que personne au monde ne voudrait ni ne pourrait s'élever contre leurs maîtres, puisque ces misérables avaient commis sur leur seigneur comte un crime si audacieux. Dieu les avait aveuglés, tant ceux qui avaient trahi le comte que ceux qui leur prêtaient secours, et il voulut que, privés de raison et de prudence, après avoir été précipités dans tous les crimes par l'ivresse de la colère et de la fureur, ils se laissassent égarer par la crainte. Se croyant en sûreté et pensant que tous les habitans du royaume étaient leurs amis ou moins forts qu'eux, ils étaient sans précaution contre l'attaque d'un petit nombre d'ennemis; c'est pourquoi Gervais fit un si grand butin dans son expédition auprès de Ravenscot. Les assiégés surpris et stupéfaits de cette subite attaque, et en trop petit nombre pour se défendre contre tant de milliers d'agresseurs, désespérèrent de leur vie, et se rendirent aussitôt à Gervais, à condition qu'on les laisserait sortir avec leur vie et leurs membres. Les chevaliers et les gens de pied qui assiégeaient Ravenscot en ayant chassé les habitans, se précipitèrent dans la ville et ravagèrent tout ce qu'ils y trouvèrent. Les gens de la garnison mise là par les traîtres s'enfuirent dans la nuit, accoururent vers nous et racontèrent l'événement au prévôt et aux siens, qui furent alors saisis d'une crainte qui ne leur laissait point de relâche et changea la disposition de leur esprit, abaissant cette fierté et cet orgueil qui les avaient rendus jusques alors féroces, sans modération et sans humilité. Le jeune Robert, dont le domaine avait été en peu de temps détruit par le fer et le feu, s'efforça avec quelques chevaliers de marcher contre Gervais et les siens ; mais, lorsqu'il fut instruit de leur grande multitude, il abandonna son expédition. Il serait trop long d'insister sur la crainte et la douleur dont furent tourmentés les traîtres, et de dire la joie qui transporta tout le monde, excepté eux, lorsqu'on apprit de toutes parts que l'équitable main de Dieu avait commencé la vengeance.

Le mardi 8 mars, la ville de Ravenscot fut incendiée et détruite par le fer et la flamme ; on brûla aussi près de Bruges la maison de Wilfrid Knop, frère du prévôt, et qui avait conspiré la mort du comte. Ensuite Gervais s'approcha avec toutes ses forces de la place dans laquelle s'étaient retranchés les traîtres, et fit des excursions aux environs, empêchant qu'ils ne pussent sortir par les faubourgs. Nos bourgeois apprenant que Dieu commençait si promptement sa vengeance se réjouissaient, mais seulement dans le fond de leur cœur, n'osant le faire hautement à cause des traîtres qui allaient et venaient encore tranquillement et hardiment parmi eux; ils rendaient grâces en eux-mêmes à Dieu qui, dans ce lieu d'horreur et de confusion, daignait jeter sur ses fidèles un œil de miséricorde, et se hâtait d'exterminer les exécrables homicides qui, jusqu'alors, avaient opprimé le peuple de Dieu par des ravages, des incendies, des meurtres et toute sorte de troubles. Ils envoyèrent ensuite des députés à Gervais et aux siens, pour conclure ensemble un traité de foi, d'amitié et d'alliance inviolable. Ils conspirèrent aussi la vengeance de leur comte, et promirent le jour suivant d'introduire les gens de Gervais dans leur ville, et de les recevoir comme des frères dans leurs retranchemens. Je ne pourrais exprimer la joie qui transporta Gervais et les siens à cette députation, car ils virent que ce qu'ils allaient faire pour venger le comte leur était ordonné de Dieu. Gervais et les siens se lièrent avec les députés de nos citoyens, et ils se promirent par un même serment foi et alliance pour venger leur seigneur, le très-juste comte de notre pays. Cette conspiration, entièrement ignorée des traîtres et de plusieurs de nos citoyens, n'était connue que des plus sages de notre ville, qui réglèrent secrètement et pendant la nuit ce projet salutaire à tous.

CHAPITRE VII.

Siége du château de Bruges. — Arrivée d'auxiliaires. — Supplice de quelques-uns des traîtres.

Le mercredi 9 mars, jour de l'octave du martyre de notre bienheureux comte, Gervais, d'après ce qui était convenu avec nos citoyens, fut reçu dans le faubourg, près des arènes, à l'occident du château, ce qui devait être une grande calamité pour les traîtres ; auparavant il avait effrayé, ce même jour, par l'incendie de leurs maisons, Bouchard, le jeune Robert et leurs complices, qui, voyant leurs demeures brûler, sortirent de tous côtés du château pour voir s'ils pourraient s'emparer de ceux qui y mettaient le feu. Vers le côté oriental du château, les flammes poussées par les vents consumèrent trois grandes maisons ; les citoyens y coururent pour voir avec Bouchard et ses chevaliers, ignorant l'alliance conclue entre les bourgeois et Gervais, et la plus grande partie d'entre eux suivaient à main armée ces scélérats. Isaac, qui pendant la vie de Charles, le pieux comte, avait été son camérier et admis à ses conseils et à sa familiarité, et qui depuis avait été à la tête du complot, sortit de la ville à cheval avec ses chevaliers. Enfin les chevaliers des deux partis étant venus en présence, les traîtres virent qu'en si petit nombre ils ne pourraient tenir contre une armée si considérable, et prirent la fuite ; mais les assiégeans les ayant poursuivis à grands pas, les forcèrent à fuir jusqu'au château. Lorsqu'ils furent parvenus dans la ville, Bouchard et les siens s'arrêtèrent quelque temps devant la maison de Didier, frère d'Isaac, pour délibérer sur ce qu'ils avaient à faire. Pendant ce temps Gervais, les poursuivant avec violence, arriva à nos portes, vers l'occident, et là, ayant juré et reçu la foi des citoyens, il se précipita dans la ville avec une très-forte troupe. Les citoyens étaient alors dans leurs maisons tranquilles comme à l'ordinaire; car le soir approchait, et un grand nombre d'entre eux, ignorant ce qui se passait, s'étaient mis à dîner.

Comme les traîtres, troublés d'avoir été forcés à fuir, consultaient sur ce qu'ils avaient à faire, ils aperçurent les assiégeans qui se précipitaient sur les places, et les attaquaient avec des lances, des flèches et toute sortes d'armes. Tous les citoyens, émus par ce tumulte effrayant, le bruit des armes et les clameurs qui tonnaient de toutes parts, coururent se préparer à combattre, les uns pour défendre la place contre Gervais, ignorant le traité conclu; les autres, qui en étaient instruits, pour aider de toutes leurs forces son attaque, et forcer les traîtres à fuir dans le château. Lorsque les citoyens furent instruits du traité et des sermens que Gervais leur avait prêtés, ils s'élancèrent, par le pont du château, contre ceux qui le défendaient et combattaient en faveur des scélérats. Sur un autre pont, qui conduisait à la maison du prévôt, un grand combat eut lieu, et on s'y battit à coups de lance et d'épée; sur un troisième pont, situé du côté de l'orient, et qui allait jusqu'aux portes du château, se livra un terrible combat, au point que ceux qui étaient dans le château, ne pouvant soutenir l'impétuosité du choc, brisèrent le pont, et fermèrent les portes sur eux. Partout où les citoyens purent approcher de ceux du château, on combattit avec un acharnement extraordinaire, jusqu'à ce que ceux-ci se vissent dans l'impossibilité de tenir; ainsi surpris et livrés par les citoyens, bon gré mal gré, ces misérables furent poussés dans le château; beaucoup furent blessés, et ils étaient inanimés de crainte et de douleur en même temps que harassés par la fatigue du combat.

Cependant, au moment de l'irruption de Gervais dans la ville, Isaac, s'enfuyant du lieu où ils étaient à délibérer, se réfugia dans sa maison qui était assez forte. Après avoir passé le pont qui s'étendait devant sa maison, il le renversa et le brisa afin de n'être point poursuivi dans sa fuite. Dans ce temps on prit George, le principal chevalier des traîtres, et qui, avec Bouchard, avait tué le comte. Le chevalier Didier, frère du traître Isaac, le renversa de cheval, et lui coupa les deux mains. Ce Didier, quoique frère d'un traître, n'était cependant pas complice de la trahison. Le misérable George se réfugia, les mains coupées, dans un lieu où il espérait demeurer caché; mais ayant été aussitôt dénoncé, il fut traîné vers un certain Gautier, chevalier de Gervais; ce chevalier, assis sur son cheval, ordonna à un jeune spadassin d'une grande férocité de le tuer: celui-ci, se précipitant sur George, le frappa de son glaive, et le renversa à terre; ensuite, le spadassin l'ayant jeté par les pieds dans un cloaque, l'y plongea malgré lui comme il le méritait. On avait pris aussi un homme nommé Robert, de la maison du châtelain Haket, dont il était coureur et domestique; il fut tué au milieu de la place publique, et on le traîna dans les marais. On s'empara encore du plus misérable des serviteurs de Bouchard, nommé Fromald, qui, s'enfuyant, s'était caché entre deux matelas, après avoir revêtu des habits de femme pour se déguiser; on le tira de là, et on le conduisit au milieu de la place publique, où, à la vue de tous, on le pendit la tête en bas, au moyen d'un bâton passé dans les jarrets et les jambes, afin d'augmenter l'ignominie et le déshonneur des traîtres assiégés, qui se tenaient dans la galerie et les tourelles du comte, témoins du spectacle de leur opprobre. Pendant ce temps, ils ne cessaient de tirer des traits, de jeter à l'envi des pierres, et de lancer des javelots du haut des murs.

Le jour fini, la nuit se passa de part et d'autre en crainte et en incertitude, et on se dressa des embûches. Les assiégeans veillèrent de peur que quelqu'un des assiégés ne se dérobât par la fuite, ou que quelqu'un ne pénétrât secrètement dans les murs pour leur porter secours; ensuite, pendant tout le temps du siége, on veilla et on se dressa des embûches. Très-souvent les assiégés attaquaient de nuit les assiégeans, et leur livraient un très-violent combat. On se battait pendant la nuit avec plus d'ardeur que pendant le jour; parce que le jour, à cause de leur crime honteux, les assiégés n'osaient se montrer. Ils espéraient pouvoir se cacher, et s'échapper d'une manière quelconque, pensant que, s'ils parvenaient à s'enfuir, nul d'entre eux ne serait soupçonné du crime de trahison. Ils combattaient de nuit avec d'autant plus d'ardeur qu'ils se flattaient de sortir bientôt par le secours des chefs du siége, qui promettaient d'y donner les mains, et ils comptaient se disculper facilement de leur crime. Mais les princes s'inquiétaient peu de ce qu'ils promettaient aux assiégés, et des sermens qu'ils pouvaient leur faire, car ce n'était qu'un moyen de leur extorquer l'argent et le trésor de l'excellent comte. Ils le firent à bon droit, et reçurent des assiégés le trésor du comte, et en outre beaucoup de dons, mais sans se croire obligés d'observer aucune foi ni serment avec les serviteurs impies qui avaient mis à mort leur seigneur légitime et naturel. Ceux-ci demandaient à leurs ennemis de les sauver conformément à la foi et aux sermens qu'ils leur avaient jurés; mais les autres n'étaient point liés à des gens qui avaient tué leur maître et le père de tout le comté. C'eût été avec plus de justice que ceux qui avaient chéri le comte, même après sa mort, s'étaient rassemblés pour le venger, et avaient souffert les craintes, les veilles, les blessures, les attaques, et toutes les adversités qu'on a coutume d'éprouver dans un siége; c'eût été avec plus de justice, dis-je, qu'ils eussent obtenu le château, le trésor, et toutes les choses appartenant au comte, après la mort de leur maître, que ces abominables traîtres, avaient détruit et sa maison, et les richesses du pays. Les assiégeans et les assiégés avaient à cet effet de fréquentes conférences, et les assiégés demandaient seulement à être absous du crime de trahison.

Le jeudi 10 mars, Siger, châtelain de Gand, accourut au siége avec toutes ses forces, ainsi que le frère de Baudouin d'Alost, nommé Jean. Dans la nuit de ce jeudi, Isaac, qui avait le sentiment de son crime et du châtiment qu'il méritait, tourmenté de la crainte de la mort, s'enfuit avec son écuyer. Sa femme, leurs serviteurs et suivantes, et enfin tous ceux de sa maison se cachèrent également où ils purent trouver un asile. Dans la précipitation de cette fuite nocturne, ils abandonnèrent aux ennemis, et sans aucune défense, leur maison, la plus grande partie de leurs meubles, et tout ce que jusqu'alors ils avaient possédé en toute liberté et pouvoir. Le châtelain de Gand et Jean en étant instruits y accoururent de très-grand matin avec un grand nombre d'assiégeans et pillèrent tout ce qu'ils trouvèrent à emporter pour leur usage. Enfin, ils mirent sous les toits des torches enflammées et incendièrent les maisons, les greniers et tout ce qu'ils trouvèrent de combustible. Le tout fut si promptement détruit par l'incendie et les tourbillons des flammes qu'excitaient les vents, qu'il fut reconnu, à la grande surprise de tous, que jamais tant de bâtimens et de bois n'avaient été réduits à rien en aussi peu de temps.

Le vendredi 11 mars, Daniel de Termonde, un des pairs du comté, qui avait été, avant leur trahison, fort lié avec le prévôt et ses neveux, accourut promptement au siège ainsi que Richard de Woldman, Thierri châtelain de la ville de Dixmude, et Gautier, bouteiller du comte. Chacun de ces princes vint avec toutes ses forces pour venger la mort de leur comte et seigneur. Après s'être tous rassemblés avec nos citoyens et tous les grands occupés au siége, avant qu'on leur permît d'entrer dans la ville, ils jurèrent, pour le salut et l'avantage de nos citoyens, de respecter inviolablement les habitations et propriétés. Ils firent en même temps le serment d'attaquer ensuite, avec une même ardeur et impétuosité, leurs ennemis, ces parricides impies, de les assiéger, et s'il plaisait à Dieu de les vaincre, de n'épargner la vie d'aucun coupable, de ne point les faire échapper ni sauver par aucun artifice, mais de les anéantir et d'agir, par le jugement commun des grands, pour l'honneur du royaume et le salut de ses habitans. On promit aussi de conserver ce qui appartenait aux citoyens et à tous ceux qui contribueraient par leurs travaux à venger la mort du comte.

Le samedi 12 mars, les princes ordonnèrent que tous ceux qui étaient occupés au siége attaquassent le château de tous les côtés accessibles. Vers midi, les chevaliers et les citoyens s'armèrent, investirent les portes du château, et y mirent le feu. Dans cette attaque, ils incendièrent une porte de derrière qui tenait à la maison du prévôt. Comme ils atteignaient les grandes portes du château et y mettaient un amas de foin et de paille sèche, et qu'un des chevaliers s'avançait pour mettre le feu à la paille, les assaillans furent accablés de pierres, de bâtons, de traits et de flèches qu'on lançait du haut des murs; en sorte que beaucoup d'entre eux furent blessés par des monceaux de pierres qu'on leur jetait du haut des tours; les casques furent brisés, et à peine parvinrent-ils à se sauver sains et saufs sous la tortue qu'ils avaient formée près des portes et dont ils s'étaient couverts pour mettre le feu. Quiconque était atteint d'une pierre jetée d'en haut, quelle que fût sa force et sa vigueur, était renversé avec violence, et demeurait tout brisé, mourant et sans mouvement. Dans cette attaque, un homme d'armes du dehors mourut le cœur traversé d'une flèche. Partout un tumulte et des cris effroyables, et un combat très-violent; le bruit et le fracas des armes étaient répétés dans la profondeur des airs. Le combat dura jusqu'au soir, et les assiégeans n'y ayant éprouvé que perte et dommage, s'éloignèrent des murs et des tours du château, et rassemblèrent tous ceux de leur parti, inquiets des dangers de la nuit. Cette attaque ne fit qu'animer de plus en plus les assiégés qui voyaient les assiégeans chassés loin de leurs murs, et accablés de pertes et de blessures.

CHAPITRE VIII.

Augmentation des forces des assiégeans. — Arrivée de la comtesse de Hollande. — Reliques emportées de l'église. — Les assiégés fortifient le château.

Le 13 mars, de part et d'autre on garda, comme c'était le jour du dimanche, une apparence de paix.

Le 14 mars, les bourgeois de Gand avec une troupe de brigands des campagnes d'alentour, très-avides de butin, s'assemblèrent pour venir au siége; car leur châtelain leur avait mandé de rassembler leurs forces, de réunir leur commune et de venir en armes attaquer le château pour leur propre compte, comme des hommes fameux dans les combats et les batailles, et habiles à renverser les places assiégées. Lorsqu'ils apprirent qu'ils iraient au siége pour leur propre compte, ils s'associèrent tous les archers, les ouvriers habiles dans les métiers, les brigands intrépides, les homicides, les voleurs et tous hommes audacieux aux cruautés de la guerre, et chargèrent d'armes trente chariots. Ils accoururent à pied et à cheval, espérant qu'ils obtiendraient de grosses sommes d'argent si les assiégés se rendaient à eux. Leur armée était innombrable et pleine de courage. S'étant approchés des portes de notre ville, ils voulaient entrer par violence : mais la multitude qui était en dedans s'opposa à eux, et le combat se fût presque engagé de tous côtés, si les plus sages dans chaque armée ne se fussent accordés. S'étant donné les mains, ils promirent, par la foi et le serment, de se réunir à nous pendant ce siége dans la même intention, les mêmes armes et les mêmes desseins, de conserver sains et saufs les propriétés et les effets de nos citoyens, de ne retenir avec eux que les habitans du pays et ceux qui étaient habiles dans le combat, et de renvoyer les autres. Les gens de Gand entrèrent donc avec toute leur troupe et remplirent les lieux qui étaient à l'entour du château. Ensuite les travailleurs et les ouvriers préparèrent leurs échelles pour escalader les murailles.

En ce même temps, Razon de Gavres, bouteiller, revint de Saint-Gilles, et, très-justement affligé de la mort de son seigneur le comte, vint au siége avec toutes ses forces.

Le mercredi 16 mars, la nuit où se célèbrent les vigiles de Sainte Gertrude, la comtesse de Hollande[1]

---

[1] Pétronille, fille du duc de Saxe, veuve de Florent II, dit le Gros, et qui administrait le comté de Hollande, comme tutrice de son fils Thierri.

vint au siége avec son fils et un grand nombre de gens. Elle espérait que tous les princes qui étaient alors au siége créeraient son fils comte, nos citoyens et plusieurs princes le lui ayant fait entendre. La comtesse se montrait fort gracieuse envers eux, et s'efforçait, par de nombreuses promesses et beaucoup de présens, de disposer à l'amitié pour elle l'esprit de tous les grands. Ce jour, Froulphe et Baudouin, chevaliers de Somerenghen, vinrent, comme de la part de Guillaume d'Ypres, annoncer aux princes qui étaient au siége que le roi de France avait donné le comté audit Guillaume d'Ypres; ce qui les mit tous dans l'inquiétude, ayant promis à ladite comtesse d'élire son fils. Ces chevaliers avaient annoncé faussement ce mensonge, afin de retarder par cette ruse le dessein qu'avaient les chefs du siége d'élire comte le fils de ladite comtesse. A cette nouvelle, les chefs s'indignèrent, si cela était vrai, que le roi eût donné le comté à Guillaume d'Ypres. Ils jurèrent donc tous ensemble et promirent de ne jamais combattre sous ce comte de Flandre; car il était suspect à tout le monde et accusé d'avoir pris part au meurtre du seigneur comte.

Le jeudi 17 mars, les chanoines de Saint-Donatien escaladèrent au moyen d'échelles, avec la permission et le consentement des princes, les murs du côté méridional du château; ils en tirèrent les châsses, les reliques, les cercueils des Saints; ils enlevèrent et transportèrent dans l'église de Saint-Christophe, située sur la place publique, les tentures, les tapisseries, les tapis, les longues chappes de soie, les vêtemens sacrés, un amas de livres, les ustensiles de l'église, et tous les autres objets qui lui appartenaient. Le prévôt, quand il vit sa fortune tout-à-fait changée, souffrit de mauvais gré, par l'intervention de Frumold l'ancien, qu'on enlevât les tablettes et les notes sur les revenus du comte, qu'il avait conservées pour lui et pour son Guillaume d'Ypres, ainsi que toutes les reliques des Saints et les ornemens du temple. L'église de Saint-Donatien demeura donc déserte, abandonnée et dépouillée par les traîtres qui y tenaient leurs concubines, leurs latrines, leur cuisine, leurs fours et toute sorte de saletés.

Le très-pieux serviteur de Dieu, le comte Charles, gissait encore seul, abandonné à ses assassins, dans le lieu où il avait reçu le martyre. Après que tout ce qu'on avait permis d'emporter fut enlevé, les chanoines portèrent en pleurant les reliques des Saints, sans les cérémonies accoutumées, dans la douleur, les soupirs et les gémissemens. Il n'était permis qu'au clergé et à quelque peu de gens d'approcher pour emporter ces reliques des murs de l'église, car des deux côtés on se tenait sur ses gardes; mais au milieu de tant d'armes on respecta les Saints, et on donna sûreté et passage à ceux qui les portaient. Ce fut une chose étrange et tout-à-fait singulière que cette procession dans laquelle Alger, camérier du prévôt, porta la croix, vêtu d'une cappe à la manière des clercs; désespérant de sa vie, il se sauva par ce déguisement. Tous les bons et tous nos citoyens s'affligèrent d'un tel événement; cependant ils se réjouirent d'être en possession des reliques des Saints, qui, si on les avait laissées dans l'église, seraient devenues la proie des ennemis et des pillards de ce lieu, comme on le vit ensuite lors de la prise du château et de l'attaque de l'église.

Je dois remarquer que dans un si grand tumulte, au milieu de l'incendie de tant de maisons embrasées par les assiégés qui du château lançaient pendant la nuit sur les toits des flèches enflammées, ou au dehors par des voleurs qui espéraient enlever quelque chose, parmi les périls de tant de nuits et les combats de tant de jours, moi, Galbert, n'ayant pas la faculté d'écrire, j'ai noté sur mes tablettes les principales choses, en attendant que, dans quelque nuit ou quelque jour de paix, je pusse mettre en ordre, selon les événemens, le récit que je fais maintenant, et que j'ai ainsi transmis aux fidèles dans la périlleuse situation que vous voyez et lisez. Je n'ai pas noté, à cause de la confusion et du grand nombre, ce que chacun faisait; je me suis seulement appliqué à consigner ce qui a été fait et ordonné en commun dans le siége ; et ce que j'en ai recueilli, je me suis forcé, bien à contre cœur, à le coucher par écrit.

Voici quelle était la construction des échelles. D'abord on fabriqua une très-large échelle avec des chevilles, presque de la hauteur des murs du château ; à droite et à gauche on fit, avec des perches extrêmement solides, des palissades en forme de murailles ; on fit devant les échelles une palissade semblable, sur laquelle on coucha en long une échelle plus étroite et plus longue, construite de la même manière, afin qu'après qu'on aurait dressé la grande échelle, l'échelle plus étroite tombât dans l'intérieur des murs, et que les palissades à droite, à gauche et en avant, servissent pour la défense de ceux qui monteraient.

Il ne faut pas passer sous silence qu'il y avait plusieurs hommes renfermés dans le château, qui n'étaient coupables de la mort du comte ni de fait ni de consentement, mais qui s'étaient trouvés avec les coupables, le jour où ceux-ci furent renfermés entre leurs murs. Il y en avait aussi plusieurs qui étaient entrés de leur plein gré avec ces scélérats, et qui, quoiqu'ils n'eussent pas participé au meurtre de fait et matériellement, y avaient cependant donné leur assentiment. Un grand nombre aussi, le premier jour et les jours suivans du siége, étaient entrés par l'appât des récompenses et du gain. Parmi ceux-là était un cruel archer, nommé Benkin, adroit et agile à lancer des flèches ; lorsqu'il parcourait les murs en combattant, courant de côté et d'autre, quoiqu'il fût seul on eût dit qu'il y en avait plusieurs qui nous accablaient de coups du haut des remparts et sans aucun relâche. Quand il tirait sur les assiégeans, on distinguait son trait de tous les autres, parce qu'il frappait ceux qui étaient sans armes des blessures les plus graves ; et quant à ceux qui étaient armés, exempts de blessures mais non de contusions, ils fuyaient épouvantés. Il y avait aussi avec ces coupables le chevalier Weriot, qui depuis sa jeunesse avait toujours été voleur et brigand. Il fit un très-grand carnage parmi les assaillans en les accablant de pierres qu'il leur lançait de sa main gauche seulement. Dans les murs s'étaient rassemblés pour cette œuvre criminelle un grand nombre de coupables et de leurs alliés, appliqués les jours et les nuits aux veilles, aux combats, aux attaques et à différens travaux. Ils avaient comblé les portes du château de tas de terre, de pierres et de fumier, depuis le bas jusqu'en haut, de peur que du dehors, en incendiant et en brûlant les portes, on ne pût pénétrer jusqu'à eux. On avait mis le feu du côté de l'orient, et les grandes portes avaient été presque brûlées, en sorte qu'on y eût fait une très-grande ouverture, si elles n'avaient été fermées par cet amas de matières. Enfin, comme au dedans on avait obstrué les portes de monceaux de terre et de pierres, au dehors les assiégés, aussi-bien que les assiégeans, avaient de tous côtés détruit les ponts qui autrefois allaient droit au château; en sorte qu'il ne restait plus aux assiégeans aucun moyen d'entrer ni aux assiégés aucun de sortir.

Tranquilles donc sur leurs portes, les assiégés s'efforcèrent de boucher celles de l'église du côté du midi, celles de la maison du comte qui avaient une sortie dans le château, et les passages qui, du cloître, s'étendaient également dans le château : afin que si par malheur on les chassait du château du comte, ils pussent se retirer dans sa maison, dans celle du prévôt, dans le réfectoire, dans le cloître des frères et dans l'église. L'église de Saint-Donatien était bâtie en forme de rotonde élevée, couverte d'un dôme artistement construit de tuiles et de briques. Autrefois le toit de cette église était bâti en bois, et on avait élevé au dessus un clocher travaillé avec art; de sorte qu'il se faisait remarquer par l'éclat de sa beauté, s'élevant comme le siége de l'empire, et placé au milieu du pays comme pour commander la paix, l'ordre, l'obéissance aux droits et aux lois, d'où le pays recevait repos et justice. Tout le bois avait été autrefois consumé par le feu ; c'est pourquoi on avait fait, pour éviter ce danger, un tel ouvrage avec de l'argile et des pierres, afin que le feu ne le pût consumer. Du côté de l'occident une tour extrêmement forte s'élevait au dessus des bâtimens de l'église dont elle faisait partie, et à son extrémité se séparait en deux tours plus étroites. Un mur entourait la maison du prévôt, le dortoir et le cloître des frères, ainsi que tout ce côté du château. Ce mur, dont les assiégés comptaient demeurer les maîtres, était très-élevé et très-fort, et avait des tourelles et une galerie extérieure pour combattre au dehors. Mais quoique le mur fût fort et les degrés pour y arriver solides, ils travaillaient nuit et jour à se fortifier même en dedans, parce qu'ils comprenaient qu'ils allaient bientôt avoir à combattre contre le monde entier.

CHAPITRE IX.

Vaines conférences entre les partis pour un arrangement. — Prise du château. — Les assiégés se réfugient dans l'église.

Alors enfin ils pouvaient se rappeler ce qu'ils avaient dit : « Si nous tuons Charles, *qui* viendra le venger? » Il y en avait une infinité, et le nombre de ceux qui venaient le venger, ignoré des hommes, était connu de Dieu seul. Ainsi ce mot *qui*, interrogatif et indéterminé dans leur bouche, prit alors une signification directe et positive.

Il faut savoir qu'il y avait dans le château, avec les coupables, de braves chevaliers qui eurent toujours un vif desir de sortir en tombant et se glissant hors des murs s'ils en trouvaient l'occasion, parce que tous ceux qui étaient assiégés avec les coupables étaient généralement notés de trahison. Les chefs du siége en étant informés, assemblèrent les conseillers et les grands de la plus haute sagesse, et, s'approchant des murs, entrèrent en pourparler avec les assiégés. Ils ordonnèrent d'appeler sur les murs ceux d'entre eux qui n'étaient pas coupables, et leur offrirent, s'ils voulaient, la permission et le pouvoir de sortir du château, assurant à ceux dont l'innocence serait évidente la vie et les membres saufs; que si quelques-uns, excepté les coupables, voulaient sortir et prouver leur innocence selon le jugement des princes, ils jouiraient de la même liberté; mais qu'on n'accorderait aucune grâce aux coupables qui avaient commis un crime si affreux et inouï jusques alors; qu'au contraire on les frapperait d'une extermination et d'une mort cruelle et également inouïes. D'après cette déclaration et ces conventions, il sortit un grand nombre d'hommes dont l'innocence était évidente, ou qui étaient préparés (mais on se fiait moins à ceux-là) à prouver leur innocence.

Enfin le prévôt, le visage triste, le cœur consterné, et déposant la rigueur de sa majesté et son orgueil, s'avança pour avoir une conférence, et lui et son frère, le châtelain Haket, montrèrent leur humilité dans les paroles que nous allons rapporter. Le châtelain Haket était chargé de répondre pour le prévôt et tous les assiégés, et, seul au nom de tous, il parla ainsi aux princes : « Que nos seigneurs et amis, qui auront pitié
« de nous s'il leur reste quelque trace de leur ancienne
« affection pour nous, exercent envers nous des actes

« de miséricorde, autant qu'ils le pourront sans nuire
« à leur honneur et à leur puissance. Nous vous prions
« et supplions, princes de cette terre, de vous sou-
« venir de l'amitié que vous avez obtenue de nous ;
« ayez pitié de nous, qui plaignons et pleurons avec
« vous la mort du seigneur comte, et condamnons
« les coupables que nous chasserions entièrement de
« notre présence si, malgré nous, nous n'avions à
« conserver en eux notre famille. Nous supplions votre
« puissance de nous entendre au sujet de nos neveux
« que vous dites coupables ; qu'il leur soit permis de
« sortir du château, et ensuite l'évêque et les magis-
« trats ayant réglé leur châtiment pour un si cruel
« forfait, qu'ils s'en aillent dans un exil perpétuel,
« afin qu'ainsi ils méritent d'une manière quelconque,
« sous le cilice et dans la pénitence, d'être réconci-
« liés avec Dieu qu'ils ont si gravement offensé. Quant
« à nous, moi, le prévôt et le jeune Robert avec nos
« gens, nous sommes prêts, selon le jugement de toute
« la nation, à prouver que nous sommes innocens de
« la trahison, de fait comme d'intention, et à mani-
« fester de toute manière notre innocence en ce point,
« s'il est sous le ciel quelqu'un qui daigne recevoir
« nos preuves. Monseigneur le prévôt offre de faire,
« en présence du clergé, la preuve de son innocence,
« la plus forte qu'on voudra, parce qu'il atteste que
« sa conscience est pure. Nous vous demandons de
« nouveau qu'il soit permis à nos neveux, coupables
« et accusés de trahison, de sortir la vie et les mem-
« bres saufs, d'aller en exil, et à nous d'être jugés sur
« de bonnes preuves et examinés par les chevaliers
« selon le droit séculier, et par les clercs selon la

« divine écriture. Si vous avez en horreur que cela
« se fasse, nous aimons mieux vivre ainsi assiégés avec
« les coupables, que d'aller vers vous et de mourir
« honteusement. »

Lorsque le châtelain Haket eut fini sa supplique, un des chevaliers assiégeans, nommé Gautier, s'éleva et répondit : « Nous ne devons désormais nous sou-
« venir d'aucun bienfait de votre part, ni conserver
« aucune trace de notre ancienne amitié pour vous
« qui nous avez empêchés violemment d'ensevelir et
« de pleurer dignement le seigneur comte, vous qui
« avez partagé avec les coupables le trésor de l'État,
« et occupez indûment le palais du souverain ; vous
« traîtres, impies envers votre seigneur, auxquels
« rien n'appartient du royaume et du comté ; car vous
« possédez tout injustement, aussi bien votre propre
« vie que les biens extérieurs dont vous vous êtes
« emparés sans foi ni sans loi. Vous avez armé contre
« vous tous ceux qui professent le nom chrétien, en
« trahissant le prince de cette terre, mort pour la
« justice humaine et divine, tandis qu'il était pros-
« terné devant Dieu dans le saint temps de carême,
« dans un saint lieu et dans une sainte prière. Ainsi
« donc, désormais, nous rompons, repoussons et ab-
« jurons la foi et hommage que nous vous avons gardés
« jusqu'à présent. »

Cette conférence avait lieu devant toute la multitude des assiégeans qui, aussitôt que cette réponse fut finie, prenant des brins de paille, les rompirent, renonçant à l'hommage, à la foi et aux sermens qu'ils avaient prêtés aux assiégés. Des deux côtés, ceux qui avaient pris part au colloque se séparèrent avec un esprit irrité et opiniâtre, les uns pour assaillir, les autres pour résister.

Ce même jour, nous apprîmes par les hommes d'armes de l'abbesse du couvent d'Aurigny l'aventure d'Isaac, qui, la nuit de sa fuite, vint auprès d'Ypres, croyant arriver à Gand. Il s'enfuit de là à Steenvorde, métairie de Gui son gendre, et l'ayant consulté, pendant la nuit il alla à Térouanne, et à la dérobée; il revêtit l'habit monastique. Mais la nouvelle de sa fuite était répandue partout et le rendait l'objet des recherches générales; en sorte qu'il ne pouvait se cacher nulle part qu'on n'en fût aussitôt instruit. C'est pourquoi Arnoul, fils d'un avocat de Térouanne, informé de la retraite d'Isaac, se précipita dans le cloître des frères de cette ville, et le trouva la tête cachée dans un capuchon, dans l'église, et ayant l'air de méditer les psaumes. L'ayant emmené captif, il le força, en le frappant de verges et en le chargeant de fers, de lui déclarer le nom des coupables qui avaient trahi le comte. Isaac avoua ce qu'il avait fait ainsi que les autres coupables qu'il nomma; ajoutant que plusieurs avaient été complices du crime, et moteurs du complot, avaient dirigé ceux qui avaient matériellement tué le comte; il désigna, comme ayant trempé avec lui dans la perfide conjuration, Bouchard, Guillaume de Wervick, Enguerrand d'Esne, le jeune Robert, Wilfrid frère du prévôt, et quelques pervers homicides qu'il nomma en même temps. Quelques uns ont rapporté qu'Isaac dit que, dans le creux d'un chêne placé dans le verger adjacent à sa maison, il avait caché de l'argent bien avant dans la terre. Les chevaliers de notre ville allèrent le chercher et creusèrent partout jusque dans les entrailles de la terre, mais ce fut inutilement.

Le vendredi 18 mars, on dressa des échelles contre les murs, et de part et d'autre on s'assaillit à coups de flèches et de pierres. Ceux qui avaient planté les échelles s'avançaient protégés par leurs boucliers, et couverts de cuirasses; un grand nombre suivait pour voir de quelle manière on dresserait les échelles contre les murs; car, appesanties par la mousse et l'humidité, elles étaient très-lourdes, ayant en hauteur environ soixante pieds d'hommes; la largeur de l'échelle inférieure était de douze pieds, l'échelle supérieure était beaucoup plus étroite, mais aussi un peu plus longue. Pendant qu'on amenait les échelles, ceux qui les traînaient aidaient de la main et de la voix; les espaces de l'air retentissaient de cris; et les habitans de Gand, armés, protégeaient de leurs boucliers ceux qui portaient les échelles. Les assiégés entendant et voyant cette manœuvre montèrent sur les remparts, et, paraissant sur les fortifications, accablèrent ceux qui traînaient les échelles d'une grêle innombrable de pierres et de flèches. Cependant des jeunes gens, pleins de courage et d'audace, ayant dressé de petites échelles, que dix hommes pouvaient porter, dans le dessein d'aller à l'assaut avant qu'on eût dressé les grandes échelles, montèrent sur le mur l'un après l'autre. Mais, lorsque l'un d'eux s'efforçait d'atteindre au haut du rempart, quelques uns des ennemis cachés en dedans pour tromper les assaillans renversaient avec des lances, des piques et des traits, celui qui paraissait le premier sur les échelles; en sorte qu'il n'y eut plus personne assez intrépide ni assez agile, pour oser s'avancer vers les assiégés par ces petites échelles. Pendant ce temps, d'autres s'efforçaient de percer la muraille avec des marteaux de maçon, et toutes sortes d'instrumens de fer, et en ayant enlevé une grande partie, ils se retirèrent pourtant sans avoir réussi. Comme la multitude qui traînait les échelles avait presque escaladé les murs, et que de part et d'autre on combattait avec plus d'ardeur, les assiégés accablant les assaillans d'énormes pierres, les épaisses ténèbres de la nuit vinrent séparer les combattans ; et les gens de Gand, ayant éprouvé un grand échec, attendirent le lendemain où, tous les assiégeans se réunissant à eux, ils devaient dresser les grandes échelles et attaquer de vive force les assiégés.

Le samedi 19 mars, au point du jour, les assiégés pressés de différens côtés du château, après des combats renouvelés chaque jour, reposaient leurs membres fatigués; la valeur avec laquelle ils avaient combattu la veille contre les gens de Gand les rendait un peu plus tranquilles. Dans cette sécurité, les gardes des remparts étaient, à l'approche du jour, entrés dans la maison du comte pour se réchauffer auprès du feu à cause de la rigueur du froid, laissant vide la cour du château. Nos citoyens, au moyen d'échelles minces et légères, qu'un seul homme pouvait porter, montèrent par le côté méridional du château, d'où on avait enlevé les reliques des Saints. Là, sans bruit et sans pousser aucun cri, ils se réunirent en grands corps, se préparant au combat, et ils réglèrent aussitôt qu'un petit nombre d'entre eux iraient vers les grandes portes pour enlever la terre et les pierres qu'on y avait amassées, et introduire tous les assiégeans qui étaient dehors, et qui ignoraient encore ce qui se passait. Du côté de l'occident, ils avaient aussi trouvé une porte du château solidement fermée avec une clef et une serrure de fer, et qui n'était obstruée d'aucun amas de terre et de pierres. Les traîtres l'avaient laissée libre afin de pouvoir recevoir et faire sortir par là tous ceux qu'ils voulaient; afin de s'en procurer l'entrée, nos citoyens l'ouvrirent aussitôt à coups d'épée et de hache ; les clameurs et le bruit d'armes qui se faisaient autour de cette porte mirent en mouvement l'armée qui entourait le château, et elle s'y précipita en tumulte. Une troupe très-considérable des assiégeans fondit dans le château, les uns pour combattre, les autres pour piller tout ce qu'ils y trouveraient; d'autres pour entrer dans l'église et, s'emparant du corps du comte Charles, le transporter à Gand.

Alors les traîtres qui étaient plongés dans un profond sommeil dans la maison du comte, réveillés par la terreur et les cris qui s'élevaient de tous côtés, et ignorant ce qui se passait, coururent pour voir la cause de tout ce bruit. Lorsqu'ils s'aperçurent des dangers dont ils étaient menacés, se précipitant sur leurs armes, ils se tinrent prêts devant les portes, attendant qu'on en vînt aux mains. Quelques-uns d'entre eux, pendant que nos citoyens entraient, furent pris dans le château à l'une des portes. Plusieurs chevaliers à qui avait été confiée la garde de ces mêmes portes, du côté de l'occident, s'exposèrent au-devant de la multitude de nos citoyens qui entraient, et ne pouvant rien de plus, ils se rendirent à la merci et compassion des vainqueurs. Quelques-uns craignant pour leur vie s'ils tombaient entre les mains des citoyens, se laissèrent glisser du haut des murs, et l'un d'eux, le chevalier Giselbert, mourut dans sa chute : des femmes l'ayant traîné dans une maison pour apprêter ses funérailles, le châtelain Thierri[1] et les siens attachèrent ce mort à la queue d'un cheval, et le traînèrent par tous les quartiers de la ville ; enfin ils le jetèrent dans un égoût au milieu de la place publique. Les citoyens, voyant que les assiégés voulaient faire résistance devant les portes de la maison du comte, montèrent les degrés par où on parvenait à ces portes, les mirent en pièces à coups d'épée et de hache, et arrivés ainsi vers les assiégés, les poursuivirent de chambre en chambre jusqu'au passage par lequel le comte avait coutume de se rendre de sa maison à l'église de Saint-Donatien[2]. Dans ce passage construit en pierres et en forme de voûte, eut lieu un combat très-ardent : nos citoyens y combattirent de près, avec l'épée seulement, les assiégés dédaignant de fuir davantage. Éprouvant leur force et leur courage, les uns et les autres restèrent immobiles comme le mur même, jusqu'à ce que la foule des assiégeans grossissant toujours, nos citoyens contraignirent les assiégés de fuir, non en les combattant, mais en se ruant sur eux ; ils entraînèrent dans leur fuite Bouchard, ce guerrier farouche, furieux, féroce, et intrépide, qui, doué d'une force prodigieuse, fit toujours face aux citoyens, dont il blessa et renversa un grand nombre, abattant

---

[1] Il est nommé plus haut châtelain de Dixmude.
[2] Si l'on suppose qu'il donnait dans la tribune, on peut trouver étonnant qu'ensuite, au lieu d'enfoncer, comme on le verra, le mur de l'église pour y pénétrer, les assiégeans n'aient pas tenté ce passage.

d'un coup et assommant de son épée plusieurs guerriers épouvantés. Les nôtres mirent aussi en fuite le jeune Robert, sur lequel personne ne voulait mettre la main, parce qu'on le disait innocent de la trahison, et qu'il était chéri de tous dans le royaume, avant et même après le crime. Ce noble jeune homme refusait de fuir ; mais à la prière de ses amis il suivit les fuyards, et sans lui on se fût emparé en cet endroit de Bouchard, de ses chevaliers et de tous les coupables de la trahison. Les traîtres s'étant réfugiés dans l'église, les citoyens ne les poursuivirent pas plus loin, mais retournèrent au butin et au pillage, courant çà et là dans la maison du comte, celle du prévôt, le dortoir et le cloître des frères. Tous les assiégeans en firent autant, espérant s'emparer du trésor du comte, et des meubles des maisons situées dans l'enceinte du château. Ils enlevèrent dans la maison du comte plusieurs matelas, des tapis, du linge, des coupes, des chaudrons, des chaînes, des barres de fer, des liens, des cordes à boyau, des carcans, des brassards et tous les objets en fer qui servent aux prisons, les portes de fer du trésor du comte, les conduits en plomb dans lesquels coulait l'eau des toits, et ils enlevèrent toutes ces choses, croyant qu'ils pouvaient le faire sans commettre aucune faute. Dans la maison du prévôt ils emportèrent les lits, les coffres, les siéges, les habits, les vases et tout le mobilier. Je ne parlerai pas de la quantité infinie de froment, de viande, de vin et de bierre qu'ils pillèrent dans le cellier du comte, celui du prévôt et celui des frères. Dans le dortoir des frères qui était plein d'habits chers et précieux, ils firent un si grand butin qu'ils ne cessèrent, depuis qu'ils entrèrent dans le château jusqu'à la nuit, d'aller et de revenir pour les transporter.

CHAPITRE X.

Fuite du prévôt. — Dissensions des assiégeans. — Ils occupent la partie inférieure de l'église.— Les assiégés conservent la tour et la tribune.

Il ne resta donc aux assiégés que l'église et les vivres qu'ils y avaient apportés avec eux, à savoir, du vin, des viandes, de la venaison, des fromages, des légumes, et toutes les autres choses nécessaires à la vie. Nous ne devons pas passer sous silence les chefs des assiégés, à savoir, le châtelain Haket, Bouchard, le jeune Robert, Gautier, fils de Lambert de Redenbourg, et Wilfrid Knop; car le prévôt Bertulphe, la troisième nuit, c'est-à-dire la nuit du jeudi avant la prise du château, ayant donné de l'argent à Gautier le bouteiller jusqu'à la somme de quatre cents marcs, se suspendit à une corde, et se laissa glisser tout seul dessous la galerie, ayant plus de confiance en ce Gautier qu'en aucun homme du monde; cependant après l'avoir conduit dans un endroit désert, à Moer, Gautier le laissa exposé à ses ennemis, et réduit à fuir, ne sachant où se réfugier dans ce lieu qui lui était inconnu.

Les assiégés réfugiés dans l'église, et montés dans la tour, lançaient des pierres sur la foule qui courait çà et là dans le château, et firent éprouver de funestes accidens à ceux qui emportaient le butin et les meubles, car plusieurs périrent écrasés. Les vainqueurs du château dirigèrent aussitôt leurs flèches contre les fenêtres de la tour ; en sorte qu'aucune tête ne pouvait paraître sans devenir le but de mille traits, de mille coups de fronde, et que toute la tour était hérissée de flèches qui tenaient après. Comme de part et d'autre cela ne menait à rien, les assiégés jetèrent des flammes sur le toit de la tribune des chantres qui touchait à l'église, dans l'intention de brûler la maison du prévôt, voisine du même toit; mais ils ne réussirent pas dans ce projet, et courant çà et là dans la nef, le chœur et le sanctuaire intérieur, armés et sur leurs gardes, ils étaient tourmentés de la crainte que quelqu'un n'osât entrer par les fenêtres, ou fondre avec violence par les portes de l'église.

Dès le grand matin, un jeune homme de la troupe des gens de Gand, montant par une échelle à la principale fenêtre du sanctuaire de l'église, et brisant avec son épée et sa lance les vitraux et les ferrures qui la fermaient, il descendit hardiment, et ouvrit un coffre du sanctuaire pour y chercher du butin. S'étant penché, il commençait à fouiller et à fourrer sa main çà et là, lorsque le pesant couvercle du coffre, retombant rapidement, frappa ce voleur, ce pillard, et le renversa mort. Ce mort, couvert par un amas de plumes, resta long-temps étendu dans cet endroit; car il y avait dans le sanctuaire un très-gros tas de plumes. Cependant, les gens de Gand ayant long-temps attendu ce jeune homme, et voyant qu'il ne revenait pas, voulurent monter violemment par la fenêtre; car ils l'avaient envoyé en avant comme le plus audacieux pour tenter l'entrée de l'église, et ils avaient cru s'emparer ainsi du corps du comte. Nos citoyens s'avancèrent contre eux en armes, et ne souffrirent pas même que les gens de Gand parlassent en leur présence d'enlever le corps du comte. Nos citoyens s'indignaient fortement, et plus qu'on ne pourrait croire, que quelques hommes tâchassent d'enlever le corps à notre ville. Au milieu de la dispute ils tirèrent leurs épées des deux côtés, il s'éleva un grand tumulte, et tout le monde courut au combat. Cependant les assiégés tourmentaient autant qu'ils pouvaient les vainqueurs; les plus sages des nôtres, à la nouvelle de la dispute, apprirent bientôt que les gens de Gand prétendaient que, par droit, ils devaient transporter avec eux à Gand le corps du comte, vu que, par leurs échelles, ils avaient effrayé les assiégés, et les avaient contraints à fuir du château, et aussi que nos citoyens affirmaient que leurs machines n'avaient servi à rien, qu'ils n'avaient fait au siége que piller et faire des frais considérables dans notre ville ; ils terminèrent la querelle, et apaisèrent le tumulte en disant : « Ne « vous querellez pas, mais attendons plutôt ensem- « ble jusqu'à ce que Dieu ait livré, à nous et au « royaume, le bon et légitime comte ; alors on dis- « posera de son corps d'après la décision des prin- « ces du royaume, de notre évêque, et de tout le « clergé. »

Ainsi pacifiés, ils firent marcher contre l'église des hommes armés et audacieux à l'attaque. Ceux-ci ramassant toute leur vigueur, se précipitèrent avec impétuosité, et forcèrent la porte de l'église du côté du cloître ; ils poursuivirent les assiégés depuis le bas de la nef jusque dans la tribune, dans laquelle ils avaient mis à mort, avec impiété et perfidie, le plus digne comte de la terre. Ainsi les serviteurs se trouvaient resserrés autour de leur maître, quoique ce fût bien contre leur vouloir qu'ils étaient ainsi renfermés avec le seigneur comte; alors enfin, les gens de Gand étant entrés dans le sanctuaire, cherchèrent le jeune homme qu'ils avaient envoyé en avant le matin par la fenêtre principale, et le trouvèrent sous les plumes brisé et mort. Quelques-uns disaient faussement qu'il avait été tué par Bouchard, au moment où il descendait imprudemment dans l'église. Ce n'est pas ici le lieu de raconter tout ce qu'on jeta de pierres du haut de la galerie sur les vainqueurs qui se trouvaient dans la nef du temple, et combien il y en eut d'écrasés, brisés, et blessés par les traits et les flèches; en sorte que tout le chœur du temple était plein de monceaux de pierres, et que nulle part on n'apercevait le pavé. Les parois et les fenêtres vitrées, les stalles et les siéges des frères furent renversés, si bien que tout était en confusion et destruction, qu'il ne restait plus dans l'église aucune apparence d'ordre ni de sainteté, et qu'une horrible et honteuse difformité la rendait plus affreuse qu'une prison. Dans la tribune, les assiégés s'étaient fait des remparts avec des coffres, les tables des autels, les siéges et les autres meubles de l'église, et les avaient liés avec les cordes des cloches. Ils cassèrent en morceaux les cloches ainsi que le plomb dont l'église était anciennement couverte, pour en accabler leurs ennemis. Dans l'église, c'est-à-dire dans le chœur, on combattait avec l'ardeur la plus grande ; et près de la tour et du haut des portes de la tour[1] on fit un si grand carnage, que je ne pourrais le décrire, ni exprimer la multitude de ceux qui furent frappés et blessés.

Le chevalier Gervais, camérier et conseiller des comtes du royaume, s'empara avec une grande valeur du faîte de la maison du comte, et ordonna d'y planter sa bannière ; ce qu'il fit par jalousie contre les assiégés, qui dès le premier jour du siège, et même le jour où des serviteurs impies mirent à mort leur maître, avaient levé la bannière contre leurs ennemis. De son côté Guillaume d'Ypres, comme seigneur et comte de la terre, levait bannière contre quelques tributaires qui avaient refusé de lui payer les impôts, et de le recevoir pour comte. Le premier jour du siége, les traîtres, ne faisant rien sans orgueil, parce qu'ils croyaient que les princes du royaume se rendraient complices de leur crime, et demeureraient avec eux dans la même intimité, foi et amitié, avaient superbement planté leurs bannières sur le haut de la maison du comte, de la tour de l'église, de trois autres tours plus petites, sur le portique du prévôt, ainsi que sur les portes du château, afin de faire voir par là qu'ils étaient

[1] Il est assez difficile de s'expliquer ici à quelle porte de la tour se passa le combat, car il ne paraît pas que la tour eût d'autre porte que celle qui communiquait à la tribune occupée par les assiégés ; il faudrait peut-être supposer qu'au lieu de donner précisément dans la tribune, cette porte en était seulement voisine, et donnait sur le haut de l'escalier, d'où les assiégés furent d'abord obligés de chasser les assiégeans, et qu'ils barricadèrent ensuite. Comme c'est uniquement dans l'église qu'on se bat, il faut aussi, pour comprendre que les assiégés se défendent de l'intérieur de la tour, supposer qu'elle avait des jours sur l'église.

les maîtres, et qu'ils attendaient les grands du royaume et leurs amis et alliés, pour écraser les forces des assiégés, et les empêcher de venger la mort du comte. Didier, frère d'Isaac, s'empara avec nos citoyens de la petite maison du comte, et planta sa bannière sur le plus haut portique. Le jeune Robert, l'ayant vu du haut de la tour passer dans le château, lui adressa ces reproches : « O Didier, tu ne te souviens plus que jus- « qu'à présent tu nous as conseillé de trahir le sei- « gneur comte ; tu as trahi à ce sujet ta foi et ton ser- « ment ; et maintenant, à la vue de notre infortune, « tu te réjouis et nous persécutes. Oh ! plût à Dieu « qu'il me fût permis de sortir ! je t'appellerais en « combat singulier. J'atteste Dieu que tu es un plus « grand traître que nous, car tu as autrefois trahi le « comte, et maintenant tu nous trahis. » Ces reproches adressés à Didier furent remarqués de tous.

Les neveux de Thancmar, qui avaient été en partie, dit-on, la cause du crime, avaient fixé avec orgueil, gloire et puissance, leur bannière sur la maison du prévôt. Tous avaient vu cela avec le plus grand déplaisir, et nos citoyens s'en affligeaient excessivement, parce qu'avant leur trahison, le prévôt et les siens étaient des hommes religieux, se conduisaient amicalement envers eux, et traitaient honnêtement tous ceux de notre ville et tous les habitans du royaume. Lesdits neveux de Thancmar, après s'être emparés des maisons, et y avoir planté leur bannière, s'étaient mis en possession, comme de leurs propres biens, de ce qu'ils y avaient trouvé. Le cœur de nos citoyens se souleva contre les neveux de Thancmar, et ils cherchèrent l'occasion de les combattre et de les tuer.

C'est pourquoi vers le soir du samedi, comme les neveux de Thancmar envoyaient à leur campagne le froment et le vin qu'ils avaient pris dans la maison du prévôt, nos citoyens s'avancèrent vers eux dans le cloître, et ayant tiré leurs épées, ils brisèrent le vase où était le vin. Il s'éleva alors un tumulte prodigieux, et les citoyens fermèrent les portes de la ville, afin qu'aucun de ces neveux ne s'échappât. Les assiégés, en effet, avaient appelé nos citoyens, autrefois leurs amis, pour les prier de détruire leurs ennemis, qui étaient la cause de l'horrible forfait qu'ils avaient commis. Les neveux de Thancmar n'ayant pu, dans la maison du prévôt, résister aux citoyens, cherchèrent à s'échapper. Thancmar, en fuyant, était parvenu à une des portes, et comme elle était fermée et qu'on lui demandait la cause d'un si grand tumulte, il dit faussement qu'un combat avait lieu entre les assiégeans et les assiégés. Enfin il se cacha dans une petite maison jusqu'à ce qu'il vît ce qu'on ferait de ses neveux. Comme les citoyens passaient à main armée par le pont de Saint-Pierre et celui du château, Gautier le bouteiller et les autres chefs du siége vinrent à leur rencontre, et s'efforcèrent d'apaiser le tumulte. La place publique était couverte de tant de porte-lances, qu'on aurait cru voir une forêt épaisse. Cela n'est pas étonnant; car le même jour tous les gens du pays, soit pour le butin, soit pour la vengeance, soit plutôt pour emporter le corps du comte, ou par étonnement de tout ce qui se passait, étaient venus affluer dans la ville. Tout le monde criait que, de droit, les neveux de Thancmar devaient être pendus, parce que c'était à cause d'eux que le comte avait été tué, le prévôt et ses neveux assiégés, et plusieurs de leur famille tués et condamnés à la mort la plus honteuse ; c'est pourquoi on ne pouvait souffrir qu'on les épargnât, et il fallait les condamner à la mort la plus ignominieuse et la plus cruelle, eux qui avaient discrédité auprès du comte par fraude, sédition et corruption par argent, leurs seigneurs, le prévôt, ses frères et ses neveux, plus puissans et plus nobles qu'eux dans le comté.

Les princes pouvaient à peine arrêter la sédition de nos citoyens, parce que le châtelain Haket et le jeune Robert, avec les amis et les proches de ces mêmes citoyens, du haut de la tour, les excitaient, des bras et des mains, à fondre sur les neveux de Thancmar, qui étaient ainsi montés arrogamment dans la maison du prévôt, et y avaient planté leur bannière victorieuse, comme s'ils avaient par leur courage pris le château d'assaut, tandis qu'au moment où nos citoyens y avaient pénétré par force, les neveux de Thancmar dormaient encore dans leur maison et dans leur métairie. Ce tumulte s'apaisa enfin, à condition que lesdits neveux sortiraient sur l'heure même de la maison, qu'ils ôteraient humblement la bannière et s'éloigneraient. Ils se retirèrent avec danger sous la conduite des princes, et se méfiaient tellement des citoyens qu'ils s'en allèrent ayant chacun son conducteur monté sur le même cheval. La maison fut laissée sous la garde des soldats et des citoyens de notre lieu, et on partagea le froment et le vin entre les chefs du siége et les citoyens, par la force desquels avait été remportée la victoire en ce jour.

Comme le jour finissait, on prit un grand soin de

garder pendant la nuit la cour du château, le cloître des frères, la maison du prévôt, le réfectoire et le dortoir des frères; car les assiégés essayaient continuellement de détruire par les flammes les toits du cloître et des maisons situées autour de l'église, afin que les assiégeans n'eussent aucun moyen d'arriver jusqu'à eux. C'est pourquoi les gardes de nuit, effrayés, veillaient avec inquiétude et crainte. Souvent les assiégés, sortant secrètement, à des heures de la nuit, répandaient la crainte parmi les gardes. Les traîtres, dans l'espace si resserré de la tour de l'église, avaient ordonné à leurs gardes de sonner pendant toute la nuit des trompettes, des clairons et du cornet, espérant encore s'échapper, parce que les princes du royaume leur offraient, par des lettres jetées dans la tour au moyen d'une flèche, leur amitié et leur secours.

D'après l'ordre de Gautier le bouteiller, le prévôt, conduit par le frère de Foulques, chanoine de Bruges, chevalier perfide, arriva à cheval la nuit du jeudi à Kaihem, métairie de ce même Gautier et de Bouchard. S'y étant caché quelque temps, et ayant été découvert, il s'enfuit, sans autre escorte que la nuit, auprès de sa femme à Furnes; et de là, comme il ne pouvait s'y cacher, dans la nuit du vendredi saint il passa à Warneste. La même nuit, comme nous l'avons appris, il continua à fuir, et il souffrit de son propre gré le châtiment de ses péchés, marchant nu-pieds afin que Dieu pardonnât à un si grand pécheur le crime qu'il avait commis sur le pieux comte. Cela est assez probable, car, lorsqu'il fut pris peu après, la plante de ses pieds parut écorchée, et, dans la route qu'il fit pendant la nuit, les pierres lui avaient tellement déchiré les pieds que le sang en coulait. Cet homme souffrit ainsi cruellement; lui qui auparavant commandait à tout le monde, abondait en richesses et en honneurs mondains, et, plongé dans les voluptés, craignait autant qu'un dard la piqûre d'une puce, voilà que seul il errait exilé dans son pays. Mais retournons de cette digression aux veilles de la nuit dont nous avons parlé, pendant lesquelles les gardes s'effrayaient mutuellement, tant les assiégeans que les assiégés. Ennuyés et fatigués, ils remplacèrent le sommeil de la nuit par celui du jour.

CHAPITRE XI.

Guillaume-le-Normand est donné pour successeur au bienheureux Charles dans le comté de Flandre. — Autres compétiteurs. — Embuches dressées pour la translation du corps à Gand.

Le dimanche 20 mars, dans la nuit de saint Benoît, le roi de France Louis envoya d'Arras vers les princes et barons du siége, pour les saluer et leur promettre foi et secours, et, de plus, tout son pouvoir pour venger son neveu, le très-équitable Charles, comte de Flandre, à qui la couronne convenait plus justement qu'au comte choisi par ces abominables traîtres. « Il « ne m'est pas opportun, disait-il, de passer mainte- « nant auprès de vous. J'irai plutôt avec quelques-uns « des miens, lorsque je saurai l'événement du siége. « Car, selon moi, ce ne serait pas agir sagement que « d'aller se jeter entre les mains des traîtres de ce

« pays, sachant qu'il y en a encore plusieurs qui s'af-
« fligent du sort des assiégés, défendent leurs crimes,
« et travaillent de toutes les manières à les délivrer.
« Le pays est en désordre, et déjà des conjurations
« ont été tramées pour faire obtenir par force le royau-
« me à Guillaume[1] ; mais presque tous les habitans
« des villes ont juré de ne pas accepter Guillaume
« pour comte, parce qu'il est bâtard, c'est-à-dire né
« d'un père noble et d'une mère de basse origine,
« qui, tant qu'elle vécut, ne cessa pas de carder de la
« laine. Je veux et ordonne que sans délai vous vous
« réunissiez en ma présence pour élire d'un commun
« avis un comte habile, qui de votre consentement
« sera votre égal, et régnera sur les habitans ; le pays
« ne pourrait rester long-temps sans comte qu'avec
« des dangers plus graves que ceux qui le menacent
« maintenant. »

Cette lettre ayant été lue en présence de tous, voilà qu'ils n'avaient pas encore répondu au message du roi, pour lui dire s'ils iraient ou non, lorsqu'arriva un autre messager de la part du neveu du comte Charles[2], chargé de porter son salut aux princes du siége, et le témoignage de son affection naturelle à tous les habitans du pays. « Personne de vous tous ne doute, di-
« sait-il, qu'après la mort du comte, mon seigneur,
« le royaume de Flandre ne doive venir en mon par-
« tage et en mon pouvoir par droit de parenté. C'est
« pourquoi je veux que vous agissiez avec considé-
« ration et prudence sur l'élection de ma personne,
« et je vous avertis et vous prie de ne pas m'éloigner
« du trône, moi qui, si vous me le confiez, selon mon

[1] Guillaume d'Ypres. — [2] Thierri d'Alsace.

« droit de parenté, serai un comte juste, pacifique,
« traitable, et aurai soin de pourvoir aux intérêts et
« au salut communs. »

Alors les princes et tous ceux qui avaient entendu la lettre envoyée d'Alsace par le neveu du comte, affirmèrent qu'elle était fausse, et ne se souciaient pas d'y répondre, parce que l'État était en pressant danger, que le roi convoquait une assemblée, et qu'ils prévoyaient ne pouvoir traiter de l'élection de ce neveu du comte Charles sans beaucoup de peine et d'embarras.

Prenant donc une très-sage résolution, ils se préparèrent, d'après l'ordre du roi, à se rendre auprès de lui le lundi et le mardi suivant. Cependant, par une adresse et un dessein excellens, les princes ayant appelé les citoyens le même dimanche, ils coururent aux armes et attaquèrent les assiégés dans la tour. Ils firent cela afin d'effrayer et d'épouvanter davantage les assiégés ; en sorte que pendant que les princes s'éloigneraient pour se rendre auprès du roi, ils n'osassent pas sortir de la tour, ni s'enfuir. Des deux côtés le combat fut violent, et les assiégés ignoraient encore pourquoi leurs ennemis attaquaient ce dimanche-là, tandis qu'ils avaient gardé la paix pendant les autres. Les princes allèrent donc à Arras le lundi et le mardi parler au roi, après avoir établi des sentinelles armées pour garder la tour, veillant nuit et jour avec vigilance et fidélité à ce qu'il ne s'échappât aucun des assiégés.

Le mercredi 23 mars, Isaac fut pris et pendu [1] trois

---

[1] Le texte porte : *Isaac captus est et suspensus liberator meus*. Il m'a été impossible de découvrir quel pouvait être le sens de ces mots, *libe-*

semaines après le meurtre, avant l'Annonciation de Sainte-Marie et avant le dimanche des Rameaux. Lambert l'archer s'échappa de la tour, et, monté dans une petite barque, s'enfuit à la métairie de Michem. Il était du conseil de Bouchard, et se conduisait toujours avec méchanceté, soit dans ses conseils, soit dans ses actions, poussant ses seigneurs à toute sorte de crimes; c'est pourquoi il était odieux à tous ceux qui pendant le siége avaient appris ses fourberies. Renfermé dans le château depuis le temps du siége jusqu'à celui de sa fuite, il se montrait habile à toutes les manœuvres qu'on pratiquait au dedans, très-adroit à tirer les flèches, d'une grande force à lancer des javelots et toute sorte de traits, et il répandit souvent le carnage parmi les ennemis. Ils s'enfuit dès la pointe du jour, et les citoyens le cherchèrent pendant toute la journée; car comme il s'échappait de la tour, Bouchard cria aux assiégeans l'heure et le lieu où s'était enfui son conseiller et son ami. Les citoyens cernèrent la maison dans laquelle il s'était réfugié, et l'ayant retiré de l'endroit où il s'était caché, ils l'emmenèrent captif, et l'auraient pendu sur notre place publique si les chefs du siége, qui étaient alors à Arras à délibérer des affaires de l'État, eussent été dans ce temps au château. On le remit sous la foi du serment à un de nos citoyens nommé Gerbert dont il était parent, et qui, l'ayant chargé de chaînes, le garda avec une exacte vigilance jusqu'au retour des princes du comté afin qu'ils rendissent leur jugement sur ce qu'ils voulaient qu'on en fît.

rator meus, qui ne sauraient évidemment se rapporter à Isaac. Ils proviennent probablement de quelque erreur de copiste, et j'ai pris le parti de les omettre.

Le jeudi 24 mars, Walther Cruval rapporta aux nôtres que le roi d'Angleterre avait fait accord avec Guillaume d'Ypres et lui avait fourni une immense somme d'argent et trois cents chevaliers pour s'emparer du comté de Flandre. Quoique cette nouvelle fût fausse, cependant par une dissimulation trompeuse, il la publia comme vraie, car il fut véritablement évident que Guillaume d'Ypres avait pris au trésor du comte Charles, par les mains des neveux du prévôt Bertulphe, cinq cents livres de monnaie anglaise; et ces abominables traîtres s'efforcèrent de mettre à leur tête et à celle du royaume ce Guillaume, qui obtint d'eux de l'argent, des conseils et des secours ; ils l'instruisaient par des lettres qu'ils s'envoyaient mutuellement chaque jour de leurs volontés réciproques et des secrets. Le chevalier dont nous avons parlé dit donc faussement que Guillaume avait reçu du roi d'Angleterre des présens d'argent. Il voulut cacher par là la complicité de Guillaume, qui réellement avait reçu des traîtres de l'argent soustrait au trésor, avec lequel il leva des soldats ; afin que lorsque par force il se serait emparé du comté, les traîtres pussent ensuite dominer par ce moyen. Personne de ceux qui prétendaient à quelque autorité dans le royaume ne voulait s'entendre ouvertement en rien avec les traîtres ni recevoir d'eux aucun messager, parce qu'il aurait été sur-le-champ soupçonné du crime. C'est pourquoi Guillaume cachait ses intelligences avec eux, et feignait d'avoir reçu de l'argent du roi d'Angleterre, comme s'il n'avait, avec les traîtres, rien de commun, tandis qu'il est certain qu'avant le temps du siége il avait écrit au prévôt et aux siens pour les saluer et leur promettre secours. Dans ce temps, Giselbert, neveu des traîtres, châtelain de Bruges, qui était sous l'accusation de trahison, se réfugia auprès du châtelain de Saint-Omer, et offrit de se justifier en présence du roi et des pairs du royaume, et de prouver son innocence.

Le vendredi 25 mars, jour de la fête de l'Annonciation qui, tombant le vendredi de la passion de Notre-Seigneur, fut célébrée le samedi veille des Rameaux, il arriva par l'artifice et la ruse des gens de Gand que conduits par le maire de leur ville, et ayant le consentement du chevalier Ansbold et de quelques-uns de nos citoyens ainsi que celui des traîtres, les frères du monastère de Gand entrèrent dans le château la nuit de ce samedi, reçurent des mains des traîtres, par les fenêtres de la tribune, le corps du très-pieux comte et l'emportèrent dans des besaces et des sacs. Pendant tout ce temps, deux moines avaient épié l'occasion de dérober le corps. Comme ceux qui avaient conduit les moines se promenaient les armes à la main aux environs de la tour, les gardes effrayés sonnèrent de la trompette de toutes parts. Les citoyens et les gardes de la tour ainsi appelés se précipitèrent sur le maire, le chevalier Ansbold et ses complices, et les mirent en fuite après en avoir blessé quelques-uns. Frappés d'une crainte extraordinaire de la mort, les moines s'étaient engagés à donner cent marcs d'argent à ceux qui leur prêteraient secours si, par leur moyen, ils parvenaient à s'emparer du corps du comte. Les citoyens, sachant donc que les moines voulaient l'emporter secrètement ou en donnant une récompense ou de quelque autre manière que ce fût, le gardèrent avec un plus grand soin et mirent auprès de lui une troupe vigilante.

Le 27 mars, le dimanche des Rameaux, nos bourgeois s'assemblèrent dans un champ adjacent à la ville, dans l'enclos d'une métairie. Ayant de toutes parts convoqué les Flamands auprès de nous, on prononça ce serment sur les reliques des Saints. « Moi, « juge, je jure d'élire pour comte de ce pays un homme « capable de gouverner avec avantage le royaume des « comtes ses prédécesseurs, et de maintenir puissam- « ment ses droits contre les ennemis de la patrie, qui « se montre affectueux et pieux envers les pauvres, « religieux envers Dieu, qui marche dans le droit che- « min, et soit capable d'être utile aux intérêts com- « muns de la patrie. » Ensuite les meilleurs citoyens firent ce serment. Alard l'échevin d'Isandic avec sa suite, Haïeul d'Ostbourg avec les autorités de ce lieu, Hugues de Redenbourg avec les plus riches de cet endroit ; tous les plus riches et les meilleurs de Lapscure, Ostkerk, Utkerk, Lisweg, Slipen, Ghistel, Oldenbourg, Lichterveld, Iadbek, s'engagèrent par un semblable serment. Il y en eut un très-grand nombre qui jurèrent de même.

Le mercredi 30 mars, revinrent d'Arras au son des cloches nos princes, qui étaient allés auprès du roi pour conférer des affaires du royaume et élire un comte d'après le conseil du roi Louis, empereur de France, le choix de ses barons et des nôtres, après avoir prudemment examiné ce qui paraissait devoir être utile à l'intérêt de la patrie. Joyeux et contens du rapport qu'ils avaient à faire, ils annoncèrent, de

la part du roi et des barons, salut et foi à nous et à tous les habitans du pays, surtout à ceux qui avaient contribué de leurs efforts assidus à la vengeance de la mort du seigneur comte Charles. « Louis le roi
« de France salue affectueusement tous ses bons
« fils les habitans du pays, et leur annonce l'arrivée
« de ses armées royales, remplies de la force de Dieu
« et de la vaillance guerrière, son invincible secours.
« Comme nous avons été affligés de prévoir que le
« meurtre du comte entraînerait la ruine de la patrie,
« nous sommes convenus d'exercer notre vengeance,
« par une rigoureuse sévérité et des supplices inouis
« jusqu'ici; et pour que désormais le comte que
« nous venons d'élire apaise et fasse refleurir le
« pays, obéissez et faites ce que vous entendrez dans
« le courant de cette lettre. » C'est pourquoi Gautier le bouteiller, en présence de tous nos citoyens qui s'étaient réunis dans le champ dont nous avons parlé pour entendre les ordres du roi, confirmant de vive voix les paroles portées dans la lettre, dit : Écoutez,
« ô nos concitoyens, ce que le roi et ses barons ont
« conclu après l'avoir mûrement pesé. Les princes
« de France et les premiers de la terre de Flandre,
« par l'ordre et les avis du Roi, ont élu pour comte
« de vous et de cette terre le jeune Guillaume, né
« en Normandie[1], noble de race jusqu'à ce jour,
« élevé parmi vous depuis le plus jeune âge comme
« un enfant et qui doit l'être désormais comme un
« brave jeune homme. Il est certain qu'il se for-
« mera à toutes bonnes coutumes, et vous pourrez

[1] Guillaume Cliton, né en 1101, fils de Robert Courte-Heuse, duc de Normandie, et de Sibylle de Conversano.

« habilement, comme vous voudrez, plier aux bon-
« nes mœurs sa douceur et sa docilité. Moi-même,
« Robert de Béthune, Baudouin d'Alost, Jean son
« frère le châtelain de Lille et les autres barons, nous
« l'avons élevé au titre de comte, et nous lui avons
« juré foi, serment et hommage, selon la manière
« des comtes de Flandre ses prédécesseurs. Lui-
« même, pour la récompense de nos travaux, nous a
« fait don des terres et des domaines des traîtres, qui
« d'après le jugement de tous les princes ont été con-
« damnés à la proscription ; en sorte qu'ils ne doivent
« plus espérer autre chose ni autre compassion que
« la mort la plus cruelle et la plus inouïe. J'ordonne
« donc, veux et conseille sans fourberie, à vous habi-
« tans de la ville et à tous ceux ici présens, que vous
« acceptiez pour votre seigneur et comte le comte
« Guillaume qui vient d'être élu comte et gratifié du
« comté par le roi. Au reste, s'il est quelque chose
« qu'il soit en son droit et pouvoir de vous donner,
« comme la taille et l'impôt sur la terre, je vous an-
« nonce de la part du roi et du nouveau comte, qu'il
« remettra sans fourberie et sans mauvais dessein à
« tous ceux de vous qui le desireront la taille et l'im-
« pôt sur vos demeures dans la ville. » Ayant entendu
cette lettre et la voix de celui qui l'apportait, les citoyens remirent au lendemain la réponse au sujet de
la réception et de l'élection du nouveau comte, afin
qu'appelant les Flamands avec lequels ils avaient fait
leur serment d'élection, ils accordassent leur consentement ou rejetassent la lettre envoyée par le roi.
Comme tout ce jour s'était passé en longs discours,
les citoyens revenus du lieu où on leur avait parlé

convinrent entre eux d'envoyer toute la nuit chercher les Flamands afin qu'ils confirmassent ou rejetassent l'élection du nouveau comte.

CHAPITRE XII.

Arrivée du comte Guillaume avec le roi en Flandre et à Bruges. — Sermens réciproques.

Le jeudi 31 mars, les citoyens s'étant réunis avec les Flamands, ils convinrent d'un commun accord que vingt chevaliers et douze des plus âgés et des plus sages d'entre les citoyens, sortiraient le samedi saint de Pâques au devant des envoyés du roi jusqu'à la ville de Ravenscot, pour entrer en conférence, et que là les gens de Gand attendraient l'arrivée des nôtres; car les bourgeois des villes et des châteaux de Flandre s'étaient liés mutuellement par les mêmes promesses, afin de ne consentir ou ne s'opposer à rien dans l'élection que d'un commun avis. C'est pourquoi nos bourgeois n'agissaient pas sans le concours des gens de Gand leurs plus proches voisins. Ils allèrent donc ce même jour samedi saint, ainsi qu'ils l'avaient réglé. Le roi, selon le dessein qu'il en avait formé à Arras, vint avec le comte nouvellement élu à Lille, où le comte reçut les hommages comme dans Arras; de là il se rendit à une métairie nommée Deinse, située sur la route par laquelle il devait aller à Gand. Le roi attendit dans cette métairie les gens de Gand qui devaient y recevoir le nouveau comte, selon son ordre et d'après le choix des premiers du pays. Nos gens et ceux de Gand s'accordèrent donc, au sujet de la réception du nouvel élu, à l'accepter pour comte et patron de tout le pays.

Le vendredi 1er avril, le jour du vendredi saint, le châtelain Haket s'échappa seul de la tour et passa à Lisweg, où il se cacha avec sa fille, mariée depuis longtemps à un chevalier d'une haute origine et extrêmement riche. Le fugitif y attendit ne sachant ce qu'il devait faire. Le deuxième jour d'avril, le saint samedi de Pâques, quelques uns de nos citoyens et de ceux de Gand qui revenaient d'une entrevue, élurent Guillaume comte de la patrie, lui faisant hommage, foi et serment selon la coutume des comtes ses prédécesseurs. Le même jour, le roi et le nouveau comte nommèrent châtelain de notre château de Bruges Gervais, que cette récompense ne paya pas encore assez des services qu'il avait rendus dans un siége où il fit les nombreux et fameux exploits que je transmets fidèlement à la mémoire des lecteurs. Au moment même en effet où on trahissait le comte Charles, Gervais tout en pleurs, arrachant ses cheveux et déchirant ses vêtemens, courait dans le château en frappant des mains et criant : « Malheureux que je suis ! je ne puis « venger seul mon seigneur, le très-juste prince de « notre terre, que personne ne songe à défendre ou « à venger ! » et lui seul donna le premier mouvement de la vengeance, qu'ensuite, Dieu combattant avec lui, il consomma heureusement.

Le 3 avril, le saint dimanche de Pâques, jour du martyre de la vierge Théodosie, le clergé et le peuple étaient dans l'attente de l'arrivée du roi et du comte dans notre ville. Ce jour-là, les abominables traîtres participèrent au corps et au sang du Christ, on ne sait cependant par l'office de quel prêtre. Le même jour les assiégés, ces abominables traîtres, accablèrent de traits ceux qui traversaient le château, car, dans l'attente de la mort honteuse qui leur était réservée, ils persévéraient jusqu'à la fin dans la même vie, sans foi et sans rien respecter.

Le mardi 5 avril, *aqua sapientiæ*[1], au crépuscule de la nuit, le roi et le nouveau comte Guillaume, marquis de Flandre, arrivèrent à Bruges. Les chanoines de Saint-Donatien allèrent à leur rencontre, portant en procession solennelle toutes les reliques des Saints, et ils reçurent joyeusement, avec les honneurs dus à la royauté, le roi et le nouveau comte. Le mercredi 6 avril le roi et le comte s'assemblèrent avec leurs chevaliers et les nôtres, nos citoyens et beaucoup de Flamands, dans le champ accoutumé, où on transporta les châsses et les reliques des Saints ; là, après qu'on eut ordonné le silence, on lut en présence du roi, du comte et de tout le monde, les chartes des immunités ecclésiastiques et priviléges de Saint-Donatien, afin que le roi et le comte ne s'opposassent jamais, par une téméraire audace, à ce qui est écrit dans les pages de ces priviléges, sanctionnés par les pontifes catholiques romains, et qu'aucun des rois et des comtes catholiques n'a altérés, mais que plutôt ils les sanctionnassent et les fissent respecter par la vertu de la dignité royale, et qu'ils les affermissent par leur puissance. Les frères de la même église protestèrent qu'ils avaient le droit, d'après la

---

[1] Commencement de l'*introït* de la messe du jour ; manière assez commune alors de désigner les dates.

concession qui leur en avait été faite par le seigneur Pape, et comme il est contenu dans leur charte, d'élire canoniquement et sans simonie le prévôt, lequel prévôt élu canoniquement et sans simonie, le roi, s'il était présent, éleverait de son autorité aux fonctions de son ministère et à la dignité de la prélature, et le subrogerait au rang de prélat. Que si le roi n'était pas présent, le comte, comme chargé de ses pouvoirs, et pour son propre compte et celui des siens, selon l'usage des princes catholiques ses prédécesseurs, ferait audit prévôt canoniquement élu cette même concession et subrogation au rang de prélat.

On lut aussi un traité conclu entre le comte et nos citoyens, sur la taille et l'impôt des maisons qu'on nous avait remis ; dans lequel il était dit que, pour prix de l'élection et de la réception de la personne du nouveau comte, ils recevraient de lui ce droit, à savoir, que désormais ni eux ni leurs successeurs en notre endroit ne payeraient de taille ni d'impôt au comte ni à ses successeurs ; mais qu'à jamais affranchis de cet impôt, ainsi qu'il était écrit dans l'acte de la convention, ils demanderaient et recevraient le serment du comte et du roi, en confirmation de cette franchise. Ce serment portait que le roi ni le comte à l'avenir ne rechercheraient plus, par eux ou par leurs ministres, pour le paiement de la taille et de l'impôt, nos citoyens ou leurs successeurs en ce lieu ; mais qu'ils maintiendraient inviolablement, de bonne volonté et sans mauvaise intention, les priviléges des chanoines, et l'affranchissement de la taille et de l'impôt, selon les conditions de ce traité. Le roi et le comte prêtèrent serment sur les reliques des Saints, en présence du clergé et du peuple. Ensuite, selon la coutume, les citoyens jurèrent aussi fidélité au comte, et lui firent hommage et serment, comme ils l'avaient fait auparavant à ses prédécesseurs naturels, les princes et seigneurs de la terre. Pour s'attacher nos citoyens, le comte ajouta qu'il était en leur pouvoir et liberté de corriger leurs lois coutumières, et de les améliorer selon la nature des temps et des lieux.

Enfin, tout le monde ayant prêté serment, le roi et le comte retournèrent dans leur maison, où on leur apporta en présence de tout le monde, de la part des grands de Redenburg, qui avaient assisté au siége, une lettre conçue ainsi : «Nous aussi, qui avons assisté
« au siége, nous élisons de notre côté pour comte de
« Flandre le nouvel élu, à la condition que tu em-
« pêches et détruises les expéditions accoutumées, les
« injustes exactions des princes et les nouveaux im-
« pôts, que, par le perfide conseil de Lambert, ils
« ont établis dans Redenburg, contre le droit des
« coutumes de cette terre. Nous te demandons donc
« que tu en délivres nos citoyens et les habitans du
« voisinage, et que tu donnes le droit à nos paysans
« de sortir et de faire paître leurs troupeaux sur cette
« terre qu'on appelle *Moer* sans la taxe établie injus-
« tement par Lambert. Nous voulons aussi, au sujet
« du prix énorme des demeures dans Redenburg,
« que le roi et le comte prennent un certain milieu,
« en sorte qu'au moyen de douze écus seulement, on
« puisse racheter, au taux de douze écus au lieu de seize,
« le droit qu'à raison de la position des demeures ont
« payé jusqu'à présent les fils, après la mort de leurs

« pères. Nous avons établi pour nous une loi par laquel-
« le, lorsque notre comte annoncera une expédition,
« celui qui n'aura pas à alléguer de légitime excuse,
« achetera du comte pour vingt sols le droit de s'en
« dispenser. Nous demandons sur toutes ces choses,
« seigneur roi, ton consentement, ta permission, et la
« confirmation du nouveau comte; qu'il confirme par
« un serment tout ce qui est marqué dans cet écrit, qui
« a été publié en présence de tous. Nous avertissons
« et prions la personne et l'omnipotence du roi et du
« comte de ne pas permettre au prévôt Bertulphe, au
« jeune Robert, et à son frère Wilfrid Knop, ni au châ-
« telain Haket, ni à Lambert de Redenburg, ni à ses
« fils, ni à Bouchard et aux autres traîtres, de jamais
« hériter d'aucun bien dans le comté de Flandre. »

Cette lettre ayant été lue en présence de tous, le comte jura qu'il confirmait et accordait de bonne volonté, sans mauvaise intention et sans en rien retrancher, tout ce qu'ils lui demandaient. Ensuite, pendant tout le reste du jour, le comte reçut les hommages de tous ceux qui auparavant avaient été féaux du très-pieux comte Charles; et ils en reçurent également les fiefs et offices qu'ils avaient obtenus auparavant de droit et légitimement.

Le jeudi 7 avril, on rendit de nouveaux hommages au comte. La chose se passa dans l'ordre suivant, selon les formes déterminées pour prêter foi et serment. On fit hommage d'abord de cette manière : le comte demanda à celui qui prêtait hommage s'il voulait sincèrement devenir son homme, et celui-ci répondit : « Je le veux. » Ils unirent leurs mains, et le comte l'entourant de ses bras, ils s'allièrent par un baiser. En second lieu, celui qui avait fait hommage donna sa foi en ces termes au prolocuteur [1] du comte : « Je promets sur ma foi d'être fidèle au comte Guillaume, et de bonne foi et sans fourberie, de garder sincèrement contre tous l'hommage que je lui ai fait. » En troisième lieu, il fit le même serment sur les reliques des Saints. Ensuite, avec une baguette qu'il tenait à la main, le comte donna l'investiture à tous ceux qui par ce traité lui avaient fait foi et hommage, et prêté serment. Ce même jour, Eustache de Steenvorde fut tué dans Saint-Omer par les citoyens; puis, comme on avait mis le feu dans la maison où il s'était réfugié, il fut jeté au milieu des flammes et réduit en cendres. Accusé de trahison il mérita de souffrir une telle mort. Le même jour, dans Bruges, le comte donna à Baudouin d'Alost quatre cent vingt livres, parce qu'après le roi il était celui qui avait rendu le plus de services dans le comté par ses forces et ses conseils.

Le vendredi 8 avril, on fit encore hommage au comte. Le samedi 9 avril, le roi alla à Winendale parler à Guillaume d'Ypres, le bâtard[2], pour établir la concorde entre lui et le vrai et nouveau comte. Guillaume se montra excessivement dédaigneux de négocier la paix avec le vrai comte de Flandre ou de faire avec lui aucun accord, parce qu'il l'avait à mépris. Le roi, irrité de l'orgueil et du mépris du bâtard d'Ypres, et le dédaignant lui-même, revint vers nous. Le dimanche 10 avril, notre comte, d'après le conseil du roi et des princes, se mit en chemin pour

[1] Le chargé d'affaires, l'avocat.
[2] Bâtard de Philippe, second fils de Robert-le-Frison.

Saint-Omer ; mais comme il avait avec lui pour la route peu de gens de confiance, il revint vers nous dans la nuit.

CHAPITRE XIII.

Supplice du prévôt Bertulphe et de Gui de Steenvorde. — Émeute des gens de Bruges ; elle est apaisée.

Le lundi 11 avril, le prévôt Bertulphe fut livré entre les mains du bâtard d'Ypres, qui le desirait passionnément, et avait fait chercher avec une ardeur assidue le lieu où il s'était caché, afin que, s'il le prenait, la nouvelle de l'arrestation du prévôt de Bruges, et de la terrible vengeance qu'il en tirerait, rétablît son renom ; car, comme nous l'avons déjà dit, après l'accomplissement de la trahison, il avait publiquement envoyé d'Ypres saluer le prévôt et les siens ; ce qui, dans tous les royaumes, l'avait déshonoré et fait soupçonner de trahison. Ayant donc pris le prévôt fugitif et exilé dans sa patrie et parmi ses parens, il ne savait quel supplice imaginer pour faire mourir celui de la trahison duquel on le disait complice. Quoique ce bâtard voulût prouver son innocence par les argumens de cette ruse et de cet artifice, cependant Dieu, à qui rien ne résiste et de l'autorité de qui il a été dit: « Il n'est rien de caché qui ne lui soit « révélé, » manifesta à ses fidèles cette inhumaine turpitude, et leur fit connaître les meurtriers de ce prince si grand, lesquels furent par lui condamnés, proscrits et détruits. Le tumulte, les cris et le concours des habitans d'Ypres et de tout le voisinage, autour d'un seul homme captif, étaient si grands qu'on ne le pourrait indiquer par aucune comparaison. On dit qu'ils précédaient et suivaient le prévôt, chantant, dansant, applaudissant de diverses manières, et le traînant avec de longues cordes à droite et à gauche; de sorte qu'on le traînait tantôt en avant, tantôt d'un ou d'autre côté: ainsi cet homme, autrefois comblé d'honneurs et de puissance, était ignominieusement livré aux risées de la multitude; on le traînait entièrement dépouillé, sauf ses chausses, et accablé de boue et de pierres. Excepté le clergé et peu de gens qui l'avaient connu long-temps pour un homme religieux, personne n'eut pitié de lui. Fatigué par tant d'injures, blessé par tant d'opprobres et de coups, il voyait de loin approcher son supplice. Tout ce qu'il avait fait aurait pu justement s'offrir alors à sa mémoire, si la foule qui se précipitait à sa mort l'eût laissé vivre encore quelque temps. Il pouvait se rappeler comme il le devait, comment, s'étant mis violemment et injustement à la place de Ledbert, du vivant de ce prévôt, homme honnête et endurant tout à cause de Dieu, il avait, contre Dieu, usurpé la prélature dans l'église de Dieu; comment il avait, par une hérésie simoniaque, changé les prébendes, et armé pour toute sorte de crimes ses neveux aux frais de l'église; comment, tout récemment, il avait participé par son consentement ou ses conseils à la mort du noble prince Charles, catholique, issu de la race des rois, lorsqu'il aurait pu, s'il eût voulu, ainsi qu'il l'avoua dans les angoisses du supplice, le défendre contre les traîtres. Il pouvait rappeler devant les yeux de son esprit de quelle faveur, de quel honneur, de quelle renommée, de quelle force et de quels respects, Dieu avait comblé le clergé, et combien peu il s'était ressouvenu des grâces que Dieu lui avait dispensées, les possédant comme si c'eût été son bien propre et naturel; car, pendant trente-six ans, il s'était montré d'une manière inexplicable composé de toutes les vertus et de tous les vices que nous venons de rapporter. Si l'on s'applique à considérer sa nombreuse famille et la grandeur de ses partisans, on reconnaîtra plus évidemment combien fut admirable le combat que Dieu a livré, et la force du bras dont il s'est servi pour les détruire. Quoique je paraisse avoir ici l'occasion de décrire sa généalogie, il me semble cependant que j'ai assez de suffire à l'œuvre que j'ai commencée, et je trouve à propos de surseoir à cette description; car, dans cet ouvrage, je me suis proposé de décrire l'événement du siége et non l'origine illégitime du prévôt et des siens.

Cet homme, autrefois entouré de gloire et maintenant d'ignominie, autrefois respecté et maintenant couvert de honte, marchait donc le visage immobile et les yeux fixés vers le ciel; et, si je ne me trompe, il invoquait pour aide, non à haute voix, mais dans le fond de son ame, ce Dieu qui a pitié de la condition humaine, qu'il revêtit un jour pour gouverner les hommes dans le royaume du monde; alors un de ses persécuteurs lui ayant frappé la tête d'un bâton, lui dit: « O le plus orgueilleux des hommes, pourquoi « dédaignes-tu de regarder les princes et nous, et de « nous parler, nous qui avons le pouvoir de te per-

« dre ? » Mais il ne s'inquiétait pas de les regarder, et il fut pendu à un gibet au milieu de la place publique d'Ypres, comme le sont les voleurs et les brigands. On lui ôta ses braies pour mettre à découvert ses parties honteuses. Il n'y eut rien de honteux ni d'ignominieux qu'on ne mît en usage dans son supplice; on lui étendit les bras en forme de croix sur le gibet, ses mains y furent attachées, on lui passa la tête par le trou du gibet, en sorte que le reste de son corps demeura suspendu à ses bras et à son cou; il mourut comme suffoqué par d'indignes nœuds. Comme on commençait à le pendre, et qu'il soutenait encore un peu son corps en appuyant la pointe de ses pieds sur le gibet, afin de prolonger ainsi sa misérable vie, le bâtard Guillaume vint à lui au milieu de tant de milliers de gens qui lui jetaient des pierres et le tourmentaient, et lui dit : « O prévôt, dis-
« moi donc, je t'en prie pour le salut de ton ame,
« quels sont avec toi, Isaac, et les traîtres qui se
« sont déclarés ouvertement coupables de la mort de
« monseigneur le comte Charles, ceux qui sont encore
« cachés ? » Le prévôt lui répondit en présence de tous : « Tu les connais aussi bien que moi. » Alors, saisi de fureur, Guillaume ordonna de lui jeter des pierres et de la boue et de le tuer. Et voilà que ceux qui s'étaient rassemblés dans la place publique pour acheter des poissons, mirent en pièces le corps du prévôt avec des hameçons, des crocs et des bâtons. Ils ne le laissèrent pas s'appuyer plus long-temps sur le petit rebord du gibet où il posait l'extrémité de ses pieds; mais, le repoussant de là, ils le pendirent et lui firent perdre la vie dans les horreurs d'une mort

cruelle. En mourant, il déplora la trahison du chevalier Gautier, son homme lige, qui l'avait livré à la mort qu'il souffrait, le trompant lorsqu'il aurait dû diriger sa fuite. Le peuple d'Ypres, exerçant sa fureur contre le prévôt mourant, lui ceignit le col de boyaux de chien, et approcha de sa bouche la gueule d'un chien au moment où il rendait le dernier soupir, voulant montrer ainsi qu'il avait été semblable à un chien par ses actions.

Dans ce même temps, Gui, chevalier fameux et vaillant, qui avait été le plus intimement admis au conseil des comtes de Flandre, avait concouru à cette trahison, parce qu'il avait épousé une nièce du prévôt, la sœur d'Isaac. C'est pourquoi un certain Hermann, brave chevalier, aussitôt après la mort du comte Charles, en présence du bâtard comte d'Ypres, appela Gui à un combat singulier, parce qu'il avait méchamment trahi son seigneur. Gui affirma qu'il serait toujours prêt à se défendre de l'accusation de trahison dont on le chargeait. On leur assigna pour le jour du combat celui du supplice du prévôt. Aussitôt que le prévôt eut expiré, toute la foule qui assistait à son supplice alla vers la place où eut lieu le combat annoncé entre Hermann et Gui; ils se battirent avec acharnement. Gui renversa de cheval son adversaire, et à chaque fois qu'il essayait de se relever il l'étendait à terre avec sa lance autant de fois qu'il voulait; alors Hermann se glissant plus près, traversa de son glaive le cheval de Gui, et l'éventra. Gui étant tombé tira son épée et s'élança sur son ennemi; alors s'engagea à coups d'épée un combat continuel et acharné jusqu'à ce que harassés par le poids et le fardeau de leurs armes et jetant leurs boucliers, chacun tâchât de remporter la victoire en luttant corps à corps contre son adversaire. Hermann tomba renversé à terre, et Gui, étendu sur lui, lui brisait le visage et les yeux de ses gantelets de fer. Comme nous le lisons d'Antée, Hermann renversé sentit peu à peu la fraîcheur de la terre lui rendre ses forces en peu de momens, et, se tenant immobile, il laissa Gui se croire sûr de la victoire. Cependant, portant doucement la main jusqu'aux bords inférieurs de la cuirasse où Gui n'était pas couvert, il le saisit par les testicules, et rassemblant ses forces en ce moment unique, il le rejeta loin de lui. Dans ce brusque mouvement, Gui, jeté à terre, les parties naturelles brisées, succomba au point de s'écrier qu'il était vaincu et mort. Alors le comte voulant rendre ce combat utile à son renom, ordonna de pendre Gui auprès du prévôt déjà mort et sur le même gibet, afin que, coupables d'une même trahison, ils mourussent d'un même supplice.

Ensuite, ayant placé les cadavres de ces deux hommes sur la roue d'un chariot attachée à un mât excessivement haut, on les exposa à la vue de tous les passans, et leur pliant les bras vers le cou, bien qu'ils fussent déjà morts depuis trois jours, pour qu'ils parussent s'embrasser, on leur donna l'air de trahir et de conspirer la mort de leur seigneur et comte, le glorieux et très-pieux comte Charles. Il vint vers nous, en présence du roi, un homme d'armes qui avait assisté à ces exécutions et avait vu pendre à Ypres le prévôt et Gui, et il annonça ce qui leur était arrivé. On cria aussitôt, aux assiégés renfermés dans la tour, de quelle manière leur seigneur prévôt avait été pris et exécuté, et qu'il ne leur restait plus qu'à se rendre au roi pour être traités selon leur méchante conduite. Ces misérables, frustrés de tout espoir de conserver leur vie, étaient pressés par la douleur et l'anxiété, pleuraient et poussaient des gémissemens ; en sorte que la crainte et le désespoir les assiégeaient plus étroitement que les chefs du siége.

Le même jour, Gervais ordonna aux charpentiers de démolir la tour de bois qu'on avait construite d'abord pour attaquer les murs, mais qui maintenant n'était plus d'aucune utilité. Ayant fait séparer des autres une très-forte poutre, il ordonna de la préparer et d'en faire un bélier pour renverser les murailles de l'église. Comme les archers des assiégés, courbant leurs arcs et faisant résonner leurs cordes du haut de la tour où ils étaient retirés, menaçaient les ouvriers de leur lancer des traits, l'arc et la flèche qui y était placée tombèrent des mains d'un archer au moment même où il allait tirer. Témoins de ce fait, les chevaliers qui assistaient à l'ouvrage en face de la tour, pour protéger ceux qui faisaient des machines, comme des béliers, des treuils, des balistes, des échelles et autres semblables, avec lesquels on a coutume de détruire les murs et les ouvrages en pierre, présagèrent, de la chute de l'arc et de la flèche des assiégés, un très-fâcheux événement pour eux.

Le même jour vers le soir, il s'éleva de grands troubles entre Gervais et les siens et nos citoyens. Par l'ordre du roi et des chefs du siége qui tâchaient de hâter la ruine des assiégés, et qui avaient fait de

grandes dépenses et avaient continuellement travaillé par des veilles et par des assauts ; par leur conseil commun, dis-je, et l'ordre du roi, il avait été généralement défendu, à qui que ce fût de la multitude des assiégeans, de s'approcher de la tour et de parler aux assiégés, de peur qu'on ne leur apprît la ruse par laquelle on voulait s'emparer d'eux. La loi portait que tout transgresseur serait jeté en prison et puni par le jugement commun des princes. Or un de nos citoyens qui avait épousé la sœur d'un des chevaliers assiégés, s'approcha secrètement de la tour et demanda à son beau-frère des vases et des habits qu'il lui avait prêtés, et celui-ci lui rendit les vases qu'il avait. Comme ce citoyen à son retour passait par la place publique, un chevalier de Gervais, qui avait reçu du roi, des princes et de son seigneur, l'ordre et le pouvoir d'arrêter les transgresseurs de ce commandement, poursuivit le citoyen, et, l'ayant saisi avec violence, l'emmena avec lui prisonnier jusqu'à la maison du comte. Aussitôt un tumulte extrême s'éleva parmi les citoyens, et, courant aux armes, ils attaquèrent la maison du comte et les gens de Gervais qui se défendaient en dedans avec courage. Ils crièrent qu'ils ne souffriraient jamais la domination de personne et que c'était à eux à punir ce méfait. Le tumulte se prolongeant, Gervais leur adressa ces paroles : «Vous savez, citoyens et amis, que, selon votre
« demande, le roi et le comte m'ont créé vicomte de
« notre endroit, et que c'est d'après le décret du roi et
« des princes que mon chevalier a pris votre citoyen et
« voisin, qui avait transgressé l'ordre donné. Dans cette
« action, vous avez méprisé personnellement ma digni-

« té, vous avez assailli la maison du comte et ma famille;
« enfin, sans raison, vous nous avez attaqués à main
« armée en présence du roi. Maintenant donc, si vous
« le voulez, à cause de l'insulte que vous m'avez faite,
« je dépose le titre de vicomte, je romps la foi et les ser-
« mens prêtés entre nous, afin que vous voyiez claire-
« ment que je ne cherche pas à obtenir la domination
« sur vous. Si cela vous plaît, déposons nos armes et
« assemblons-nous en présence du roi pour qu'il juge
« entre les nôtres et les vôtres. » Lorsqu'il eut fini de
parler, ils allèrent en présence du roi, et ils conclu-
rent de nouveau, comme auparavant, foi et amitié réciproques.

CHAPITRE XIV.

Progrès du siége. — On occupe la tribune de l'église. — Hommages rendus au sépulcre du bienheureux comte Charles.

Le mardi 12 avril, le roi monta avec les plus sages de l'armée et avec ses conseillers dans le dortoir des frères, pour examiner avec soin quel endroit ils devaient marquer pour l'attaque de l'église, car la maison du dortoir était attenante à l'église; en sorte qu'on y préparait les machines au moyen desquelles on devait renverser les murs, et pénétrer vers les assiégés. Ces misérables, ne pouvant s'emparer des lieux inférieurs de l'église, avaient encombré de bois et de pierres l'escalier qui menait à la tribune; en sorte que personne ne pouvait monter, et qu'eux-mêmes ne pouvaient descendre, et ils cherchaient seulement à se défendre du haut de la tribune et de la tour. Ils avaient établi leurs repaires et leur demeure entre les colonnes de la tribune, avec des tas de coffres et de bancs, d'où ils jetaient des pierres, du plomb, et toutes sortes de choses pesantes sur ceux qui les attaquaient. Ils avaient suspendu, en dehors des fenêtres des tours, des tapis et des matelas, de peur que les frondes et les arbalètes ne les atteignissent en dedans, lorsque la tour serait attaquée au dehors. Au haut des tours étaient placés les plus forts d'entre les assiégés pour renverser, avec des pierres, ceux qui parcouraient la cour du château. Ayant ainsi tout ordonné contre l'ordre dans l'Église de Dieu, ils attendaient enfin, sans aucun respect ni honneur pour le bienheureux mort qui gissait enseveli dans la tribune parmi eux; seulement, et bien qu'ils reconnussent à peine leur seigneur qu'ils avaient trahi, ils avaient attaché auprès de sa tête une lampe qui brûlait continuellement en l'honneur du bon comte, depuis le premier jour du siége jusqu'à celui où les assiégeans pénétrèrent par force jusqu'à eux. Ils avaient déposé auprès du tombeau du comte la farine et les légumes dont ils se nourrissaient tous les jours pour soutenir leur vie.

Le roi et les siens ayant recherché avec soin et désigné l'endroit par lequel on devait attaquer l'église, le jeune Robert, passant la tête par une des fenêtres de l'église, adressa la parole aux chevaliers du roi pour les prier d'être ses messagers auprès du roi, et dit qu'il desirait subir le jugement des princes et des barons de la terre ; en sorte que d'après leur sentence on lui laissât la vie, si sa justification l'en rendait digne, et que s'il ne parvenait pas à s'excuser, il fût condamné au supplice. Aucun des messagers n'osa rapporter ces paroles en présence du roi, tant il était violemment indigné de la vue seule de ces traîtres. Cependant nos citoyens et les chevaliers du roi, et tous ceux qui avaient entendu avec quelle humble prière le jeune homme suppliait le seigneur roi, fondaient en larmes, s'affligeaient de son sort, et imploraient pour lui la miséricorde du Seigneur.

Le mercredi 13, les assiégés supposèrent mensongèrement la mort de Bouchard, annonçant qu'une querelle s'était élevée entre lui et le jeune Robert, et que celui-ci l'avait étendu à terre, et percé de son épée. Ils s'imaginaient par là adoucir la sévérité des princes, et les empêcher de les attaquer avec la même fureur qu'auparavant, et du haut de la tour ils annonçaient faussement la mort de Bouchard ; d'autres affirmaient qu'il s'était échappé. A cette nouvelle le roi conclut que les assiégés se défiaient d'eux-mêmes, et étaient accablés de crainte et d'anxiété ; il ordonna donc, persistant toujours dans son projet, que les chevaliers s'armassent et attaquassent l'église. Il arriva que dans cette attaque, harassés et exténués, les assiégés ne purent soutenir tant d'assauts, et furent obligés de céder aux armes chrétiennes, au roi catholique Louis, et à ses chevaliers. Depuis midi jusqu'au soir il y eut un violent assaut, dans lequel on lançait des pierres et des flèches.

Ce jour-là le roi reçut du doyen Hélic les clefs du sanctuaire de l'église de Saint-Christophe, parce qu'on lui avait assuré que le trésor du comte Charles y avait été déposé ; le roi y étant entré, n'y trouva que les reliques des Saints. Il était vrai cependant que le prévôt avait reçu de ses neveux, pour sa part du pillage des trésors du comte, une coupe d'or avec son couvercle, et un vase d'argent destiné à contenir du vin, et que, pour le salut de son ame, il les avait offerts à Dieu pour l'ornement de l'église. Durant le siége, et quand les frères transportèrent hors du château les reliques et les cercueils des Saints, on mit secrètement dans un coffre, sous l'apparence de reliques saintes, les deux vases qui furent emportés avec les reliques, et ledit doyen confia la garde de ce coffre, dans l'église de Saint-Sauveur, à un certain prêtre, simple d'esprit, nommé Eggard, le recommandant à sa vénération comme une très-sainte relique. Les autres prêtres de l'église virent clairement, et purent affirmer avec quelle dévotion ce prêtre simple reçut le coffre, et l'ayant déposé dans le sanctuaire, récita des prières, et demanda le salut de son ame. Toute la nuit, il y alluma des chandelles, des bougies, des luminaires et des lampes, croyant qu'il ne pouvait trop révérer ces reliques. Sans aucun doute ce prêtre avait mérité, lorsque ces vases seraient rendus au nouveau comte, d'y boire une ou plusieurs fois du bon vin. Le roi, cherchant donc de tous côtés ce trésor, envoya des émissaires et des espions pour le recouvrer secrètement, mais ce fut sans succès ; c'est pourquoi, le second jour avant son départ pour la France, il contraignit, en le battant de verges, le jeune Robert à lui découvrir, s'il s'en souvenait, qui possédait une partie du trésor. D'après ses aveux, le nouveau comte recouvra le même jour lesdits vases, comme nous le rapporterons dans la suite. D'autres assiégés répandaient le bruit que Bouchard s'était enfui, afin qu'on mît moins d'ardeur à les attaquer.

Le jeudi 14 avril, le bélier, machine construite pour renverser le mur de l'église, fut transporté dans le dortoir des frères, à l'extérieur du mur, contre lequel, en dedans, gissait en son Dieu le corps du bon comte. Les ouvriers qui avaient fait le bélier avaient élevé des degrés en haut de cette machine, et ayant enlevé les parois de bois du dortoir qui était plus près de l'église, ils amenèrent là leur escalier de bois, afin que ceux des hommes d'armes qui l'oseraient pussent monter par là jusqu'au mur de l'église. On découvrit, à l'endroit où déjà les ouvriers avaient disposé les degrés, une fenêtre de l'ancienne église. Ils dirigèrent un peu au dessous le travail des machines, afin qu'adressant sous la fenêtre les coups du bélier, et brisant le mur de pierre, ils s'emparassent de cette même fenêtre, pour entrer librement par là comme par une porte ; les degrés étaient d'une extrême largeur, en sorte que dix guerriers pouvaient y combattre de front. Ces choses ainsi arrangées, ils disposèrent dans le même endroit, sur ces degrés, pour percer le mur, une très-grosse poutre suspendue par des cordes ; ils y mirent d'autres cordes, et auprès de ces cordes des hommes armés pour la tirer en arrière de l'église, la ramener en haut, et la retirer avec vigueur pour frapper habilement et fortement les murs. On mit au dessus de la tête de ceux qui montaient des couvertures d'osier attachées aux poutres, afin que si, par quelque moyen, les assiégés brisaient le toit du dortoir, ceux qui poussaient le bélier pussent agir sans danger à l'abri de ces couvertures. Ils avaient en même temps élevé devant eux des murs de bois pour leur défense, de peur d'être blessés par des traits et des flèches lancés du dedans. Ayant donc, au moyen de cordes, ramené en arrière du mur de l'église le bélier, suspendu de toute la longueur de leurs bras, d'un seul coup, et avec un cri unanime, ils firent tomber de toutes leurs forces contre le mur ce bélier d'un poids extraordinaire; chacun de ses coups faisait crouler à terre un monceau considérable de pierres, jusqu'à ce qu'il perçât toute la muraille à l'endroit où il frappait. Au haut du bélier on avait garni la poutre de ferremens très-solides, en sorte qu'il ne pouvait être entamé d'aucune manière, si ce n'est par le dommage que pourrait lui causer la force de sa masse et de son poids. On commença à midi à frapper le mur, et l'on ne cessa qu'à l'approche du soir.

Cependant les assiégés voyant la faiblesse de leur muraille, et prévoyant qu'elle serait bientôt enfoncée, étaient dans le doute et l'incertitude sur ce qu'ils devaient faire. Enfin ils allumèrent des charbons enduits avec de la poix, de la cire et du beurre. Aussitôt les charbons s'attachant aux toits, excitèrent des flammes que soufflait le vent, et qui s'accroissant ouvrirent le toit de toutes parts. Du haut de la tour ils lançaient des pierres énormes sur le toit du dortoir, à l'endroit où le bélier frappait le mur, afin d'empêcher par là qu'on n'éteignît le feu qu'ils avaient allumé, et ils précipitaient d'en haut des pierres sur les travailleurs, pour défendre l'approche de l'église par la crainte du danger. Des pierres si énormes et lancées en si grande quantité n'arrêtaient pourtant pas les travaux de ceux qui poussaient le bélier. Les chevaliers ayant vu les flammes éclater sur leur tête, un d'eux monta sur le toit et parvint avec peine, au milieu des pierres et des traits qu'on lui lançait, à éteindre le feu. Après que le bélier eut frappé beaucoup de coups, il parut dans le mur de l'église une très-grande ouverture, qui fut faite plutôt qu'on ne croyait, parce que depuis un ancien incendie qui avait dévoré le temple, les pluies et les inondations avaient comme pourri tout l'édifice, qui jusqu'alors avait été à découvert et sans toit de bois. Alors il s'éleva du dedans des cris infinis, et tous ceux qui assiégeaient les ennemis aux portes, sachant que le mur du temple était percé, combattirent avec plus de courage et avec une intrépidité très-avide de victoire, dans le chœur, par les fenêtres, et partout où ils pouvaient pénétrer. De part et d'autre on combattit constamment depuis midi jusqu'au soir, et ils se retirèrent presque expirans de la fatigue du combat et du poids de leurs armes.

Sachant l'ouverture qu'avait faite le bélier, les assiégeans, refaits et pleins d'ardeur, comme s'ils eussent couru aux armes pour la première fois, commencèrent à assaillir les assiégés et à les presser sans relâche. Les malheureux assiégés, peu nombreux, ne pouvaient suffire au combat, n'ayant plus le bonheur d'avoir à défendre ensemble un seul endroit, et obligés de se porter partout où l'ennemi pénétrait, aux portes, aux fenêtres, dans le chœur, et surtout à l'endroit dont le bélier était déjà en possession ; souffrant toutes les incommodités de la vie, ils se divisaient de toutes parts pour repousser les assaillans, et prévoyaient leur défaite et leur perte. Ceux qui de l'église lançaient, contre les ouvriers qui faisaient mouvoir le bélier, des pierres, des flèches, des javelots, des pieux et des traits de toute sorte, étaient devenus plus timides en considérant leur petit nombre; ils voyaient d'ailleurs que leurs complices, presque expirans à la suite de leur longue fatigue, avaient à combattre sur d'autres points une armée très-considérable, et que, manquant d'armes, ils n'avaient pas de quoi se défendre; cependant, autant qu'ils l'osèrent, ils firent résistance. Les ouvriers du bélier, les autres chevaliers du roi et la jeunesse de notre ville, armés, pleins d'audace et avides de combattre, voyant devant eux les assiégés, rappelèrent tout leur courage, et réfléchirent combien il serait beau de mourir pour leur père et pour la patrie, quelle glorieuse victoire était proposée aux vainqueurs, et combien étaient scélérats et criminels les traîtres qui avaient fait leur repaire du temple du Christ; avides surtout des trésors et de l'argent du seigneur comte, ils songeaient au butin qu'ils allaient faire lorsqu'ils auraient forcé les assiégés, et cela seul suffisait pour échauffer leur zèle. Quels que fussent du reste leurs sentimens, ils se précipitèrent tous ensemble, sans ordre, sans combat, sans aucune crainte des armes, à travers l'ouverture; de sorte que, par l'impétuosité de leur élan, ils ôtèrent aux assiégés tout espace pour se défendre, et le plaisir d'en tuer aucun d'entre eux.

Ils ne cessèrent de se précipiter jusqu'à ce qu'ils devinssent eux-mêmes comme une sorte de pont continu ; et, par une grâce admirable de Dieu, il ne périt personne de cette multitude qui entrait, les uns en se précipitant, les autres en attaquant, d'autres poussés avec violence, d'autres s'efforçant de se relever de leur chute, d'autres, comme il arrive dans un si grand tumulte, s'élançant pour entrer sans aucun ordre. Les voix, les clameurs, le bruit des pas de cette foule, le fracas des armes et de la ruine des murailles, ébranlaient non seulement l'église, mais tout le château et le voisinage, tant au dedans qu'au dehors. Les vainqueurs louaient Dieu de la victoire dont il avait honoré ceux qui combattaient pour lui, dans laquelle il avait illustré le roi et les siens, élevé au dessus de toutes choses la majesté de son saint nom, purgé en partie son église de ceux qui la souillaient, et fait jouir son glorieux martyr, le comte, de la pieuse vénération des bons et des prières de ses fidèles, qui osèrent alors le pleurer pour la première fois.

Alors enfin il fut permis pour la première fois à Frumold le jeune, après de longs et ardens désirs, d'offrir à Dieu des vœux pour le salut de son seigneur comte, de lui faire un sacrifice de ses larmes et de la contrition de son cœur, et de jouir de la vue du lieu où son seigneur reposait enseveli. Il prépara alors pour la première fois des funérailles à son seigneur, qu'il n'avait pu voir enseveli pendant si long-temps, c'est-à-dire, pendant quarante-quatre jours. Il ne put voir son corps mais seulement son sépulcre ; il conjurait Dieu par une prière de bouche et de cœur que, vivant avec les chefs fidèles et les souverains princes de son église actuelle, au jour de la résurrection générale, il lui fût accordé de voir son seigneur le prince Charles, élevé dans une double gloire, de demeurer avec lui, et de jouir éternellement avec lui de la contemplation de la Sainte Trinité. Il regarda aussi comme une grande faveur qu'il lui fût permis de pleurer la mort de son seigneur auprès de son tombeau, de déplorer la ruine de toute sa patrie et de porter l'hommage de son affection aux restes de celui qu'il avait chéri vivant et qui avait été trahi par ses serviteurs. Il ne fit pas tout cela sans répandre beaucoup de larmes. O Dieu, que de vœux adressés par tes fidèles tu daignas recevoir en ce jour! L'interruption qu'avait subie le culte divin dans cette église fut bien compensée alors par la grandeur et le nombre de ces justes prières. Il y avait près de la tête du comte un cierge ardent que les traîtres y avaient mis en l'honneur et vénération de leur seigneur. Dès que les assaillans s'étaient précipités dans l'église sur les assiégés, ceux-ci, poussant un cri en fuyant, avaient quitté la défense de la brèche du bélier et celle des portes et du haut de leur fort. Les plus méchans d'entre eux ayant embrasé la tour pour se défendre, résistaient sur l'escalier à ceux qui les poursuivaient. Les chevaliers très-chrétiens du roi de France poursuivant leur victoire, se hâtèrent d'obstruer l'escalier avec des pierres, du bois, des coffres, des poutres et d'autres objets embarrassans, afin qu'aucun des assiégés ne pût se retirer dans la tribune où reposait le comte. Le roi étant monté dans l'église pour pleurer la mort de son neveu Charles, plaça une garde pour surveiller attentivement la tour. Les chevaliers du roi, veillant alternativement, gardaient la tour et les assiégés ; tout ce qu'on trouva dans la tribune de bon à être enlevé devint la proie de tous. Enfin les chanoines de l'église, montant du chœur dans la tribune par des échelles, établirent quelques-uns des frères pour veiller chaque nuit auprès du sépulcre du comte. Comme tout avait été brisé dans l'église et que rien n'était resté dans son premier état, ils jetèrent leurs regards autour d'eux et virent que, sous la garde de Dieu, les autels et les tables des autels étaient demeurés intacts ; les frères remplis de joie obtinrent tout ce qu'ils eurent dans la suite, non par leur droit ou par leur mérite, mais par le seul don de Dieu. Le Seigneur finit donc ce jour par la fin de ses ennemis et le triomphe de ses fidèles, glorifiant la renommée de sa puissance jusqu'aux confins de l'Univers.

Cependant les assiégés ne cessaient de placer des sentinelles dans leur tour, de sonner du cor comme si quelqu'un leur eût encore rendu obéissance, et d'agir arrogamment dans une si dure extrémité, sans reconnaître l'excès de leur misère ; car ils avaient été abandonnés à leur sens réprouvé. Tout ce qu'ils firent donc dans la suite ne put avoir l'approbation de Dieu ni des hommes, tout fut odieux et rejeté.

Le vendredi 15 avril, les bourgeois, prosternés à terre, s'assemblèrent en présence du roi, et adorèrent sa majesté, afin qu'en raison de leurs prières et de leurs services, il permît au jeune Robert de quitter les assiégés, et acceptât la légitime justification de son innocence. Le roi consentit à leur demande, sauf l'honneur et le crédit de sa propre personne et des princes du pays, sans le conseil desquels il avait résolu de ne rien faire au sujet du jeune Robert. Le samedi 16 avril, le châtelain de Gand et Arnoul de Grammont, ayant rassemblé les grands de leur voisinage, vinrent vers le roi implorer instamment la délivrance du jeune Robert. Le roi leur dit qu'il ne pouvait avec honneur les satisfaire en rien sans le conseil commun des princes ; qu'autrement il agirait contre sa foi et son serment.

CHAPITRE XV.

Réception du nouveau comte à Saint-Omer. — Généalogie de la famille de Baudouin, comte de Lille. — Que la famille du prévôt Bertulphe s'était rendue infâme par l'homicide et l'adultère.

Le dimanche 17 avril, fut le jour de la résurrection du bon Pasteur ; on annonça au roi que le nouveau comte de Flandre avait été reçu gracieusement et avec honneur à Saint-Omer, selon la coutume des comtes du pays ses prédécesseurs. Les jeunes garçons étaient venus au-devant de lui, portant des arcs et des flèches; agiles et lestes, ils marchaient par bataillons, comme pour livrer combat, ceints et prêts, les cordes tendues, à attaquer le comte et les siens à coups de flèches s'il le fallait. En voyant arriver ces jeunes garçons, le comte et les siens demandèrent par un messager ce qu'ils lui voulaient, et ils crièrent au comte : « Il est de notre droit d'obtenir de toi le
« bénéfice que les enfans de nos ancêtres ont tou-
« jours obtenu de tes prédécesseurs, de pouvoir, aux

« fêtes des Saints et dans l'été, errer en liberté dans
« les bois, y prendre des oiseaux, chasser à l'arc les
« écureuils et les renards, et nous exercer de la
« sorte aux récréations de notre âge. Ces choses nous
« ont été permises jusqu'à présent, et nous vou-
« lons qu'une permission de toi confirme la liberté
« accoutumée de nos jeux. » A la suite marchaient
les citoyens en armes qui attendaient le retour de
leurs enfans et l'arrivée du nouveau comte. Le comte
Guillaume qui n'était encore que dans l'âge de la
jeunesse, et sortait à peine de l'enfance, leur permit ces exercices avec plaisir, et, applaudissant et
prenant part à leurs jeux, il saisit leur bannière et
badina avec eux. Ils commençaient à lui chanter des
louanges et à danser en criant, lorsque les citoyens,
regardant de loin, aperçurent le comte, reçu solennellement par les jeunes garçons, et qui s'a-
vançait vers eux au milieu des applaudissemens et
d'un pacifique respect. Le comte et le peuple s'é-
tant réunis, le clergé vint en procession à sa rencontre avec de l'encens et des cierges, comme c'est
la coutume à la réception des nouveaux comtes; et
faisant retentir les airs de cris de joie et de sym-
phonies mélodieuses, ils le reçurent au milieu des
acclamations de tous les citoyens, et le conduisirent solennellement au son de ces mêmes sym-
phonies jusque dans l'église. Le comte élu catholi-
quement offrit pieusement à Dieu la prière qu'il lui
devait, et le peuple et le clergé prièrent aussi que
Dieu conduisît et protégeât son règne en telle sorte
que désormais, vivant en paix, on rendît au comte
et à Dieu ce qui leur appartenait. Après la réception

ils lui firent hommage et sermens. Il était venu à Saint-Omer de la ville de Thérouane.

Dans ce temps, Hugues Champ-d'Avoine et Gautier livrèrent un assaut au château d'Aire, où le comte bâtard Guillaume d'Ypres s'était retiré avec les siens. Il avait fortifié l'endroit et le château, s'était emparé du comté, et avait pris par force plusieurs châteaux et lieux fortifiés de Flandre, le château d'Ypres, la ville de Formeselle, les châteaux de Cassel, de Furnes, d'Aire, et tous les lieux environnans, le château de Bergues, etc.

Il était bâtard de la race des comtes, et avait cru, par ce lien de parenté, obtenir le comté. Hugues et Gautier renversèrent deux chevaliers dudit prince, et gagnèrent dans le combat cinq chevaux. Dans le même temps, Baudouin d'Alost et Razon assiégeaient, avec une très-forte armée de gens de Gand, le château d'Oudenarde, dans lequel s'était retranché avec les siens le comte de Mons, pour envahir le royaume de Flandre qui lui appartenait à plus juste titre, par droit de parenté.

Car, pour reprendre d'un peu plus haut l'origine des comtes, le comte Baudouin-le-Barbu avait été la souche de tous les comtes ses successeurs. Lorsqu'il mourut, il fut enseveli à Lille; il avait deux fils, Baudouin et Robert, qui, à sa mort, héritèrent de la terre de Flandre. Leur père, pendant qu'il vivait, leur ordonna à tous deux de se marier; il fit prendre pour femme à Baudouin, dans le Hainaut, Richilde, comtesse de Mons, qui lui donna deux fils; l'un fut appelé Baudouin et l'autre Arnoul. Robert se maria à Gertrude, comtesse de Hollande, dont il eut l'abbesse de Messine et Gertrude, mère de Simon et de Gérard, et qui, épousant le duc Thierri, devint duchesse d'Alsace. Il engendra aussi Adèle, mère du comte Charles, qui, divorcée d'avec son premier mari, se maria au duc de Salerne. Son premier mari, Cnution, premier roi de la Dacie, ayant été aussi trahi par les siens, assassiné dans une église, et mort pour la justice, jouit avec les Saints du rang de martyr. Pendant sa vie, ce premier père, Baudouin-le-Barbu, avait étendu ses fils, l'un à gauche et l'autre à droite, comme deux ailes pour voler par tous les pays qui lui appartenaient. Il gouvernait seul le milieu, c'est-à-dire la Flandre.

Lorsqu'il fut mort, plein de bons jours, son fils Baudouin, comte de Mons, devenu vieux, prit possession du comté de Flandre, avec sa femme Richilde. Craignant d'être inquiété ou trahi par son frère Robert ou par ses fils, il réclama d'eux hommage et serment. Dans un conseil qu'il eut avec ses grands, il fut décidé comme utile au bien du pays qu'il manderait son frère Robert, comte Aquatique [1], et convoquerait à Bruges sa cour, où se réuniraient les pairs et les barons de tout le comté. En présence de tous ceux-ci, il proféra ces paroles : « Moi, Bau-
« douin, comte de Flandre, voulant pour l'avenir
« pourvoir aux intérêts de la patrie et de mes enfans,
« de peur que mes fils et les habitans de ma terre
« n'éprouvent, par ruse et trahison, quelque injure
« ou quelque usurpation de la part de mon frère,
« je prie et somme mon frère Robert, comte Aqua-

---

[1] On donnait ce nom à Robert-le-Frison, parce qu'il possédait les îles de la Zélande et des pays entourés d'eau.

« tique, de jurer à mes fils foi et serment, afin qu'a-
« près ma mort il ne leur fasse pas quelque violence
« ou quelque ruse, par fraude ou fourberie; en sa per-
« sonne, il jurera et tiendra de son vivant, du mieux
« qu'il pourra, sa foi à mes fils, ses neveux, et je lui
« ferai, à cette condition, beaucoup de dons et des
« présens.» Le serment fut prêté dans l'église de Saint-
Donatien à Bruges, sur les nombreuses reliques des
Saints, que le comte Baudouin avait fait apporter, en
présence de tous les pairs et les princes de la terre,
et le comte Robert s'en retourna, après avoir reçu des
présens.

Baudouin, mari de Richilde, étant mort à Bruges,
son fils Arnoul, à qui la terre appartenait, lorsque sa
mère s'en fut retournée vers Mons et les pays avoisi-
nans, y demeura dans les environs de Cassel, Saint-
Omer et autres lieux. Ce jeune homme n'avait pas encore pris les armes, mais il montrait déjà les vertus
guerrières. Robert, comte de Hollande, ayant appris que le pays était laissé à ses neveux encore en
bas âge, et que leur mère s'était éloignée du pays de
Bruges, eut par là l'occasion favorable de les trahir.
Il envoya secrètement et artificieusement vers les
princes et les grands de son voisinage aux environs
de la mer, c'est-à-dire, à Isendica, Ostbourg, Redenburg et Bruges, et vers les Flamands du bord de
la mer, et se les attacha par des récompenses et des
promesses, afin d'obtenir par leur moyen la possession du pays et de chasser ses neveux, que leur jeune
âge rendait encore incapables de gouverner. Il avait
dans sa maison un certain clerc qui fut l'agent de cette
trahison. Comme on le voyait venir souvent à Bru-

ges et dans le voisinage de la Flandre, le bruit commença à se répandre que ce clerc était un agent de trahison. Alors ayant recours à la ruse, lorsqu'il revint de nouveau dans un autre temps rapporter aux princes les messages de son seigneur, il feignit d'être aveugle, et, les mains étendues et tâtonnant avec un bâton, il se fit conduire par un guide. Ainsi aveugle de cœur et d'yeux, il acomplit la trahison de mort et de cécité. Le comte de Hollande ayant donc gagné les esprits des princes de la terre et obtenu d'eux foi et serment, monta sur une flotte avec une troupe d'hommes d'armes, et débarqua sans qu'on le sût en Flandre. Ayant convoqué secrètement les traîtres, ils convinrent avec leurs complices que, pour signal, ils mettraient le feu à une maison dans un lieu nommé Clipelle, et que la lueur des flammes les avertirait de s'assembler. S'étant tous réunis à ce signal, leur troupe fut nombreuse et forte, et alors ils marchèrent ouvertement, poursuivant le jeune Arnoul qui, ignorant ce qui se passait, était alors dans Cassel avec quelques hommes, complices aussi de la trahison, et qui engagèrent leur jeune maître à faire la guerre à son perfide oncle, lui promettant la victoire puisque sa résistance était juste. Le jeune Arnoul donc, excité à combattre, s'avança avec ses chevaliers en très-petit nombre, et dans le désordre même du combat, ses serviteurs qui l'avaient armé, et savaient par où ses armes le laissaient à découvert, comme s'ils eussent été des étrangers et tout autre chose que des serviteurs, renversèrent leur jeune seigneur et l'égorgèrent avec leurs épées. Leur maître assassiné, de tous ceux qui avaient combattu pour son parti, les uns se mirent à fuir et les autres furent tués et expirèrent sur-le-champ de bataille même; d'autres blessés mortellement ne tardèrent pas à rendre le dernier soupir. Il y en eut un grand nombre de tués, de blessés et de pris. Sans inquiétude sur l'ennemi, comme le comte Robert parcourait son armée, un certain Wilfrid Kabel, qui était jusque-là demeuré fidèle au jeune comte et ignorait sa mort, s'empara, par son courage et au moyen des gens qui l'accompagnaient, du perfide Robert, et le jeta en captivité. Le tumulte de ce jour apaisé, tous les pairs du pays se réunirent, et, assiégeant de toutes parts ce châtelain Wilfrid dans Saint-Omer, ils le forcèrent de leur rendre le comte Robert, et celui-ci leur ayant été rendu, ils le créèrent comte du pays. Baudouin, frère du jeune Arnoul ainsi assassiné, lui survécut et laissa après lui deux héritiers, de la race desquels était ce jeune comte de Mons, brave chevalier et ayant droit à prétendre à la possession du pays de Flandre. Lorsqu'il apprit le meurtre du comte Charles, il réclama toute la Flandre comme son patrimoine par droit d'héritage. Il fit tout ce qu'il put ; mais pour notre nouveau comte, ce qu'il fit était peu de chose. On doit remarquer que sur le fait de cette ancienne trahison, se vérifia la prophétie que le seigneur notre Dieu « punit l'iniquité du père « sur les enfans jusqu'à la troisième et quatrième gé- « nération [1]. » Il faut compter le premier ce Robert qui a trahi son neveu; ensuite le fils de ce Robert, dont le corps gît à Arras, le second dans la série des comtes. Après lui, son fils le comte Baudouin, qui repose à Saint-Omer, fut le troisième. Après celui-

---

[1] Deut., chap. v, v. 9.

ci, le quatrième fut le comte Charles, le meilleur de tous les comtes, astre et lumière supérieure, par le meurtre et le martyre duquel Dieu termina la vengeance et la punition de l'ancienne trahison, et fit participer au repos des Saints ce prince assassiné, pour le salut de sa patrie, dans le même lieu où il avait autrefois reçu les sermens de fidélité. Par cette seconde trahison, Dieu vengea l'ancienne et reçut aussitôt parmi les saints martyrs celui qui mourait pour la justice.

Après que ce comte Robert, qui avait fait périr son neveu, se fut mis en possession du comté, il se méfia toujours des traîtres Flamands qui le lui avaient livré, et ne leur donna jamais aucun accès à son conseil. Se voyant méprisés et dédaignés par leur comte, ils conçurent entre eux le projet de le tuer par ruse et de mettre à sa place Baudouin, frère du jeune Arnoul qui avait été trahi. Ce dessein était juste, car Baudouin avait, à l'héritage de Flandre, un droit plus légitime; ils s'assemblèrent de nouveau comme autrefois dans un lieu désert et délibérèrent la mort de leur seigneur. Comme après avoir choisi une occasion favorable de le faire périr ils s'en retournaient, un des chevaliers, qui avait été présent à la conjuration, alla se jeter aux pieds du comte et accusa les autres complices de cette abominable trahison, par laquelle ils avaient conspiré sa mort. Ils furent provoqués au combat, appelés par le comte, et, convaincus du crime, les uns eurent la tête tranchée, les autres furent condamnés à l'exil et plusieurs furent proscrits. Si ces détails véritablement peu importans sont dignes d'être écrits, ce n'est que pour faire admirer comment, jusqu'à la quatrième ou la troisième génération, Dieu venge sur la postérité des traîtres et par de nouveaux désastres une ancienne trahison.

Je trouve à propos de faire connaître aussi d'un peu plus haut l'origine de la famille du prévôt et de ses neveux. Boldran fut châtelain à Bruges, et eut pour femme Dedda ou Duva. Il avait pour homme et vassal un chevalier nommé Erembald, né à Furnes. Une expédition ayant été commandée aux Flamands, on alla à cheval et sur des vaisseaux, pour la défense de la patrie, jusqu'à l'endroit où elle était attaquée. Comme on passait l'Escaut sur des vaisseaux, le châtelain Boldran, son chevalier Erembald, celui des siens en qui il avait le plus de confiance, et plusieurs autres avaient revêtu leurs cuirasses et se tenaient prêts à combattre ; la nuit vint et ils jetèrent l'ancre au milieu du fleuve pour attendre le jour. Mais ledit Erembald abusait souvent par adultère de la femme de son seigneur châtelain. Cette femme adultère avait, dit-on, promis à son criminel amant de lui donner le vicomtat, si par hasard son mari mourait promptement ; c'est pourquoi cet adultère méditait toujours la mort de son seigneur. Au milieu du silence de la nuit, comme le châtelain s'était mis à pisser au bord du vaisseau, Erembald, arrivant par derrière lui, précipita son seigneur hors du vaisseau dans la profondeur du torrent. Cela se passa pendant le sommeil des autres, et personne, excepté l'adultère, ne savait ce qu'était devenu le châtelain, qui avait péri sans enfans. Erembald retourna donc, épousa son adultère, et par le moyen de ses richesses acheta le vicomtat de son seigneur. Il eut de cette femme le prévôt Bertulphe, Haket, Wilfrid Knop, Lambert Nappin, père de Bouchard, et Robert qui fut châtelain après lui en second lieu ; après ledit Robert, son fils, le châtelain Gautier hérita en troisième lieu du vicomtat ; après celui-ci, Haket fut châtelain, et ce fut dans son temps que le comte Charles fut assassiné ; en lui au quatrième degré, l'ancienne chute de Boldran fut punie sur ses descendans, par la chute qu'ils firent eux-mêmes, précipités du haut des tours de la maison du comte à Bruges ; et peut-être, par l'ordre de Dieu, les péchés de leurs pères furent-ils punis sur eux, comme on lit dans l'Exode, où Dieu dit à Moïse au trente-quatrième chapitre, dans lequel il donne des lois au monde : « Je suis le Seigneur votre Dieu, « un Dieu jaloux qui punit l'iniquité des pères sur les « enfans, jusqu'à la troisième et quatrième génération « de ceux qui me haïssent[1]. »

Revenons au récit de ce qui se passa à Oudenarde. Le comte de Mons, avec les bourgeois et les chevaliers de cette ville, se précipita avec impétuosité sur les gens de Gand, et, les ayant mis en fuite, il tua les uns, blessa les autres, et en prit un grand nombre. La plupart de ceux qui prirent la fuite se noyèrent dans les flots, car ils étaient venus au siége sur une flotte. Le comte et les siens étaient donc vainqueurs en ce pays. Il s'empara aussi d'un château nommé Nienhoven, et y mit des gardes habiles et courageux. Ce même jour à Bruges, un homme d'armes s'échappa

---

[1] Ce sont les paroles du Deutéronome déjà citées. Dans l'Exode, chap. xxxiv, c'est Moïse qui s'adressant à Dieu, lui rappelle ses propres paroles, et lui dit : « Seigneur mon Dieu... qui rendez l'iniquité des « pères aux enfans et aux petits enfans jusqu'à la troisième et quatrième « génération. » Ex., chap. xxxiv, v. 6, 7.

de la tour au moyen d'une corde. Ayant été aussitôt saisi on l'entraîna dans un cachot, où, une fois entré, il attendit bien malgré lui le jour de sa mort.

CHAPITRE XVI.

Les assiégés se rendent. — Réconciliation de l'église de Saint-Donatien. — Prise d'Ypres.

Le lundi 18 avril, nos citoyens se jetèrent de nouveau aux genoux du roi, et le supplièrent pour la délivrance de Robert. Mais le roi, indigné de se voir tant de fois persécuté de leurs demandes, les méprisa. Dans son courroux, il ordonna à ses serviteurs d'aller promptement abattre la tour avec des instrumens de fer; aussitôt, avec des instrumens de fer, ils démolirent la tour par le bas. A la vue de ces travaux, une terreur mortelle s'empara des assiégés, au point que, frappés d'une stupeur excessive, ils étaient dégoûtés du boire et du manger, et que tous leurs sens étaient dans l'engourdissement et la langueur. Exténués de faim et de soif, quoiqu'ils eussent suffisamment de quoi se substanter, ils invoquaient ceux qu'ils voyaient au dehors parcourir la cour du château, et qui attendaient la ruine de la tour déjà démolie en partie. Ils brûlaient d'une soif ardente, et languissaient de faim et de besoin; et il arriva, par l'ordre admirable de Dieu, que le vin pour ces traîtres devenait aigre, sans saveur et d'un goût infect quand ils l'avaient bu et avalé, le froment et le pain sentaient le pourri, et l'eau d'un goût insipide ne leur servait à rien ; en sorte que dégoûtés de ce goût et de cette odeur de pourriture, ils expiraient presque de faim et de soif. Pressés donc par cette disette, ils demandèrent la permission de sortir de la tour, et de se retirer dans un lieu quelconque que leur assigneraient les princes. Ceux qui démolissaient la tour en avaient déjà fait crouler les marches, et à peine en restait-il quelques-unes qui, bientôt abattues, devaient amener la chute et la ruine terrible de l'édifice.

Le mardi 19 avril, les assiégés s'aperçurent que la plus grande partie de la tour était déjà démolie, et qu'ils étaient menacés de sa ruine. Car, à chaque coup que frappaient les marteaux, ils en ressentaient le contre-coup et la secousse au haut de la tour qui tremblait et chancelait déjà. Saisis d'une frayeur extrême, ils formèrent le dessein de se remettre en la puissance du roi avant d'être écrasés et étouffés sous la chute de la tour. Robert le jeune cria que lui et ses complices se rendraient au roi, sous la condition cependant que Robert ne serait pas gardé comme les autres dans un cachot. Les princes ayant tenu conseil à ce sujet, le roi accorda aux assiégés, selon leur demande, la liberté de sortir, parce qu'il était plus avantageux qu'ils se rendissent d'eux-mêmes, sans exposer les assiégeans et ceux qui sapaient la tour au danger de sa chute. Ils sortirent donc un à un jusqu'au nombre de vingt-sept, du côté donnant sur la maison du prévôt, par la fenêtre oblique des degrés de la tour. Quelques-uns, d'une trop grande corpulence, se laissèrent glisser par une corde de la grande fenêtre de la tour. Le jeune Robert fut confié à la garde des chevaliers du roi dans la chambre la plus élevée de la maison du comte; mais tous les autres furent plongés dans un cachot. Enfin le roi, voulant faire quelque chose de grand pour nos citoyens, remit entre leurs mains Robert lié et enchaîné, à condition qu'ils le rendraient ensuite au roi et au comte pour lui faire subir le jugement des princes. Les citoyens reçurent comme un don considérable, en leur garde et sous la condition rapportée ci-dessus, ce jeune homme sortant de l'adolescence.

Nous devons remarquer ici comment Dieu réduisit à peu de chose la famille et la demeure de ces traîtres. Avant leurs forfaits étaient morts les plus forts et les meilleurs de leur race, dont il serait trop long de désigner les noms. Enfin ceux-ci demeurèrent, les pires de tous, par le moyen desquels fut consommée la justice de Dieu, la trahison accomplie, la patrie désolée, le pays livré au pillage, et les mains de tous armées contre tous. Comme ils s'imaginaient que tout ce qu'ils avaient fait traîtreusement demeurerait impuni, et qu'aucun homme n'oserait exercer de vengeance contre eux, elle fut laissée à Dieu seul qui les pressa aussitôt, les frappa de terreur, au point qu'ils n'osaient plus sortir de notre ville, et qu'ils résolurent de fortifier et d'entourer de fossés nos maisons et notre cité, ainsi que nous l'avons rapporté plus haut. Huit jours après la mort du comte, ils furent assiégés et renfermés dans le château; ensuite, lorsque le château fut envahi par les nôtres, ils furent repoussés dans la tour et resserrés davantage; plongés de là dans un cachot, ils furent tellement resserrés qu'ils ne pouvaient tous s'asseoir, et que trois ou quatre au moins étaient obligés de se tenir debout. Les ténèbres, la chaleur, la puanteur, la sueur les infectaient, et ils étaient tourmentés par l'horreur d'une vie désespérée, et la crainte d'une mort prochaine qui les couvrirait d'ignominie. C'eût été les traiter avec bonté, et leur faire un présent très-miséricordieux que de leur permettre de mourir comme les voleurs et les brigands, pendus à un gibet. Comme ils se préparaient à sortir de la tour, un des jeunes gens, ayant jeté son épée, voulut sauter par la plus haute fenêtre de la tour, et prit son élan pour se dérober par la fuite. Se sentant condamné par l'état criminel de sa conscience, et fort de son courage, il se préparait à regagner ainsi la liberté. Mais les autres le retinrent au moment où il voulait s'élancer, et il fut obligé d'aller avec eux dans le cachot. Un grand nombre de nos citoyens, à la vue du danger qu'avait couru ce jeune homme et de la misère des prisonniers, répandaient des larmes, ne pouvant sans pleurer voir conduire dans un cachot leurs seigneurs prisonniers. Ces malheureux sortirent enfin pâles, portant empreint sur le visage le signe de leur trahison, et défigurés par la pâleur et par la famine. Au moment où ils sortaient, un nombre infini de chevaliers se répandirent dans la tour, et enlevèrent pour butin tout ce qu'ils y trouvèrent. Au milieu du tumulte occasionné par nos citoyens qui couraient çà et là dans la tour, un coterel[1]

---

[1] On rencontre souvent ce mot et la classe d'hommes qu'il désigne dans les historiens et les monumens du XIIe siècle ; mais son origine demeure incertaine, et il est difficile d'en déterminer le sens avec précision. Sous Louis-le-Jeune, et surtout sous Philippe-Auguste, les *cotereaux* sont le plus souvent assimilés aux routiers, aventuriers, brigands, pillards, qui se formaient en bandes, et tantôt s'engageaient à la solde de quelque grand seigneur, tantôt erraient dans le pays, volant, brûlant et ravageant

nommé Benkin, s'étant laissé glisser de la tour à terre par une corde, s'échappa et se cacha où il put jusqu'à ce que, pendant la nuit, il passa dans une île de la mer nommée Wilpen[1]. Tous le cherchaient et croyaient qu'il s'était caché dans les égouts et dans les lieux immondes. Dans l'espoir d'acquérir du gain et de trouver le trésor du comte, presque tous ceux qui étaient alors présens au siége s'efforçaient de monter dans la tour. Alors le châtelain Gervais plaça ses chevaliers en dedans pour empêcher ceux qui faisaient du tu-

pour leur compte, à la faveur du désordre universel. Leur plus fameuse apparition eut lieu en 1183; et le 20 juillet de cette année, l'association des *capuchons* ou *pacificateurs*, qui s'était formée pour s'opposer à leurs dévastations, leur livra bataille près de Châteaudun, et en tua plus de sept mille : « En cele année, dit un chroniqueur du temps, furent « occis en la contrée de Bourge en Berri sept mile hommes et plus, ap- « pelés *cotereaux*, que aulcuns gens appellent brigands. Tels gens « comme *cotereaux*, brigands, gens de compaignies, pillards, robbeurs, « larrons, c'est tout un; et sont gens infames et dissolus et excommu- « niés. Ils ardoient les monastères et les églises où le peuple se retraioit, « et tourmentoient les prestres et les religieux, les appeloient *cantatours* « par dérision, et leur disoient, quand ils les battoient : *cantatours*, « *cantés*. » (*Glossaire* de Ducange, au mot *coterelli*). Quant à leur nom, selon les uns il vient de ce qu'ils étaient armés de *couteaux*, et ce sont les mêmes qu'on trouve désignés, en 1152, sous le nom de *cultellarii*, dans les statuts des comtes de Toulouse; selon d'autres, ce furent d'abord de pauvres paysans que la misère et l'oppression réduisirent à abandonner leurs chaumières, *cota* (du mot allemand *koth*, cabane, mauvaise petite maison, qui se retrouve dans toutes les langues germaniques, en anglais, par exemple, *cottage*, *cottager*, à se réunir en bandes et à devenir des brigands. Cette dernière étymologie me paraît beaucoup plus probable. Dans les chartes antérieures au XIIe siècle, on trouve souvent le mot *coterelli*, *cotarelli* pour désigner, non des brigands, mais une certaine classe de paysans serfs ou à demi serfs. (Voyez à ce mot le *Glossaire* de Ducange), et rien n'est plus naturel que de rapporter à ceux-là l'origine des brigands dits *cotereaux*. Le Benkin, dont il est ici question, était probablement un de ces *cotereaux* devenus brigands.

[1] Presque en face de Cadsand.

multe et qui voulaient monter. Il s'empara du vin des traîtres qui était très-bon, et même du vin cuit qui appartenait au comte. On trouva aussi des tranches de lard, vingt-deux mesures de fromage, des légumes, de la farine de froment, d'excellens outils en fer pour cuire le pain, et tous les meubles et les vases excellens dont les traîtres se servaient : mais on ne trouva rien du trésor du comte.

Le mercredi 20 avril, le roi alla à Redenbourg pour examiner la situation du lieu et la manière dont s'était fortifié Lambert, qui, accusé du crime de trahison, avait été assiégé. Ce jour-là Dieu rajeunit le monde autour de nous par l'éclat du soleil et la légèreté de l'air, parce qu'il avait chassé du lieu saint les traîtres qui souillaient son église, et les avait renfermés dans une prison. Les frères de l'église, joyeux des bienfaits que leur avait accordés la grâce divine, lavèrent, par toute sorte d'ablutions, les pavés, les parois et les autels du temple, et ne laissèrent rien qu'ils n'eussent nettoyé ; ils rétablirent les marches qui avaient été détachées ; et, comme s'ils renouvelaient l'église, ils l'ornèrent de nouveaux ustensiles et de nouvelles structures.

Le jeudi 21 avril, on fit coudre une peau de cerf pour y mettre le corps du comte, et on fit aussi une bière pour l'y placer et l'y renfermer.

Le vendredi 22 avril, sept semaines après la première sépulture du comte, on détruisit le tombeau qu'on lui avait construit dans le clocher, et on lava respectueusement son corps avec des parfums, de l'encens et des odeurs ; car les frères de cette église croyaient que le corps du comte avait déjà mauvaise odeur, et que personne n'en pourrait soutenir la puanteur, parce qu'il était demeuré dans le sépulcre sept semaines depuis la sépulture qu'il avait reçue dans la tribune. Ils ordonnèrent donc qu'au moment où on enlèverait le corps du tombeau, on fît du feu tout auprès, et qu'on y jetât des parfums et de l'encens, afin que la vertu de cette odeur salutaire chassât la puanteur qui s'exhalerait du corps. Lorsque la pierre fut levée on ne sentit aucune odeur : alors on enveloppa le corps dans la peau de cerf, et on le mit dans un cercueil au milieu du chœur. Le roi, entouré de la multitude des citoyens et de tous les autres, attendit dans l'église que l'évêque, accompagné de trois abbés de l'église de Saint-Christophe, et avec toute la procession du clergé et les reliques de Saint-Donatien, Saint-Basile, Saint-Maxime, vinssent au devant du mort et de lui, sur le pont du château, et emportassent le saint corps au milieu des larmes et des soupirs dans cette même église de Saint-Christophe. Là l'évêque, avec tout le chœur des prêtres, célébra la messe des morts pour le salut de l'ame du bon comte. Ce jour-là on prit Benkin le coterel, et, attaché à une roue fixée à un mât, il perdit la vie en spectacle à tout le monde. Ce fut auprès des arènes qu'il périt misérablement par le supplice qu'il avait mérité.

Samedi 23 avril, le roi et les princes ordonnèrent par un édit à tous les citoyens de marcher vers Ypres et Staden, et de s'apprêter à en faire le siége.

Le dimanche 24 avril, eut lieu la consécration de l'église du Saint-Sauveur à Bruges; car un incendie avait brûlé cette église et détruit ses autels.

Le lundi 25 avril, comme les autels de l'église de Saint-Donatien n'étaient pas détruits, l'évêque célébra de grand matin la réconciliation de l'église. Ensuite, le roi et le peuple, précédés de l'évêque, des abbés et de tout le clergé de l'endroit, s'avancèrent vers l'église de Saint-Christophe, et ayant rapporté le corps du saint comte Charles, notre seigneur et père, dans l'église de Saint-Donatien, ils le confièrent avec solennité à la garde de Dieu, au milieu du chœur, et le renfermèrent avec respect dans la tombe. Les funérailles ayant été faites avec pompe, le roi et l'évêque élevèrent Roger à la prélature, et le créèrent prévôt du chapitre de cette église. Ce même jour, le roi et notre châtelain Gervais marchèrent avec une grande armée et avec nos citoyens vers Ypres et Staden. C'était le jour de la fête de Saint-Marc l'évangéliste. Il faut remarquer que Dieu fit ce jour-là à l'église de Saint-Donatien trois dons très-considérables ; il daigna se réconcilier cette église ; il permit qu'on y gardât le corps du bon comte, et il lui accorda Roger pour prévôt.

Le mardi 26 avril, le roi et le comte assiégèrent Ypres avec une grande armée ; un combat opiniâtre s'engagea entre les deux armées, et le comte Guillaume combattit à une des portes, avec trois cents chevaliers, contre le nouveau comte. Les méchans habitans d'Ypres, ayant conclu séparément un traité avec le roi dans une autre partie de la ville, y introduisirent le roi et son immense armée ; ceux-ci se précipitèrent dans la ville inopinément avec de grands cris, et mettant le feu aux maisons, ils se livraient au pillage, lorsque le bâtard comte Guillaume s'avança contre les pillards, ignorant que son château était livré, et qu'il était trahi lui et les siens. Le roi et le comte le prirent donc, et l'envoyèrent captif à Lille pour y être gardé. Beaucoup de gens, après la mort du comte Charles, s'étaient rendus auprès de Guillaume, comme les chapelains, officiers stipendiés et serviteurs de la maison ordinaire du comte, parce que ce bâtard comte d'Ypres était issu de la race de nos comtes. Les gens de Furnes aussi combattaient avec lui, parce que s'il s'était soutenu dans le comté, ils auraient pu, par ses forces et sa puissance, détruire leurs ennemis. Mais comme Dieu frappe les esprits des méchans, il leur arriva le contraire ; car leurs ennemis ayant appris que Guillaume d'Ypres avait été fait prisonnier, firent une incursion dans leurs propriétés, leurs maisons et leurs domaines, et détruisirent par le feu et le fer tous les biens de ceux qu'ils haïssaient. Ce ne fut pas assez pour ces malheureux d'être pris, il fallut aussi qu'ils éprouvassent la perte de leurs biens. Dieu poursuivait donc à la guerre et chez eux les traîtres qui avaient conspiré, avec leur comte d'Ypres, la mort du seigneur et protecteur du pays. Tout ce que possédait Guillaume d'Ypres tomba entre les mains de notre comte, qui fit prisonniers ses chevaliers et en chassa plusieurs du pays. Les nôtres remportèrent ainsi la victoire, et s'en retournèrent avec des applaudissemens, et chargés d'un énorme butin.

CHAPITRE XVII.

Supplice de plusieurs coupables. — Restitution des vases du bienheureux comte Charles. — Nouvelles recherches contre les complices de la trahison.

Le dimanche, 1er mai, on nous rapporta que Bouchard avait été pris à Lille, qu'on l'avait attaché à une roue fixée à un mât, sur laquelle il avait vécu un jour et la nuit d'ensuite, et qu'enfin il était mort par un supplice honteux. Il avait mérité de mourir bien des fois, si cela avait pu se faire, lui, pour le crime duquel tant d'hommes après lui furent proscrits, tués, pendus et décollés. Tous les fidèles offrirent, pour sa mort, des actions de grâces à Dieu, qui daignait exterminer de son Église un si grand homicide. Les calamités des temps étant passées, la grâce divine nous rendit, avec les charmes du mois de mai, les biens de la paix et l'ancien état de notre terre, après que Bouchard eut été pendu et ses complices faits prisonniers. Le roi se détournant passa par Gand pour aller vers Oudenarde, où le comte de Mons avait ravagé notre terre. Notre comte avait précédé le roi, et avait incendié la ville en ennemi jusqu'à la tour de pierre. On dit que ceux qui s'étaient réfugiés dans l'église de ce lieu furent brûlés jusqu'au nombre de trois cents.

Le mercredi 4 mai, le roi revint à Bruges sans le comte. Le jeudi 5 mai, vers l'heure de midi, le comte revint aussi vers nous; il fut reçu en procession par les frères de l'église de St.-Donatien, où ayant, selon la coutume de ses prédécesseurs, présenté à l'autel de Dieu ses prières et ses offrandes, il retourna dans la maison du comte Charles, et en prit possession en qualité de comte. Il y avait dans le château et aux alentours un grand tumulte et une foule immense de gens qui attendaient ce qu'on allait faire de Robert et des prisonniers.

Le roi étant sorti de sa maison se rendit auprès du comte; comme la maison de celui-ci était pleine de peuple, de serviteurs et de chevaliers, il descendit sur la place et dans la cour du château, et il fut suivi de tous ceux qui étaient à sa cour. Lorsque sa maison fut vidée de gens, comme il l'avait ordonné, il en fit garder les portes, et y remonta avec les princes seulement. Ils fixèrent alors le lieu d'où on devait précipiter les traîtres, et ce fut du haut de la tour de la maison. Cela décidé, le roi et le comte envoyèrent des hommes d'armes dans la prison, pour en tirer d'abord adroitement et par dissimulation Wilfrid Knop, frère du prévôt Bertulphe. Les envoyés dirent faussement aux prisonniers que le roi les traiterait avec miséricorde; dans l'espoir de cette clémence, ils sortirent sans délai du cachot, mais on ne permit pas aux prisonniers de sortir en même temps. Les hommes d'armes tirèrent d'abord Wilfrid, et l'ayant conduit par les chemins intérieurs de la maison jusqu'au haut de la tour, ils lui attachèrent les mains derrière le dos, en sorte qu'il apercevait ainsi au dessous de lui le lieu où il devait trouver la mort; ils le précipitèrent. Le malheureux, n'ayant pour tout vêtement que sa chemise et ses brayes, tomba à terre le corps rompu et brisé, conservant à peine un reste de vie, et expira aussitôt. Il devint un spectacle et un opprobre éternel pour sa famille, bien plus, pour toute la Flandre, et sa mort ne fut pleurée de personne. En second lieu, on amena le chevalier Gautier, fils de Lambert de Redenbourg, jusqu'au lieu du supplice, et lui ayant lié les mains par devant, et non par derrière, on voulait le précipiter à l'instant même; mais il pria les chevaliers du roi, qui étaient auprès de lui, de lui laisser, pour l'amour de Dieu, le temps de le prier, et, ayant pitié de lui, ils le laissèrent prier; sa prière terminée, ce jeune homme, d'une figure élégante, fut précipité, et tombant à terre, y trouva la mort, et expira aussitôt. On amena aussi un chevalier nommé Eric, et ayant été pareillement précipité, il tomba sur un escalier de bois, dont il détacha une marche fixée avec cinq clous, et ce qui fut admirable, après une chute de si haut, assis à terre, il se signa du signe de la sainte-croix. Comme des femmes voulaient le toucher, un des chevaliers jeta, de la maison du comte, au milieu d'elles, une grosse pierre, et les empêcha ainsi d'approcher. Cet homme ne pouvait vivre long-temps; aussi le temps qu'il vécut après sa chute ne fut pas une vie, mais une agonie de mort. Pour me dispenser de les compter par ordre, je dirai que tous les autres furent pareillement précipités à la fois au nombre de vingt-huit. Quelques-uns se flattaient d'échapper parce qu'ils étaient innocens de la trahison; mais comme leur destinée les entraînait, et que la vengeance divine les avait unis avec les traîtres, ils furent aussi précipités.

Le vendredi 6 mai, à la fête du jour de Saint-Jean [1] lorsqu'il fut enfermé dans la cuve, le roi, se mettant en chemin pour retourner dans son pays, s'éloigna de Bruges emmenant prisonnier avec lui le jeune Robert. Au départ de ce jeune homme, nos bourgeois le suivirent des yeux en pleurant et se lamentant, car ils le chérissaient beaucoup. Les gens de notre ville n'osèrent le suivre à cause du déshonneur. Robert, témoin des pleurs et de la compassion de nos citoyens, leur dit : « O mes amis! puisque vous « ne pouvez secourir ma vie, priez Dieu qu'il daigne « avoir pitié de mon ame. » Le roi n'était pas bien éloigné du château, lorsqu'il ordonna d'attacher les pieds du jeune guerrier sous le ventre du cheval sur lequel il était monté prisonnier. Le comte, après avoir reconduit le roi, revint vers nous dans le château.

Le samedi 7 mai, le doyen Hélie rendit au nouveau comte le vase d'argent et la coupe d'or, avec son couvercle d'or, du comte Charles, que le prévôt Bertulphe lui avait remis en s'enfuyant. Le jeune Robert avait découvert ce trésor au comte avant son départ de Bruges, parce que, dit-on, le roi le força, en le faisant flageller, de lui dire s'il savait quelque chose de l'endroit où était caché le trésor du comte. Beaucoup de gens s'étonnèrent là-dessus de la simplicité du doyen Hélie, qui, ayant vécu jusqu'alors dans toutes les austérités d'une vie presque sainte, démentit les apparences que lui avaient données sa sainteté et cette même simplicité, en acceptant un don qui provenait du pillage, chose défendue par l'autorité de Dieu lors-

[1] Connue sous le nom de la fête de Saint-Jean Porte-latine.

qu'il a dit : « Tu ne toucheras à rien de souillé; » et il rendit malgré lui ce trésor au comte, faisant assez voir par là combien ce butin lui avait plu. Il dit aussi que le prévôt Bertulphe avait offert ces vases à l'église de Saint-Donatien pour le salut de son ame, croyant prouver par là son innocence. Nous avons tous su publiquement à ce sujet que le prévôt avait reçu ces vases pour son usage dans le partage du trésor du comte, et que, ne pouvant les emporter avec lui dans sa fuite, il avait laissé à son doyen ce misérable butin.

Il me sera permis de rapporter la pénitence de Bouchard et de ceux qui avaient trahi le comte avec lui, comme Isaac et les autres. On assure que Bouchard reconnut son péché, en gémit et s'en repentit, en sorte qu'il priait les spectateurs de son supplice de lui couper les mains avec lesquelles il avait tué son seigneur Charles. Il conjura tout le monde de prier au moins Dieu pour le salut de son ame, puisqu'il n'avait mérité aucun salut en cette vie. Autant qu'il le sut et le put, il invoqua la bonté du Dieu tout-puissant. Ceux qu'on précipitait du haut de la tour, se voyant penchés sur le bord, faisaient le signe de la sainte-croix, et invoquaient le nom de Jésus-Christ qu'ils prononçaient encore dans leur chute même. Mais comme après leur crime, les traîtres avaient été excommuniés, la rigueur de la justice ne permit pas qu'ils fussent absous par l'évêque avant ni après leur mort, et leurs corps gissent ensevelis hors du cimetière, dans les carrefours et dans les champs.

Isaac, caché parmi les moines sous l'habit ecclésiastique, voyant la foule se précipiter sur lui, dit à

l'abbé : « Mon seigneur, si j'avais envie de com-
« battre, je ne me laisserais pas prendre sans faire
« un grand carnage de mes ennemis ; mais comme je
« m'avoue coupable de la trahison, je souhaite la
« mort temporelle, afin qu'on punisse maintenant
« sur moi l'énorme péché que j'ai commis sur mon
« seigneur. » Le fils d'un avocat de Thérouane, s'approchant de lui, le saisit et le jeta dans les fers,
jusqu'à ce que le bâtard comte d'Ypres arrivât et le
jugeât. Isaac attendait aussi ce même Guillaume
d'Ypres, espérant que comme complice de la trahison, il lui fournirait les moyens de s'échapper; mais
le comte étant arrivé, et dissimulant sa misérable
conscience, ordonna de pendre Isaac parce qu'il
avait trahi le comte Charles. Pendant le chemin,
comme on le menait au supplice dans le château
d'Aire, Isaac avouait publiquement qu'il avait trahi le
comte. Il priait la foule du peuple de l'accabler de
boue, de pierres et de bâtons, croyant qu'on ne
pouvait assez lui infliger de châtimens dans cette vie
pour avoir commis un si grand crime. Il s'humiliait
religieusement devant les peines, les coups, les
pierres, et tous ceux qui le châtiaient, leur rendant
grâces de ce qu'ils daignaient faire périr un si grand
pécheur. Enfin, arrivé à l'endroit où il devait être
pendu, il salua l'arbre du gibet, embrassant en même
temps la corde et l'arbre, et il se passa lui-même la
corde autour du cou, disant : « Au nom du Christ,
« j'embrasse l'instrument de ma mort, et je vous
« conjure de prier Dieu avec moi, afin que le crime
« que j'ai commis contre mon seigneur soit puni en
« moi par la rigueur de cette mort. » Et la tête ainsi

dans le nœud, il mourut honteusement comme il le méritait.

Le prévôt Bertulphe avait reçu de Dieu un grand nombre d'avertissemens de sa mort; car, à Bruges, un garde de l'église étant malade dans sa chambre, le prévôt entra pour le voir, et aussitôt les poutres qui soutenaient le toit au dessus de sa tête se rompirent, en sorte qu'il eut à craindre de ne pouvoir s'échapper de la chambre. Une autre fois, une grande poutre tomba de sa maison à Bruges, sans être ébranlée par aucun homme ni par le vent; elle était placée droit au dessus du siége où il avait coutume de s'asseoir avec puissance et orgueil. Il était à Furnes dans le temps de la ruine de cette ville, où tout fut entièrement détruit. Une autre fois, comme il passait dans Ypres auprès du gibet dressé sur la place publique, et à laquelle il fut pendu dans la suite, il dit à ses chevaliers : « Dieu tout-puissant, c'est ce que j'ai rêvé « cette nuit; car j'ai vu en songe que je serais attaché « à ce gibet; » et il se moqua de sa vision, et la regarda comme rien. Nous avons entendu parler de son supplice, et non de sa pénitence. Le jeune Robert, conduit jusqu'à Cassel, eut la tête tranchée par l'ordre du roi; mais il confessa ses péchés, et pardonna sa mort à celui qui le frappait.

CHAPITRE XVIII.

Recherches contre les complices et fauteurs de la trahison, et contre les ravisseurs des trésors du comte Charles. — Mort de plusieurs coupables.

Le samedi 21 mai, veille de la Pentecôte, Eustache, récemment nommé châtelain à Furnes par le nouveau comte, amena avec lui prisonnier à Bruges, en présence de tous ceux de la cour du comte, Oger, autrefois camérier du prévôt Bertulphe, afin qu'il découvrît au comte quels étaient ceux du clergé ou du peuple qui avaient reçu, du prévôt Bertulphe ou de ses neveux, quelque chose du trésor et de la dépouille du comte Charles. Oger inculpa le doyen Hélie pour trois cents marcs, le chanoine Littra pour deux cents marcs, Robert, garde de l'église, pour des matelas, des manteaux et de l'argent, maître Raoul pour six tasses d'argent, Robert fils de Lidgard pour cent marcs d'argent. Oger avait inventé ces mensonges pour obtenir sa délivrance. Cependant, comme le doyen Hélie avait déjà, d'après l'accusation du jeune Robert, rendu un vase d'argent du poids de vingt-un marcs, et une coupe d'or avec son couvercle de même métal du poids de sept marcs d'or, il parut vraisemblable à bien des gens que ce doyen, ainsi que ses chanoines, retenait encore beaucoup d'argent, comme on le vit clairement dans la suite. Robert, en effet, gardien de l'église, allant et venant librement auprès des traîtres pendant tout le temps du siége, reçut d'eux une très-forte somme d'argent, à condition que, s'ils parvenaient à s'échapper, il leur rendrait ce qu'il avait reçu en garde. Lorsque ces misérables furent condamnés, le gardien voulut cacher habilement l'argent; il feignit donc d'aller à Jérusalem, chargea de ses biens trois forts palefrois, et sortit de très-grand matin de notre château. Il emporta ainsi la dépouille du comte Charles, pour l'offrir au Christ dans Jérusalem. Ce fait fit tomber tous les soupçons sur les chanoines. Ce même jour, Littra rendit au comte trois marcs d'argent qu'il avait gardés de l'argent du prévôt.

Le 22 mai, le saint dimanche de la Pentecôte, le comte et le châtelain Gervais, Gautier de Vlaërsle et les chevaliers de la Flandre qui étaient présens, jurèrent de maintenir de tout leur pouvoir la paix dans tout le pays de Flandre.

Après la fête de Sainte-Marie dans la Nativité, qui est le samedi 8 septembre, notre comte fit amener à Bruges Guillaume d'Ypres, qu'il avait pris dans l'attaque d'Ypres, et le renferma dans la plus haute chambre du château de Bruges, avec son frère Thibaut; lorsqu'ils eurent été renfermés pendant six jours, Thibaut fut confié à la garde d'un certain chevalier de Gand, nommé Everard. Bientôt on empêcha Guillaume d'Ypres de regarder dehors par les fenêtres, et on ne lui permit que de se promener dans la maison. On mit auprès de lui des gardes et des sentinelles, qui le surveillaient avec beaucoup d'exactitude.

Le vendredi 16 septembre, dans la nuit de Saint-Lambert, notre comte fit jurer aux habitans de tout notre voisinage, aux meilleurs et aux plus fidèles citoyens de Bruges, ainsi qu'au châtelain Gervais, que, pour l'honneur du pays, ils déclareraient sincèrement par qui avaient été tués le comte Charles, et ceux qui avaient péri avec lui ; qui avait enlevé les dépouilles du comte et celles des hommes et des serviteurs tués avec lui ; qui, après la mort du seigneur de tout le pays, était venu s'unir à ces traîtres, qui était demeuré avec ces impies avant ou après le siége, qui avait fait sortir ces traîtres et leurs complices sans la permission des princes qui les assiégeaient dans le château, et pour cela avait reçu d'eux secrètement de l'argent et quelque partie du trésor du comte Charles ; qui enfin les avait gardés, et leur avait prêté secours. Le roi et le comte, par le conseil commun des barons de la terre, les condamnèrent comme coupables, et rendirent contre eux un arrêt de proscription. Ensuite, après avoir prêté serment, ils siégèrent dans la maison du comte, et en accusèrent chez nous cent vingt-cinq, et à Redenbourg trente-sept avec Lambert qu'ils avaient déjà accusé de trahison.

Le samedi jour de Saint-Lambert, 17 septembre, le comte voulant marcher sur Ypres, demanda un impôt à nos bourgeois. Ce comte se montrait ingrat pour nous ; car, du temps de tous les comtes, le revenu des tailles avait été inféodé à ses chevaliers, et ils tourmentaient le comte de ce qu'il avait remis à nos bourgeois un impôt qui, jusqu'alors, leur avait été inféodé ; ils soutenaient que le comte ne pouvait remettre justement des impôts sans le consentement de ses chevaliers, et que c'était sans aucun titre que nos citoyens avaient demandé ce don au comte ; de là s'éleva du trouble entre nos citoyens et le comte et ses chevaliers.

Le comte et les siens poursuivirent l'accusation, dont nous avons parlé tout à l'heure, selon la loi du siége réglée par les princes. Cette loi portait que quiconque, contre l'approbation des chefs du siége, aurait fait échapper quelqu'un des assiégés, serait condamné au même supplice que celui qu'il aurait sauvé. Comme un grand nombre des assiégés avaient été sauvés secrètement et pour de l'argent, les parens de ceux qui avaient été tués au siége, se jetant aux genoux du comte, le supplièrent de leur livrer, pour les faire périr ou les punir, ceux qui avaient traîtreusement fait sortir, en secret et à la dérobée, les assiégés, ou de les bannir de la terre. Contraint par cette raison, le comte ordonna à ceux qui étaient accusés de paraître devant lui, voulant les traiter selon la loi du siége. Ils répondirent qu'on les avait injustement accusés, non pour cause de vérité, mais par haine et envie. Ils prièrent le comte avec instances de les remettre au jugement des échevins du pays, tant sur l'accusation de trahison que relativement à quelque soupçon que ce fût. Le comte pardonna à plusieurs des accusés, que poursuivaient les neveux, les fils et les parens de ceux qui avaient été tués au siége, pour avoir fait échapper les traîtres qui avaient fait périr Charles le seigneur du pays et leur père. Du nombre des accusateurs étaient les fils du châtelain de Bourbourg. Ils citèrent devant le nouveau comte Éverard de Gand, qui avait fait sortir pour de l'argent quelques-uns des assiégés auteurs de la mort du comte. A la nouvelle de ces poursuites, la plupart des accusés, tourmentés par leur propre conscience, prirent la fuite. Le comte ayant pris conseil convoqua les barons et décréta avec eux la proscription des accusés, qui, après avoir fait hommage au comte Charles, avaient fourni du secours aux traîtres; mais il promit d'en admettre quelques-uns à faire satisfaction, et de faire miséricordieusement grâce aux autres sans jugement.

Il arriva par la sentence et l'arrêt terrible de Dieu que Gautier de Vlaërsle, un des princes du pays, dans une expédition de guerre, jeté à bas de son cheval, fut tout brisé de sa chute et mourut après avoir langui pendant quelques jours; il est vrai qu'il était coupable du meurtre de son seigneur, le père de tout le pays de Flandre. Pour se lier avec les traîtres par un serment irrévocable, il avait donné en mariage à une nièce du prévôt Bertulphe un fils adoptif né d'un cordonnier, que sa femme lui avait dit faussement être son fils. Il croyait être vraiment le père de ce jeune homme, que sa femme feignait d'avoir enfanté; mais l'enfant qu'elle avait mis au monde était mort pendant l'enfantement même. Elle mit donc le fils du cordonnier à la place de son enfant mort, qu'elle remit secrètement à la femme du cordonnier, lui donnant de l'argent pour dire qu'elle était accouchée de cet enfant mort, et cacher cet arrangement à son mari. Cet enfant supposé et adoptif grandit, et tout le monde le croyait véritablement fils de Gautier. Le prévôt vint et lui donna pour femme sa nièce, fille de son frère, afin que ce mariage procurât aux siens une fortune à toute épreuve et les rendît plus audacieux, plus forts et plus puissans. Après la mort de Gautier, sa femme avoua publiquement que ce n'était pas son véritable fils, mais un fils adoptif qu'un bourgeois avait mis en gage chez Gautier pour trois cents livres. Ainsi, par l'artifice de Dieu, fut déjoué l'artifice du prévôt, qui, voulant par ce mariage élever superbement et glorieusement sa famille, abusé par la ruse de Dieu, l'allia au fils d'un cordonnier. Personne n'avait osé mettre la main sur Gautier, quoiqu'il fût complice de la trahison ; car il était pair du pays, et n'appartenait pas au comte ; mais Dieu, à qui était laissé le soin de la vengeance, l'éloigna, par une mort douloureuse, de la vue des fidèles.

Le 8 octobre, le samedi avant la fête de Saint-Riquier, par l'ordre du comte, on emmena à Lille Guillaume d'Ypres, et on le remit entre les mains du châtelain de cette ville. Le comte craignait que nos citoyens et même les bannis, par quelque ruse, ne délivrassent Guillaume en captivité à Bruges, et ne pénétrassent de force dans le château. Il faut remarquer qu'après avoir tué le comte, Bouchard et ses criminels complices, la nuit dans laquelle on l'ensevelit pour la première fois, prirent, à la manière des payens et des faiseurs de sortilèges, une coupe pleine de bierre et de pain, et, s'asseyant autour du sépulcre, placèrent cette boisson et ce pain sur la table du sépulcre et burent et mangèrent sur le corps du bienheureux comte, afin que personne n'en pût tirer vengeance.

Le lundi 24 octobre, avant la fête de Saint-Amand, mourut Baudouin d'Alost, un des pairs de Flandre, accusé de la trahison de son seigneur Charles, auquel il ne survécut pas de beaucoup. La cause de sa mort fut légère : comme il soufflait dans un cornet il se gonfla, et, travaillant de toutes ses forces à pousser son souffle, sa cervelle fut ébranlée de sa place naturelle, et jaillit par une ancienne blessure qu'il avait au front. L'enflure de l'air et de son propre souffle brisant cette blessure, la moelle du cerveau avait bouilli, en sorte que les conduits du nez, des yeux et du gosier avaient été suffoqués; et, frappé de l'épée de Dieu, il mourut ainsi d'une plaie mortelle. Près de rendre le dernier soupir, il revêtit l'habit monacal et quitta ainsi le monde comme un chevalier chrétien. Ces deux princes du pays étant morts à peu de distance l'un de l'autre, tous les habitans de notre pays en parlaient et admiraient par quelle prompte sentence Dieu, après la mort du seigneur Charles, les avait privés de la vie et avait amené leur mort à si peu d'intervalle et par de si faibles moyens. Ils ne s'étaient point conduits en chrétiens envers le prévôt et d'autres qu'ils avaient fait sortir de captivité; car, ayant, contre les décrets du roi et des princes, reçu de l'argent du prévôt et des siens, après les avoir fait sortir de la ville, ils les avaient conduits dans des lieux écartés, et abandonnés nus et seuls dans la campagne, si bien qu'errant et parcourant les champs et les métairies ils avaient été pris et avaient péri misérablement.

Le samedi 17 janvier, à la fin de la troisième semaine de l'Avent du Seigneur, la même année, dans les Quatre-Temps, mourut Didier, frère du traître Isaac, dont nous avons déjà parlé; complice de la trahison, il n'était pas digne de jouir plus long-temps des félicités de la vie. Depuis le temps du siége, il n'osa jamais venir à la cour du comte qu'en secret; car, s'il s'était montré publiquement, il y aurait eu dans notre comté des hommes qui l'auraient appelé en combat singulier, et convaincu d'être coupable de la trahison. De plus, le nouveau comte avait défendu à Didier, si par hasard il venait à la cour, de lui présenter à boire, car il était un des échansons.

CHAPITRE XIX.

Pour quelle causes les Flamands abandonnèrent le comte Guillaume-le-Normand.

Après le mois d'août, à la fête de Saint-Pierre, il y eut une foire à Lille; le comte voulut dans cette même foire s'emparer d'un de ses serfs, et il ordonna de le prendre; les citoyens de la ville coururent aux armes, et chassèrent hors du faubourg le comte et les siens. Ils frappèrent des hommes de la suite du comte, précipitèrent les Normands dans les marais, et en accablèrent plusieurs de différentes blessures. Aussitôt le comte assiégea Lille de toutes parts, et força les citoyens, pour obtenir la paix, de lui donner mille quatre cents marcs d'argent. De là il s'éleva entre ces citoyens et le comte une forte haine, en raison de laquelle ils demeurèrent suspects les uns aux autres.

Le vendredi 3 février[1], après la fête de la Purification de la mère du Seigneur, les bourgeois de Saint-Omer s'insurgèrent contre le comte, parce qu'il voulait injustement mettre à leur tête le châte-

[1] En 1128.

lain de cette ville, qui avait ravi par violence les biens et la fortune de ces citoyens, et qui s'efforçait encore de le faire. Le comte assiégea Saint-Omer avec une armée considérable. Les citoyens avaient introduit dans leur ville Arnoul, neveu du comte Charles, et lui avaient fait hommage et serment, projetant, si le nouveau comte persistait injustement à les assiéger, de se tourner vers Arnoul. Dans ce temps, la neige, la glace, le froid et le vent désolaient à la fois la face de la terre; c'est pourquoi, craignant un assaut de la part du comte, les gens de Saint-Omer donnèrent, pour obtenir la paix, six cents marcs d'argent. De là il s'éleva une grande haine entre les citoyens et le comte, et ils se devinrent désormais mutuellement suspects.

Le jeudi 16 février, avant la Septuagésime, les gens de Gand s'insurgèrent contre leur châtelain, parce qu'il avait toujours agi contre eux avec injustice et méchanceté. Celui-ci se transporta vers le comte, et l'amena pour qu'il le réconciliât avec les citoyens. Le comte voulant opprimer les citoyens, et mettre par force à leur tête ledit châtelain, demeura là quelques jours. Alors les gens de Gand, comme ils en étaient convenus avec le prince Daniel et Jean, frère de Baudouin [1], citèrent le comte en jugement. Tous les gens de Gand étant rassemblés, Jean chargé de parler pour les citoyens commença ainsi: « Seigneur comte, si
« vous vouliez agir selon la justice avec nos citoyens
« et nos bourgeois, qui sont nos amis, vous n'exer-
« ceriez pas sur nous des exactions et des rapines
« abominables; vous nous défendriez de nos enne-

[1] Baudouin IV, dit le Bâtisseur, comte de Hainaut, de 1120 à 1171.

« mis, et nous traiteriez avec honneur. Maintenant
« vous avez rompu en propre personne le traité et
« les sermens faits entre vous et nous sur la remise
« de l'impôt, le rétablissement de la paix et toutes
« les autres choses équitables que les hommes de
« cette terre ont obtenues de vos bons prédécesseurs,
« les comtes de la terre, surtout dans le temps du
« comte Charles et de vous-même; vous avez violé
« la foi que nous nous sommes mutuellement donnée
« à ce sujet. On sait quelles violences et quelles ra-
« pines vous avez exercées dans Lille, et quelle
« persécution inique et abominable vous avez fait
« éprouver aux gens de Saint-Omer. Maintenant, si
« vous le pouviez, vous maltraiteriez aussi les gens
« de Gand. Or comme vous êtes notre seigneur et
« celui de tout le pays de Flandre, vous devez agir
« avec nous selon la raison et sans violence et mé-
« chanceté. Placez, s'il vous plaît, votre cour à Ypres,
« ville située au milieu de votre terre. Qu'un nombre
« égal de nos princes, ainsi que les plus sages du
« clergé et du peuple, s'assemblent des deux côtés,
« en paix et sans armes, l'esprit calme et réfléchi,
« sans fourberie ni mauvaise intention, et qu'ils ju-
« gent si vous pouvez désormais garder le comté,
« sans que l'honneur du pays en soit blessé; obtenez-
« le, j'y consens. Mais si vous êtes sans loi, sans foi,
« fourbe, parjure, quittez le comté et laissez-nous le
« remettre entre les mains d'un homme capable et
« légitime. Nous avons été médiateurs entre le roi de
« France et vous; en sorte que vous ne pouvez rien
« faire dans le comté sans le consentement du pays
« et sans notre conseil. Or voilà que nous, qui vous

« avons engagé notre foi devant ledit roi, vous nous
« avez traités avec méchanceté, ainsi que les bour-
« geois de presque toute la Flandre, contre la foi et
« le serment du roi, de nous et de tous les princes
« de notre pays. »

Le comte s'élançant eût déchiré Jean, s'il eût osé, devant les citoyens en tumulte. Il lui dit : « Je veux « bien, rejetant l'hommage que tu m'as fait, me met- « tre de pair avec toi, et prouver contre toi sans dé- « lai, par un combat, que j'ai jusqu'ici gouverné le « comté avec habileté et justice. » Mais Jean refusa. On fixa le mercredi 8 mars, au commencement du jeûne, pour l'assemblée pacifique dans Ypres. Le comte vint à Bruges, et, ayant convoqué les cheva- liers du voisinage, il leur ordonna qu'à un jour fixe ils vinssent avec lui à main armée. Assemblant les citoyens de Bruges, il leur déclara avec quel déshonneur Jean et les siens le chasseraient de la terre s'ils pouvaient, et les pria de lui demeurer fidèles ; ils y consentirent. Au jour marqué, le comte se mit en route avec une troupe d'hommes d'armes, et remplit Ypres de chevaliers et de cotereaux[1] tout prêts à combattre. Jean et Daniel vinrent aussi auprès d'Ypres à Roslaër, et envoyèrent au comte des messagers pour lui dire : « Seigneur « comte, comme le jour a été désigné dans le temps « sacré du jeûne, vous deviez venir en paix, sans « fourberie et sans armes, et vous ne l'avez pas fait ; « bien plus, vous êtes prêt à combattre contre nos « hommes. Jean, Daniel et les gens de Gand vous man- « dent que, puisque vous êtes venu avec fourberie « pour les tuer, ils ne diffèrent pas de rompre par

[1] *Voyez* la note de la page 373.

« notre bouche la foi et hommage qu'ils vous ont in-
« violablement gardés jusqu'à présent. » Les messagers rompirent la foi et hommage de la part de leurs
maîtres, et s'en allèrent.

Avant ce temps, Jean et Daniel avaient envoyé
dans les châteaux de Flandre des messagers par lesquels ils mandaient salut, et disaient : « Nous nous
« donnerons mutuellement des otages et des sermens,
« si vous voulez vivre avec honneur dans le pays,
« afin que si le comte veut nous attaquer à main ar-
« mée, nous nous unissions pour notre mutuelle dé-
« fense. » Lesdites gens consentirent très-volontiers
à tâcher, avec les forces du pays et les leurs, de se
défaire d'un comte si pervers qui ne songeait qu'à
tourmenter les citoyens par ses fourberies, et ils ajou-
tèrent : « Voilà qu'il est certain que les marchands
« et les négocians de toute la terre de Flandre ont
« été assiégés à cause de ce comte que vous avez élevé
« au comté à la place de notre très-digne père Charles.
« Déjà, pendant cette année, nous avons consommé
« tous nos biens. Tout ce que nous avons gagné dans
« un autre temps, ce comte nous l'a enlevé, ou bien
« nous l'avons consommé pendant que nous étions
« renfermés et assiégés dans ce pays par nos ennemis.
« Voyez donc de quelle manière, sans cependant
« blesser l'honneur de la terre et le vôtre, nous
« pourrons nous défaire de notre ravisseur et persé-
« cuteur. » Cependant le comte, dans Ypres, dressait
des embûches à Daniel et à Jean, rassemblant auprès
de lui tous les chevaliers du pays.

Le 11 mars, le premier dimanche du carême, nous
apprîmes que le jeune Thierri, neveu du comte Char-

les [1], était venu d'Alsace à Gand, où il attendait que, le comte Guillaume étant chassé avec ses Normands, on le reçût lui-même pour comte. Il est vraiment étonnant combien la Flandre avait alors de seigneurs, car elle était près de recevoir dans le même temps le jeune comte de Mons, de plus Arnoul, que les habitans de Saint-Omer avaient introduit dans leur ville, et Thierri, qui attendait à Gand, et notre comte tyrannique. En effet, le châtelain Thierri [2], ses parens et ses amis voulaient notre comte normand, les gens de Saint-Omer voulaient Arnoul, ceux d'Arras et de la banlieue, le comte de Mons, enfin Jean, Daniel, et ceux de Gand, Thierri, neveu du comte Charles.

Le vendredi 16 mars, les citoyens de Bruges se répandirent dans le château pour voir si Frumold le jeune avait pourvu la maison du comte de froment, de vin et d'autres vivres, qu'on avait dû garder pour l'usage du comte Guillaume. Le même jour, ayant appris que le comte venait à Bruges, ils fermèrent les portes pour s'opposer à son entrée, ne voulant plus désormais le regarder comme comte.

Le samedi des quatre-temps, 17 mars, la première semaine du jeûne étant déjà entièrement écoulée, jour de la fête de la vierge Gertrude, le châtelain Gervais ordonna, à tous ceux qui habitaient dans son vicomté, de se tenir prêts pour se rendre en armes à Torholt le mercredi suivant, et y attendre que notre comte Guillaume les menât combattre Daniel et Jean.

[1] Thierri d'Alsace était cousin germain et non neveu du comte Charles; il avait pour mère Gertrude, fille de Robert-le-Frison, comme Adèle, mère de Charles.

[2] De Dixmude.

Le 21 mars, fête de Saint-Benoît, notre châtelain Gervais revint de Torholt à Bruges avec les siens, et rapporta qu'Arnoul, neveu du comte Charles, avait été introduit frauduleusement pour la seconde fois à Saint-Omer par quelques citoyens. A cette nouvelle, le comte de Flandre, Guillaume, accourut d'Ypres à Saint-Omer avec des forces considérables, força Arnoul de se réfugier dans l'église de Saint-Bertin, où il l'assiégea, voulut incendier l'église, et le contraignit, ainsi que tous ceux qui avaient été assiégés avec lui, de renoncer entièrement à la Flandre.

Le même jour, le comte revint à Ypres, et se prépara à attaquer le jour suivant Jean et Daniel, à la tête des troupes rassemblées à Torholt. Le même jour, c'est-à-dire le mercredi, nos citoyens et les Flamands des côtes jurèrent ensemble de demeurer désormais unis pour la défense de l'honneur de notre ville et du pays.

Le vendredi 23 mars, les gens de Gand, et Jean et Daniel, ayant envoyé des lettres à nos bourgeois, leur dirent d'y bien penser, et de voir, de là jusqu'au jour prochain de la lune, s'ils voulaient décidément se ranger du parti des gens de Gand et déposer le comte, ou demeurer avec le comte Guillaume et combattre les gens de Gand et les seigneurs et amis de ceux-ci. Ils ne voulaient pas que les gens de Bruges les tinssent en suspens passé ce jour.

Le samedi 24 mars, *dixit Rebeccæ*[1], les gens de Bruges ayant appris que le comte s'efforçait de venir d'Alost à Bruges, lui fermèrent la ville et le château.

---

[1] Le samedi, veille du troisième dimanche de carême, jour auquel on lit à la messe, au lieu d'épître, une partie du 27ᵉ livre de la Genèse.

Ils lui firent savoir par le châtelain Gervais, qu'il n'avait qu'à aller ailleurs, jusqu'à ce qu'il eût extirpé de Flandre ses ennemis, et qu'alors seulement ils lui rendraient la ville et le château de Bruges. Ils demandèrent au châtelain Gervais de leur déclarer quel parti il avait résolu de prendre, s'il demeurerait entièrement dans la même foi et engagement qu'eux, ou s'il les quitterait pour aller rejoindre son comte. Le même jour vers le soir, ils virent passer le comte du côté de Maldenghen, et, courant aussitôt aux armes, ils auraient résisté en face au comte à l'entrée des portes, s'il était venu vers Bruges ; et ils lui fermèrent les portes de tous côtés. Le même jour, Conon frère de Gautier de Vlaërsle, qui était mort, vint vers nos citoyens, et jura au milieu de la place publique, en présence de tous, qu'il demeurerait fidèlement désormais, avec les siens, dans le parti de nos citoyens. Nos citoyens étaient soutenus par le chevalier Gautier de Lisweg et les siens, et Hugues Snaggaerd et ses frères d'Otkerk.

CHAPITRE XX.

Élection de Thierri d'Alsace au comté de Flandre. — Mort de Lambert de Redenbourg.

Le dimanche 25 mars, jour de l'Annonciation, on lut l'évangile : « Tout royaume divisé contre soi sera « désolé. » La comtesse de Hollande[1] et son frère

[1] Pétronille, mère de Thierri vi.

et son frère Thierri, comte adopté par les gens de Gand et nos citoyens, mandèrent à nos bourgeois, tant au clergé qu'au peuple des environs, salut : « Tout ce que « vous possédez légitimement par le don des comtes « nos prédécesseurs, vous l'obtiendrez de moi plus « solidement si vous m'élevez au comté. Je donnerai, « ainsi que la comtesse ma sœur, à vos marchands et « à ceux de toute la Flandre, la paix et un libre pas- « sage pour leur négoce. » Aussitôt le châtelain Gervais alla vers le comte à Maldenghen, et lui conseilla de se rendre à Ypres, parce que, s'il arrivait par hasard que les gens de Gand fissent une excursion contre lui, ils le tiendraient comme assiégé dans Maldenghen. Les habitans de Bruges envoyèrent vers Daniel pour lui dire de venir vers eux à Bruges avec ses forces. Pendant ce temps, Arnoul, qui avait été reçu comme comte à Saint-Omer, s'efforçait, avec Henri, châtelain de Bourbourg, et le secours et les conseils du roi d'Angleterre, de s'emparer du comté de Flandre. La Flandre fut ainsi divisée : les uns, conservant encore leur foi et hommage au comte Guillaume, combattaient avec lui ; les autres, comme Daniel, Jean, les gens de Gand et de Bruges, avaient choisi Thierri ; d'autres, comme ceux de Saint-Omer et leurs voisins, voulaient Arnoul, et d'autres croyaient qu'on devait préférer le comte de Mons. Le pays fut ainsi désolé par cette grande division.

Le lundi 26 mars, le châtelain Gervais ne voulut plus rester avec nos citoyens, parce qu'ils avaient refusé l'entrée de leur ville et de leur château, et qu'ils avaient fermé leurs portes au comte Guillaume, et qu'ils avaient élu Thierri pour leur comte.

Gervais manda donc hors du château de Bruges les meilleurs des citoyens et leur tint ce discours. « Com-
« me je conserve encore ma foi à mon unique sei-
« gneur le comte Guillaume, dont je ne pourrais
« me séparer, selon la loi du siècle, sans manquer à
« mon honneur, je ne puis demeurer avec vous, qui
« avez témoigné à votre comte un si grand mépris;
« mais comme je vous aime, j'irai vers le comte, je
« parlerai pour vous, afin qu'il convienne d'une trêve
« avec vous jusqu'au prochain dimanche, et qu'il ne
« vous fasse aucun dommage ; si je puis vous récon-
« cilier avec le comte, je le ferai; autrement je vous
« avertirai de tout le mal que voudra vous faire le
« comte, si je puis le savoir assez tôt. Je vous prie
« de garder honorablement jusqu'au jour déterminé
« ma femme, mes fils et mes filles, et mes biens qui
« sont encore dans le château. » Nos citoyens lui promirent de les garder avec fidélité. Le même jour, Étienne de Boulaer vint vers nous avec quarante chevaliers. Nos chevaliers firent une excursion contre le domaine de Thancmar. Le même jour, Jean et Daniel introduisirent à Bruges Thierri d'Alsace pour y être reçu comme comte. Nos citoyens vinrent à sa rencontre avec des applaudissemens.

Le mardi 27 mars au matin, Thancmar et ses neveux brûlèrent eux-mêmes les maisons et les demeures qu'ils avaient à Straten, parce que, s'ils ne l'eussent point fait, elles auraient été incendiées par Daniel et Jean et leur Thierri. Nous avons appris effectivement que Jean et Daniel n'avaient pas encore fait hommage et serment à Thierri, mais qu'en le conduisant par les châteaux de la Flandre, ils excitaient le peuple et les chevaliers à l'élire pour comte ; car Jean et Daniel ne pouvaient faire d'élection sans la permission et le consentement du duc de Louvain[1], ayant l'un et l'autre engagé leur foi au duc qu'ils n'éliraient pas Thierri pour comte sans son aveu. Le même jour nous apprîmes que Guillaume d'Ypres, délivré de sa captivité, était venu à Courtrai pour aider de ses conseils et de ses forces, et de celles des siens, s'il pouvait, le comte Guillaume chassé de Bruges et de Gand. Comme Jean et Daniel, deux des pairs et des princes de Flandre, avaient reçu du roi d'Angleterre, et devaient recevoir un grand nombre de dons pour l'expulsion de son neveu notre comte Guillaume, ils avaient décidé qu'ils ne feraient rien sans le conseil du roi ou du duc de Louvain, dont le roi d'Angleterre et ce même duc devaient donner la fille à Arnoul, neveu du très-pieux comte Charles, que les gens de Furnes et le châtelain de Bourbourg avaient reçu pour comte, par le conseil et le secours dudit roi d'Angleterre. Cependant nos citoyens demandèrent à Jean et à Daniel : « Pourquoi donc avez-« vous conduit vers nous ce Thierri ? Vous d'abord et « nous ensuite ne devons pas lui prêter foi, et hom-« mage et serment. » Ils répondirent : « Comme il ve-« nait à Bruges, il est venu avec nous et nous avec lui « pour examiner les lieux et voir avec quels sentimens « il serait reçu des habitans de Bruges, et de ceux qui « étaient liés avec eux par l'amitié et les sermens. » Le jeudi 28 mars, ils envoyèrent au comte Guillaume

---

[1] Godefroi-le-Grand, duc de Lorraine, de l'an 1128 à l'an 1140, et qu'on nommait quelquefois duc de Louvain, parce que cette ville était sa résidence.

à Ypres les chevaliers d'Osterk, ayant leurs noms inscrits dans des parchemins, et plusieurs autres, et ils rompirent la foi et hommage qu'ils avaient faits autrefois à ce même comte.

Le vendredi 30 mars, les habitans de Bruges attendaient le retour de Daniel et de Jean, qui étaient sortis secrètement de la ville avec leurs chevaliers; car ils avaient fixé ce jour à nos citoyens, pour que les gens de Bruges et les gens de Gand, et tous ceux qui étaient entrés dans leur ligue, prêtassent foi et serment à Thierri d'Alsace. Ce jour qui, dans cette année bissextile, se trouvait le vendredi, était l'année précédente le mercredi avant Pâques. Le même jour, vers le soir, revinrent vers nous à Bruges Jean et Daniel avec Hugues Champ-d'Avoine. On rapporta que Guillaume d'Ypres qui était prisonnier avait reçu la liberté du comte Guillaume-le-Normand. Aussitôt après le dîner, les princes et le peuple s'assemblèrent à la sortie du château auprès des Arènes, et là élurent unanimement Thierri d'Alsace comte de toute la Flandre. Jean et Daniel lui firent hommage en présence de tous; on ordonna que tous les citoyens qui avaient été proscrits pour le meurtre du comté Charles vinssent à la cour de ce nouveau comte et se justifiassent, s'il l'osaient, selon le jugement des princes et des feudataires du pays, s'ils étaient chevaliers et appartenaient à la cour du comte, autrement selon le jugement des échevins de la terre. Le comte accorda aux grands et au peuple du pays la liberté d'améliorer les lois et la jurisprudence de la communauté, ainsi que les usages et coutumes des habitans du pays. Il faut remarquer que l'année précédente, à pareil jour, les chefs du siége, Jean et son frère Baudouin d'Alost, Gautier de Vlaërsle, et les autres princes du pays, qui nous avaient quittés pour élire un comte du pays, selon le conseil et l'ordre du roi Louis, étaient revenus d'Arras vers nous et nous avaient annoncé avec un respect joyeux qu'ils avaient élu librement et légitimement avec le roi de France, pour comte et seigneur de tout le pays, le jeune Guillaume-le-Normand.

Comme le comte Guillaume se tenait avec ses barons dans une salle haute [1] à Ypres, pour prendre conseil sur ce qu'il devait faire contre Thierri nouvellement élu comte, les gens de Gand et de Bruges et leurs complices, le plancher s'enfonça et tomba avec ceux qui étaient dans la salle, en sorte qu'un d'eux expira presque étouffé par cette chute.

Le samedi 31 mars, le clergé et le peuple retournèrent auprès des Arènes, et le comte fit serment, comme nous l'avons dit plus haut, sur le cercueil de Saint-Donatien, et Jean et Daniel se portèrent au peuple et au clergé pour garans, de la part du comte, qu'il accomplirait toutes choses et ne violerait pas sciemment ce qu'il avait juré. Ensuite les gens de Gand, puis les gens de Bruges, jurèrent fidélité et firent hommage au comte. Le même jour, Lambert de Redenbourg vint à Bruges pour se disculper du crime de trahison. Le 1er avril, le dimanche, *lœtare Hierusalem* au milieu du carême, Thierri fut reçu pour comte, et il alla en procession et selon la coutume des comtes ses prédécesseurs, dans l'église de Saint-Donatien ; ensuite il dîna dans la cour et la maison du comte, et pendant tout le jour nos citoyens s'effor-

[1] *Solarium.*

cèrent de faire revenir le châtelain Gervais, qu'ils chérissaient fidèlement. Il y avait cependant quelques-uns des gens de Bruges et des hommes de ce même Gervais qui agissaient méchamment contre lui; ils formèrent un complot entre eux avec un certain Gautier, gendre du châtelain Haket, qu'ils s'efforçaient de mettre à la place de Gervais.

Le 2 avril, qui, l'année passée, était le jour du saint samedi de Pâques, et maintenant le lundi, le châtelain Gervais revint dans le château de Bruges, auprès du comte Thierri, avec une multitude de ses chevaliers, et des gens de Bruges qui le chérissaient fidèlement. Se tenant en présence de tous, il dit :
« Seigneur comte Thierri, si Dieu nous avait fait la
« grâce, à nous et au pays, de vous avoir présent,
« aussitôt après la mort de notre seigneur et votre
« neveu Charles, nous n'aurions reçu personne autre
« que vous dans le comté. Je fais savoir à tous que
« je quitte entièrement le parti du comte Guillaume,
« et que je rejette l'hommage, la foi et le serment que
« je lui ai gardés jusqu'à présent, parce que les pairs
« du pays et tout le peuple ont condamné ce comte
« sans loi, sans foi, sans justice de Dieu et des hom-
« mes, et qui erre encore dans le pays, et qu'ils vous
« ont reçu, avec honneur et affection, comme héri-
« tier naturel et seigneur légitime de cette terre.
« Je veux donc vous faire hommage et foi, comme
« au seigneur naturel du pays, au service duquel
« nous sommes. Je veux recevoir de vous les emplois
« et les fiefs que j'ai obtenus jusqu'ici de vos prédé-
« cesseurs; que si quelqu'un du parti de Haket, qui
« récemment a été châtelain avant moi, brigue contre

« moi le vicomtat, je serai prêt à le satisfaire en votre
« présence et celle des pairs du pays. » Son discours
ainsi achevé, il fut fait homme du comte Thierri;
ensuite pendant le reste du jour, et pendant les autres
jours suivans, ceux qui devaient recevoir des fiefs
dans le comté firent hommage au comte. Aussitôt
le comte s'efforça d'établir la paix dans tout son comté, entre ceux qui jusqu'alors s'étaient livrés au désordre, aux querelles et à de violens combats.

Le vendredi 6 avril, Lambert de Redenbourg se
purgea par l'épreuve du fer rouge, en présence du
comte Thierri, du meurtre et assassinat du seigneur
le comte Charles : Daniel et Jean n'y assistèrent pas.

Le lundi 9 avril, quelques gens d'Ypres vinrent
devant le comte Thierri, dans le péristyle de sa
maison à Bruges, et ils demandèrent qu'il vînt au
secours des citoyens d'Ypres, stipulant que si les citoyens chassaient de leur ville le comte Guillaume,
aussitôt, le jour suivant, le comte Thierri entrerait
dans la ville pour les secourir.

Le mardi 10 avril, le comte Thierri avec ses vassaux
et les bourgeois de Bruges, fit une excursion contre
ses ennemis qui se tenaient dans Redenbourg et Ghistel; de toutes parts ils s'étaient fortifiés, et mis en
état de faire une vigoureuse résistance, si bien que le
comte s'en retourna à moitié chemin avec les citoyens.
Ce même jour, le roi de France envoya à nos citoyens
une lettre ainsi conçue : « Je veux que le dimanche
« des Rameaux, vous envoyiez vers moi, à Arras, huit
« hommes sages d'entre vous; je convoquerai autant
« des gens les plus sages de chaque château de Flan-
« dre : je veux, en leur présence et celle de mes ba-

« rons, traiter, selon la raison, des plaintes et des que-
« relles qui se sont élevées entre vous et votre comte
« Guillaume, et je m'efforcerai aussitôt d'établir la
« paix entre vous et lui. Si quelqu'un des citoyens
« n'ose pas venir vers moi, je lui donnerai un sauf-
« conduit, pour venir et s'en retourner en sûreté. »
Aussitôt les citoyens se mirent à raisonner, et à délibérer sur la lettre qu'ils devaient envoyer, disant :
« Comme le roi avait juré, avant la réception du comte
Guillaume, ne vouloir ni ne devoir se faire rien payer
pour l'élection de ce même comte, et qu'ensuite il a
reçu ouvertement mille marcs, c'est un parjure. Le
comte aussi a violemment enfreint ce qu'il avait accordé sur la taille à nos citoyens, et ce qu'il avait juré
avec le roi de garder inviolablement ; et comme ce
même comte avait donné des otages pour garantie
de tout ce qu'il avait donné et accordé aux citoyens,
il a trompé ses otages eux-mêmes. Enfin donc après
nous avoir, à nous et aux pairs du pays, fixé un jour
à Ypres, pour s'accommoder avec nous, ainsi qu'il est
connu de tous les habitans de ce pays, il s'est emparé
le premier dudit château à main armée, pour agir violemment contre nous, et nous contraindre à ce qu'il
voudrait. C'est pourquoi il nous a sans justice, contre la loi de Dieu et des hommes, renfermés dans ce
pays, pour que nous ne pussions négocier ; bien
plus, tout ce que nous avons possédé jusqu'à présent, ne gagnant plus rien, ne pouvant plus négocier
ni faire aucune acquisition, nous l'avons consommé.
Nous avons donc pour le chasser de ce pays de légitimes motifs. Maintenant nous avons élu pour notre
comte celui à qui appartenait plus légitimement l'héri-

tage de ce pays, le fils de la sœur du comte Charles, homme fidèle et sage, élevé et établi comte selon la coutume de notre pays, à qui nous avons prêté foi et hommage, et qui imite dignement le caractère, les mœurs et les exploits de ses prédécesseurs. Nous faisons donc savoir à tous, tant au roi qu'à ses princes, à ceux qui sont présens et à nos successeurs, que rien de l'élection ni de l'élévation du comte de Flandre ne regarde le roi de France. Lorsque le comte est mort sans héritier ou avec un héritier, les pairs et les citoyens du pays ont le pouvoir d'élire et d'élever le plus proche héritier du comté et dans le comté même. Quant à ce que le comte devait au roi de service militaire pour les terres qu'il tenait de lui en fief, puisqu'il est mort, son successeur rendra pour les mêmes fiefs le même service. Le comte de Flandre ne doit rien de plus au roi de France, et le roi n'a aucun droit de disposer par son autorité du pouvoir de nous gouverner ni de le vendre à prix d'argent. Comme le roi et les comtes de Flandre avaient été juqu'ici liés par la parenté, c'est par cette considération que les chevaliers, les grands et les citoyens de Flandre avaient donné au roi leur assentiment pour l'élection et l'élévation de ce Guillaume au titre de comte; mais autre chose est ce que l'on doit à la parenté et autre chose ce qui a été établi comme juste par l'antique usage des comtes de Flandre. »

Le mercredi 11 avril, jour de la fête du pape Léon, les neveux de Thancmar firent une excursion contre les gens de Bruges auprès des Arènes, défiant et appelant au combat le comte Thierri et les chevaliers qui n'avaient pas encore dîné; ils attaquèrent les gardes de l'église et les chevaliers qui sonnaient du clairon, et les forcèrent de fuir loin de Bruges. Ensuite les plus ardens de nos chevaliers et des citoyens marchèrent contre leurs ennemis jusqu'à Ghistel, et en réduisirent quelques-uns à souhaiter qu'il leur fût permis de faire hommage au nouveau comte Thierri, et à lui donner des otages pour garantie de leur fidélité.

Le mardi 23 avril, après le dimanche de Pâques, notre comte Thierri fit une excursion sur Lille, et s'empara des environs. Pendant ce temps, Lambert de Vingenne avec quelques chevaliers et les neveux de Thancmar, attaqua Bruges, et ils incendièrent la maison de Frumold jeune, secrétaire du comte, maison qui était en état de défense, et située dans Beringhem.

En ce temps, le comte Guillaume s'était rendu vers le roi de France à Compiègne en France, afin de recevoir de lui conseil et secours pour s'emparer de la Flandre. Il rendit librement à Simon, notre évêque du siége de Noyon, deux autels qu'il avait reçus en fief pour qu'il demeurât le patron et le défenseur des églises de Dieu qui sont en Flandre, à condition que l'évêque mettrait au ban et excommunierait tous les citoyens de la terre de Flandre qui recevraient Thierri pour comte, l'éleveraient au rang de comte, et le mettraient violemment et sans jugement à la place du comte Guillaume. D'après ces conventions, l'évêque envoya une lettre à Gand, et suspendit l'office divin dans les églises.

Le lundi 30 avril, Lambert de Redenbourg, qui avait été soupçonné de trahison, mais avait donné satisfaction au comte Thierri par l'épreuve du fer rouge, assiégea ses ennemis dans Ostbourg avec une très-forte troupe. Il avait fait venir des hommes de toutes les îles de la mer, ainsi que ses amis, en sorte qu'il avait près de trois mille hommes. Mais les gens de Redenbourg avaient rassemblé contre lui une troupe considérable de chevaliers et de gens de pied. S'étant approchés des deux côtés, les premiers pour faire le siége, et les autres pour délivrer les assiégés, il arriva un messager du comte Thierri, à savoir, le châtelain Gervais, qui voulait différer ce combat jusqu'à ce qu'ils se fussent accordés en présence du comte. Mais comme Lambert et les siens s'opiniâtraient à vouloir tuer les assiégés, ils ne voulurent nullement différer de les attaquer. Pendant que tant de milliers d'hommes donnaient l'assaut, et que les assiégés se défendaient vigoureusement, tout-à-coup les chevaliers de Redenbourg qui, pour secourir les assiégés, attendaient ailleurs que ce combat fût engagé, les uns à pied et les autres à cheval, mais en petit nombre par rapport aux assiégeans, fondirent à l'improviste sur ceux-ci. Aussitôt, poussant dans les airs des clameurs et des cris infinis, ils rendirent les assiégeans étonnés et tout stupéfaits, au point qu'ils prirent la fuite, et jetant armes et boucliers, se donnèrent par là plus de légèreté pour courir. Alors ceux qui étaient d'abord assiégés sortirent en armes, et poursuivirent par derrière, avec les chevaliers de Redenbourg, ceux qui s'étaient mis à fuir, taillant en pièces les chefs et les principaux de leurs ennemis ; ils tuèrent ce qu'ils voulurent de gens de pied. Il y eut un nombre infini de blessés et d'hommes libres tués.

Il faut remarquer dans ce combat la mort de Lambert, qui s'était récemment justifié par l'épreuve du fer rouge du meurtre du comte Charles. Tant qu'il agit envers Dieu avec humilité, Dieu lui pardonna la part qu'il avait prise à la mort de son seigneur. Après qu'il se fut libéré par l'épreuve du fer rouge, Lambert avec les siens, ayant, sans pitié et plein d'orgueil, assiégé, avec trois mille hommes, un petit nombre de gens, s'étant obstiné, autant qu'il était en lui, à ne pas leur pardonner, et n'ayant voulu, ni pour l'amour de Dieu, ni par égard pour le serment qu'il avait prêté au comte Thierri, de ne pas exciter de sédition en sa propre personne, ou en celle des siens, consentir à différer de combattre et de massacrer les assiégés, il méritait d'être tué, lui qui avait oublié la grâce et la miséricorde par laquelle Dieu lui avait conservé la vie, lorsque tous le jugeaient digne de mort, tandis qu'il aurait dû porter, selon qu'il l'avait promis à Dieu et à l'église, de dignes fruits de pénitence. Lorsqu'un serviteur agit humblement avec le Seigneur pour sa faute, le Seigneur pardonne à ce serviteur qui agit selon la loi de pénitence. Mais, lorsque envers un homme qui se conduit justement, un autre homme agit avec méchanceté, et que Dieu est pris pour juge entre eux, il aide la cause de celui qui agit avec justice; il fait succomber celle de l'homme injuste, et le confond dans son obstination. C'est pourquoi il arrive que, dans le combat, l'injuste est abattu, quoique, dans le jugement par l'eau ou par le feu, l'injuste qui se repent soit épargné. Il faut remarquer que ce fut par le conseil et la ruse de ceux qui furent tués à Ostbourg que Thierri fut d'abord nommé comte de Gand, et mis à la place du comte Guillaume. Quoique Thierri soit l'héritier naturel de la Flandre, et un comte juste et pieux, et que Guillaume, comte de Flandre, soit sans honneur, et persécute les citoyens du pays, cependant ceux qui gissaient ici misérablement n'avaient point agi par de justes conseils, et ils n'avaient pu se dire innocens de trahison envers leur seigneur, le comte Guillaume étant encore dans sa terre de Flandre.

CHAPITRE XXI.

Combats et rencontres guerrières entre Guillaume-le-Normand et Thierri d'Alsace.

Le mercredi 2 mai, dans la nuit, ceux qui à Gand étaient encore assiégés par les citoyens dans la maison du comte, parce qu'ils demeuraient toujours dans le parti du comte Guillaume, firent une sortie et incendièrent plusieurs maisons sur les places. Comme les citoyens travaillaient à éteindre le feu, les autres détruisirent avec des haches les machines destinées à lancer des traits, comme les mangonneaux, dont on se servait pour abattre la maison de pierre et la tour dans laquelle ils étaient assiégés. Le même jour, c'est-à-dire le mercredi, Gervais, châtelain de Bruges, voulut assiéger avec ses chevaliers, dans Vingenne, ceux qui tenaient pour le parti du comte Guillaume. Mais ces braves chevaliers s'avancèrent à la rencontre de

Gervais, le blessèrent, prirent deux de ses hommes d'armes, et eurent pour leur profit des chevaux et des palefrois.

Le samedi 5 mai était l'anniversaire du jour, où l'année précédente avaient été précipités du haut de la tour les meurtriers du comte Charles. Il faut remarquer que cette même semaine furent tués dans Ostbourg Lambert, fils de Ledwif, et avec lui plusieurs de ceux par le conseil et la trahison desquels Thierri avait été mis par force à la tête de la Flandre, en place de Guillaume de Normandie. Dans cette semaine, le 6 mai, par la miséricorde du Seigneur, le roi de France s'empressa de convoquer les archevêques, les évêques, et tous les membres du synode du clergé, tant abbés que les plus sages du clergé et du peuple, les comtes, les barons et les autres princes, à venir vers lui à Arras pour y tenir un conseil au sujet des deux comtes, et décider lequel des deux il devait expulser par son autorité, et lequel il devait établir. Dans ce temps, Thierri était dans Lille et Guillaume dans Ypres ; tout le pays était en proie aux périls, aux rapines, aux incendies, aux trahisons, aux fourberies ; en sorte qu'aucun homme sage ne pouvait vivre en sûreté. On attendait donc des deux côtés quel dessein prendrait, et quelle sentence rendrait l'assemblée de tant d'hommes sages et prudens, et quels dangers on aurait à craindre pour l'avenir, car on s'attendait à tous les périls. Il faut remarquer que presque tous ceux à qui le pays de Flandre avait été interdit, selon le jugement des princes et barons de la terre, à cause du meurtre du comte Charles, revinrent alors dans ce pays, sous prétexte que si quelqu'un osait les accuser de trahison, ils répondraient, selon qu'ils seraient chevaliers, dans la cour du comte, ou s'ils étaient d'une condition inférieure, en présence des échevins et des juges de la terre. Mais aucun d'eux n'ayant été accusé, ils ne furent pas obligés de répondre.

Il faut remarquer aussi que lorsque le comte Thierri alla à Lille, pour la première fois, vint à lui une sorcière, qui descendit dans l'eau, auprès du pont sur lequel le comte allait la traverser, et l'aspergea d'eau. Le comte Thierri devint, dit-on, malade de cœur et d'entrailles, en sorte qu'il était dégoûté du boire et du manger. Les chevaliers affligés de cela s'emparèrent de la sorcière, et lui ayant lié les mains et les pieds, la mirent sur de la paille et du chaume enflammés et la brûlèrent. Depuis ce temps, jusqu'au 9 mai, Conon de Vlaërsle, dans Winendale, et ceux qui dans Vingenne portaient les armes avec Lambert contre le comte Thierri et les siens, ne cessèrent de piller les métairies d'alentour, et les paysans qu'ils enlevaient par force avec leurs biens. Les habitans de Bruges s'entourèrent de nouveaux fossés, et se défendirent, par les veilles et les embuscades, d'eux et de leurs chevaliers. Dans ce temps la métairie d'Orscamp fut entièrement ravagée par les chevaliers du comte Guillaume.

Le lundi 14 mai, les habitans de Bruges assiégèrent ceux de Vingenne, et des deux côtés il y en eut un grand nombre de blessés et quelques-uns de tués. Cependant la ville des assiégés ne fut point détruite.

Le mardi 15 mai, le comte Guillaume ayant rassemblé ses chevaliers, attaqua le maire[1] d'Orscamp, et le mit en fuite jusque dans l'église de ce village, où il l'assiégea et mit le feu aux portes. Pendant ce temps nos bourgeois vinrent en armes à sa rencontre à Orscamp, et lorsqu'ils eurent aperçu le comte avec ses chevaliers, et les flammes qui s'élevaient de l'église, ils s'enfuirent effrayés, et plusieurs d'entre eux furent pris. Pendant que le comte courait à la poursuite de nos citoyens, le maire s'élança hors de l'église d'Orscamp avec peu de gens, et échappa au danger du feu; un des chevaliers, qui était sorti de l'église en ce moment, fut pris; nos Brugeois s'enfuirent saisis de crainte et de frayeur, parce que leur conscience leur disait qu'ils avaient chassé et trahi injustement ce même comte Guillaume. Quelques-uns d'eux s'étant cachés dans des fours de campagne, on les en retira et on les emmena prisonniers.

Le lundi 21 mai, la nouvelle vint de Lens que le roi de France s'était enfui de Lille, où il avait assiégé pendant quatre jours notre comte Thierri. Dans le même temps les gens de Gand éventrèrent une certaine sorcière, et promenèrent son estomac autour de la ville.

Le mardi 29 mai, le comte Guillaume, ayant rassemblé une très-forte troupe de chevaliers et de gens de pied, attaqua Bruges, nous assaillit avec impétuosité jusqu'aux portes et aux murs de la ville, et entra dans les fossés. De part et d'autre il y en eut plusieurs de tués et un grand nombre de blessés. Enfin le comte retourna le soir à Jadbek.

Le mercredi 30 mai, Guillaume enleva de nouveau d'Orscamp des paysans, des chevaliers et des hommes

[1] *Præco.*

d'armes, et les emmena de force à Winendale et Redenbourg.

Le 31 mai, jour de l'ascension du Seigneur, le comte Guillaume envoya de Redenbourg un certain moine appelé Basile, pour ordonner à son secrétaire Basile de venir promptement vers lui, parce qu'en sa présence étaient arrivés des receveurs et des gardiens des châteaux pour lui rendre compte de ce qui lui était dû. Le moine fut retenu prisonnier à Bruges par Jean, le châtelain Gervais et Arnoul, neveu du comte Charles, qui était venu de Bourbourg à Bruges le jour précédent. Dans le même temps, le comte Guillaume fit fortifier et entourer de fossés Redenbourg, où il avait intention de se retirer avec les siens. Aucun paysan autour de nous ne pouvait vivre en sûreté; ils s'étaient sauvés et cachés dans les bois avec tous leurs effets, ou bien étaient entrés dans les murs de Bruges, où à peine leur vie et leurs biens étaient en sûreté.

Le 10 juin, le saint dimanche de la Pentecôte, le comte Thierri vint à Bruges, après avoir conquis les bourgs des environs de Gand, et fut reçu par les nôtres avec la plus grande joie.

Le lundi 11 juin, quelques chevaliers et brigands du parti du comte Guillaume sortirent de Jadbek; et, d'un air pacifique, ils saluèrent un certain chevalier de notre parti, et lui adressèrent la parole. La maison de ce chevalier était en état de défense et très-solide : tous les habitans des environs, et plusieurs des citoyens de Bruges y avaient transporté leurs effets pour qu'ils y fussent plus en sûreté. Les brigands se saisirent du chevalier qui se promenait tranquillement dans sa cour, l'accablèrent de blessures, et s'emparèrent par force de la maison, dont ils mirent le chevalier dehors. Le comte Thierri arriva très-joyeux avec une multitude innombrable, les assiégea et les força de se rendre. Il leur permit cependant de sortir la vie sauve, et rétablit dans sa maison le chevalier qui en était le maître, le mardi 12 juin.

Le même jour, les chevaliers du comte Guillaume, qui se tenaient dans Redenbourg, Jadbek et Straten, pour dresser des embûches à notre comte Thierri et aux nôtres, ayant appris que Thierri, avec toutes ses forces, avait assiégé les villages éloignés de Bruges, accoururent au nombre d'environ soixante, et incendièrent une maison, voisine du château de Bruges, pour attirer nos citoyens, et tâcher ainsi de s'emparer d'eux. Ils nous attaquaient avec plus d'ardeur afin que la vue de la fumée et des flammes fît lever le siége au comte Thierri. Le châtelain Gervais courut s'opposer à leur attaque, et fit prisonniers deux braves chevaliers, Gautier, neveu de Thancmar, cause première de toutes les querelles et de tous les combats élevés entre Bouchard, le meurtrier du comte Charles, et Thancmar, et un autre chevalier. Gautier fut blessé mortellement dans cette affaire. Les citoyens de Bruges battaient des mains de joie, et manifestaient à l'envi leur allégresse d'un si bon succès. Car, enfin après tant de maux, de ravages, d'incendies, et d'homicides commis sur les nôtres, les nôtres avaient pris ce Gautier, la source et le principe de tous les maux qui accablèrent notre pays, et à cause des fourberies duquel fut tué le comte Charles; ce n'est pas qu'il l'eût trahi lui-même, mais il avait poussé à le trahir ses ennemis, Bouchard et ses gens. Je parle ici selon les sentimens du peuple, dont la fureur était telle qu'ils auraient à l'instant pendu ou fait périr Gautier d'un supplice nouveau et inouï, si le comte le leur eût permis; en effet, ayant vu du feu du côté de Bruges, le comte Thierri, quittant le siége, était accouru avec sa nombreuse troupe; mais les deux chevaliers avaient été pris, et les assaillans mis en fuite avant son arrivée.

Le même jour, Gautier de Somerenghen, avec des chevaliers et des gens de pied qui combattaient pour notre cause, furent pris auprès de Haltre. Le même jour, Daniel et Jean prirent sur le duc de Louvain cinquante chevaliers auprès de Rupelmonde. Le même jour, les gens d'Ypres envoyèrent secrètement des lettres aux gens de Bruges, leur mandant que les plus sages des nôtres et des leurs voulussent bien s'assembler dans un lieu sûr pour y traiter prudemment de l'honneur du comté.

Les 18 et 19 juin, le comte Thierri se rendit à Gand avec le comte Frédéric[1], et rassembla avec lui une armée extrêmement nombreuse, qu'il tira d'Axpole, de Buchold, et des pays voisins; il emmena aussi des machines pour renverser les maisons en état de défense, et les villes de ses ennemis. Il s'approcha de Tillet avec une armée considérable, et assiégea la maison du chevalier Folket.

Le mercredi 20 juin, les gens de Bruges s'avancèrent contre le comte avec leur châtelain Gervais et une multitude infinie de Flamands qui s'étaient ligués avec eux. Ils s'établirent la nuit suivante autour de

[1] Son frère.

cette maison. Le comte Guillaume, voyant combien était considérable l'armée qui assiégeait son chevalier, fut extrêmement affligé de cette injure et de l'impétueuse arrogance des assaillans. Il eût mieux aimé mourir que de souffrir un si grand opprobre. C'est pourquoi, le jeudi 21 juin, le quatrième jour avant la fête de saint Jean-Baptiste, vers le matin, il reçut dévotement à Redenbourg, de l'abbé de cette ville, homme sage et religieux, l'absolution de ses péchés, et promit à Dieu d'être désormais le protecteur des pauvres et des églises de Dieu. Tous ses braves chevaliers firent le même vœu ; ayant coupé leurs cheveux et déposé les vêtemens ordinaires, ils revêtirent la chemise, la cuirasse et les autres armes, et, après avoir adressé à Dieu une humble prière, ils s'avancèrent au combat avec le plus ardent courage, et vinrent se poster sur le haut d'une montagne qui dominait l'armée du comte Thierri. Là, ils se rangèrent en bataille.

Le comte Guillaume disposa en trois phalanges ses chevaliers, et se mit à la tête du premier bataillon, ayant résolu de commencer l'attaque le premier. De son côté, le comte Thierri rangea sa troupe dans le même ordre ; il était lui-même, avec le châtelain Gervais, à la tête d'un des bataillons, et l'autre était commandé par le comte Frédéric. Baissant leurs piques, ils s'attaquèrent avec la lance et l'épée, et un grand nombre furent renversés. Combattant de près, et comme s'offrant aux coups de la mort, ils se précipitaient au milieu des armes les uns des autres. Ils avaient auparavant résolu de mourir dans le combat plutôt que de se laisser chasser du comté. Au premier choc, Daniel, qui était à la tête des troupes du comte Thierri, se porta sur les bataillons du comte Guillaume, le comte Frédéric y fut renversé, et Richard de Woldman le premier fut fait prisonnier. De part et d'autre on fit un grand nombre de prisonniers ; enfin on combattit à l'épée.

Le bataillon dans lequel combattait le comte Guillaume, commençant à plier, prit la fuite, et fut poursuivi par Daniel et les siens. Comme ils s'efforçaient, des deux côtés, les uns à fuir, les autres à poursuivre, la seconde partie des bataillons du comte Guillaume, qui était cachée en embuscade, se jeta par derrière sur Daniel et les siens; et, comme ils étaient animés et préparés au combat par un courage tout frais et un accord unanime, sans hésiter aucunement, ils arrêtèrent leurs ennemis dans leur poursuite à coups de lance et d'épée. Alors le comte Guillaume et les siens, cessant tout à coup de fuir, se rallièrent, et, se précipitant tous ensemble, avec un courage intrépide et de vigoureux efforts, ils pressèrent, avec de terribles coups, la défaite de leurs ennemis. Tous les chevaliers du comte Thierri, voyant le danger qui les menaçait, jetèrent leurs armes de tous côtés, et s'enfuirent tout nus, au point qu'il n'en resta que dix avec le comte. Le comte Guillaume et les siens, jetant leurs cuirasses pour être plus légers sur leurs chevaux, obtinrent enfin le fruit de leur victoire, tuèrent une partie de leurs ennemis, et en firent d'autres prisonniers.

Le comte Thierri revint à Bruges vers le milieu de la nuit ; mais nous ne sûmes pas où s'était retiré le comte Guillaume. Alors, s'enquérant de l'événement de ce malheureux combat, les femmes de notre ville pleurèrent la perte de leurs maris, les fils celle de leurs pères, les serviteurs et servantes celle de leurs maîtres, et ils s'abandonnèrent cette nuit et le jour d'après aux larmes et aux soupirs. Au point du jour les nôtres, s'étant rendus à l'endroit où gissaient leurs morts, furent pris aussi par les chevaliers de Guillaume. Avant ce combat on n'avait jamais entendu parler dans notre pays d'une rencontre si acharnée et d'un si grand nombre de prisonniers. On donna au comte Guillaume et aux siens une somme énorme d'argent pour les racheter, et par là notre pays fut en quelque sorte pillé de nouveau. Ayant appris qu'avant le combat le comte Guillaume, se soumettant humblement à Dieu, avait employé le remède de la pénitence, et s'était, ainsi que tous les siens, coupé les cheveux, et dépouillé des vêtemens superflus, après le désastre du combat, nos citoyens, ainsi que le comte Thierri, coupèrent leurs cheveux et leurs habits, et les prêtres recommandèrent la pénitence, à l'exemple des ennemis. Après tant de pertes, de ravages et de captivités endurés par nous, ils indiquèrent un jeûne universel et portèrent les croix et les reliques des Saints dans l'église de Sainte-Marie à Bruges ; les prêtres et le doyen Thancmar, Eggard, Siegbod, Herbert, Frumold l'ancien et Thierri, excommunièrent nominalement le comte Guillaume de Normandie, et firent promettre en présence de tous au comte Thierri que, si quelques gens d'Ypres ou de tout le comté voulaient embrasser son parti, il les recevrait avec miséricorde et ne les dépouillerait pas de leur héritage.

Le dimanche 24 juin, fête de saint Jean-Baptiste, dans l'église de Sainte-Marie, le crucifix qui était placé dans la nef pour être adoré des fidèles, se soulevant de lui-même, et par la puissance de Dieu, du lieu où il était solidement fixé, serait tombé sur le pavé si un des gardes de l'église n'eût prévenu sa chute, en le soutenant de ses mains. Le garde le remit à sa place accoutumée; mais lorsqu'il se fut retiré, le crucifix s'éleva encore, comme la première fois, de sa place, et recommença à tomber. Alors tous ceux qui étaient à adorer Dieu étant accourus, ils le fixèrent de nouveau, croyant que sa chute provenait de la négligence de celui qui l'avait remis. Mais regardant de tous côtés, ils se convainquirent que la négligence n'en était pas la cause.

Le mercredi 4 juillet, fête de la translation de saint Martin, évêque de l'église de Tours, le comte Guillaume-le-Normand assiégea avec une armée considérable la maison du maire, dans le village d'Orscamp, et y amena des balistes, des mangonneaux et des pierriers pour la renverser. Mais le comte Thierri, avec les citoyens de Bruges et les Flamands, se plaçant autour de Bruges, et entre les fossés et les haies qui entouraient cette maison, s'opposèrent à lui, ainsi qu'Arnoul Wineth. Une rivière séparait les deux armées et défendait cette maison du côté de l'orient. Du côté où Guillaume donna un assaut, elle était fortifiée par des haies et des fossés. Un grand nombre des deux côtés furent tués et blessés dans l'attaque et dans le combat; mais on ne put forcer la maison ni ses fossés et ses haies. Enfin, les assiégeans dressèrent de chaque côté une tour, sur laquelle ils montèrent, et combattirent avec plus d'ardeur. Alors comme le vent, venant d'occident, soufflait avec violence du côté du bataillon des ennemis, l'armée de Guillaume fit apporter de toutes parts du foin, de l'herbe, du chaume, des arbustes, et toute sorte de matières pour combler les fossés, et aborder ainsi les ennemis qui étaient en face ; mais ceux-ci jetèrent sur la machine du feu ardent composé de poix, de vieille graisse et de cire, qui consuma tout ce qu'on jeta. La fumée qui s'élevait de la machine enflammée, poussée par la violence du vent, alla donner dans les yeux de ceux qui jetaient le feu du dedans ; et un grand nombre furent tués, frappés de lances, de flèches et de traits. Guillaume demeura six jours à ce siége : pendant ce temps, les chevaliers des deux côtés se livrèrent des combats et firent des excursions. Le fleuve qui séparait les deux armées ennemies étant profond, les chevaliers de Guillaume cherchèrent pendant tout le temps du siége des gués et des passages par lesquels ils n'hésitaient pas à traverser, avides de combat comme étant les plus forts et les plus nombreux.

Le sixième jour, qui était le lundi 9 juillet, vers le soir, Guillaume voyant qu'il n'avançait en rien au siége de cette maison, ordonna à quatre cents de ses chevaliers de passer le fleuve par les gués, et ils incendièrent la maison du chevalier Ansbold, et celles de son frère et de ses sœurs. Alors son armée s'éloigna : les nôtres s'enfuirent dans Bruges ; et les voisins qui habitaient autour de nous, fuyant avec tous leurs meubles et leurs troupeaux, entrèrent dans notre ville saisis d'épouvante et de terreur, et ils passèrent cette nuit sans dormir. Ce même jour, les moines de Saint-Trudon et leur chapelle située près d'Orscamp, furent entièrement pillés, et il n'y resta ni livres ni même le calice du sacrifice.

Il est à remarquer qu'aucun de ceux d'entre nos citoyens qui connaissaient la vérité sur notre désastre, notre infortune et notre fuite, n'aurait osé la déclarer; quiconque en disait quelque chose était accablé d'outrages par les gens de la ville, comme traître au pays et fauteur du comte Guillaume, et aussitôt menacé de la mort. Et ce n'est pas étonnant, car Dieu remplissait leur cœur d'obstination, pour qu'ils ne voulussent pas entendre toute la vérité. Même les croix et les processions du clergé dans les églises excitaient plutôt qu'elles n'apaisaient la colère de Dieu; parce que, dans l'obstination de leur esprit, ils s'étaient criminellement et orgueilleusement élevés, les armes à la main, contre la puissance que Dieu leur avait imposée. Car, comme le dit l'apôtre, il faut que tout le monde soit soumis aux puissances supérieures [1]. C'est pourquoi, si une ville où d'exécrables trahisons avaient pris leur source, était en proie aux calamités, aux guerres, aux séditions, aux homicides, opprobre éternel de toute la Flandre, ne méritait-elle pas tous ces maux? Et si l'église des frères de Bruges souffre, n'est-ce pas avec justice, puisqu'au prévôt de cette église doit être imputée la cause de tous ces maux? Quoique personne n'osât nous annoncer le ban et l'anathême de l'archevêque, et de l'évêque et de tous les évêques suffragans, nous avons appris et su véritablement que nous avons été justement mis au ban et interdits de l'office divin, parce que nous avons substitué un comte au comte,

[1] Épître de saint Paul aux Romains, chap. XIII, v. 1.

et que par là, nous avons causé la mort d'un nombre infini d'hommes. Nos prêtres et le clergé de notre ville se préparèrent au combat avec le peuple et la foule, appliquant mal le précepte de se tenir comme un mur pour la défense de la maison d'Israël.

Le mercredi 11 juillet, fête de la translation de l'abbé Benoît, Christian de Ghistel et les frères de Gautier vinrent à Bruges, conduits par Daniel. Christian mit son fils en otage, et les deux frères demeurèrent en otage pour leur frère Gautier, et furent enchaînés dans la maison du comte à Bruges. Christian et ses chevaliers emmenèrent avec eux Gautier pour voir s'il se rétablirait ou s'il mourrait; car, blessé mortellement, il ne faisait que languir.

CHAPITRE XXII.

Mort de Guillaume-le-Normand. — Règne paisible de Thierri.

Le jeudi 12 juillet, le duc de Louvain assiégea Alost avec une armée considérable; Guillaume, comte de Flandre, vint à son secours avec quatre cents chevaliers. Pendant ce temps, un grand nombre de mensonges se répandaient à Bruges au sujet de ce siége.

Il arriva à Bruges qu'un moulin inondé d'eau croula de tous côtés et fut détruit, et l'eau qui défendait le château et le faubourg du côté méridional s'écoula presque entièrement du lieu où la retenait ce moulin. Nos citoyens troublés par cet événement accoururent avec du fumier, du bois et de la terre pour empêcher les eaux de s'écouler. Ils croyaient que le moulin avait été miné furtivement par les ennemis, et que, les eaux écoulées, le château et la ville seraient ouverts à l'attaque des assiégeans. Il y avait dans la ville beaucoup de devins, laïques et prêtres, qui flattaient les citoyens en leur prédisant tout ce qu'ils savaient, c'est-à-dire ce que les nôtres voulaient entendre. Si quelque sage disait quelque vérité au sujet du siége ou des périls qui menaçaient la ville et les citoyens, repoussé par des paroles outrageantes, il était forcé de se taire. Nos citoyens s'épuisaient encore de sommes d'argent qu'ils s'extorquaient à l'envi pour envoyer à Thierri, pour l'expédition du siége dont nous avons parlé. Les gens de Gand étaient dans la même détresse; et Jean, Daniel et le comte Thierri étaient assiégés dans Alost par une forte armée exercée à la guerre.

Le mercredi 25 juillet, fête de saint Christophe, on ramena Gautier prisonnier à Bruges, et on rendit les otages qui avaient été remis à sa place et gardés jusqu'à ce temps.

Le vendredi 27 juillet, après la transfiguration du Seigneur sur le mont Thabor, Dieu daigna, en terminant pour nous les malheurs de cette guerre civile, mettre fin en quelque sorte à l'exécution des arrêts de la providence; car, comme le comte Guillaume-le-Normand se précipitait sur les ennemis auprès du château, dans un assaut du siége dont nous avons parlé, il fut renversé de cheval; il s'était relevé et portait la main à ses armes lorsqu'un homme de pied ennemi s'élança sur lui, lui perça la paume de la main, traversa d'une blessure mortelle la partie du bras qui se joint à la main, et le tua. Ses chevaliers emportèrent leur seigneur mourant d'un coup si déplorable; et cachant sa mort à leurs ennemis pendant tout ce jour, sans pleurer ni gémir, pressés par un violent trouble d'esprit, ils comprimèrent les cris et les exclamations de leur douleur. Le duc de Louvain cherchait avec empressement à traiter pour lui et les siens avec notre comte Thierri, et il remit à Jean, à Daniel et au roi d'Angleterre le jugement de nos différens. L'accommodement ayant été approuvé des deux côtés, il pria notre comte Thierri de fournir au comte Guillaume un sauf-conduit pour s'en revenir en paix du siége avec les siens. Le comte Thierri ayant donné toute permission au duc à ce sujet, celui-ci lui dit: «Voilà, «l'ennemi que ta valeur a tant poursuivi, le comte «Guillaume vient d'expirer d'une blessure mortelle.» Des deux côtés on se retira, les uns pour pleurer la mort d'un guerrier si grand et si fameux, les autres pour se livrer à la joie en narguant leurs ennemis, d'autres pour l'aller annoncer à ceux qui étaient restés chez eux, afin qu'ils veillassent à leurs biens, et n'agissent qu'avec précaution et prudence. Partout volaient le bruit et la nouvelle de la mort de ce prince, et ceux qui avaient soutenu les armes à la main les sermens qu'ils lui avaient prêtés, cherchèrent à se mettre en sûreté. Le corps de ce brave guerrier ayant été placé dans un cercueil avec des lamentations infinies et de hautes exclamations, on le transporta à Saint-Omer pour y être inhumé.

Cependant le comte Thierri poursuivit partout ses ennemis, livra leurs terres à l'incendie, les fit prisonniers et les détruisit, excepté ceux qui, avant ces ravages, avaient obtenu leur grâce par de l'argent ou autrement. Le comte Thierri se rendit à Ypres le dimanche 29 juillet, avec une troupe considérable de chevaliers, et s'empara de cette ville. Les citoyens de Bruges, les chevaliers et leurs soldats sortirent de la ville, ravagèrent le village de Ridevorde, et mirent le feu aux maisons. Lambert de Ridevorde et Lambert de Vingenne, quelques hommes de Folket et de Tillet, et plusieurs autres de notre pays qui avaient combattu pour le comte Guillaume, se retirèrent dans la ville de Winendale. Les citoyens d'Ypres, qui étaient demeurés dans le parti de Guillaume, se retranchèrent avec Isaac contre le comte Thierri à Formeselle, où se livra un très-grand combat. Il faut remarquer que, lorsque la ville de Bruges courait de si grands dangers que les citoyens croyaient ne pouvoir y résister par aucun conseil que le secours de Dieu, ayant ainsi apaisé Dieu par le sacrifice de leur cœur, il vint à leur secours par sa grâce accoutumée ; car Dieu fit périr par le glaive de son jugement le comte Guillaume, de manière qu'il ne mourut pas en combattant pour sa propre cause, mais pour celle des autres et au secours du duc de Louvain. Ensuite nous nous croyons innocens de sa mort, puisque personne des nôtres ne la lui donna, et que, bien plus, au moment où il perdit la vie, nous craignions qu'il ne vînt nous assiéger. Les chevaliers d'Ostkerk qui étaient dans le parti du comte Thierri et dans le nôtre, le jour où mourut le comte Guillaume, nous reprochèrent d'être des traîtres et s'éloignèrent de nous. Pendant ce temps il vint à Bruges un messager qui nous annonça la mort du comte Guillaume. A cette nouvelle, nos citoyens et tous ceux de notre pays rendirent des actions de grâces à Dieu qui les avait délivrés d'un si grand péril, eux et leurs biens.

On doit donc admirer l'ordre de Dieu, qui voulut que ce prince mourût hors de notre comté et au secours du duc qui assiégeait Alost. Quoiqu'il combattît en partie contre notre comte et les gens de notre pays, cependant la cause de ce combat et de ce siége ne fut pas autre que celle du duc de Louvain. Et quoiqu'à chaque occasion le comte Guillaume attaquât volontiers les nôtres, et que ce fût surtout pour cela qu'il était allé au secours du duc, cependant son combat et sa mort, que Dieu fixa en cet endroit, ne pouvaient être imputés qu'au duc ; car, dans cette expédition, il fut le chevalier de celui-ci, et ne mourut pas là pour le comté, mais pour le salut et l'honneur du duc, comme un autre chevalier. Quelques gens soutiennent que comme les habitans de notre pays, après avoir chassé le comte Guillaume, mirent à sa place Thierri qu'ils établirent partout, tant par leurs conseils que par leur argent, dans les châteaux et tous les lieux dans lesquels ils purent le faire recevoir, et résistèrent à Guillaume, par conséquent, ils ne peuvent se dire innocens de sa mort. D'autres disent que le duc assiégea Thierri, parce qu'il prévoyait que, s'il venait à régner et se maintenait dans le comté de Flandre, il lui causerait dans la suite beaucoup de maux et le chasserait peut-être de son duché, ou bien lui enleverait de force la dot pour laquelle le comte Thierri s'efforçait à le faire comparaître devant l'empereur. C'était pour une

cause semblable que, dans ce siége fait par le duc,
le comte Guillaume combattait contre Thierri, sachant que celui-ci s'efforçait par artifice de l'expulser
du comté. Il savait cependant que Thierri avait été
traîtreusement et injustement mis à sa place. Ainsi
donc tous deux pouvaient avec raison, le comte
Guillaume mourir pour la cause du duc, et pour sa
propre injure, et le comte Thierri résister au duc et
au comte Guillaume, pour la dot qu'il redemandait
justement au comte, et pour le comté qu'il avait illé-
galement obtenu.

On demandera peut-être pourquoi Dieu voulant
rendre la paix au pays par la mort de l'un d'eux, a
ordonné la mort du comte Guillaume, qui avait le
plus de droit à la possession du pays, plutôt que celle
du comte Thierri, qui paraissait injustement mis à sa
place; ou par quelle justice Dieu a accordé le titre
de comte à celui qui s'était emparé par force de ce
rang. Si ni l'un ni l'autre n'avaient reçu légitimement
le comté, il était de la justice de le leur enlever à tous
deux. Cependant, comme le comté appartenait par
droit d'héritage au comte Thierri, il le possède légitimement; et il paraît s'en être emparé injustement.
De plus comme autrefois, avant l'élection de ce Guillaume aujourd'hui mort, Thierri avait, par une lettre
envoyée aux principaux de Flandre, réclamé ce qui
lui appartenait, quoiqu'il n'eût pas été écouté d'eux,
il n'en devait pas moins demander et conquérir son
héritage, qui lui avait été injustement enlevé et vendu
à un autre par le roi de France. Après tant de con-
troverses, nous assignons la cause la plus juste au
comte Thierri, qui a été mis à la place du comte Guil-

laume selon toute justice. C'est ce comte mort qui avait été illégitimement mis à la place de Thierri ; il s'était emparé par force du rang de comte en l'achetant du roi. Dieu donc, en faveur de l'ancien droit, préserva la vie de Thierri et le rétablit dans son héritage, et éloigna du comté, par la mort, celui qui, tant qu'il avait retenu le pouvoir, avait ravagé tout le pays, provoqué à la guerre civile tous les habitans et violé les lois divines et humaines. Dieu, par son arrêt, le fit entrer, non sans qu'il l'eût mérité, dans la voie de toute chair. De tout ce que le comte Guillaume posséda pendant sa vie, il avouera qu'il ne lui reste après sa mort, au milieu des ombres qu'il a envoyées dans les lieux de perdition, que l'éloge de sa bravoure ; car on le disait bon guerrier. Puisqu'aucune puissance humaine ne put ou ne voulut punir cette iniquité, Dieu la punit selon qu'il appartenait à sa justice. C'est pourquoi il répandit sur les hommes de la Flandre sa colère et le fléau de son indignation, parce qu'il dépendait de la volonté de tous de réfléchir, de prévoir, de discuter et d'examiner, avec la plus soigneuse attention ; ils pouvaient, d'un cœur contrit et avec une pieuse humilité d'esprit, apaiser Dieu à ce sujet, et aimer et respecter celui qu'ils avaient élu et créé seigneur de la patrie. Comme ils avaient négligé ces choses, ils souffrirent la tyrannie, la dévastation et tous les maux que leur causa celui qu'ils avaient, sans réflexion, reçu pour seigneur, et à qui, après son élection et sa réception à titre de comte, les princes, les baillis et les conseillers du pays n'enseignèrent aucune bonne route ni les mœurs honorables des comtes ses prédécesseurs, mais qu'ils instruisirent au pillage et à toutes les arguties d'une chicane mensongère, pour imposer sur les citoyens et les bourgeois du pays des sommes immenses, et quelquefois leur en arracher par force.

Thierri, marquis de Flandre, régna depuis le temps de la mort de Guillaume. Après avoir parcouru les villes d'Arras, de Thérouane, de Saint-Omer, de Lille et d'Aire, où il fut partout reçu avec respect par le clergé et le peuple, selon la coutume de ses bons prédécesseurs, et que son pouvoir eut été confirmé par la foi et hommage, il alla enfin vers les rois de France et d'Angleterre, pour recevoir d'eux les fiefs et les dons royaux. Le roi de France et le roi d'Angleterre approuvèrent l'élévation du comte Thierri, et le gratifièrent de l'investiture des fiefs et bénéfices qu'avait obtenus d'eux le très-saint et très-pieux comte Charles.

FIN DE LA VIE DE CHARLES-LE-BON.

TABLE DES MATIÈRES

CONTENUES

DANS CE VOLUME.

Vie de Louis-le-Gros, par Suger. . . . . Pag.	v
Notice sur Suger.	vij
Préface.	1
Chapitre premier. — Combien le prince Louis fut vaillant dans sa jeunesse, et avec quel courage il repoussa le redoutable roi des Anglais, Guillaume-le-Roux, qui inquiétait le royaume de son père.	3
Chap. II. — Comment le prince Louis empêcha le noble homme Bouchard de Montmorency et ses complices de dévaster les terres de Saint-Denis.	8
Chap. III. — Comment le prince Louis, s'emparant à main armée du château de Luzarches, contraignit Matthieu comte de Beaumont à restituer ce château à Hugues de Clermont.	11
Chap. IV. — Comment le prince Louis ayant attaqué un autre château du même Matthieu, dit Chambly, une tempête subite dispersa son armée qui eût péri si le prince lui-même n'eût résisté vaillamment; et comment ledit Matthieu se soumit à lui.	12
Chap. V. — D'Ebble, comte de Roussi.	15
Chap. VI. — Du château de Meûn.	17
Chap. VII. — Du château de Montaigu.	18
Chap. VIII. — Du château de Montlhéry.	21
Chap. IX. — De Boémond, prince d'Antioche. . . .	26
Chap. X. — De la prise du château de Gournai. . .	39
Chap. XI. — De la prise du château de Sainte-Sévère.	44

TABLE DES MATIÈRES.

Chap. xii. — De la mort du roi Philippe. . . . Pag. 46
Chap. xiii. — De l'élévation du prince Louis à la royauté. 48
Chap. xiv. — De la prise du château de La Ferté-Baudouin, et de la délivrance du comte de Corbeil et d'Anselme de Garlande. 50
Chap. xv. — De l'entrevue du roi Louis avec Henri, roi des Anglais, à Neaufle-le-Château. 56
Chap. xvi. — De la trahison commise à La Roche-Guyon, par Guillaume, beau-frère du roi. — De la mort de Gui et de la prompte vengeance exercée sur Guillaume. . 64
Chap. xvii. — Comment le roi Louis enleva à son frère Philippe, et malgré sa résistance, les châteaux de Mantes et de Montlhéry. 70
Chap. xviii. — Comment le roi Louis, après avoir pris Hugues, détruisit le château du Puiset. 74
Chap. xix. — De la délivrance de Hugues du Puiset. . . 85
Chap. xx. — De l'attaque de Thoury et de la restitution du Puiset. 87
Chap. xxi. — De la nouvelle trahison de Hugues du Puiset. 98

Vie de Suger, par Guillaume, moine de Saint-Denis. . . 161
Préface. 163
Vie de Suger. — Livre Ier. 165
        Livre ii. 174
        Livre iii. 184
Lettre encyclique du monastère de Saint-Denis, sur la mort de Suger. 197

Vie de Louis-le-Jeune. 207

Vie de Charles-le-Bon, comte de Flandre, par Galbert, syndic de Bruges. 231
Notice sur Galbert. 233
Préface de Galbert. 237
Vie de Charles-le-Bon. 241
Chapitre premier. — Des gestes glorieux du bienheureux Charles dans le comté. — L'Empire romain et le royaume de Jérusalem lui sont offerts. 241

TABLE DES MATIÈRES.

Chap. ii. — Occasion de la haine qui se souleva contre le bienheureux Charles. . . . . Pag. 249

Chap. iii. — Conspiration nocturne pour le meurtre du bienheureux Charles. 257

Chap. iv. — Meurtre du bienheureux Charles et de quatre autres. — Fuite et emprisonnement de quelques-uns. . 266

Chap. v. — Obsèques du bienheureux Charles et des autres. — Miracle du boiteux guéri. — Pillage des biens. . . 276

Chap. vi. — L'insolence croissante des traîtres commence à être réprimée par Gervais, camérier du comte. . . 284

Chap. vii. — Siége du château de Bruges. — Arrivée d'auxiliaires. — Supplice de quelques-uns des traîtres. . 292

Chap. viii. — Augmentation des forces des assiégeans. — Arrivée de la comtesse de Hollande. — Reliques emportées de l'église. — Les assiégés fortifient le château. . . . 299

Chap. ix. — Vaines conférences entre les partis pour un arrangement. — Prise du château. — Les assiégés se réfugient dans l'église. 306

Chap. x. — Fuite du prévôt. — Dissensions des assiégeans. — Ils occupent la partie inférieure de l'église.— Les assiégés conservent la tour et la tribune. 316

Chap. xi. — Guillaume-le-Normand est donné pour successeur au bienheureux Charles dans le comté de Flandre. — Autres compétiteurs. — Embûches dressées pour la translation du corps à Gand. 325

Chap. xii. — Arrivée du comte Guillaume avec le roi en Flandre et à Bruges. — Sermens réciproques. 334

Chap. xiii. — Supplice du prévôt Bertulphe et de Gui de Steenvorde. — Émeute des gens de Bruges; elle est apaisée. 341

Chap. xiv. — Progrès du siége. — On occupe la tribune de l'église. — Hommages rendus au sépulcre du bienheureux comte Charles. 349

Chap. xv. — Réception du nouveau comte à Saint-Omer. — Généalogie de la famille de Baudouin, comte de Lille. — Que la famille du prévôt Bertulphe s'était rendue infâme par l'homicide et l'adultère. 360

TABLE DES MATIÈRES.

Chap. XVI. — Les assiégés se rendent. — Réconciliation de l'église de Saint-Donatien. — Prise d'Ypres. . . Pag. 370

Chap. XVII. — Supplice de plusieurs coupables. — Restitution des vases du bienheureux comte Charles. — Nouvelles recherches contre les complices de la trahison. . 379

Chap. XVIII. — Recherches contre les complices et fauteurs de la trahison, et contre les ravisseurs des trésors du comte Charles. — Mort de plusieurs coupables. . . . 386

Chap. XIX. — Pour quelles causes les Flamands abandonnèrent le comte Guillaume-le-Normand. 393

Chap. XX. — Election de Thierri d'Alsace au comté de Flandre. — Mort de Lambert de Redenbourg. . . . 400

Chap. XXI. — Combats et rencontres guerrières entre Guillaume-le-Normand et Thierri d'Alsace. 413

Chap. XXII. — Mort de Guillaume-le-Normand. — Règne paisible de Thierri. 426

FIN DE LA TABLE.

www.ingramcontent.com/pod-product-compliance
Lightning Source LLC
Chambersburg PA
CBHW051817230426
43671CB00008B/740